C. Steinle / H. Bruch / D. Lawa (Hrsg.)
Management in Mittel- und Osteuropa

Claus Steinle / Heike Bruch / Dieter Lawa (Hrsg.)

Management in Mittel- und Osteuropa

Konzepte · Praxis · Perspektiven

Die Deutsche Bibliothek – CIP-Einheitsaufnahme
Management in Mittel- und Osteuropa : Konzepte, Praxis, Perspektiven / Claus Steinle ... (Hrsg.). – Frankfurt am Main : Frankfurter Allgemeine Zeitung, Verl.-Bereich Wirtschaftsbücher, 1996
   ISBN 3-929368-50-1
NE: Steinle, Claus [Hrsg.]

Frankfurter Allgemeine Zeitung
Verlagsbereich Wirtschaftsbücher

Verantwortlich Verlagsbereich Wirtschaftsbücher: Helmut Klinge
Gestaltung: F.A.Z.-Grafik
© Frankfurter Allgemeine Zeitung GmbH
60267 Frankfurt am Main
Alle Rechte, auch die des auszugsweisen Nachdrucks, vorbehalten
Druck: Druckwerkstätten Stollberg GmbH, Stollberg
Erste Auflage 1996
ISBN 3-929368-50-1

Vorwort

Die »wirtschaftskulturelle« Transformation in Osteuropa erfordert neue Wege des Managements. Die Denk- und Handlungsmuster westlicher Unternehmungen genauso wie die »planentlassene« Wirtschaftspraxis osteuropäischer Institutionen müssen vor diesem Hintergrund überdacht und grundlegend neu ausgerichtet werden. Ratlosigkeit, Mißerfolge und Rufe nach Unterstützung, aber auch positive Erfahrungen bei der Bewältigung dieser Aufgabe veranlaßten uns zur Herausgabe des vorliegenden Buches.

Es zielt darauf, dem interessierten Praktiker, aber auch dem eher wissenschaftlich Motivierten einen fundierten Überblick über das Gebiet »Management *in* und *für* Mittel- und Osteuropa« zu geben. Dabei soll auch Erfahrungswissen aus der Praxis für die Praxis zur Verfügung gestellt werden.

Somit wurde ganz bewußt eine »Komposition« angestrebt: Theorieorientierte und empirisch beleuchtete Beiträge wurden mit erfahrungsgeprägten, praktisch-konkreten Artikeln (die im Idealfall eben nicht »theorie-avers« sind, sondern »begründet« nützliche Empfehlungen entwickeln) innerhalb eines gemeinsamen Rahmens vereint.

Als Autoren dieses Buches konnten die Herausgeber namhafte Praktiker und Wissenschaftler gewinnen, die auf dem Gebiet des internationalen und »ostkulturbewußten« Management einschlägig praktisch tätig sind bzw. publizieren.

Unser Dank gilt zunächst allen Autoren für ihr Interesse und ihr Engagement bei der Ausarbeitung ihrer Beiträge.

Herrn Bernd Vogel danken wir für die tatkräftige Unterstützung bei der redaktionellen Aufbereitung der Beiträge.

Für die produktive Zusammenarbeit dürfen wir auch dem »Promotorengespann«, Herrn Wolfgang Barus und Herrn Helmut Klinge von der Frankfurter Allgemeinen Zeitung, unseren Dank aussprechen.

Alle haben zu dem – wie wir meinen – gelungenen Ergebnis entscheidend beigetragen.

Hannover, im Oktober 1995
Claus Steinle
Heike Bruch
Dieter Lawa

Inhalt

Vorwort 5

I. Abschnitt
Management in Mittel- und Osteuropa:
Determinanten und Potentiale

Internationale Unternehmungsführung als interkulturelles
Management: Rahmen und Einordnung der Beiträge
Claus Steinle, Dieter Lawa 13

II. Abschnitt
Mittel- und osteuropäische Umfeldgegebenheiten –
Implikationen für das Management

Die politischen, ökonomischen und sozialen Gegebenheiten als
Faktoren der Managementtransformation in Rußland
Wladimir Gutnik 29

Management und die Wiederherstellung des Wettbewerbs in der
transformierenden Wirtschaft Rußlands
Andrej Yudanov 49

Marktgegebenheiten für das Management in den Visegradländern
(Ungarn, Polen, Tschechische und Slowakische Republik)
Gerhard Brendel/Hans Bruder 71

III. Abschnitt
Möglichkeiten und Grenzen der Übertragung
von Management-Know-how

Kulturgerechte Konzepte für das Management in Mittel-
und Osteuropa
Lothar Bayer 99

Erfolgsfaktoren bei der Nutzung unternehmerischer Chancen
in der GUS
Bernd Eggers, Martin Eickhoff, Leonid Dimant 124

Russische Wirtschaftsmanager auf dem Weg vom Plan
zum Markt?
Wilhelm Eberwein, Jochen Tholen 142

Arbeitseinstellungen im Osten Europas – kulturell oder situativ
bedingt?
Michael Schlese, Florian Schramm 163

IV. Abschnitt
Managementtransfer für Mittel- und Osteuropa

Managementerfahrung bei der Restrukturierung eines
Großunternehmens in Rußland – eine Fallstudie
Markus Herlinghaus, Manfred Stolzenburg 183

Management-Know-how-Transfer durch
Entwicklungsprogramme für Manager
Peter Theiner 208

Anforderungen des Transformationsprozesses an den
Know-how-Transfer aus russischer Sicht
Friedhelm Meißner, A. Lissansky 220

Die Zusammenarbeit von deutschen und russischen kleinen und
mittleren Unternehmen. Rückblick und Vorausschau: Erfahrungen, Probleme und Lösungsansätze aus einer Projektarbeit
Thomas Kühn 235

V. Abschnitt
Managementpraxis in Mittel- und Osteuropa

Erfahrungen im Management eines deutsch-tschechischen
Joint-Ventures
Hennings W. Straubel 247

Erschließung osteuropäischer Märkte – Ein Finanzierungsproblem
Albert Jugel 265

Übernahme eines Produktionsbetriebes in Polen und Anpassung
der Managementinstrumente an die Erfordernisse der Muttergesellschaft
Bernd Schwarz 284

VI. Abschnitt
Ausblick

Managementperspektiven in und für Mittel- und Osteuropa
Claus Steinle, Heike Bruch 299

Die Autorinnen und Autoren 321

# I. Abschnitt
Management in Mittel- und Osteuropa: Determinanten und Potentiale

Internationale Unternehmungsführung als interkulturelles Management

Rahmen und Einordnung der Beiträge

Claus Steinle, Dieter Lawa

»Der Weg ist das Ziel«. Auf diese asiatisch-philosophische Formel kann man die derzeitige wirtschaftliche Transformation in den mittel- und osteuropäischen Staaten bringen. Viele wirtschaftliche Rahmendaten sind im Umbruch und führen zu Unsicherheit bei interessierten Handels- und Industriepartnern sowie Investoren Westeuropas. Ziel dieses Buches ist es nicht, zahlreiche Warnungen und Bedenken aufzuzeigen. Vielmehr soll Mut gemacht werden, die Potentiale der östlichen Nachbarstaaten zu erkennen, unternehmerisch zu erschließen und dabei Risiken weitestgehend zu minimieren. Dazu möchten die praxisorientierten Artikel in diesem Buch beitragen. Der erste Abschnitt des Buches enthält vor diesem Hintergrund daher zunächst eine kurze Klassifizierung der Länder Mittel- und Osteuropas sowie einen Rahmen interkulturellen Managements, in den die nachfolgenden Beiträge schwerpunktbezogen eingeordnet werden.

Vielerorts werden die Staaten Mittel-und Osteuropas als potentielle Zukunftsmärkte angesehen, wobei die Transformation der Planwirtschaften in marktliche Wirtschaftsformen nicht nur die Veränderung der Rolle und Funktion des Staates für die Ökonomie impliziert, sondern vor allem eine substantielle Veränderung des Charakters und des Verhaltens der Unternehmungen (vgl. Habuda/Jennewein 1995, S. 9). Vielen international orientierten Unternehmungen geht es darum, möglichst rasch einen potentiellen Markt von über 340 Millionen Menschen zu erschließen, was dem Marktpotential der Europäischen Union entspricht (vgl. Jansen 1993, S. 45). Für die Transformation der ehemaligen Staatshandelsländer in marktwirtschaftliche Ordnungsformen mit entsprechend politisch stabilen Systemen bedarf es eines schnellen Engagements westlicher Unternehmungen in den einzelnen Ländern, denn ansonsten könnte eine Vernachlässigung dieser Markterschließung sich später einmal rächen, wenn Konkurrenzunternehmungen diese Schritte bereits getan haben und die Marktbereiche somit verteilt sind.

Die Erfolgsaussichten entsprechender Joint Ventures sind jedoch sehr differenziert zu betrachten, wie die Beiträge dieses Buches im weiteren zeigen werden. Schon heute weisen die einzelnen Länder Mittel- und Osteuropas große Unterschiede im erreichten Entwicklungsstand auf. Vor diesem Hintergrund erscheint eine Ordnung der Länder in drei Gruppen notwendig. Zur *ersten Gruppe* können die Länder Polen, Tschechische Republik, Ungarn, Slowenien und Estland gezählt werden, die *zweite Gruppe* umfaßt die Länder Slowakei, Bulgarien, Rumänien, Lettland, Litauen und Kroatien, während die *dritte Gruppe* aus Makedonien, Kasachstan, Usbekistan, Rußland, Weißrußland, der Ukraine und Albanien besteht (vgl. zu dieser Einteilung Holz 1994, S. 7).

Betrachtet man zunächst die Staaten der *ersten* Gruppe, so ist herauszustellen, daß diese als erste die Reformschritte eingeleitet haben und auch äußerst energisch verfolgen sowie im Vergleich zu den beiden anderen Gruppen einen hohen Industrialisierungsgrad besitzen. Die Inflationsrate in diesen Ländern lag 1994 gerade noch im zweistelligen Bereich, wobei die Inflationsrate weiter abgebaut werden soll und die der Tschechischen Republik 1995 erstmals unter 10 Prozent liegen dürfte.

Die Staaten der *zweiten* Gruppe konnten zwar 1995 ein leicht positives Wachstum des Bruttoinlandproduktes erzielen. Damit zeigt die Reformpolitik erste »Früchte«, jedoch stehen viele notwendige Strukturreformen in diesen Ländern noch aus. Insbesondere die Inflationsrate in diesen Ländern erscheint mit einem Intervall von 15–65 Prozent als sehr hoch, wobei die Haushaltsdefizite der einzelnen Länder offensichtlich über die »Geldpresse« finanziert werden.

In der *dritten* Gruppe verbleiben insbesondere die Nachfolgestaaten der auseinandergebrochenen Sowjetunion, die allesamt negative Wachstumsentwicklungen, dreistellige Inflationsraten sowie extrem hohe Haushaltsdefizite aufweisen. Der Anschluß – im Sinne eines Aufholens – an die übrigen Reformstaaten erscheint, um soziale und politische Unruhen zu vermeiden, ein Gebot der Stunde. Holz stellt heraus, daß bei den »Nachzüglern« ein ermüdeter Reformwille bereits deutlich zu erkennen ist, da die Anfangseuphorie über die gewonnene Freiheit verflogen ist und die Leidensfähigkeit der Bevölkerung bereits seit mehreren Jahren aufs äußerste strapaziert wurde (vgl. Holz 1994, S. 7). Eine zentrale Rolle in dieser Gruppe wird Rußland mit seiner rund 150 Millionen Menschen zählenden Bevölkerung sowie dem enormen Potential an natürlichen Ressourcen zufallen. Rußland wird für die übrigen Staaten dieser Gruppe eine Lokomotionsfunktion übernehmen müssen, wobei der Westen damit aufgefordert ist, ständig begleitend eine Unterstützung zur Selbsthilfe zu leisten. Dies kann zum einen über Weiterbildungsmaßnahmen der westlichen Wirtschaft im Sinne eines Know-how-Transfers erfolgen und zum anderen über Joint Ventures westlicher Unternehmungen mit dort ansässigen Unternehmungen. Dabei sind bereits einige Erfolge zu verzeichnen. Seit 1988 läßt beispielsweise das russische Recht Joint Ventures mit einer Auslandsbeteiligung bis zu maximal 49 Prozent zu. Ende 1993 waren 6359 wirtschaftlich aktive Gemeinschaftsunternehmungen registriert. Dabei haben die Joint Ventures überwiegend mittelständischen Charakter. Hilfreich für diese Entwicklung war auch sicherlich die kompromißlose Freigabe der Preise in Rußland Anfang 1992 (vgl. Kartte 1995, S. 38). Dieses trug entscheidend dazu bei, daß dem Mangel an Konsumgütern abgeholfen werden konnte.

Vor diesem Hintergrund sind jedoch zwei Sachverhalte von zentraler Bedeutung: sowohl die unmißverständliche Hinwendung Rußlands zu marktwirtschaftlichen Reformen wie die kompromißlose Freigabe der Preise als auch Toleranz – der westlichen Länder – für den Anpassungsprozeß, den Rußland für sich selbst wählen muß. Auf diese Tatbestände stellt auch Gaidar, einer der großen Wirtschaftsreformer Rußlands (vgl. Gaidar 1995, S. 6ff.), immer wieder ab. Er fordert ausdrücklich weitere Reformen hin zur Marktwirtschaft und zeigt die derzeitigen Probleme der Reformen, beispielsweise die finanzielle Instabilität des Staates, sowie die dazugehörigen Lösungsansätze auf.

Die bislang verdeutlichten Entwicklungen und Sachverhalte im »Osten« zeigen sich als herausfordernde Chancen und Risiken für internationale Unternehmungen (vgl. Pausenberger 1989, S. 383ff.), die in dieser Sphäre tätig sind bzw. tätig werden wollen.

Können (Heimat-)Unternehmungen ihre strategisch geprägten und mit der Praxiserfahrung »gestählten« Erfahrungen zur Ausgestaltung der Unternehmungspolitik, der Grundstrategien und der einzelnen Managementprozesse im Rahmen einer Aufnahme internationaler Aktivitäten in (»östlichen«) Gastländern weitgehend unverändert einsetzen? Sind gesellschafts- und kulturbezogene Anpassungen überhaupt erforderlich und – wenn sie erforderlich sein sollten – genauer: Wo und in welcher Art und Ausprägung sind entsprechende Anpassungen im Management durchzuführen?

Die Aufnahme internationaler Aktivitäten in den mittel- und osteuropäischen Transformationsländern führt – wird über »schlichte« Handels-/Austauschbeziehungen hinausgegangen – zu einem Management unter (fremd-)kulturellen oder fremd-gesellschaftsbezogenen Rahmenbedingungen und damit zu einem kulturspezifizierten Managementprozeß. Managementaufgaben werden dabei im Zusammenwirken mit Handlungspartnern/Mitarbeitern aus »fremden« Gesellschaften/Kulturen bzw. mit fremdkultureller Umwelt durchgeführt (vgl. hierzu und zu folgendem Kumar, 1995, S. 684). Dabei ist stets zu prüfen, ob die unter eigenen Kulturbedingungen bewährten Managementlösungsmuster im Rahmen der interkulturellen Aktivitäten gleichfalls gültig sind bzw. fremdkulturelle Gegebenheiten aufgenommen und entsprechende Phänomene über ein Lernen angepaßter Managementaktivitäten bewältigt werden können.

Betroffen vor diesen Kultur- und Gesellschaftsspezifika sind einerseits Unternehmungen mit ausländischen Mitarbeitern, wo beispielsweise Anreizstrukturen und Führungsstile auf »fremde« Motivationsgefüge auszurichten sind, andererseits aber speziell internationale Unternehmungen.

Gerade bei solchen transnationalen Unternehmungen können im westlichen Stammhaus bewährte Managementstrategien und -prozesse nicht ohne eine Berücksichtigung der kultur- und gesellschaftsbezogenen Grundmerkmale der östlichen Gastländer – in denen beispielsweise Tochterunternehmungen tätig sind – zum Einsatz kommen. Der Kultureinfluß resultiert dabei für große und kleine Unternehmungen in vielfältigen Anforderungen, die eine effiziente Gestaltung des Managementprozesses beachten muß.

Zur Verdeutlichung dieser Anforderungen, aber auch zur systematischen Einordnung der in diesem Buch versammelten Beiträge, wird hier zunächst ein umfassender Rahmen für ein Management unter interkulturellem Bezug entwickelt (vgl. Abbildung 1). Dieser stützt sich auf Entwicklungslinien, die gegenwärtig in den maßgeblichen Ansätzen zur grenzüberschreitenden Unternehmungstätigkeit, zum internationalen Management und zur Kulturabhängigkeit des Managements sichtbar werden (vgl. Engelhard/Dähn 1994, S. 247ff.; Kumar 1995, S. 684ff.; Perlitz 1995).

Sechs Elementgruppen bilden den Rahmen interkulturellen Managements, mit dessen Hilfe mittel- und osteuropäische Anforderungen aufgenommen, verdeutlicht und für die »Kulturspezifizierung« des Managements nutzbar gemacht werden können.

Als *erste Elementgruppe* – und einen Basisbereich verdeutlichend – sind *makrokulturelle Faktoren* zu sehen, die insgesamt auch als die gesellschaftlichen Kenngrößen bezeichnet werden können. Hierunter sind die natürlichen Gegebenheiten, Stand der Realitätserkenntnis und Technologie, kulturbezogene Werte und Ziele, soziale Beziehungen und Bindungen, rechtlich-politische Normen und Systeme sowie Gegebenheiten des Wirtschaftssystems zu zählen (vgl. zu einem ähnlichen Schichtensystem: Dülfer 1992, S. 207ff.).

Die *kulturbezogenen Werte* und Ziele könnten – einer Zusammenfassung von Kumar (1995, S. 689ff.) folgend – anhand der Dimensionen Machtdistanz, Individualismus versus Kollektivismus, Maskulinität versus Femininität (»Einstellung zu Leistung/Wettbewerb« u. ä.), Ungewißheitstoleranz und langfristige versus kurzfristige Orientierung (»Zeitorientiertung«) spezifiziert und aufgenommen werden. Für die *sozialen Beziehungen* kann über Familien-, Verwandtschafts-, Vereins-, Freizeit-, Gesundheits- und Religionssystem eine weitere Detaillierung durchgeführt werden.

Im *Wirtschaftssystem* äußern sich für Unternehmungen dann konkret insbesondere Merkmale der marktlichen und damit der marktaufgabenbezogenen Umwelt. Dabei kommt dem Ressourcenzugang bzw. ihrer Verfügbarkeit ebenso wie dem Sozialversicherungs-/versorgungssystem und der Rolle des Staates als Wirtschaftsakteur besondere Bedeutung zu. Aus der Sicht eines westeuropäischen Managers kondensieren diese makrokulturellen Faktoren in ost- und mitteleuropäischen und damit »fremd«-kulturellen Anforderungen *(zweite Elementgruppe)*. Sie verlangen dann eine Veränderung und Spezifikation des Managementprozesses.

Entsprechend einem Resümee von Kumar (1995, S. 687f.), sind hier im einzelnen folgende Handlungsfelder zu bewältigen:

- Interkulturelle Anpassungsprozesse (Aufgreifen (ost-)gastlandkonformer Problemlösungen).
- Lernen (»Kennenlernen der ›fremden‹ Situationsmerkmale; Gastlandsprache).
- Gastland-Beziehungsgestaltung (Fremde Unternehmungen sind im Gastland häufig »Eindringlinge«, die einen gefragten Status nur mühsam erringen können).

18 Management in Mittel- und Osteuropa

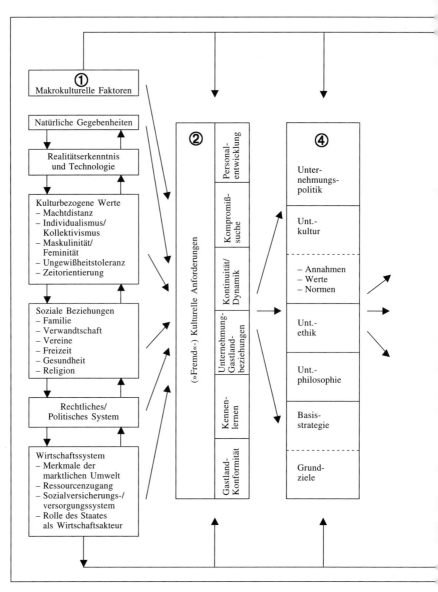

Abbildung 1: Management unter interkulturellem Bezug

Rahmen und Einordnung der Beiträge 19

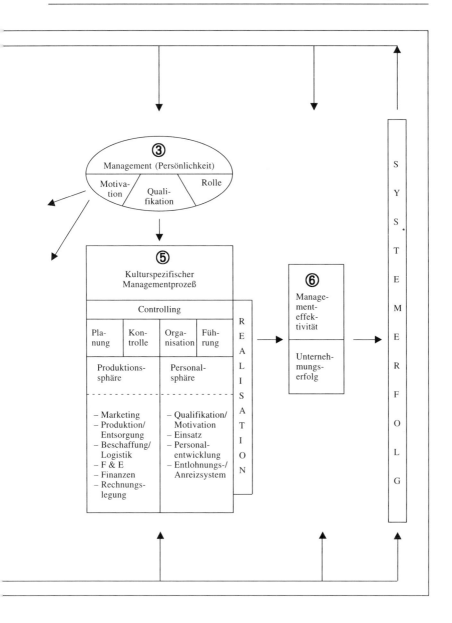

- Kontinuität und Dynamik (Anforderungen der Landesgesellschaften müssen in einem rollierenden System stetig und dauerhaft in Pläne der Muttergesellschaft einfließen).
- Kompromißsuche (Zwischen den originären Stärken der Stammhauskultur, -strategien und Handlungsweisen und den Anpassungsnotwendigkeiten hinsichtlich der lokalen Gastlandmerkmale sind effiziente Mischungsverhältnisse herauszufinden).
- Personalentwicklung (Motivation, Qualifikation und Aufnahmefähigkeit für (fremd-)kulturelle Sachverhalte sollten nicht (nur) über ein häufig schmerzendes »Lernen durch Tun vor Ort«, sondern zunächst über eine wohldurchdachte Personalausbildung und -weiterbildung erfolgen).

Eine *dritte Elementgruppe* umschreibt die Persönlichkeitsmerkmale von Managern, also Motivation und Qualifikation von Leitungskräften sowie ihre Rolle und ihr Rollenverständnis in der Unternehmung (vgl. hierzu auch die empirische Untersuchung von Holtbrügge 1995).

Zusammen mit den (»fremd«-)kulturellen Anforderungen und Gegebenheiten bildet das Wollen, Wissen und Können der Manager den Ausgangsbereich für die *vierte Elementgruppe,* die Bildung einer kulturspezifizierten Unternehmungspolitik und das Entstehen/Leben einer entsprechenden Unternehmungskultur, also von Annahmen, Werten und Normen, die in der Unternehmung gemeinsam getragen und gelebt werden (vgl. zur »binationalen Unternehmungskultur; Meffert 1990, S. 106ff.). Diese wiederum bilden – zusammen mit den Umfeldgegebenheiten – Ausgangsbereiche für die Entwicklung von Grundzielen und Basisstrategien.

Der (kulturspezifische) Managementprozeß *(fünfte Elementgruppe)* wird somit mittelbar bzw. unmittelbar von den vorgenannten vier Faktorgruppen geprägt.

Der Managementprozeß – aufgefächert in die Teilbereiche Controlling, Planung, Kontrolle, Organisation und Führung – richtet sich auf eine Produktionssphäre (»Von Marketing bis Rechnungslegung«; vgl. zu den Teilfunktionen: Perlitz 1995, S. 325ff.) und eine Personalsphäre (Qualifikation/Motivation, Einsatz, Personalentwicklung und Entlohnung).

Ergebnis der managementinduzierten Handlungs- und Realisationsprozesse ist die Managementeffektivität *(sechste Elementgruppe).* In ihr zeigt sich der Unternehmungserfolg. Dieser wiederum bildet die Basis

Rahmen und Einordnung der Beiträge 21

für einen möglichen Systemerfolg des Gastlandes insgesamt. Hierdurch werden wiederum – häufig allerdings nur sehr mittelbar – die vorgenannten Elementgruppen beeinflußt.

Aus dieser Auffächerung wird schon bei flüchtiger Betrachtung deutlich, daß eine länder- bzw. kultur*blinde* Übertragung/Übernahme fremdkultureller Managementprozesse und -systeme überwiegend nur zufällig Realisationserfolg im Gastland nach sich ziehen wird. Ähnlich dürfte dies für die Übernahme nicht kulturspezifizierter Systeme und Maßnahmen in der Produktions- und Personalsphäre gelten.

Wir haben uns vor diesem umfassenden Rahmenkonzept interkulturellen Managements bemüht, wichtige Element- und Faktorgruppen unter mittel- und osteuropäischer Perspektive mit den Beiträgen namhafter Praktiker und Wissenschaftler abzudecken, wobei auch eine gewisse Kanalisierung ihrer Erfahrungen, theoretischen Reflexionen und Gestaltungsvorschläge beabsichtigt war.

Nachfolgend soll dies mit einer Kurzcharakteristik und Zuordnung der Beiträge zu den Elementen des Rahmens verdeutlicht werden.

Der *zweite Abschnitt* richtet sich auf die Umfeldgegebenheiten Mittel- und Osteuropas, welche derzeit einem starken – auch mittelfristig weiter andauerndem – Wandel unterliegen. Einige der makrokulturellen Faktoren (erste Elementgruppe) und ihre Auswirkungen auf das Management stellt WLADIMIR GUTNIK in seinem Beitrag anhand der Managementtransformation in Rußland ausführlich dar. Zunächst skizziert er die wirtschaftspolitische Geschichte Rußlands und verdeutlicht vor diesem Hintergrund erste wirtschaftliche Veränderungen. Er analysiert die politischen Bedingungen der Transformation und gibt abschließend einen Überblick über die derzeitige wirtschaftliche und soziale Lage in Rußland.

ANDREJ YUDANOV verdeutlicht, wie spezifische makrokulturelle Faktoren der mittel- und osteuropäischen Länder auf die Unternehmungspolitik (vierte Elementgruppe) der Unternehmungen dieser Länder gewirkt haben und beschreibt den daraus resultierenden kulturspezifischen Managementprozeß in einer Planwirtschaft anhand der Darstellung von (unterschiedlichen) Unternehmungstypen. Hierauf aufbauend charakterisiert Yudanov die neu entstandenen und entstehenden Unternehmungstypen der Transformationswirtschaft.

Anhand der Darstellung der makrokulturellen Faktoren in den Visegradländern Ungarn, Polen, Tschechien und Slowkei zeigen GERHARD BRENDEL und HANS BRUDER günstige Voraussetzungen für Investitionen in diesen Ländern auf. Sie beschreiben ausführlich die Bedingungen für Investitionen und zeigen die Annäherung der Visegradländer an die Europäische Union auf.

Der *dritte Abschnitt* stellt insbesondere die kulturellen Anforderungen (zweite Elementgruppe) der mittel- und osteuropäischen Länder dar. Diese Anforderungen bilden den Orientierungsrahmen für die Möglichkeiten und Grenzen bei der Übertragung von westlichem Management-Know-how auf die Transformationsländer.

LOTHAR BAYER plädiert aufgrund der stark abweichenden kulturellen Anforderungen in Mittel- und Osteuropa von der westlichen Hemisphäre für kulturgerechte Konzepte eines Managements in diesen Ländern. Er zeigt auf, daß die Abweichungen insbesondere auf die geschichtliche Entwicklung zurückzuführen sind, welche die Kultur in Mittel- und Osteuropa entscheidend geprägt hat. Eine gute Kenntnis der Geschichte und der unterschiedlichen Mentalitäten ist für ihn einer der grundlegenden Erfolgsfaktoren für ein kulturgerechtes Managementkonzept. Dabei ist nicht zu vernachlässigen, daß das unternehmerische Denken in Mittel- und Osteuropa durch die Planwirtschaft geprägt wurde und sich von diesem Ausgangspunkt her verändert.

Welche weiteren Faktoren dazu beitragen, Investitionen in Ländern Mittel- und Osteuropas zum Erfolg zu führen, auf diese Thematik stellt der Beitrag von BERND EGGERS, MARTIN EICKHOFF und LEONID DIMANT ab. Sie stellen ausgewählte Erfolgsfaktorkonzepte vor und leiten hieraus wichtige Determinanten des wirtschaftlichen Erfolgs unter Berücksichtigung makrokultureller Faktoren und kultureller Anforderungen Ost- und Mitteleuropas ab.

Der empirische Beitrag von WILHELM EBERWEIN und JOCHEN THOLEN beschreibt russische Manager in bezug auf Motivation, Qualifikation und Rolle (dritte Elementgruppe). Die Grundlage hierfür bilden 40 Interviews mit Betriebsdirektoren und stellvertretenden Direktoren aus 32 Industriebetrieben in Rußland und der Ukraine. Es wird deutlich, daß durch die Umgestaltung der russischen Ökonomie hohe Anforderungen an die dortigen Manager gestellt werden. Die Autoren identifizieren vier unterschiedliche Managertypen, die jeweils einen Weg verkörpern, um den Anforderungen des dortigen Marktes gerecht zu werden.

An den Beitrag von Eberwein/Tholen knüpfen MICHAEL SCHLESE und FLORIAN SCHRAMM mit einer Untersuchung zur Arbeitseinstellung in den mittel- und osteuropäischen Ländern an. Sie beschreiben, wie kulturbezogene Werte und soziale Beziehungen die »Arbeitshaltung« der Menschen beeinflussen. Familie und Arbeit sind in allen untersuchten Ländern von höchster Bedeutung. Unterschiede in der Arbeitseinstellung werden aber hinsichtlich der Arbeitsethik deutlich. Aus den Ergebnissen ihrer Untersuchung abgeleitet geben sie schließlich Empfehlungen für die Führungspraxis in den Transformationsländern.

Im *vierten Abschnitt* werden Möglichkeiten und Grenzen des Managementtransfers für Mittel- und Osteuropa aufgezeigt. Die Beiträge beschäftigen sich sowohl mit der dritten Elementgruppe im Hinblick auf die Ausbildung von Managern als auch mit der vierten Elementgruppe der Unternehmungspolitik.

MARKUS HERLINGHAUS und MANFRED STOLZENBURG konstatieren in ihrem Artikel, daß die Folge von derzeit fehlenden Managementsystemen in den Transformationswirtschaften eine starke Ausrichtung der Unternehmungen auf die Manager selbst bewirkt. Unter dieser Prämisse verdeutlichen Sie, daß gegenwärtig in der westlichen Welt angewandte Managementsysteme nicht ohne weiteres auf Unternehmungen in Mittel- und Osteuropa übertragen werden können. Sie vertreten jedoch die Auffassung, daß sich die dortigen Unternehmungen mittelfristig den westlichen Managementmethoden öffnen müssen, um langfristig im internationalen Wettbewerb konkurrenzfähig zu sein. Am Beispiel einer St. Petersburgers Großunternehmung verdeutlichen die Autoren ihre Thesen.

PETER THEINER beschäftigt sich mit Weiterbildungsprogrammen westlicher Anbieter für Führungskräfte aus Mittel- und Osteuropa. Er fokussiert mit diesem Beitrag auf die dritte Elementengruppe der Managementpersönlichkeit. Theiner legt dar, daß auch Weiterbildungsmaßnahmen sich der stetig wandelnden Marktsituation in den Transformationswirtschaften anzupassen haben, um erfolgreich zu sein und den Managern ein praktikables und erfolginduzierendes Wissen zu vermitteln.

FRIEDHELM MEISSNER und A. LISSANSKY verlassen die westliche Betrachtungsweise für den Managementtransfer. Die Autoren beschäftigen sich mit der Frage, welche Anforderungen aus mittel- und osteuropäischer Sicht für einen effektiven Lernprozeß der transformierenden Wirtschaften bei einem Know-how-Transfer zu erfüllen sind. Anhand der Darstellung von unterschiedlichen, bereits praktizierten Kooperationen zum Transfers von Managementwissen wird erkennbar, daß als wesentliche Voraussetzungen für den Erfolg Partnerschaftlichkeit, Offenheit und Ableitung der Ziele der Zusammenarbeit aus den jeweilig national bestimmten Notwendigkeiten und Rahmenbedingungen herauszuheben sind.

Mit der Managementeffektivität und dem Unternehmungserfolg beschäftigt sich der letzte Artikel des vierten Abschnitts. THOMAS KÜHN untersucht die Beweggründe der Zusammenarbeit von deutschen und russischen sowohl kleineren als auch mittleren Unternehmungen. Dabei liegt es zunächst nahe, insbesondere ostdeutsche Unternehmungen – aufgrund ihrer traditionellen Affinität und ihrer Kenntnis »fremd-«kultureller Anforderungen in Mittel- und Osteuropa – bei dieser Untersuchung zu betrachten. Kühn zeigt Erfahrungen derartiger Kooperationen aus einer Projektarbeit auf.

Der *fünfte Abschnitt* widmet sich der Managementpraxis in Mittel- und Osteuropa. Dabei wird sowohl die fünfte Elementgruppe, der kulturspezifische Managementprozeß, als auch die sechste Elementgruppe, die Managementeffektivität und der Unternehmungserfolg, näher betrachtet.

HENNINGS STRAUBEL gibt mit seinem Beitrag einen Einblick in die praktische Umsetzung eines Joint Ventures zwischen einer westdeutschen und osteuropäischen Automobilunternehmung. Der Autor verdeutlicht die Auswirkungen der Zusammenarbeit von zwei wirtschaftlich unterschiedlich geprägten Partnern auf den Managementprozeß; sowohl Produktions- als auch Personalsphäre müssen sich gegenseitig annähern, damit das Joint Venture im Markt erfolgreich bestehen kann. Darüber hinaus werden die makroökonomischen Faktoren, vor deren Hintergrund das Joint Venture umgesetzt wurde, ausführlich dargelegt.

ALBERT JUGEL zeigt auf, daß die mittel- und osteuropäischen Länder Wachstumsmärkte sind, die erhebliche Gewinnpotentiale bergen. Chancen und Risiken bei der Finanzierung von Geschäften in diesen Ländern werden betrachtet sowie unterschiedliche Möglichkeiten der Finanzierung vorgestellt. Gefordert ist seines Erachtens jedoch Kreativität, um neue Finanzierungsmöglichkeiten selbst zu entwicklen, Gewinnpoten-

tiale heben zu können und Risiken, die sich durch Geldmangel der östlichen Geschäftspartner ergeben, zu minimieren.
BERND SCHWARZ berichtet aus der Sicht eines westlichen Unternehmers über Erfahrungen bei der Neuordnung eines kulturspezifischen Managementprozesses aufgrund der Übernahme eines osteuropäischen Gebäckherstellers durch einen westdeutschen Produzenten der gleichen Branche. Auch in diesem Beitrag wird deutlich, daß die Neuordnung nur gemeinsam mit dem Partner vor Ort durchgeführt werden sollte. Geleistet wurde die Neuordnung von einem Projektteam, zusammengesetzt aus Mitarbeitern der Tochter- und der Muttergesellschaft. Abgeschlossen wird dieser praxisorientierte Beitrag mit einer Darstellung der Anpassung der Managementinstrumente am Beispiel des Bereiches Finanzen/Controlling.

Der *sechste Abschnitt* dieses Buches zeigt Perspektiven für ein erfolgreiches Management in und für Mittel- und Osteuropa aus wissenschaftlicher und praktischer Sicht auf. CLAUS STEINLE und HEIKE BRUCH leiten diese aus der integrativen Gesamtschau der sehr heterogenen Managementperspektiven der anderen Beiträge ab. So identifizieren sie einige markante Gemeinsamkeiten der Problemlandschaft in Mittel- und Osteuropa, die spezifische Managementpraktiken sowie Vorgehensweisen in und für die Transformation nahelegen.

Abschließend bleibt nochmals die gesellschaftspolitische Forderung eines wirtschaftlichen Engagements in den Mittel- und Osteuropäischen Staaten herauszustellen, wozu dieses Buch mit seinen unterschiedlichen Beiträgen wichtige Handlungshinweise und -anregungen liefern soll.

Literatur

Dülfer, E. (1992), Internationales Management in unterschiedlichen Kulturbereichen, 2. Aufl., München 1992.
Engelhard, J./Dähn, M. (1994), Internationales Management; in: Die Betriebswirtschaft, 54. Jg., Nr. 2, 1994, S. 247–266.
Gaidar, E. (1995), New Tasks: The Choice is ours; in: Problems of Economic Transition, June, 1995, S. 6–15.
Habuda, J./Jennewein, M. (1995), Unternehmensanpassung in den Transformationsländern; in: IFO Schnelldienst, Heft 12, 1995, S. 9–18.

Holtbrügge, D. (1995), Entsendung von Führungskräften nach Mittel- und Osteuropa; in: Personal, Nr. 1, 1995, S. 15–19.

Holz, D.-U. (1994), Stand der Reformen/Wirtschaftsentwicklung; in: Frankfurter Allgemeine Zeitung/manager magazin (Hrsg.), Osteuropa-Perspektiven, Jahrbuch 1994/95, Frankfurt am Main/Hamburg 1995, S. 6–11.

Jansen, H. (1993), Zukunftsmarkt mit Hindernissen: Verhaltene Expansion deutscher Unternehmen nach Mittel- und Osteuropa; in: Dynamik im Handel, Heft 10, 1993, S. 45–47.

Kartte, W. (1995), Aufbruch zum Markt: Als Wirtschaftsberater in Rußland, Hamburg 1995.

Kumar, B. N. (1995), Interkulturelles Management; in: Corsten, H./Reiß, M. (Hrsg.), Handbuch Unternehmungsführung, Wiesbaden 1995, S. 683–692.

Meffert, H. (1990), Implementierungsprobleme globaler Strategien; in: Welge, M. K. (Hrsg.), Globales Management, Stuttgart 1990, S. 93–115.

Pausenberger, E. (1989), Plädoyer für eine »Internationale Betriebswirtschaftslehre«; in: Kirsch, W./Picot, A. (Hrsg.), Die Betriebswirtschaftslehre im Spannungsfeld zwischen Generalisierung und Spezialisierung, Wiesbaden 1989, S. 381–396.

Perlitz, M. (1995), Internationales Management, (2. Aufl.), Stuttgart 1995.

II. Abschnitt
Mittel- und osteuropäische Umfeldgegebenheiten – Implikationen für das Management

Die politischen, ökonomischen und sozialen Gegebenheiten als Faktoren der Managementtransformation in Rußland

Wladimir Gutnik

Die alten Methoden der Betriebsführung sind in Rußland noch nicht voll überwunden. Die Rahmenbedingungen verändern sich aber und haben widersprüchliche Auswirkungen auf die Managementtransformation. Der vorliegende Beitrag diskutiert nur einige wichtige Faktoren des Wandels in Wirtschaft und Gesellschaft, welche einzigartige Reaktionen der Unternehmensleitungen hervorrufen. In der Politik sind die autoritären Tendenzen von besonderer Bedeutung – sogar in den reformorientierten Kreisen. Sie korrelieren mit der überkommenen, monopolistischen und wettbewerbsfeindlichen Wirtschaftsordnung, die einen schnelleren Ausweg aus der ökonomischen und sozialen Krise verhindert. Die – allerdings nicht immer marktadäquate – Anpassungsfähigkeit der russischen Unternehmensleiter ist ziemlich hoch. Bei einer konsequeneten Einführung der marktwirtschaftlichen Ordnung, würde sich die Management-Transformation in den russischen Direktorien schnell vollziehen.

1. Ausgangssituation der Bedingungen der Managementtransformation und erste Veränderungen

Die gegenwärtigen Veränderungen auf der Betriebsebene in Rußland spiegeln die widersprüchlichen Prozesse in der Politik und der Wirtschaft wider. Sie bestätigen sehr gut den Grundsatz des deutschen Ökonomen Walter Eucken über die Interdependenz der Ordnungen. Der unternehmerische Geist wird immer stärker, kann sich aber ohne günstige Rahmenbedingungen und bei den unterentwickelten oder sogar für die marktwirtschaftliche Tätigkeit feindlichen Teilordnungen (Wirtschaftsordnung, Rechtsordnung, Sozialordnung) nicht realisieren. Dasselbe gilt auch für die russischen Manager: Sie sind nur formelle und *potentielle* Manager, in der Realität bleiben sie jedoch im großen und ganzen noch

»rote Direktoren« mit den alten Methoden der zentralverwaltungswirtschaftlichen Lenkung.

Die »sozialistische Produktionsverwaltung« ist noch nicht in Management umgewandelt. Das hängt weniger von den sozio-psychologischen und kulturellen Faktoren, also weniger von der »russischen Mentalität« ab, vielmehr bestimmen gerade politische, ökonomische und soziale Daten die Handlungsweise der Betriebsleiter in Rußland. Diese Daten und Rahmenbedingungen sind aber nicht konstant. Sie verändern sich sehr schnell und haben nicht eindeutige, sondern sogar widersprüchliche Wirkungen auf die Unternehmen und ihr Management.

Die Betriebsleiter versuchen, sich diesen, für sie ungewöhnlichen Bedingungen anzupassen. So entsteht eine neue einzigartige Form von Management – in einem Wirtschaftssystem mit alten, zentralverwaltungswirtschaftlichen und neuen, marktwirtschaftlichen Elementen, unter grundsätzlich unternehmensfeindlichen Bedingungen, in der permanenten Krise und bei einer unvorhersagbaren Politik der Machtbehörden. Dieses Management wäre sehr stark, wenn es diese Übergangsperiode überleben könnte.

Der Präsident, die Regierung und andere Behörden versuchen, diese Bedingungen marktwirtschaftlich umzugestalten, wobei die berühmten Worte Tschernomyrdins gelten: »Wir möchten es möglichst gut machen, es wurde aber wie immer«.

Auf die Managemententwicklung wirken sowohl allgemein politische und wirtschaftliche Prozesse, als auch konkrete, unmittelbar auf die Unternehmen gerichtete Maßnahmen. Diese letzteren sind meines Erachtens heutzutage weniger relevant als die globale wirtschaftspolitische Tätigkeit. Natürlich spielen in dieser Hinsicht nicht nur politische und wirtschaftspolitische Prozesse eine große Rolle, sondern auch die Veränderungen auf der Mikroebene (z. B. die neue Gestaltung der wirtschaftlichen Beziehungen mit Lieferanten und Kunden, Verteilung der Eigentumsrechte usw.).

Der nachfolgende Aufsatz diskutiert nicht alle beeinflussenden Faktoren der Managementtransformation in Rußland, sondern nur einige aus verschiedenen Gebieten. Wir versuchen, die allgemeine politische und wirschafliche Situation zu analysieren, einige wirtschaftspolitische Maßnahmen zu bewerten und die Reaktion der Betriebsleiter (»Manager«) zu zeigen. Für weitreichende Verallgemeinerungen der unternehmerischen und managementbezogenen Entwicklungen ist es noch *nicht* an der Zeit. Deshalb verwenden wir öfter Beispiele, die keineswegs allgemeine Tendenzen im instabilen, gegenwärtigen Rußland widerspiegeln.

Zuerst skizzieren wir aber kurz die Ausgangssituation für die Betriebsverwaltung vor den marktwirtschaftlichen Reformen sowie erste Transformationsschritte.

Die wirtschaftspolitische Geschichte Rußlands ist die Geschichte permanenter Experimente und Reformen. Die Hauptkennzeichen der Reformen der sechziger bis achtziger Jahre waren Inkonsequenz und Inkomplexität. Immer wieder wurde versucht, das existierende Wirtschaftssystem zu vervollkommnen, ohne es grundsätzlich zu verändern oder durch ein anderes System zu ersetzen. Die Perestrojka in den achtziger Jahren war der letzte derartige Versuch.

Die sowjetischen Direktoren befanden sich 60 Jahre (vom Ende der zwanziger Jahre bis fast zum Ende der achtziger Jahre) in einem System strenger Hierarchie, der Befehlsplanung, aber auch in einer Situation ohne »normale« Ordnung der Wirtschaft. Dies bedeutete unvollkommene Planung, Nichtübereinstimmung der geplanten Ziele und der vorhandenen Ressourcen sowie ein permanentes Defizit fast aller Ressourcen. Das ständige Problem mit den Lieferungen zwang Direktoren zu starken und »unternehmerischen« Handlungen, die aber vielfach nur in Anpassungen an harte, »administrative Beschränkungen« bestanden.

Eine der wichtigsten Aufgaben des Direktors der Sowjetzeit war z. B. die beharrliche Bemühung, möglichst niedrige Plankennziffern zu bekommen, um diese dann überzuerfüllen. Die anderen Vertreter der Betriebsleitung handelten in dieselbe Richtung, wobei die Versorgung mit Materialien als Hauptaufgabe galt. Diese Tätigkeiten von Direktoren und anderen sowjetischen »Managern« waren wirklich »unternehmerische« und riskante, wurden aber in einer antiunternehmerischen Umgebung durchgeführt. Deshalb wurden die initiativen Leiter entweder mit einem Orden oder mit Gefängnishaft »ausgezeichnet«.

Es kam nicht darauf an, neue Märkte zu suchen oder neue Methoden der Effizienzsteigerung zu entwickeln. Im Gegenteil: Jede Innovation führte zur Verschlechterung der Bedingungen für die Planerfüllung, weil die Direktivorgane in dieser nicht geplanten Innovationstätigkeit nur die Möglichkeit sahen, die Planaufgaben für den fortschrittlichen Betrieb drastisch zu erhöhen. Es gab zahlreiche Beispiele, daß ein effektiv arbeitender Betrieb ein niedrigeres Einkommen bekam als andere. Es gab allerdings auch Ausnahmen, wenn die Initiative von den hohen Parteibehörden unterstützt wurde (interessanterweise gingen fast alle der offiziell innovationskräftigsten Betriebe der Spätsowjetzeit, wie z. B. das Werkzeugmaschinenbauwerk ›Iwanowo‹, nach der Perestrojka praktisch bankrott).

Ab 1991 begann die Systemtransformation – allerdings nicht systematisch. Es herrschte die Neigung, mit der Einführung einzelner Elemente (mit einer punktuellen Wirtschaftspolitik) den Reformprozeß in Gang zu setzen.

Die Politik des Gaidar-Kabinetts ist nicht eindeutig einzuschätzen (vgl. Gutnik 1993). Einerseits wegen der beschränkten und unbegründeten Orientierung auf monetaristisch geprägte haushaltspolitische Instrumente, welche getrennt von anderen wichtigen Transformationsaufgaben kaum zu den festgelegten Zielen der Regierung führen konnten. Das war fast reine *Stabilisierungspolitik,* aber nur in sehr geringem Maße eine *Transformationspolitik*. Die Gaidar-Regierung verzichtete darüber hinaus auch auf eine zusammenhängende *Ordnungspolitik*.

Daraus folgten widersprüchliche und unbeständige Maßnahmen, die eher als marktwirtschaftsfeindlich galten. Als Beispiele nennen wir übermäßige Steuern und administrative, bürokratische Hemmnisse der freien unternehmerischen Tätigkeit. Diese und ähnliche Hindernisse verhindern bis heute ein effektives Management.

Trotz einer »radikalen« Finanzpolitik und scharf restriktiver Maßnahmen der Haushaltspolitik gelang es der Regierung nicht, wirklich tiefgreifende Budgetrestriktionen für die Staatsbetriebe einzuführen. Eigentlich erhalten diese Betriebe noch heute große staatliche Subventionen – wenigstens für Löhne und Gehälter. Die frühere sozialistische Kunst, zusätzliche Finanzierung von den staatlichen Behörden zu erhalten, ist auch weiterhin sehr nützlich.

Eine der Ursachen des relativen Mißerfolges der Wirtschaftspolitik in den Jahren 1991–1992 war nicht der »unversönliche radikale Liberalismus« des Gaidar-Kabinetts (was viele Kritiker damals behaupteten und noch heute behaupten), sondern, im Gegenteil, *der Mangel an zusammenhängenden und breiten marktwirtschaftlichen Reformen.* Nur in einem Bereich allein ist die Systemtransformation kaum realisierbar.

Andererseits aber hat diese Regierung dem alten Kommandowirtschaftssystem sehr starke Schläge versetzt und stieß verschiedene Veränderungsprozesse an. Die sogenannte Preisliberalisierung war – unter den Umständen der beibehaltenen monopolistischen und prinzipiell administrativen Preisbildung – zuerst nur eine bloße Preiserhöhung aufgrund der Senkung oder Aufhebung der Subventionierung der Preise durch den Staatshaushalt. Diese neuen Preise stellten keinesfalls Konkurrenzpreise dar, sie nicht dem Gesetz von Angebot und Nachfrage unterstanden, sondern einfach die tatsächlichen Kosten und den »geplanten« Profit deckten.

Diese noch administrativen Preise tendierten jedoch zu Konkurrenzpreisen und stimulierten wenigstens den Handel. Das war freilich kein normaler, sondern ein deformierter Handel – vorwiegend mit alkoholischen Getränken, Zigaretten und Süßigkeiten sowie Computern aus dem Ausland. Diese Aktivitäten spielten jedoch eine bedeutende Rolle als starker Anstoß für die *unternehmerische* Tätigkeit in Rußland und entwickelten sich sehr schnell im ganzen Land.

Als wichtiges Ergebnis bezeichnen wir auch die raschen Veränderungen in der menschlichen Psychologie, die noch vor vier Jahren nicht zu erwarten waren (vgl. Miegel 1992). Die Anpassung an die neuen Bedingungen war natürlich für viele Menschen nicht leicht. Nicht immer war eine solche Anpassung optimal (öfter nicht effizient). Millionen Menschen verloren aber den Glauben an den reichen und paternalistischen Staat und begannen selbständig irgendeinen Ausweg zu suchen. Die Mentalität veränderte sich natürlich noch nicht, aber der Prozeß begann.

Als Ergebnis der ersten Reformjahre entstand eine unzusammenhängende Mischung von nicht koexistenzfähigen Elementen der alten Zentralverwaltungswirtschaft, der Marktwirtschaften (wettbewerbliche, oligopolistische, monopolistische) und des bürokratischen Staatskapitalismus (oder sogar des »industriellen Feudalismus«). Das führte nicht nur zu einer widersprüchlichen Entwicklung und geringen Wirksamkeit der einzelnen Elemente, sondern auch zu ihrer Deformation (z. B. im Fall der Privatisierung). Andererseits kann man jedoch diesen Prozeß als »normal« (und nicht lediglich als »enttäuschend« oder »katastrophal«) bezeichnen. Für das Land, das nicht nur die sozialistische Ordnung schuf und 70 Jahre in ihr lebte, sondern auch noch heute keine endgültige politische Entscheidung getroffen hat, ist diese Entwicklung fast »gesetzmäßig«. Dieser Prozeß hat einen iterativen und kaum geradlinigen Verlauf.

Das erklärt auch die Paradoxie der gegenwärtigen wirtschaftlichen und sozialen Situation in Rußland: Der Produktionsrückgang geht nicht mit wesentlicher Arbeitslosigkeit und Betriebskonkursen einher, die Einkommen der Bevölkerung werden nicht nur nicht geringer, sondern steigen sogar an. Die verabschiedeten strukturellen und institutionellen Veränderungen (Prinzip der normalen Haftung, Trennung der staatlichen Finanzen von den betrieblichen, Sanierung der Betriebe und Schließung von perspektivlosen Unternehmen, Regelung des Wertpapiermarktes, Reform des Bankensystems usw.) sind jetzt von besonderer Bedeutung, aber gleichzeitig auch besonders gefährlich – in erster Linie die wirkliche Sanierung der Betriebe, die erstens eine große Konkurswelle auslösen und zweitens so viel Geld verbrauchen könnte, daß das Finanzsystem des Landes endgültig zerstört würde.

Diese Konkurse sind gegenwärtig, vom sozialpolitischen Standpunkt aus betrachtete, notwendige wirtschaftspolitische Maßnahmen und gleichzeitig ein höchstgefährliches Geschehen. Die politischen Konsequenzen könnten für die weitere Transformation tödlich sein.

2. Politische Bedingungen der Transformation

Von der Politik hängt jetzt nicht nur die Transformation der Wirtschaftsordnung ab, sondern auch das Alltagsleben der Menschen. Letzte nehmen aber eine immer gleichgültigere Haltung zum politischen Kampf ein. Die Tendenz zur Entpolitisierung der Bevölkerung wird immer deutlicher. Die Menschen glauben der Macht als Ganzes nicht mehr (egal, ob diese altkommunistisch oder neudemokratisch ist). Die *Nomenklaturisierung* der neuen Macht fand schnell und erfolgreich statt. Die Mehrheit der Bevölkerung ist gegen die Rückkehr in die sozialistische Planwirtschaft, sieht aber keine klaren Grundrisse der neuen Ordnung und unterstützt die heutigen Entwicklungen meistens nicht bzw. nicht konsequent genug.

Die politische Elite hat sich allmählich auch von der Bevölkerung entfernt. Weder Regierung noch Parlament haben eine gewisse Basis in der Bevölkerung, auf die sie sich stützen könnten. Die früheren Massenkundgebungen zu Jelzins Unterstützung oder für die Bewegung »Demokratisches Rußland« gehören der Geschichte an. Das ist in den Großstädten (Moskau, St.-Peterburg) besonders zu bemerken. Gleichzeitig wird die relative Bedeutung der kleinen Städte für den politischen Prozeß erhöht. Provinzielles Denken drängt in die Politik. Und das ist das

Denken der besonders von der Depression betroffenen Gebiete, die keine Aufschwungperspektive sehen. Es besteht aus einer Mischung von nostalgischem Konservatismus und Radikalismus und ist insgesamt stark von der Sackgassensituation geprägt.

Die Differenz der regionalen Interessen wird größer. Die Regionen stehen praktisch kaum noch unter der Kontrolle des Zentrums und suchen daher eine selbständige Variante des Auswegs aus der Krise.

Eines der wichtigsten Probleme, vor der die heutige politische Elite steht, ist jedoch nicht die optimale marktwirtschaftliche Transformation, sondern die neuen allgemeinen Wahlen des Parlaments und des Präsidenten. Trotz innerer Widersprüche hat sich die Elite vor kurzem sogar konsolidiert, um die Frage der Machtverteilung (oder -beibehaltung) ohne Überraschungen und hinter den Kulissen lösen zu können.

Einigen Beobachtern zufolge wird eine »schleichende autoritäre Transformation des politischen Systems« schon manifest (vgl. Schulze 1995, S. 309). In bekannten Fällen der jüngsten Geschichte spielte Autoritarismus eine positive Rolle bei der Modernisierung des Wirtschaftssystems (Chile, Korea, Singapur), allerdings mit hohen Kosten der Unterdrückung der politischen Freiheiten und Menschenrechte.

In Rußland ist ein wirtschaftlicher »Erfolg« des Autoritarismus mehr als zweifelhaft: Autoritäre Kräfte können und wollen die wirklich grundlegenden marktwirtschaftlichen Reformen nicht durchführen. Denn diese wirken der Festigung ihrer Machtpositionen entgegen. Außerdem sind diese Kräfte traditionell (anders z. B. als in Chile) mehr zentralverwaltungswirtschaftlich orientiert. Autoritarismus der national-patriotischen Prägung kann in Rußland die marktwirtschaftliche Transformation beenden. Die Unternehmen würden strategisch sehr viel riskieren, wenn sie autoritäre Tendenzen unterstützen würden. Andererseits hoffen sie aber gerade auf spezielle Begünstigungen und Privilegien von einer autoritären Regierung, die eine protektionistische Politik durchführen würde.

Der Konflikt zwischen dem Präsidenten/der Regierung und dem Obersten Sowjet war im Herbst 1993 ein reiner Machtkampf zweier Institutionen, hinter dem kaum Konzeptionen bzw. ein Kampf um Ideen steckte. Jelzin und seine Gruppe waren nicht die bewußten Anhänger der wettbewerbsorientierten marktwirtschaftlichen Ordnung. Chasbulatow und der Oberste Sowjet waren nicht die eindeutigen Gegner der Marktwirtschaft. Der Kampf um die Machtpositionen wurde entschieden, aber die Frage über die Konzeption der Transformation nicht. Rußland bekam vermutlich das politisch klügere und vorsichtigere, aber von marktwirtschaftlichen Reformen noch immer weit entfernte Parlament, eine »Koalitionsregierung«, genauer gesagt eine Mix-Regierung, als allgemeinen Kompromiß und eine neue Situation der Unsicherheit um den Präsidenten, der wegen des Erstarkens von Shirinowsky mehr über die Machterhaltung (breit verstanden) nachdenkt, als über die richtige Wirtschaftstransformation.

Allerdings könnte diese Entfremdung der politischen Eliten von den Problemen der Wirtschaftsordnung in der heutigen Situation (genauer: bei den heutigen Machthabern) für die Selbstentwicklung der neuen Wirtschaftsformen nicht unbedingt schlecht sein – obwohl sie ohne Rahmenbedingungen und wohldefinierte Spielregeln riskant bleibt (z. B. Gefahr einer noch größeren Kriminalisierung der Wirtschaft). Es ist gefährlich, daß sich wirtschaftliche Abläufe nahezu in einem politischen und gesetzlichen Freiraum bewegen. »Die in diesem Freiraum agierenden Gruppen haben auch kein Interesse daran, daß sich effiziente Staatsinstanzen, die die Nichtbefolgung von Gesetzen sanktionieren würden, schneller entwickeln. Hier liegt ein ursächlicher Zusammenhang für Korruption, Amtsmißbrauch, Begünstigungen und schließlich für die Macht des organisierten Verbrechens« (Schulze 1995, S. 306).

Die institutionelle Gestaltung der Wirtschaftsordnung in Rußland könnte ganz verschieden ausfallen. Die folgenden Szenarien sind bei den jeweiligen politischen Entscheidungsträgern wahrscheinlich zu erwarten.

Gravierende Änderungen der wirtschaftspolitischen Linie Rußlands sind nur dann anzunehmen, wenn A. Ruzkoj oder G. Syganov im Bündnis mit den Radikalkommunisten (V. Aypilov u. a.) bei den Parlaments- und Präsidentenwahlen siegen würden. In diesem Falle könnten die neuen Machthaber selbstverständlich versuchen, die marktwirtschaftlichen Kräfte zu begrenzen und die staatliche Regulierung zu verstärken (besonders den Ausbau der Umverteilungspolitik). Aber sogar hier ist keine Rückkehr zur sozialistischen Planwirtschaft zu erwarten, eher eine gemischte Wirtschaft mit starker staatlicher Lenkung und Elementen der Marktwirtschaft (auch mit »kleinem« Privateigentum). Die marktwirtschaftlichen Kräfte besitzen bereits starke Durchsetzungskraft, und relativ große Interessengruppen (hauptsächlich im Finanz- und Handelsbereich) zwingen zur Beachtung ihrer Interessen.

Bei anderen Szenarien (W. Schumejko, G. Jawlinsky, Ju. Skokow, Ju. Lushkow etc.) wird dieselbe Linie marktwirtschaftlicher Reformen fortgesetzt, jedoch mit unterschiedlicher Prägung:

– Schumejko (oder Skokow): »staatsmonopolistischer Kapitalismus«,
– Jawlinsky: »soziale Marktwirtschaft«,
– Lushkow: »administrativ-bürokratischer Kapitalismus«.

Es kommt hier natürlich nicht auf Modelle an, sondern nur auf Prägungen, denn in der Wirklichkeit ist eine gewisse Mischung aller dieser Formen am wahrscheinlichsten.

Die »demokratischen Radikalen« (G. Burbulis, P. Filippow, teilweise B. Fjodorow u.a.), die für die freie wettbewerbliche Marktwirtschaft plädieren, haben zur Zeit kaum spürbares politisches Gewicht.

Von Shirinowsky ist alles mögliche zu erwarten. Er kann wirklich radikale Veränderungen bringen, z. B. drastische Importzölle einführen, Preiskontrollen festsetzen oder die Rüstungsindustrie erneut subventionieren und fördern. Er könnte aber auch eine vorsichtigere und vernünftigere Politik betreiben und prinzipiell einer wirtschaftspolitischen Linie folgen, die der Schumejkos ähneln würde.

Die Gründung zweier neuer Wählervereinigungen – die konservativ-demokratische Bewegung »Unser Haus – Rußland« unter der Leitung des Ministerpräsident Viktor Tschernomyrdin und die linkszentristische oder sozial-demokratische Vereinigung mit Duma-Sprecher Iwan Rybkin an der Spitze – bedeutet keine wesentliche politische und wirtschaftspolitische Innovation. Vielmehr war es nur eine taktische Entscheidung, um den Sieg der heutigen Macht zu gewährleisten. Diese zwei Vereinigungen werden aber langfristig kaum funktionsfähig sein.

Für Unternehmen und Manager der privatisierten Betriebe bringt diese Entwicklung neue Ungewißheiten und – im Fall des Sieges der »Machtparteien« (was eigentlich zweifelhaft ist) – die Verstärkung der bürokratischen Verwaltung auch in der Wirtschaft, insbesondere auf regionaler Ebene, wo sich die Positionen der Leiter der örtlichen Behörden festigen werden. In diesem Fall ist eine noch engere Verflechtung der Unternehmens- und Administrationsleiter nicht auszuschließen.

3. Wirtschafts- und Soziallage

Die wirtschaftliche Entwicklung 1994–1995 zeigte eine klare Verstärkung der marktwirtschaftlichen Faktoren und ihre größere Einwirkung auf die Handlungen der wirtschaftenden Subjekte, insbesondere auf die der »Manager«, d. h. der Betriebsleiter aller Sektoren. Es gibt keinen Zweifel daran, daß der Haupterfolg der Reformpolitik (der »Liberalisierung«) in der Überwindung der Defizitwirtschaft und in der Füllung der Ladenregale mit Konsumwaren bestand. Egal woher diese Waren kommen – das Wichtigste ist: Sie üben Druck auf die Produzenten aus und zerstören das Produzentenmonopol. Die Konsumenten haben – erstmals nach der Revolution 1917 – die Möglichkeit, die Waren nach verschiedenen Kriterien zu vergleichen und auszuwählen. Die Anbieter müssen deshalb die Wünsche der Konsumenten akzeptieren und ihnen folgen.

Diese Entwicklung ist wegen des auf den Warenmärkten erstmals hervorgetretenen richtigen Wettbewerbs, überwiegend mit den ausländischen Produkten, kompliziert. Es entstand aber auch eine Grenze in der neuen Situation, bedingt durch die Geldknappheit der Bevölkerung (dieselbe Geldknappheit gibt es auch in den Betrieben, dort aber verwendet man ganz einfache Lösungen: Unzahlungen (neplateshi) oder Verschuldung, aber darüber sprechen wir noch weiter unten). Als Ergebnis wurde die begrenzte zahlungsfähige Nachfrage allmählich zu einem wichtigen Regulator der Produktion.

Noch vor zehn Jahren hatte der Direktor eines großen Spielzeugwerks in Moskau gesagt: »Ich brauche keine Marktforschung und keine Erforschung der Konsumentenwünsche – was wir gut produzieren, das verkaufen wir als beste Qualität, und den Ausschuß verkaufen wir als zweite Wahl.« Die unerwarteten Probleme mit dem Absatz der sich zuvor immer gut verkaufenden Waren sind zum echten Schock für viele Direktoren geworden. Die Betriebe müssen nun die Anpassungen und Vorbereitungsmaßnahmen unter den durchaus ungünstigeren Bedingungen verwirklichen. Andererseits könnte aber die heutige Entwicklung der Marketingstrategie der russischen Betriebe marktwirtschaftlicher ausgerichtet sein als vor zehn Jahren. Es ist besser, jetzt neue Marketingmechanismen zu schaffen, als das alte, vom sozialistischen Wirtschaftssystem übernommene »Quasi-Marketing« umzugestalten.

Die Liberalisierung und die folgende Intensivierung des Wettbewerbs sowie die knappe Nachfrage geben den Betrieben heutzutage keine Möglichkeit mehr, jede Kostenerhöhung über den Warenpreis weiterzugeben (was die Betriebe 1992–1993 eigentlich noch sehr aktiv nutzten). Trotzdem wirkt der Monopolismus weiterhin als sehr relevanter Faktor des Wirtschaftens. Die Abhängigkeit von den Lieferanten wurde keinesfalls geringer, hat jedoch ein weniger krasses Erscheinungsbild angenommen.

Die Inflation bleibt– wie auch in den letzten drei Jahren – das wichtigste Problem nicht nur der makroökonomischen Entwicklung, sondern auch der Betriebsführung. Bei der hohen Inflation sind sogar stimulierende Maßnahmen unwirksam. So würden Steuersenkungen für die Produktionsbelebung kaum wirksam sein, weil die Vergünstigungen nur sehr wenig Kapital bringen könnten. Denn das Kapital aus anderen Sektoren (Handel, Finanzgeschäfte) fließt nicht in den mit sehr niedriger Rentabilität ausgestatteten Produktionsbereich. Unter der Inflation leiden natürlich nicht nur die Betriebsleiter, sondern die Bevölkerung insgesamt, wie wir unten bei der Erörterung der sozialen Frage darstellen werden.

Die drastische Produktionsschrumpfung führte wegen des starken Rückgangs der Nachfrage gleichzeitig zur Begrenzung des Monopolismus auf hochkonzentrierte Märkte. Die Direktoren der monopolistischen Betriebe können nicht mehr ihre Bedingungen diktieren und müssen gegen ihren Willen die Produktion diversifizieren. Sie versuchen, auf für sie neuen Märkten zu handeln, und intensivieren somit dort den Wettbewerb. Man kann vermuten, daß die Neigung einiger Betriebe zur Bildung finanz-industrieller Gruppen teilweise von Wünschen nach der Wiederherstellung der monopolistischen Situation (die gut verwertbar war) verursacht ist.

Diese Entwicklung ist allerdings widersprüchlich und ungleichmäßig. Nach einer Untersuchung ist der Konzentrationsgrad in der russischen Industrie 1992 und 1993 in 65 Branchen gestiegen und hat sich in nur 45 verringert (Jakovlew 1995, S. 102). Das bildet die Grundlage für die Verstärkung des Monopolismus schon in der nächsten Zukunft. Heute müssen die Betriebsleiter ihre monopolistischen Anstrengungen zurückhalten, aber sie wollen darauf meines Erachtens keinesfalls verzichten.

Als Beweis dafür kann die starke Verbreitung von Preisdiskriminierung und Verwendung anderer Methoden zur Verwertung der eigenen Monopolposition gelten. Zum Beispiel liefern einige Produzenten bereits bezahlte Waren mit starker Verzögerung aus, um den Nachfrager anzuregen, eine Vermittlungsfirma (die unter Kontrolle der Unternehmensleitung steht) einzuschalten, die gegen Entgeld die sofortige Lieferung gewährleistet. Den zusätzlichen Profit bekommt in diesem Fall nicht der Betrieb, sondern die Vermittlungsfirma, also zwei oder drei eng mit dem Betrieb verbundene Manager.

Bei vielen großen Betrieben (besonders bei den Stahl- und Chemiekombinaten) wurden noch 1990–1991 kleinste »unabhängige« GmbHs für »die Betreuung der betrieblichen Transaktionen« gegründet. Bemerkenswert war und ist, daß zwar nicht der Direktor selbst der Geschäftsführer ist, aber nicht selten seine Frau, Schwester o. ä..

Das zeigt übrigens, daß der russische Manager noch viel zu wenig um die Entwicklung seines Betriebs bemüht ist, dafür aber um so mehr um die Ausnutzung seiner »fürstlichen« Lage für den persönlichen Wohlstand.

Verschiedenen Untersuchungen zeigen, daß etwa nur ein Fünftel der Manager der privatisierten Betriebe schon heute marktwirtschaftlich handelt, ein weiteres Fünftel vollkommen konservativ vorgeht – als ob der Betrieb weiter dem Staat gehöre – und fast drei Fünftel eine sozusagen »gemischte Politik« durchführen – allerdings ohne irgendeine bewußte Strategie, sondern nach der jeweiligen Situation und unter dem Druck der äußeren Umstände (Jakowlew 1995, S. 112).

Die allgemeine wirtschaftliche Situation ist aber bis heute für eine normale Managertätigkeit keinesfalls günstig. Trotz der Reden über die wirtschaftliche Stabilisierung spitzte sich die Krise auch 1994 zu und auch 1995 sind die gestellten Ziele kaum erreichbar.

Die Wirtschaftskrise in Rußland dauert schon sechs Jahre, mit den größten Rückgangsraten und den höchsten Inflationsraten aller Reformländer. Eine derart große Schrumpfung der Industrieproduktion – um die Hälfte! – hat in Mittel- und Osteuropa (außer den GUS-Staaten) nur die ehemalige DDR erlebt, diese »Zerstörungsperiode« war in Ostdeutschland aber sehr kurz (weniger als ein Jahr) und wird jetzt durch eine »Aufschwungperiode« mit relativ hohem Wachstumstempo ersetzt. Eine solche Aufschwungperiode, die natürlich alle Zerstörungsmaßnahmen entschuldigen könnte, bleibt in Rußland bisher immer wieder nur ein großer Traum.

Die zu hohe Inflation und die deformierte Preisstruktur führen dazu, daß die Betriebe, wie gesagt, keine Informationsimpulse bekommen.

So entsteht ein Informationsvakuum für die Unternehmensführung. Die planwirtschaftlichen Daten existieren nicht mehr, die marktwirtschaftlichen Preisimpulse gibt es noch nicht. Die anderen Informationsquellen sind fast vertrocknet (besonders ohne Dollar-Stimulierung). Die Betriebe haben also keine zuverlässige Richtschnur für die strategische Anpassung an neue Bedingungen. Es fehlt auch deswegen eine richtige Orientierung der strukturellen Veränderungen.

Gegen die strukturelle Umgestaltung wirkt auch die künstliche Unterstützung der wettbewerbsunfähigen Betriebe. Diese Unterstützug erfolgt nicht nur durch direkte Subventionen (in erster Linie für die Deckung der Lohnkosten), sondern auch durch die immer noch niedrigen Energie- und Brennstoffpreise.

Ein schwieriges Problem stellt der drastische Investitionsrückgang dar. Die Investitionen betragen jetzt weniger als ein Drittel (nach einigen Angaben sogar nur 27 Prozent) gegenüber 1989[1]. Die Ursachen liegen nicht nur in der Unterentwicklung der Kapitalmärkte oder im Kapitalmangel, sondern offensichtlich auch in den vorzüglich nutzbaren kurzfristigen Geldtransaktionen unter den Bedingungen der hohen Inflation und der unsicheren institutionellen Rahmenbedingungen. Nicht nur Banken und andere Finanzfirmen, sondern auch viele industrielle Betriebe machen aus den kurzfristigen Geldgeschäften sehr aktiv Profit.

Die Wirtschaftskrise hat jedoch schon ein offensichtliches strukturelles Kennzeichen. Die früher unterentwickelten Branchen – wie Handel, Kredit- und Versicherungswesen – entwickeln sich in den letzten drei Jahren stürmisch. Die Quote der Dienstleistungen im BIP ist von 30 Prozent im Jahre 1989 auf 51 Prozent in 1994 gewachsen.

Besonders stark schrumpft die industrielle Produktion, im 1. Halbjahr 1994 um 26 Prozent im Vergleich zum 1. Halbjahr 1993, darunter die Konsumgüterindustrie um 28–30 Prozent. In der Industrie sind die Raten der Verminderung der Produktion sehr differenziert: von 45 Prozent im Maschinenbau und 41 Prozent in der Textilindustrie bis zu 10 Prozent im Kohlenbergbau und 2 Prozent in der Erdgasförderung. Eine riesige Senkung der Produktion ist für die Rüstungsindustrie kennzeichnend: um 30 Prozent im Jahre 1993 und um 65 Prozent im 1994 (vgl.

---

1 Alle statistischen Angaben stammen, wenn es keinen anderen Hinweis gibt, aus der Zeitung «Finansovyje Izvestija», 1994–1995.

Lipsitz 1995, S. 16–17). Das ist formell auch ein Kennzeichen des strukturellen Charakters der Krise, obwohl mit einem negativen Inhalt: Die Umwandlung der Industrie in eine fast reine Rohstoffindustrie wird immer deutlicher. Von den 406 wichtigsten Güterarten wurde bei 26 Positionen eine Produktionserhöhung und bei 373 Positionen eine Produktionsverminderung registriert (1. Quartal 1994 zu 1. Quartal 1993, nach Angaben der Russischen Union der Unternehmer und Industriellen – RSPP).

	1992	1993	1994
Bruttoinlandsprodukt (BIP)	81	88	85
Industrieproduktion	82	86	79
Verbraucherpreise	2610	940	300
Einzelhandelsumsatz	97	102	105
Investitionen	60	88	74
Export	83	104	108
Import	83	72	108

Tabelle 1: Gesamtwirtschaftliche Eckwerte für Rußland 1992–1994 (Index, Vorjahr = 100)[2]

Im Juni, Juli und August 1994 hat dank der Erdöl- und Erdgasindustrie kein Rückgang der Industrieproduktion stattgefunden, im Herbst setzte sich der langsame Produktionsrückgang fort. Nur im Mai 1995 stieg die Industrieproduktion insgesamt erstmals seit 1992 etwa um 1 Prozent (nach anderen optimistischen Angaben sogar um 4 Prozent).

Wichtig ist, daß die Hauptursachen von Produktionsstopps und -störungen – nach den Erklärungen der Betriebsleiter gemäß der Umfragungen – nicht in den Lieferungen und der Versorgung (wie noch im vorigen Jahr), sondern im Absatz gesehen werden (vgl. Dolgopjatova 1994, S. 67). Die Produktion ist also wesentlich stärker von der Nachfrage geprägt. Zumindest die Betriebsleiter charakterisieren die heutige Situation aus ihrem subjektiven Blickwinkel so. Das ist für unsere Wirt-

2 Quelle: Programma pravitel'stva Rossijskoj Federazii «Reformy i rasvitije rossijskoj ekonomiki v 1995–1997 godach« (Programm der Regierung der Russischen Föderation «Reformen und Entwicklung der Wirtschaft Rußlands 1995–1997«), in: Voprosy ekonomiki, Nr.4, 1995, S. 69; Kuranov, Volkov 1995, S. 76.

schaft von besonderer Bedeutung, weil die Orientierung auf die technischen Möglichkeiten der Betriebe und die fast vollständige Vernachlässigung der Berücksichtigung der Nachfrage die Marketing-Tätigkeit der russischen Direktoren bisher bestimmte.

Die Direktoren trennen jedoch nicht die abstrakte Notwendigkeit der Produkte (abstrakte Nachfrage) von der zahlungsfähigen Nachfrage. Sie sehen die Ursache ihrer Schwierigkeiten bis heute nicht in der Funktionsweise der Betriebe, in der Organisation, im Management und Marketing ihrer Unternehmen, sondern fast nur in dem Sachverhalt, daß die Nachfrager kein Geld haben. »Wir stellen gute und benötigte Waren her, nur unsere Kunden können sie nicht bezahlen«, so sagte einer der Leiter des großen Landmaschinenwerks »Rostsel'masch« im Mai 1995!

Wie schon erwähnt wurde, ist auch die Zahlungskrise der Betriebe von großer Bedeutung. Die Regierung und die Zentralbank haben trotz aller Bemühungen und Schockmethoden keine richtig »harten Budgetrestriktionen« geschaffen. Die sogenannte Zahlungskrise, die wechselseitige Verschuldung der Betriebe (aber auch der Betriebe bei den Banken, des Staates bei den Betrieben und umgekehrt) war 1994 zu einem der größten Wirtschaftsprobleme geworden. Die gesamte gegenseitige Verschuldung betrug Mitte 1994 115–120 Billionen Rubel, oder 15 Prozent der BIP. Dabei ist diese Verschuldung allein während der drei Sommermonate um 100 Billionen Rubel gestiegen. Es gibt viele Erklärungsversuche der Ursachen der heutigen Zahlungskrise:

- Die Betriebe sind wegen der Absatzprobleme und der zu hohen Kosten zahlungsunfähig.
- Der Staat ist mit der Politik des knappen Geldes zu weit gegangen, und die Betriebe blieben deshalb ohne Finanzmittel.
- Es gibt bis heute kein normales Zahlungssystem und keine normale Kreditierung.
- Die Betriebe haben untereinander vereinbart, die Verschuldung zu provozieren, um die hohen Kosten zu decken, in der Hoffnung auf weiteres Erlassen der Verschuldung.
- Die Betriebe verbrauchen alle finanziellen Mittel für Konsum (Löhne und Gehälter) und/oder schaffen Devisenreserven, statt die gekauften Güter zu bezahlen.
- Die Betriebe schaffen versteckte Finanzreserven für eine neue Etappe der »Geldprivatisierung«.

- Die Verschuldung ist nur Illusion, weil die meisten Geschäfte und Lieferungen – 25 bis 70 Prozent – bezahlt, aber buchhalterisch nicht aufgeführt wurden.

Die Regierung hat heute kein Programm zur Bewältigung dieses Problems – trotz chaotischer Verordnung von Dekreten. Die Betriebe bleiben aber ziemlich ruhig und »spielen« miteinander und mit dem Staat. Nur eine wirkliche Haftung und Konkurse können meines Erachtens hier die Lösung bringen. Es gibt in der Wirtschaft also schon zahlreiche *marktwirtschaftliche* Elemente, es fehlt aber die marktwirtschaftliche *Ordnung* mit Regeln für die Wirtschaftssubjekte.

Tschernomyrdins Regierung hat vor kurzem ein neues mittelfristiges Reformprogramm auf den Weg gebracht. Es geht vor allem um Maßnahmen zur Förderung von Investitionen. Das Ziel ist, »eine Brücke zwischen der inflationären Vergangenheit und der Investitionszukunft zu bauen«. Dafür sind vorgesehen:

- allgemeine staatliche Förderung staatlicher und privater Investitionen,
- Veränderung der Besteuerungsgesetzgebung zugunsten der Investoren,
- Umorientierung der Kreditgewährung der Banken zugunsten langfristiger Kredite für *produzierende* Betriebe,
- Verpflichtungen der Investitionsfonds, in die Industrie zu investieren, also Aktien der Industriebetriebe auf dem sekundären Markt zu kaufen.

Es wurden auch neue Vergünstigungen für ausländische Investitionen eingeführt, z. B. die Möglichkeit, große Aktienanteile (Kontrollpakete) russischer Betriebe zu kaufen.

Besonders wichtig ist jedoch die Einführung des Bürgerlichen Gesetzbuches (mit Elementen des Handelsgesetzbuches). Das schon vorbereitete und in erster Lesung gebilligte Gesetz über die Kapitalgesellschaften (Gesetz über die Aktiengesellschaften und andere wirtschaftliche Gesellschaften) wird offensichtlich auch in absehbarer Zeit verabschiedet. Hoffentlich beginnt jetzt eine Etappe der Entstehung einer wirklichen *Ordnung* für Unternehmer und Manager.

Die *soziale Frage* ist für russische Manager besonders kompliziert, weil in der Sowjetzeit gerade die Betriebe für die Sozialversorgung eine weitreichende Verantwortung hatten. Heute ist dieses Sozialsystem fast zerstört, und die Direktoren sorgen überwiegend nur für stabile Einkommen und die Vermeidung der Arbeitslosigkeit.

Die Arbeitslosigkeit ist noch sehr gering. Im November 1994 gab es etwa 1,8 Millionen registrierte Arbeitslose (d. h. weniger als 3 Prozent der arbeitsfähigen Bevölkerung). Nach dem Verfahren der Internationalen Arbeitsorganisation berechnet, ist die Arbeitslosigkeit allerdings viel höher: 5,1 Millionen (fast 7 Prozent). Weitere 4 bis 5 Prozent der Arbeitnehmer befinden sich in sogenanntem langfristigen, nicht bezahlten Urlaub (vgl. Ananjev 1995, S. 39f.).

Die niedrige Arbeitslosenzahl kann jedoch kaum als Ergebnis einer zielgerichteten Beschäftigungspolitik bezeichnet werden, obwohl die Regierung und die örtlichen Administrationen natürlich große Angst von der Massenarbeitslosigkeit haben und sie vermeiden möchten. Die weitgehende Beibehaltung der Beschäftigung in den Betrieben, trotz Produktionsschrumpfung, ist auf andere Ursachen als auf eine spezifische staatliche Politik zurückzuführen. Zusammenfassend seien folgende Faktoren genannt:

- Der Abbau der Arbeitsplätze ist für den Betrieb nicht profitabel (u. a. wegen der Besonderheiten der Besteuerung des Lohnfonds),
- Der Abbau der Arbeitsplätze ist häufig technologisch nicht möglich (wegen unflexibler Technologien ist die Arbeit aller Betriebsanlagen und damit fast aller Beschäftigten auch bei geringerem Output notwendig),
- Kündigungen sind für die Betriebe mit zusätzlichen Kosten verbunden (nicht nur materielle, sondern auch – in erste Linie für die Leitung – mit zeitlichen und moralischen),
- es gilt bei den Direktoren und der Belegschaft noch die alte Denkweise: die Direktoren handeln als Feudalherren, die alles in ihren Betrieben entscheiden, aber auch die Verantwortung für die »Untertanen« tragen. Für die Arbeiterkollektive besteht die höchste Priorität darin, alle Mitarbeiter zu halten – sogar mit einem niedrigeren Lohn als Preis dafür.

Die zweite Variante der Privatisierung (die Belegschaft kauft für einen Nominalpreis 51 Prozent der Aktien), die die meisten Betriebe – etwa drei Viertel – gewählt haben, konserviert gewissermaßen die Arbeitsplätze und verhindert die Entwicklung der Arbeitsmobilität, schreibt also eine Art der industriellen »Leibeigenschaft« fest.

Eigentlich hat den Arbeitern die versteckte Arbeitslosigkeit – besonders die angeordneten Urlaubszeiten – in den letzten Monaten keine großen Sorgen gemacht. Sie haben die Entwicklung ziemlich ruhig akzeptiert und waren sogar zufrieden, weil sie sich um private Dinge kümmern konnten (z. B. auf den eigenen Grundstücken arbeiten). Diese »Ruhig-Stellung« wurde 1994 auch von der Einkommensentwicklung mitverursacht (also nicht einfach von der grenzenlosen Geduld der Menschen). Die Geldeinkommen der Bevölkerung stiegen im 1. Quartal 1994 (im Vergleich zu 1993) nominell um das 8,8fache, bei einer 8fachen Erhöhung des Preisniveaus. Das reale Geldeinkommen der Bevölkerung war im Januar–September 1994 10 bis 13 Prozent höher. Dabei ist die Lohnquote von 65 Prozent auf 59 Prozent gesunken. Natürlich ist die Differenz sehr stark: Zwischen den reichsten 10 Prozent und den ärmsten 10 Prozent der Bevölkerung in Moskau existiert eine 16–18fache Differenz, nach Berechnungen der russischen Industrie- und Handelskammer sogar eine 21fache (vgl. Rossijskoje predprinimatel'stvo, S. 85). Anfang 1995 wurde diese Tendenz allerdings durchbrochen: es begann die Reduzierung der realen Einkommen der Bevölkerung (bis Mai etwa um 5 Prozent).

Merkwürdig ist auch, daß sich der Einzelhandel trotz der großen Schrumpfung der Konsumgüterproduktion gut entwickelt hat: Der Warenumsatz im Einzelhandel ist 1994 um 4 bis 5 Prozent gestiegen, dabei ist mehr als 40 Prozent des Umsatzes von offiziell nicht registrierten Firmen und Privatpersonen realisiert worden. Selbstverständlich haben die Importwaren am meisten dazu beigetragen.

Die besonders bemerkbaren Erfolge wurden 1994 in der Bekämpfung der Inflation erreicht. Die monatlichen Inflationsraten der Konsumgüterpreise betrugen im Februar und März weniger als 10 Prozent und im Juni und August weniger als 5 Prozent. Der »schwarze Dienstag« am 11. Oktober 1994 und der Fall des Rubels unterbrachen diese Tendenz. Im Januar 1995 betrug die Inflation 18 Prozent und im April und Mai 8 bis 8,5 Prozent (bei einer geplanten Senkung der Inflationsraten von 6 bis 8 Prozent im Januar und 2 bis 3 Prozent im Mai).

Diese Ziffern kann man jedoch in Frage stellen. Wie konnte die Inflation z. B. im August 1994 bei 4 Prozent liegen, wenn ab dem 1. August die Miete um das 10fache erhöht, das Brot um 12 Prozent teuer wurde usw.? Die Auswahl des Warenkorbs ist vermutlich einigermaßen willkürlich, wenn die Saisonverbilligung von Obst und Gemüse plötzlich die Inflation bei den Nahrungsmittel fast beseitigt hat. Wahrscheinlich sind diese Inflationsraten für die kleinen und mittleren Städte mehr oder weniger gültig, aber nicht für Moskau und andere Großstädte. Die einfachen Menschen bewerten die Inflation als Hauptproblem ihres Alltags. Dennoch gibt es Faktoren, die wirklich in Richtung einer Inflationssenkung wirken:

– In vielen Bereichen (vor allem im Konsumgüterbereich) ist eine Preiserhöhung kaum möglich, da die Nachfrage begrenzt und der Markt voll von Waren ist – erstmals seit 1917 gibt es wenigstens in Moskau kein Defizit mehr (!).
– Es entsteht schon eine »kleine« Konkurrenz (vor allem aufgrund ausländischer Waren), die Druck auf die Produzenten ausübt.
– Teile der Geldeinkommen (Sparguthaben) brachten die Menschen mit den Finanz- und Investitionsfirmen ins Spiel,
– Der Staat bewirkt eine künstliche Verminderung der Kaufkraft der Bevölkerung, indem er Löhne und Gehälter für die staatlichen Betriebe direkt und für private indirekt verzögert auszahlt.

Im großen und ganzen sind die sozialen Probleme schon heute eine schwere Last für die Sanierung der postsozialistischen Betriebe. Die Manager der privatisierten Betriebe haben zuwenig Möglichkeiten, die Produktion effizienter zu gestalten. Denn die staatliche Sozialpolitik, die Sozialversicherung und die Sozialversorgung sind zu schwach, weshalb die Unternehmen auch die sozialen Funktionen weiter beibehalten sollen.

Literatur

Ananjev, A., Novyje prozessy v zanjatosti naselenija v uslovijach perechoda k rynoènoj ekonomiki, in: Voprossy ekonomiki, H. 5, 1995, S. 39–47.

Dolgopjatova, T., Povedenije predprijatij v uslovijach shostkich finansovych ogranièenij, in: Rossijskij ekonomièeskij journal, H. 12, 1994, S. 66–73.

Finansovyje Izvestija (Sovmestnoje izdanije »Izvestija« i »Financial Times«), 1994–1995.

Gutnik, V., Rußlands Weg zur Marktwirtschaft: Konzepte und Resultate, in: Osteuropa-Wirtschaft, 38.Jg. (3) 1993, S. 231–239.

Gutnik, V., Die marktwirtschaftliche Transformation Rußlands – Möglichkeiten für ausländische Investitionen, in: Osteuropa-Wirtschaft, 39.Jg. (1) 1994, S. 1–9.

Jakovlev, A., Makroekonomièeskije sdvigi i rasvitije konzentrazii v rossijskoj ekonomike, in: EKO, H. 3, 1995, S. 99–114.

Kuranov, G., Volkov, V., Rossijskaja ekonomika: tretij god reform, in: Voprosy ekonomiki, H. 3, 1995, S. 67–76.

Lipsitz, I., Problemy rossijskoj konversii, in: Ekonomist, H. 1, 1995, S. 14–21.

Miegel, M., (Hrsg.), Das Ende der Sowjetunion, Baden-Baden 1992.

Programma pravitel'stva Rossijskoj Federazii »Reformy i rasvitije rossijskoj ekonomiki v 1995–1997 godach«, in: Voprosy ekonomiki, H. 4, 1995, S. 67–160.

Rossija v zerkale reform, Moskau 1995.

Rossijskoje predprinimatel'stvo, Godovoj doklad Torgovo-promyschlennoj palaty RF, in: Voprossy ekonomiki, H. 2, 1995, S. 83–103.

Schulze, P. W., Die autoritäre Transformation der russischen Demokratie, in: Die neue Gesellschaft, 42.Jg. (4) 1995, S. 306–316.

Management und die Wiederherstellung des Wettbewerbs in der transformierenden Wirtschaft Rußlands

Andrej Yudanov

Die Übergangssituation im Management der Unternehmungen in Rußland und den anderen postsozialistischen Ländern ist in bedeutendem Maße durch Konkurrenzbeziehungen geprägt, und zwar durch ihre Abwesenheit in der nahen Vergangenheit und die heutige plötzliche Wiederherstellung des Wettbewerbs.

Die sozialistische Unternehmungsführung war faktisch auf die Sicherung der laufenden Produktion reduziert. Die Funktionen der Marktanpassung und der Planung der strategischen Entwicklung der Unternehmung waren dagegen zentralisiert und in der Verwaltung, außerhalb der Unternehmungssphäre, angesiedelt. Sehr wichtig ist auch, daß Unternehmungen aller Größen und Arten als Großunternehmung geführt wurden. Aufgrund des Fehlens des Wettbewerbs neigten die Unternehmungen zur Massenproduktion standardisierter Waren, unabhängig davon, ob Nachfrage nach den Produkten bestand.

Die marktorientierte Transformation der Wirtschaft hat die Steigerung der Wettbewerbsfähigkeit zur zentralen Aufgabe des Unternehmungsmanagements gemacht. Die früher staatlichen und heute privatisierten Großunternehmungen versuchen, einen engeren Kontakt zum Kunden zu entwickeln. Sie bauen eigene Vertriebsnetze auf und nehmen (z. Z. noch begrenzte) Verbesserungen an ihren Produkten vor. Auch die Wettbewerbsvorteile der Spezialisierung, der Innovationstätigkeit und der Anpassung an die Bedürfnisse der kleinen Kundengruppen können nicht länger vernachläßigt werden. Die größten Fortschritte in diesen Bereichen machen die neugegründeten, kleinen Privatunternehmen.

Der Transformationsprozeß verläuft aber äußerst schwierig. Die tiefe Rezession hemmt die Umgestaltung des Managements der Großunternehmungen, kleine Privatfirmen sind zumeist kurzsichtig auf »schnelles Geld« orientiert, die Übermacht der ausländischen Konkurrenz macht die nationale Produktion ineffektiv.

1. Grundzusammenhänge zwischen Management und Wettbewerb

Aus der Geschichte der Wissenschaft ist ein Phänomen bekannt: In vielen Staaten wurden die ersten Schritte in der Erforschung der Muttersprache nicht von Landsleuten, sondern von Ausländern gemacht. Die Erklärung dieser Tatsache lautet: Viele Gesetzmäßigkeiten der Sprache waren für die Träger der Sprachkultur so natürlich und selbstverständlich, daß sie oft nicht bemerkt wurden. Den Ausländern, die an andere Regeln gewöhnt waren, fielen aber gerade diese Gesetzmäßigkeiten in die Augen, so daß sie auf diese Weise identifiziert wurden.

Etwas ähnliches geschieht heute in der Forschung der Marktwirtschaft. Die Wirtschaftswissenschaftler aus den ehemaligen Ost-Block-Ländern entdecken immer neue Funktionen des Wettbewerbs in der Entwicklung ihrer Staaten, weil sie lange in einem Wirtschaftssystem *ohne Konkurrenz* lebten und jetzt Vergleiche machen können. Dabei ist die Managementstruktur der Unternehmen in den sich reformierenden Staaten stark von Wettbewerbswirkungen (und von ihrer früheren Abwesenheit) geprägt.

Die moderne Wettbewerbstheorie (Theory of Competitive Advantages), wie sie von dem Amerikaner Michael Porter (New York 1980 und 1985) und den Westeuropäern Harald Friesewinkel (Basel 1988) und Hans Hinterhuber (Berlin 1982) oder von ihren wenig bekannten Vorläufern – z. B. dem russischen Naturphilosophen L.G. Ramenski – entwickelt wurde, konzentriert sich auf die Forschung der Konkurrenzbeziehungen auf dem realen, das heißt auf dem gemischten Markt. Die Segmente des Marktes mit *vollkommener Konkurrenz, Monopol, Oligopol, monopolistischem Wettbewerb* funktionieren nicht isoliert. Es existiert in der ganzen Wirtschaft und oft auch in einzelnen Branchen eine Mischung der reinen Markttypen oder eine Palette von Grenz- und Übergangstypen des Marktes.

Diese Vielfalt der Marktbedingungen ruft auch eine Vielfalt der Firmenstrategien hervor. Verschiedene Firmen können verschiedene Wettbewerbsstrategien verfolgen und müssen, um erfolgreich zu sein, dazu auch adäquate strategiespezifische Managementmethoden entwickeln.

---

1 Die kompletten Werke von L. G. Ramenski sind bis heute nicht herausgegeben. Seine Hauptideen wurden in einer Reihe von kurzen Artikeln in den 30er Jahren veröffentlicht.

1. *Mengenstrategie* ist für Großunternehmen typisch, die standartisierte Waren oder Dienstleistungen in großen Mengen produzieren. Die Wettbewerbsvorteile dieser Unternehmen sind mit niedrigen Kosten verbunden, die aus *economies of scale & scope* resultieren.
2. *Nischenstrategie* besteht in der Beschränkung der Geschäftsaktivitäten der Firma auf ein enges Marktsegment von hochwertigen und/oder sehr spezifischen Waren (Dienstleistungen). Die Stärke dieser Firmen liegt in der Differenzierung ihrer Produkte, die für einige Konsumentengruppen oft unersetzbar sind.
3. *Innovationsstrategie* hat ihren Kern in einer bahnbrechenden Tätigkeit, die zur Eröffnung bzw. Schaffung neuer Märkte führt. Besonders typisch ist sie für Mittel- und Kleinbetriebe im High-Tech-Bereich. Die Wettbewerbsvorteile solcher Firmen bestehen im zeitlichen Vorsprung gegenüber der Konkurrenz, der aber nur mit der Bereitschaft, enorme Risiken zu tragen, erreichbar ist.
4. Eine *auftragsorientierte Strategie* (customized strategy) wird von der Mehrheit der »gewöhnlichen« Kleinunternehmen betrieben, die relativ einfache Dienstleistungen und Waren in begrenzten Mengen produzieren. Solche Firmen arbeiten unter dem Motto: »Hier und jetzt«, da sie bereit sind, jede profitbringende Möglichkeit auszunutzen. Die hohe Flexibilität in der Anpassung an konkrete lokale Bedürfnisse bringt ihnen sogar Wettbewerbsvorteile im Kampf mit viel größeren und stärkeren Unternehmen ein.

Jedem Typ der Wettbewerbsstrategie entspricht eine besondere Organisationssform des Unternehmensmanagements. So ist für Großunternehmen *(Mengenstrategie)* eine mehrstufige, mehrfunktionelle und mehrere Einheiten umfassende *(multiunite)* Managementpyramide notwendig. Die Hauptaufgabe dieser komplizierten Struktur ist die Gewährleistung:

(a) der effektiven, laufenden Produktion,
(b) der engen Verknüpfung mit den Marktbedürfnisse (effektive Marketing- bzw. Vertriebsaktivitäten),
(c) der erfolgreichen langfristigen Entwicklung (effektive Investitionen) und
(d) der effektiven Steuerung (starke Motivation von Managern, schnelle Zirkulation der Informationen im Unternehmen).

Die Kleinbetriebe, die eine *auftragsorientierte Strategie* (customized strategy) betreiben, brauchen ein anderes Management. Die Managementpyramide ist hier entweder sehr klein, oder es gibt überhaupt keine. Die meisten Probleme werden direkt vom Unternehmer gelöst. Es entfallen also die Probleme der Managermotivation und des Zuflusses von Informationen zu den oberen Führungskräften der Firma. Langfristige Planung und strategische Investitionen sind hier nicht am rechten Platze, da gerade das Gegenteil – die Möglichkeit der blitzschnellen Umorientierung des Geschäftes – solchen Firmen Wettbewerbsvorteile bringt. Auch die Marketingmethoden unterscheiden sich. Statt regelmäßiger Arbeit der großen Forschungsgruppen wird meistens ein Niedrigkosten-Marketing eingesetzt.

Nicht weniger spezifisch ist das Managementsystem in den *innovativen* Firmen. Rolf Berth (Düsseldorf 1990) spricht in diesem Fall von »visionärem Management«. Eine laufende Produktion existiert bei solchen Unternehmen bis zum Durchbruchsmoment oft nicht. Die wichtigste Aufgabe des Managements besteht darum in der Schaffung eines Systems der pragmatischen Realisierung von revolutionären, d. h. der Natur nach nicht-pragmatischen, unternehmerischen Ideen.

Ein starkes Spezifikum hat auch das Management der *Nischen-Unternehmen.* Beispielsweise bekommen die Beziehungen zwischen dem Produzenten und dem Konsumenten einen sehr engen Charakter, da der Kundenkreis hier relativ eng ist und die Qualitätsansprüche hoch sind. Die Verbraucher sollen sozusagen einen zusätzlichen oder externen Teil der Managmentstruktur der Firma bilden, woraus sie neue Ideen zur Produkt- bzw. Serviceverbesserung schöpfen kann.

Das wichtigste ist aber, daß die Unternehmen, die verschiedene Wettbewerbsstrategien verfolgen, auf dem Markt eine *Gemeinschaft (community)* bilden. das heißt, daß meistens kein Verdrängungswettbewerb, sondern eine gegenseitige Ergänzung von verschiedenen Unternehmen herrscht. So existieren in sogenannten *Clusters* (vgl. Porter 1990), also in international besonders erfolgreichen Industriegruppen einiger Länder (etwa in US-amerikanischen Hardware-, Software- und Computerchip-Branchen) neben den Großproduzenten der standardisierten Waren auch kleinere Firmen, die ihnen zum gemeinsamen Nutzen Halbprodukte und Einzelteile liefern. Denn es ist schon lange bekannt: Je besser die Lieferanten der Firma sind, desto stärker ist ihre Marktposition. Ebenso günstig für alle Unternehmen der Gemeinschaft ist die Tätigkeit der innovativen Firmen. Aus ihren Pionierentwicklungen entstehen prinzipiell neue Marktsegmente, die später auch von den anderen genutzt werden können. Ohne spezialisierte Nischen-Firmen geht es ebenfalls nicht. Sie arbeiten mit besonders anspruchsvollen Klienten und schaffen so die neuen gehobenen Standards für Endprodukte, während die anderen Nischen-Produzenten komplizierte, spezielle Ausrüstungen für die Branche liefern usw.

Insgesamt können sich die Wettbewerbsvorteile der im Kontakt arbeitenden Firmen addieren. Eine gute »Konkurrenz-Umwelt« macht dabei Unternehmen stark, eine schlechte »Konkurrenz-Umwelt« dagegen schwach.

Zusammenfassend kann man schließen, daß der Wettbewerb eine doppelte Rolle im Management von Unternehmen spielt. Erstens zwingt er jede Firma ein Managementsystem zu entwickeln, das die Wettbewerbsvorteile dieses Unternehmens am besten realisieren hilft. Zweitens ist aus makroökonomischer Sicht die gleichzeitige Existenz von verschiedenen Firmentypen mit entsprechend diffenziertem Management für die Entwicklung einer international konkurrenzfähigen Wirtschaft nötig.

Wir wollen nun näher betrachten, wie sich diese allgemeinen Zusammenhänge zwischen Wettbewerb und Management unter den spezifischen Bedingungen der sozialistischen bzw. postsozialistischen Wirtschaft realisieren und realisierten.

2. Das Management in der Wirtschaft ohne Wettbewerb

In der sozialistischen Wirtschaft existierten formal Unternehmen unterschiedlicher Größe und unterschiedlichen Typs. So gab es viele mehrbetriebige Großunternehmen (*Kombinate* und *VEBs* in der DDR, »*Objedinenije*« in der UdSSR usw.), spezialisierte Unternehmen und Kleinbetriebe. Nur für die innovativen Pionierfirmen der westlichen Welt ist es schwer, Analogien zu finden, vielleicht, weil die Idee der Venture-Kapitalanlagen der Planwirtschaft absolut fremd war.

Die Großunternehmen hatten aber aus quantitativen und qualitativen Gründen die mit Abstand wichtigste Bedeutung. Ersteres ist leicht aus der Statistik zu ersehen. So war beispielsweise 1960 in der UdSSR der Anteil der Großbetriebe (mit mehr als 500 Beschäftigten) an der Gesamtzahl der Betriebe fünfmal höher als in der BRD, während der Anteil von Kleinbetrieben (mit weniger als 100 Beschäftigten) zweimal niedriger ausfiel.[2] Dasselbe war auch für andere sozialistische Länder typisch. So bemerkte Alice Teichova, daß praktisch die ganze industrielle Produktion der (ehemaligen) Tschechoslowakei, nähmlich 97,7 Prozent im Jahre 1970, in Großbetrieben mit über 500 Beschäftigten erzeugt wurde (vgl. Teichova 1995).

Viel wichtiger ist aber die qualitative Seite der Situation: Betriebe aller Größen und Typen wurden in der sozialistischen Wirtschaft quasi als Großunternehmen, oder besser als Niederlassungen von Großunternehmen, geleitet. Das hatte im Hinblick auf die Beziehungen zwischen Management und Wettbewerb sehr ernste Folgen.

Zwar gab es in der Planwirtschaft überhaupt keinen Wettbewerb. Es ist bekannt, daß die sozialistischen Unternehmen nicht unabhängig waren, sondern konkurrenzlos als Teile der gesamtwirtschaftlichen *Super-Struktu*r fungierten. Das hieß aber nicht, daß die Staatsplaner wie allmächtige Götter auch die objektiven Gesetzmäßigkeiten des Wettbewerbes beherrschen konnten. So war es selbst in den kleinsten Betrieben möglich, ein den Großunternehmen ähnelndes Managementsystem zu schaffen. Effektiv arbeiten konnte solche System allerdings nicht, da für die vollständige Ausnutzung der Wettbewerbsvorteile eines Kleinunternehmens ein ganz anderes System des Managements nötig gewesen wäre.

Aus diesem Widerspruch erwuchsen viele Schwierigkeiten der Planwirtschaft. Besonders groß war das *Lieferantenproblem*. Trotz der Natur des Kleinunternehmens war die Tätigkeit solcher Firmen in der UdSSR und anderen sozialistischen Ländern der langfristigen Planung untergeordnet. Von den oberen Organen wurden Volumen und Sortiment der Produktion bestimmt. Die Preise sollten auf einem einheitlichen, für das ganze Land gleichen Niveau liegen. Die Zahl der Erwerbstätigen und die Höhe der Löhne wurden ebenfalls von außen für die Unternehmen festgelegt. Vielleicht noch wichtiger war die Verknüpfung jedes Unternehmens mit bestimmten Konsumenten, für die es jeweils die einzige Quelle von Teilen, Halbwaren usw. war.

Es ist klar, daß sich in kleinen sozialistischen Unternehmen unter solchen Bedingungen der flexible und persönliche Stil des Managements,

---

2 Berechnet nach: Narodoe Khosjastwo SSSR w 1972 g., M. 1973, S. 192, und Zahlen zur wirtschaftlichen Entwicklung der BRD 1979, Köln 1979, S. 50.

der bei westlichen Zulieferfirmen effektiv ausgenutzt wird, einfach nicht entwickeln konnte. So waren z. B. die sowjetischen Kleinunternehmen nicht weniger bürokratisiert als die Großunternehmen. Die Lieferanten waren konsumentenfeindlich. Sie wollten ihre Produkte nicht verbessern. Die russischen Ingenieure konstruierten oft ganz bewußt die neuen Maschinen aus alten Einzelteilen, denn es war oft einfacher die »Software« der Konstruktion zu verändern als die Lieferanten zu kleinsten Veränderungen ihrer Erzeugnisse zu bewegen. Die Raffinesse der Ingenieure mußte also die Unflexibilität von Lieferanten überkompensieren.

Die Abwesenheit der echten Kleinfirmen, die eine *auftragsorientierte Strategie* (customized strategy) verfolgen, hat auch die Managementstruktur der sozialistischen Großunternehmen verzerrt. Die endlosen Probleme mit Lieferanten haben eine starke *Neigung zur Autarkie* hervorgerufen. Die Großunternehmen wollten alles bis zum letzten Nagel selbst produzieren. So gab es z. B. in einigen sowjetischen Unternehmen spezielle Reparaturwerke für Eisenbahnwagen, denn die Eisenbahn selbst lieferte oft Wagen in so einem schlechten Zustand, daß sie für den Transport unbrauchbar waren. Die Dutzenden von Hilfs-, Sozial-, Bau- und Versorgungsbetriebe im Rahmen eines sozialistischen Großunternehmens machten dessen Management kompliziert und unübersichtlich.

Das zweite mit dem Wettbewerbsmangel verbundene Managementproblem der Planwirtschaft war der schleppende technische Fortschritt. Es wurden in den Unternehmen keine Managmentstrukturen zur Vermarktung von neuen technischen Ideen geschaffen. Zwar hatten in erster Linie sowjetische, aber auch DDR-deutsche, ungarische und tschechoslowakische Wissenschaftler eine Reihe von Erfindungen von Weltrang gemacht, aber in der Wirtschaft wurden sie meistens nicht umgesetzt, in erster Linie aufgrund der genannten Managementlücke. So wurde beispielsweise die sogenannte »trockene« Technologie zur Erzeugung von Zement in der Sowjetunion erfunden. Diese energiesparende Technologie revolutionierte die Produktion von Baumaterialien in der ganzen Welt. 1987 wurden nach diesem Verfahren in der BRD 90 Prozent, in Japan 78 Prozent und in den USA 58 Prozent des Zements produziert. Nur im Erfinderland UdSSR wurde die »trockene« Technologie wenig genutzt – 18 Prozent der Gesamtproduktion.[3]

3 Vgl. Narodnoe Khosjastwo SSSR w 1987 g., M. 1988, S. 21.

Die Ablehnung von bahnbrechenden Ideen wird meistens mit dem Bürokratismus der Staatsorgane erklärt, und dieser war in den sozialistischen Ländern natürlich ein Strukturmerkmal. Aber die wichtigere Ursache ist die Managementlücke. Großunternehmen hatten keine Lust mit »tollen« Ideen zu experimentieren. Und das ist durchaus verständlich: Westliche Großunternehmen praktizieren das auch nicht gern. Es ist hinlänglich bekannt, daß die bahnbrechenden Innovationen, die später zur Entstehung von neuen Branchen führten (von der elektrischen Beleuchtung oder dem Automobil am Ende des 19. Jahrhunderts bis zu den PCs, Workstations oder der Gentechnologie in unserer Zeit), in der Regel nicht von großen Firmen, sondern von *innovativen* Kleinunternehmen gemacht wurden. Eine »nicht-triviale« Idee trifft oft auf einen starken Widerstand der Sachverständigen, gerade weil sie von anerkannten Denkweisen abweicht. In Großunternehmen, in denen die Finanzierung der Forschung von Expertenmeinungen abhängig ist, existiert ein ungünstiges Klima für »tolle« Ideen. Und hier ist dann nichts zu machen: Die Manager von Großunternehmen können doch nicht das Geld an jeden »verrückten Erfinder« vergeben.

In der Marktwirtschaft erlaubt die starke Konkurrenz aber nicht, daß das enorme Wettbewerbspotential brachliegt, das mit bahnbrechenden Ideen verbunden ist. Mit Hilfe von Venture-Kapital kann der *»Pfadfinder-Innovator«* eine eigene Firma gründen, deren Managementsystem auf das alleinige Ziel der Kommerzialisierung seiner Ideen abgestimmt ist. Im Gegensatz dazu war die konkurrenzlose sozialistische Wirtschaft gleichgültig zu Bestrebungen des alleinstehenden Erfinders, da kein Unternehmen an der Realisierung seiner Ideen interessiert war. Sogar die Erfindungen von renommierten Forschungsinstituten weckten oft im Ausland mehr Interesse als zu Hause.

Prinzipiell ähnliche Prozesse verursachten die Entstehung eines weiteren großen Problems der sozialistischen Wirtschaft, das Problem der ungenügenden Breite der Sortimentspalette. Es herrschte eine starke Neigung zu Unifizierung des Angebots. Nur wenige Typen von Autos, Fernsehgeräten, Lastkraftwagen oder Zahnpasten wurden produziert. Die Konsumenten litten sehr an solcher Auswahlarmut. In der wettbewerbslosen Wirtschaft hatte das für die Produzenten aber keine negativen Konsequenzen. Gerade umgekehrt half die Produktion von unifizierten Waren oder Dienstleistungen, Kosten zu sparen, und war für die Unternehmen auch organisatorisch leichter zu bewältigen.

Also war auch in diesem Fall die Managementlogik des sozialistischen Unternehmens faktisch die Logik eines Großunternehmens. Viele Direktoren der sozialistischen Firmen konnten ihr Motto den westlichen Lehrbüchern für Großunternehmen entnehmen: »*Varietät kostet Geld*« (Mather 1988). Die Wettbewerbsvorteile der Produktdifferenzierung wurden nicht ausgenutzt, und es wurde in sozialistischen Unternehmen kein Managementsystem geschaffen, das spezielle Bedürfnisse von einzelnen Kundengruppen identifizieren und auf dieser Basis neue Produkte entwickeln und vermarkten konnte.

Die genannten Probleme des Managements von Unternehmen in der sozialistischen Wirtschaft sind mit der Abwesenheit einer Variabilität der Firmentypen verbunden. Die Methoden des Managements der Großunternehmen wurden auf solchen Gebieten verwendet, wo sie zu absolut unakzeptablen Ergebnissen führten.

Einen etwas anderen Charakter haben die Managementprobleme der sozialistischen Wirtschaft im Kernbereich der Aktivitäten von Großunternehmen, also in der Massenproduktion von Waren und/oder Dienstleistungen. Hierzu kann gesagt werden, daß in diesem Fall das gesamte Bild nicht eindeutig düster aussieht. So sind mit der Tätigkeit von Großunternehmen alle bedeutenden Errungenschaften der sowjetischen Wirtschaft verbunden, z. B.:

1. die schnelle Industrialisierung der UdSSR in den dreißiger Jahren;
2. die Schaffung einer starken (vielleicht der weltbesten) Rüstungsindustrie während des Zweiten Weltkriegs;
3. das Entstehen ganzer Gruppen von High-Tech-Industrien mit Weltklasseniveau (Luft-, Raumfahrt- und Atomindustrie) in der Nachkriegszeit;
4. die Schaffung der Massenkonsumgesellschaft in sechziger und siebziger Jahren.

Die Effektivität der Realisierung dieser Programme (im Sinne der *Output-Input-Relation*) war oft nicht besonders hoch. Aber diese Beispiele beweisen doch, daß das Managementsystem sozialistischer Großunternehmen genügend arbeitsfähig war, um die mehrmalige progressive Umgestaltung des riesengroßen Landes zu ermöglichen.

Alle Erfolgsgeschichten der sozialistischen Wirtschaft haben einen gemeinsamen Charakterzug. Die Erfolge gab es nur dort, wo die ganze

Superstruktur der Planwirtschaft mitspielte, also in Ausnahmefällen. So entstanden die Errungenschaften der Unternehmen der sowjetischen Raumfahrtindustrie nicht nur in Folge der Bemühungen ihrer Manager (wie groß ihre Rolle auch sein mag), sondern auch aufgrund der Anstrengungen des zentralen Staatsmanagements.[4]

In normalen Situationen, wenn die Großunternehmen ohne direkte Unterstützung der ganzen Wirtschaft funktionieren mußten, war die Kehrseite dieses Managementsystems sichtbar. Das Management war faktisch auf die Organisation der laufenden Produktion reduziert. Es ist kein Zufall, daß sich die Direktorien der sowjetischen Großunternehmen als rein technologische Gremien darstellten. Die Positionen der stellvertretenden Direktoren waren von Chef-Ingenieuren, Chef-Mechanikern, Chef-Energetikern usw. besetzt. Es gab zur selben Zeit keine strategische Planung zur Entwicklung der Unternehmen und keine für dieses Gebiet zuständigen Organe, da weder wichtige Investitionen noch bedeutende Produktveränderungen von den Unternehmen selbst bestimmt werden konnten. Ganz fremd waren dem sozialistischen Großunternehmen Vertriebs- und Marketingaktivitäten. Es gab kein Vertriebsnetz. Dies war auch nicht nötig, da die Fertigwaren entweder vom Staatsgroßhandel oder von Verbraucher-Unternehmen abgenommen wurden. Deshalb war ein Vertriebsmanagment praktisch überflüssig. So waren in den Managementstrukturen der sozialistischen Firmen die Beschaffungsorgane zumeist erheblich wichtiger als die Absatzsorgane, weil häufig Lieferantenprobleme auftraten und ein Problem des Absatzes nicht existierte.

Besonders bedauernswert ist, daß sich das Unternehmensmanagement in den sozialistischen Ländern niemals zum *selbstlernenden System* entwickeln konnte. Das Wohl des Unternehmens war zu sehr von den externen Faktoren abhängig. Der »gute« Direktor war nicht derjenige, der die Arbeit seines Unternehmens organisieren konnte. Viel wichtiger war

---

4 Auch die Mitwirkung der Superstruktur konnte aber nicht die Rolle eines Zauberstabes spielen. Die von objektiven Gesetzmäßigkeiten des Wettbewerbes gesetzten Rahmenbedingungen sind auch in diesem Fall gültig: die Managementstruktur von Großunternehmen arbeitete nur dort erfolgreich, wo sie am richtigen Platz genutzt wurde. In den siebziger und achtziger Jahren blieben z. B. die Bemühungen vieler sozialistischer Länder erfolglos, die landwirtschaftliche Produktion zu steigern, obwohl für diese Zwecke auch die volle Kraft der Superstruktur ausgenutzt wurde.

es, das Unternehmen vor den oberen Staatsbehörden richtig vertreten zu können: einen leichteren Plan zu »erkämpfen«, mehr Rohstoffe zu bekommen usw.. Es gab also nur eine schwache Motivation zur stetigen Steigerung der Wettbewerbsfähigkeit und zur Verbesserung des Managements, denn die Kontaktpflege mit höheren Machtstufen brachte bessere Erträge.

3. Das Management von neuen Privatunternehmen unter den Bedingungen der Wiederherstellung des Wettbewerbs

Die Gesamtzahl der Unternehmen in Rußland war in den achtziger Jahren nicht größer als vierzigtausend, dabei handelte es sich ausschließlich um Staatsunternehmen. Ende 1994 existierte schon etwa eine Million Unternehmen, wobei der Hauptanteil des Zuwaches auf private Kleinfirmen entfällt. Man kann von einer richtigen Gründungswelle sprechen, wie sie auch in anderen postsozialistischen Ländern zu beobachten ist.

Die neuen Unternehmen haben die strategischen Wettbewerbsfelder eingenommen, die in der sozialistischen Zeit absolut frei waren. So verfolgt die überwiegende Mehrheit der Privatunternehmen die *auftragsorientierte* (customized) *Strategie*. Das sind kleine Firmen mit 20–30 Beschäftigten, die vom Eigentümer meistens in autoritärem Stil sehr flexibel geleitet werden. Das Management solcher Firmen ist oftmals schlicht. Der Betrieb arbeitet nach dem Motto: »Der Chef entscheidet alles selbst.« Hinzu kommt, daß die Belegschaft der Firma oft zu großen Teilen aus persönlichen Bekannten des Eigentümers oder aus Bekannten seiner Bekannten besteht. Dieses sogenannte »*Dorfprinzip*« der Einstellung von Erwerbstätigen (alle kennen alle, wie im Dorf) verstärkt einerseits die Macht des Unternehmers und gibt ihm Zuversicht für seine Beschäftigten, was in den labilen Zeiten sehr wichtig ist. Andererseits aber führt es zur Herabsetzung des professionellen Niveaus der Belegschaft, da die zuverlässigsten Bekannten nicht unbedingt auch die besten Fachleute sind. Es entsteht eine komplizierte Verflechtung zwischen »normalem« Management und Clan- oder Familienbeziehungen innerhalb der Kleinfirma. Richtige Fachleute sind überhaupt rar in den neuen russischen Firmen. Erstens, weil die westlichen Management- und Marketingmethoden den Unternehmern selbst unbekannt sind, und zweitens, weil fachmännische Kenntnisse nicht genügend hoch eingeschätzt werden, da das wirtschaftspolitische Umfeld der Firma so instabil und wiedersprüchlich ist, daß bloße Aggressivität oder sogar offen illegale Machenschaften oft bessere Resultate bringen als effektiv organisierte Tätigkeiten.

Nicht zu verschweigen ist auch das *Kriminalisierungsproblem.* Diverse Firmen gehören kriminellen Gruppen an, fast alle zahlen an die Mafia. Das verzerrt das normale Management wesentlich. Allerdings haben auch viele Unternehmer eine »Schwarzgeld-Motivation«. Ihr Endziel ist nicht der Aufbau eines renomierten, gut gemanagten Unternehmens, sondern schnelle Gewinne für eine spätere Flucht ins Ausland oder für die Bildung von neuen, ebenso kurzlebigen und manchmal nicht »sauberen« Gesellschaften im Inland.

Trotz aller dieser Nachteile der Übergangsperiode, haben die neuen Kleinfirmen in Rußland auch große Schritte in Richtung der echten *auftragsorientierten* (customized) *Strategie* gemacht. Während das alte sowjetische Management die Marktbedürfnisse fast ignorierte, wurde für neue Privatfirmen die Identifizierung und Befriedigung der Marktnachfrage zum wichtigsten Ziel des Managements. So nannten während einer Fragebogenaktion 56 Prozent der Direktoren von Kleinfirmen das Vertriebsproblem als wichtigste Schwierigkeit in ihrem Geschäft. Zum Vergleich: das Lieferantenproblem – frühere Hauptsorge jedes Direktors – wurde nur von 13 Prozent der Befragten als wichtigstes Problem angegeben. Diese prinzipielle Veränderung der Denkweise der Unternehmer hat die Marktsituation deutlich verbessert. In den meisten Großstädten Ost-Europas hat der Kunde jetzt fast die gleiche Auswahl von Waren und Dienstleistungen wie im Westen.[5]

Erheblich gestiegen ist auch die Flexibilität der Firmen. Um maximale Profitraten zu erzielen, sind die Kleinfirmen bereit, ihre Tätigkeit sehr stark zu verändern. Auf dem jungen, nicht gesättigten Markt, wo die Kunden immer neue Waren für sich entdecken, führt das zu richtigen *Wellen der Geschäftswechsel.* So haben viele russischen Firmen der ersten Generation folgende Geschäftsaktivitäten gewechselt: Produktion von Konsumgütern (1987–1989), Handel mit importierten Computern, Audio- und Videotechnik (1990–1991), Handel auf Warenbörsen (1991–1992), Handel mit importierten Konsumgütern, besonders oft mit Lebensmittel (1993–1994).

5   Vgl. o. V. Nesawisimaja gazeta, Moskau, 12. 7. 94.

Die Wettbewerbsvorteile der kleinen, höchst flexiblen Firmen sind unter den Bedingungen der gesamtwirtschaftlichen Instabilität so bedeutend, daß auch größere Unternehmen oft als Ketten von Kleinfirmen geleitet werden. So haben im großen Einzelhandelshaus »Biblio-Globus« die Leiter von kleinen Abteilungen (je 3–4 Verkäufer) das Recht, selbstständig mit Lieferanten zu verhandeln und Preise zu bestimmen.[6]

Der wichtigste Unterschied der heutigen russischen auftragsorientierten Firmen zu den westlichen besteht darin, daß sie einerseits eine viel größere Rolle in der Gesamtwirtschaft spielen, andererseits aber noch nicht völlig auf eigenen Beinen stehen können. Beides ist mit ihrer starken Abhängigkeit von Importwaren verbunden. Die blitzschnelle Öffnung der früher geschlossenen sozialistischen Wirtschaft hat den Mangel an internationaler Wettbewerbsfähigkeit des produzierenden Gewerbes sichtbar gemacht. So ist in Rußland zum Beispiel die Importquote für Konsumgüter von 20 Prozent in 1992 auf 40 Prozent in 1994 gestiegen.[7] In dieser Situation entstand die Aufspaltung der gesamten Wirtschaft in zwei große Teile. Der eine Teil (Industrie, Landwirtschaft usw.), der mit der nationalen Produktion verbunden ist, leidet unter der übermächtigen ausländischen Konkurrenz. Der andere Teil (Handel und die auf »westliche« Verfahren beruhenden Dienstleistungen) profitiert dagegen vom Wettbewerbsvorsprung der Importwaren aus westlicher Produktion.

So stehen sich im Wettbewerb nicht verschiedene nationale Produzenten von Fernsehgeräten, Wurstwaren oder Butter gegenüber, sondern die russischen Warenproduzenten und die russischen Handelsfirmen. Der Erfolg in diesem Verdrängungswettbewerb ist eindeutig auf Seiten der Handelsfirmen, aber nicht in Folge ihrer eigenen Leistungen, sondern wegen der besseren Qualität der westlichen Waren, die sie verkaufen. Deshalb ist es kein Wunder, daß die neuen Privatunternehmen fast ausschließlich in Handels- und Dienstleistungsbereichen wachsen und ihre Rolle in der Befriedigung der Marktbedürfnisse immer größer wird. Die praktische Managementerfahrung mit der Marktwirtschaft bekommt dabei einen einseitigen Charakter, und zwar als Handels- oder Vertriebsmanagement. Die Kenntnisse im marktkonformen Management des Produktionsprozesses wachsen dagegen nur sehr langsam.

6 Vgl. o. V. Kommersant, Moskau, Nr. 10, 1995, S.27–39.
7 Vgl. o. V. EkoTASS, 19. 11. 1994, S. 11–17.

Es herrschen auf dem heutigen russischen Markt also mehrere Hunderttausend *auftragsorientierte* (customized) Handelsfirmen – klein, labil, flexibel, importabhängig, mit einem autoritären, intuitiven und kurzfristig orientierten Management.

Auf längere Sicht ist aber klar, daß das riesengroße Land sich nicht ohne eigene Produktion weiter entwickeln kann (die kumulierte Schrumpfung seit dem Beginn der Reformen betrug im Juni 1994 in der russischen Textil-, Bekleidungs-und Schuhindustrie fast 80 Prozent, im Maschinenbau 70 Prozent, in der Chemie- und Baumaterialienindustrie 60 Prozent und in der Nahrungsmittelindustrie 50 Prozent.[8] Es ist daher wahrscheinlich, daß die zukünftige Erholung der nationalen Produktion die heute übertriebene Bedeutung der auftragsorientierten (customized) Firmen und ihrer Managementmethoden für die Volkswirtschaft mindern wird.

Die Privatwirtschaft hat zum ersten Mal in der Geschichte Rußlands innovative Firmen hervorgebracht. Jedoch ist die heutige große Rezession der Transformationsperiode nicht die günstigste Zeit für die High-Tech-Branchen. Viele frühere Errungenschaften (insbesondere in der Raumfahrt, im Flugzeug- und Raketenbau, in der Wehrtechnik) sind wegen Finanzierungsmängeln und der Schließung von Forschungsinstituten verlorengegangen. Auch die neuen innovativen Privatunternehmen entstehen trotz des enormen wissenschaftlichen Potentials nicht in kapitalintensiven Branchen. Aber dort, wo intellektuelle Raffinesse wichtiger ist als Geld (etwa in der Computer- und Software-Industrie), gibt es schon die ersten Erfolgsfälle. So werden zum Beispiel die Programme der russischen Privatfirma »ParaGraph« serienmäßig in »Apple«-Computern installiert. Einen guten internationalen Ruf haben auch die zwei anderen russischen Software-Firmen »Cognitive Technologies« und »Inzer« erworben.

Das Management einer innovativen Firma hat drei Hauptaufgaben zu lösen:

1. die Organisation der Forschungs- und Entwicklungsarbeiten,
2. die Organisation des laufenden Geschäfts und
3. die Organisation der Finanzierung des Projektes.

---

8 Vgl. o. V. Kommersant, Moskau, Nr. 31, 1994.

Es ist darum kein Zufall, daß an der Spitze der westlichen Pionierunternehmen oft zwei Personen stehen: ein professioneller Wissenschaftler und ein professioneller Manager. Der erste ist für den wissenschaftlich-technischen Teil des Projekts zuständig, der zweite für den kommerziellen. Und beide nehmen meistens aktiv an Verhandlungen mit Venture-Kapital-Finanzierungsfonds teil.

Prinzipiell gilt für die russischen, innovativen Firmen das gleiche Schema. Der wichtige Unterschied ist mit der Abwesenheit eines inländischen *Venture-Kapitalmarkts* verbunden. Unter diesen Bedingungen muß das ganze Projekt aus eigenen Mittel finanziert werden, was sehr schwierig für eine Firma ist, die meistens keine marktreifen Produkte hat. Ein Weg der Beschaffung des Kapitals besteht in der Verbindung des innovativen mit dem Routinegeschäft. So finanziert die Moskauer Firma »Aerostatika« ihre visionären Bemühungen zum Wiederaufleben des Zeppelinbaus aus den Gewinnen des Handels mit importierten Konsumgütern. Die zweite oft ausgenutzte Quelle der Finanzierung bildet privates Kapital eines der Gründer (meistens »des Managers«). Zum Beispiel wurde der erste russische CD-ROM-Produzent »Media Mechanics« mit Hilfe der im Börsengeschäft erwirtschafteten Finanzmittel seines Gründers W. Dawidenko geschaffen.

Eine Erleichterung des Managements der neuen russischen Pionierunternehmen besteht darin, daß nicht nur »Wissenschaftler«, sondern auch »Manager« zum großen Teil aus wissenschaftlich-technischen Kreisen der ehemaligen sowjetischen Gesellschaft stammen und darum Lust an und Verständnis für erfinderische Tätigkeiten haben. So hatten 1993 69,7 Prozent aller neuen Unternehmer eine Hochschulausbildung und 12,6 Prozent sogar einen Doktorgrad.[9] Aus Protest gegen die alte Gesellschaft gingen viele Intellektuelle in ein selbstständiges Handlungsfeld. Später, ausgestattet mit praktischen Managementerfahrungen und Geldkapital, gründen sie oft eigene innovative Firmen. Dabei fällt es ihnen leicht, die Kontakte zu den ehemaligen Kollegen aus Forschungsinstituten wiederherzustellen und die talentiertesten Kräfte zu sich zu holen. In der Zukunft, nach Beendigung der großen Rezession, kann diese enge Verflechtung zwischen Wirtschaft und Wissenschaft einen wesentlichen internationalen Wettbewerbsvorteil der russischen Wirtschaft bilden.

9 Vgl. o. V. Westnik Statistiki, Moskau, Nr.9, 1993, S. 4–5.

Die privaten Großproduzenten der standardisierten Waren *(Mengenstrategie)* und die eng spezialisierten Unternehmen *(Nischenstrategie)* sind in Rußland zur Zeit noch in der Phase der Herausbildung. Es gibt ein paar Dutzend Handelsfirmen mit Jahresumsätzen von einigen 100 Millionen US-Dollar. In Ausnahmefällen investieren solche Firmen auch in die Industrie. So hat die Handelsgruppe »Microdin« die Mehrheitsbeteilung an dem maroden Lastwagen- und Limousinenwerk »ZIL« übernommen. Die Privatfirma »IVK« hat das große Computerwerk »Quant« gekauft (Produktionskapazität etwa 900 000 Personalcomputer pro Jahr), nutzt aber seine Möglichkeiten nur zu 3,3 Prozent aus (faktische Jahresproduktion 1994: 30 000 Computer). Auf den stark umkämpften Märkten mit besonders aktivem Wettbewerb (Versicherungen, Tourismus, einige Sektoren des Handels und der Dienstleistungen) wächst die Neigung der Firmen zur Spezialisierung. Es gibt zum Beispiel im heutigen Rußland touristische Firmen, die ausschließlich mit Fußballfans arbeiten, oder Consulting-Unternehmen, die Krisenmanagement bei »kranken« Firmen praktizieren.

Spezifische Managementmethoden für solche Unternehmen sind noch nicht gefunden. Oft werden die größeren Unternehmen vom Inhaber persönlich im selben Stil wie die Kleinunternehmen geleitet. Das einzige auffallende Merkmal der privaten Großfirmen ist die Vorliebe zu *Holdinggesellschaften* und zu komplizierten Formen der *Verschachtelung* innerhalb der Unternehmensgruppen. Diese Strukturen dienen weniger den Zwecken des Managements als vielmehr dem Erhalt der Macht des Inhabers und der Umgehung von Steuerverpflichtungen.

4. Privatisierte Staatsunternehmen und die Veränderungen in ihrem Management

Die Mehrheit der ehemaligen Staatsunternehmen Rußlands ist mittlerweile privatisiert. Die realen Veränderungen (auch die des Managements) verlaufen in diesen Firmen aber viel komplizierter und langsamer als der Wechsel des offiziellen Eigentümerstatus. Es wäre also falsch, privatisierte Unternehmen mit Privatunternehmen gleichzusetzen, da die Kernfrage noch nicht gelöst ist: Zu wessen Gunsten sollen die privatisierten Unternehmen funktionieren? In den privaten Firmen wurde diese Frage eindeutig im Geist des frühen Kapitalismus beantwortet: Das höchste Ziel ist die Maximierung der Profite des Eigentümers. In den privatisierten Unternehmen kämpfen dagegen drei mächtige Interessengruppen gegeneinander: die oberen Manager, die Großaktionäre und die Belegschaft. Bis heute (April 1995) ist der Ausgang dieses Kampfes nicht entschieden. Nicht zu vergessen ist auch, daß die gegenwärtige Entwicklung der privatisierten Unternehmen vor dem Hintergrund der großen Rezession zu sehen ist, mit durchschnittlichen Schrumpfungsraten der Produktion von über 50 Prozent. Erfolgreiche Firmen sind rar, viel öfter geht es ums Überleben des Unternehmens. Das Management der privatisierten Unternehmen hat sich unter diesen Übergangsbedingungen nicht voll entfalten können und darum noch nicht eine endgültige Form gefunden.

Es ist unseres Erachtens wichtig, drei Gruppen der privatisierten Unternehmen zu unterscheiden:

1. Die Monopolisten

Fast alle sowjetischen Großunternehmen haben in den ersten Reformjahren für begrenzte Zeit quasi eine Monopolstellung eingenommen. Im Lande herrschte Warenhunger, und die Unternehmen konnten die neue Selbständigkeit voll zu ihrem Vorteil ausnutzen: Preise hochtreiben, für sich die besten Lieferungsbedingungen bestimmen usw.. Die Manager von KAMAZ (Lastwagenproduzent) berichten, daß das einzige Marketingproblem der Firma damals die Notwendigkeit war, sich zwischen den Kunden zu entscheiden, denen das Geld genommen und ein Auto gegeben wurde, und denjenigen, denen nur das Geld genommen und statt der Lieferung der Ware viel Geduld für eine lange Wartezeit gewünscht wurde.

Der Zusammenbruch der Binnennachfrage sowie die starke ausländische Konkurrenz haben die Situation für die meisten Unternehmen völlig verändert. Nun beobachten dieselben KAMAZ-Manager (wie auch ihre Kollegen in anderen Unternehmen) aus den Fenstern ihres Verwaltungsgebäudes nicht den Kundenandrang, sondern Hunderte nicht verkaufter Wagen.[10] Nur eine Minderheit der Firmen, hauptsächlich die sogenannten »natürlichen« Monopole und einige Rohstoffproduzenten, haben ihre Monopolstellung erhalten können, so etwa in der Energieversorgung, im Transportwesen, aber auch bei der Produktion von man-

---

10 Vgl. o. V. Kommersant-daily, 2. 3. 1995.

chen Halbwaren, die in der UdSSR in einem einzigen Werk konzentriert wurde. Hier hat der Abnehmer keine Wahl und muß darum alle Bedingungen des Produzenten akzeptieren. Eine vergleichbare Situation ist auch bei einigen Rohstoffproduzenten anzutreffen: Wenn die Preise für Rohstoffe im Ausland höher als im Inland sind (und das kommt noch öfter vor), können die Produzenten beliebig harte Positionen gegenüber den inländischen Kunden vertreten.

Das Management von Unternehmen dieser Gruppe ist eher konservativ. Die relativ günstige Stellung im Markt gibt wenig Anlaß zur Veränderung des alten Systems. Die Machtposition der oberen Manager ist stark, da die Unternehmen reich an Geldmitteln sind und die Manager mit ihrer Hilfe den Übergang von bedeutenden Kapitalanteilen an Außenseiter sperren können. Auch die Belegschaft unterstützt meistens die Manager, da die Löhne in solchen Unternehmen höher als in anderen sind.

Es gibt jedoch ein Gebiet der Geschäftsaktivitäten, wo die Anpassung der *Monopolisten* rasch vorangeht. Die reichen Produzenten von Erdöl, Erdgas usw. gründen aktiv Privatbanken, die später die freien Finanzmittel der Muttergesellschaften verwalten und so Riesenprofite erwirtschaften. Oft gehören zu den Gründern der Banken nicht nur die genannten Unternehmen, sondern auch ihre höheren Manager als Privatpersonen, was ihre Machtpositionen selbstverständlich noch verstärkt.

2. Die in ihrer Existenz bedrohten Firmen
Wie schon erwähnt wurde, erlebten die meisten russischen Unternehmen innerhalb sehr kurzer Zeit (1992–1993) eine dramatische Wende von der begehrten Quasi-Monopolstellung zur Existenzbedrohung. So verlor die Rüstungsindustrie fast alle Staatsaufträge (die Schrumpfung beträgt mehr als 90 Prozent). Viele Produzenten von Konsumgütern haben plötzlich lernen müssen, daß ihre Waren im Vergleich zu Importgütern nicht konkurrenzfähig sind und daß der Markt ihre Waren ablehnt. So verminderte sich die Produktion von Fernsehgeräten in Rußland von 1,2 Millionen Stück in 1992 auf circa 150 000–200 000 in 1994. Ebenso schwer ist die Lage der Produzenten von Personalcomputern, Kameras, Textilwaren, Radiogeräten, Schuhen etc.. Die Investitionsgüterindustrie wurde vom gleichzeitigen Auftreten der Rezession einerseits und der Importkonkurrenz andererseits vielleicht noch härter erschüttert.

Das gravierendste an dieser Situation ist, daß die Manager von maroden Unternehmen dieser Entwicklung nur sehr wenig entgegensetzen können. Ohne riesige Investitionen, für die es kein Geld gibt, wird die Qualität der einheimischen Fernsehgeräte nicht das Weltniveau erreichen, sogar wenn es möglich wäre, wie im Zaubermärchen das Management der Unternehmen über Nacht den besten Vorstellungen anzupassen. Ebenso wenige Chancen auf eine baldige Genesung aus eigenen Kräften haben die Chefs eines nicht mehr benötigten Panzer-Werks oder Produzenten für landwirtschaftliche Maschinen, die die Bauern wegen des totalen Kaufkraftverlusts nicht kaufen können.

Es ist deshalb durchaus verständlich, daß ein großer Teil von Managern der *existenzbedrohten Unternehmen* demoralisiert ist. Es wird fast nichts für die Verbesserung der Lage ihrer Betriebe getan. Oftmals fließen alle Kräfte der Manager in die persönliche Bereicherung auf Kosten des eigenen Unternehmens. Die Belegschaft solcher Firmen wird oft für mehrere Monate in unbezahlten Urlaub geschickt. Proteste seitens der Erwerbstätigen gibt es aber nur sehr selten, da auch sie keine realistischen Möglichkeiten zur Verbesserung der Situation sehen. Auch die außenstehenden Investoren weigern sich, solche Firmen billig zu kaufen. Es herrscht also eine *Patt-Situation:* Niemand will die kostspielige und riskante Aufgabe der radikalen Umgestaltung der Firmen und ihres Managements auf sich nehmen.

3. Die aktiv reformierenden Unternehmen
Das ist zwar die kleinste, aber für die zukünftige Entwicklung des Landes wichtigste Gruppe der privatisierten Großunternehmen. Sie versuchen ihre Tätigkeiten und das Management an die Marktbedingungen anzupassen. Meistens sind das die Firmen, die mit schweren (im Unterschied zu den *Monopolisten*), aber doch lösbaren (im Unterschied zu den *maroden Unternehmen*) Problemen zu tun haben. Solche Firmen sind am häufigsten in der Nahrungsmittel-, Tabak-, Waschmittel- und Autoindustrie zu finden. Spontan und meistens unbewußt suchen sie die Wege zur Mengenstrategie. Das heißt, daß sie ihren Platz auf dem Markt von Massenprodukten für den durchschnittlichen Bewohner Rußlands sehen, die billiger angeboten werden können als Importwaren.

Die Unternehmen versuchen in ihren Firmen Managementstrukturen zu schaffen, die in sowjetischen Zeiten unterentwickelt waren, aber für den Erfolg auf dem Markt lebenswichtig sind. In erster Linie geht es um das Vertriebs- und Marketingmanagement. So haben die führenden Autohersteller ihre eigenen Vertriebsnetze mit Hunderten von Händlern aufgebaut. Ein anderes Merkmal derselben Entwicklung ist die hohe Werbeaktivität, die für diese Gruppe der Unternehmen typisch ist, obwohl das für andere russische Industriefirmen noch eine Seltenheit ist. So führt z. B. die Schokoladenfabrik »Roter Oktober« agressive Werbung unter dem nostalgischen und gleichzeitig gegen die Importkonkurrenz scharf zugespitzten Motto: »Schokolade mit dem von Kindheit an geliebten Geschmack«. Der Rolle von Vertriebs- und Marketingabteilungen wird auch strukturell ein neuer Wert beigemessen: Ihre Leiter sind heute angesehene Mitglieder der Direktorien der reformierenden Unternehmen. Manchmal kommt es sogar zu Übertreibungen. Die Fragebogenaktionen zeigen, daß einige Direktoren Management nur mit Marketing identifizieren.[11]

Sehr langsam – da die Finanzmittel knapp – sind, aber doch fortschreitend ist die Entwicklung des strategischen Managements. Die neuen russischen *Mengenproduzenten* lernen, auf dem Markt ihren Platz zu finden und selbständig über die Investitionen zu entscheiden, die für eine günstige Positionierung nötig sind. So hat »GAZ« mit der Einführung des Leichttransporters »GAZelle« einen sensationellen Markterfolg errungen, wofür die Fließbandlinie zur Produktion von schweren LKW umgebaut worden ist. Die Veränderungen gehen natürlich schneller voran, wenn das Unternehmen gute westliche Partner, beziehungsweise Aktionäre hat. Im Kombinat »Novomoskowsk Bytchim« wurde z. B. mit Hilfe von »Procter & Gamble« die Produktion von modernen Waschmitteln aufgenommen und die für dieses Ziel nötige Anpassung des Produktionsmanagements (*Qualitätskontrolle* usw.) durchgeführt. Das Management des führenden Optik-Unternehmens, »LOMO«, wurde nach einem von McKinsey ausgearbeiteten Plan in *profit center* aufgeteilt.

Eine weitere Umwandlungstendenz im Management ist die *Abstoßung von Nebenaktivitäten,* also die Abkehr von der früheren, an Autarkie orientierten Struktur der Großunternehmen. Solche Schritte sollen im heutigen Rußland sehr vorsichtig realisiert werden, da zuverlässige Lieferanten auch jetzt noch selten sind. Meistens wird das Problem auf

---

11 Vgl. o. V. Kommersant, Moskau, Nr. 10, 1995, S. 29. Berechnet nach: Narodoe Khosjastwo SSSR w 1972 g., M. 1973, S. 192, und Zahlen zur wirtschaftlichen Entwicklung der BRD 1979, Köln 1979, S. 50.

der regionalen Ebene gelöst: Neben dem erfolgreichen Großunternehmen entwickelt sich in derselben Stadt eine Gruppe von teilweise abhängigen, kleinen Lieferanten. Möglicherweise sind das die ersten Sprößlinge der zukünftigen *Cluster* und anderer Formen der *Firmengemeinschaften.*

Auch in den aktiv reformierenden Unternehmen ist die Kraftprobe innerhalb des Dreiecks Manager–Aktionäre–Belegschaft noch nicht beendet. Es gibt eine starke Neigung zu zwei kontroversen Methoden des Managements. Zum einen das harte *Hire-and-Fire-Management* und zum anderen den *Paternalismus.* Die zweite Variante trägt nach unserer subjektiven Einschätzung etwas bessere Früchte. So ist bei den erfolgreichen Großunternehmen trotz des schon erwähnten Abstoßens von Nebenaktivitäten dennoch die Tendenz zur Beibehaltung von sozialen Objekten (Kindergarten, Erholungsheime) feststellbar.

5. Schlußbemerkung: Übergangsprozeß vom Plan zum Markt

Das Management der Unternehmen in Osteuropa, insbesondere in Rußland, wo alle Probleme schärfer hervortreten, befindet sich heute im Übergangsprozeß vom Plan zum Markt. Das Hauptproblem dieses Übergangs ist nach unserer Meinung der Mangel an neuem Management, das in realen, nicht-reifen, postsozialistischen Marktwirtschaften realisierbar ist.

Die neuen Privatunternehmen haben dieses Problem teilweise gelöst, aber nur in einem sehr engen Bereich. Sie haben ein effektives Management für kleine Dienstleistungs- und Handelsfirmen geschaffen. Die Tätigkeit dieser Firmen bedeutet einen großen Fortschritt in der Anpassung des Managements an Marktbedingungen. Ihre Chefs haben allerdings zuviel »*Schwargeld-Motivation*« und zu wenig *Geschäfts-* und *kreative Arbeitsmoral* entwickelt. Die Probleme der privatisierten Industriefirmen liegen woanders, sind aber nicht weniger schwerwiegend. Die Mehrheit der Unternehmen hat unter den Bedingungen der großen Rezession ihren Platz auf dem Markt noch nicht gefunden. Nur wenige Unternehmen sind imstande, ein modernes Management zu verwirklichen. Doch ohne effektives Unternehmensmanagement können die Reformen nicht weitergehen. Die Schaffung eines solchen Systems ist eine der wichtigsten Herausforderungen der sich transformierenden Wirtschaft.

Literatur

Berth, R., Visionäres Management. Die Philosophie der Innovation, Düsseldorf 1990.

Friesewinkel, H., Gutachten zum Thema: quantitative und qualitative Charakterisierung deutscher Pharmaunternehmen, Basel 1988.

EkoTASS, 19. 11. 1994, S. 11–17.

Hinterhuber, H. H., Wettbewerbsstrategie, 1. Aufl., Berlin 1982.

Kommersant, Moskau, Nr. 31, 1994.

Kommersant, Moskau, Nr. 10, 1995, S. 27-39.

Kommersant, Moskau, Nr. 10, 1995.

Kommersant-daily, 2. 3. 1995.

Mather, H., Competitive Manufacturing, Englewood Cliffs, New Jersey 1988, S. 169.

Nesawisimaja gazeta, Moskau, 12. 7. 1994.

Porter, M. E., Competitive Strategy: Technics for Analyzing Industries and Competitors, New York 1980.

Porter, M. E., Competitive Advantage: Creating and Sustaining Superior Performance, New York 1985.

Porter, M. E., The Competitive Advantage of Nations, New York 1990, Kapitel 4.

Teichova, A., The Czechoslovak Case, in: Global Enterprise: Big Business and the Wealth of Nations, Ed. by A.Chandler, Cambridge 1995.

Westnik Statistiki, Moskau, Nr. 9, 1993, S. 4–5.

Marktgegebenheiten für das Management in den Visegradländern (Ungarn, Polen, Tschechische und Slowakische Republik)

Gerhard Brendel, Hans Bruder

Die Visegradländer Ungarn, Polen, Tschechische und Slowakische Republik bieten aufgrund solcher Marktgegebenheiten wie qualifizierte Arbeitskräfte, niedrige Lohnkosten, gute marktwirtschaftliche Traditionen, bemerkenswerte Fortschritte in der Transformation von der Plan- zur Marktwirtschaft, zunehmende wirtschaftliche Stabilisierung und intensive wirtschaftliche Verflechtung mit den Ländern der Europäischen Union gute Voraussetzungen für ein erfolgreiches Management. Die Entstaatlichung der Wirtschaft hat in diesen Ländern bemerkenswerte Fortschritte gemacht, die Privatwirtschaft wird zunehmend zum Träger der wirtschaftlichen Entwicklung. Seit 1993/94 weist das Bruttoinlandsprodukt dieser Länder wieder ein Wachstum auf. Der Export, insbesondere in die Länder der Europäischen Union, entwickelt sich dynamisch. Sowohl aufgrund von Standortvorteilen als auch eines zunehmend sichereren rechtlichen Rahmens bieten diese Länder günstige Voraussetzungen für Investitionen. Die abgeschlossenen Assoziierungsabkommen mit der Europäischen Union, ihre weitere Annäherung an die EU und die später angestrebte EU-Mitgliedschaft aber auch die Vertiefung der Wirtschaftszusammenarbeit zwischen den Visegradstaaten schaffen eine solide Grundlage für unternehmerische Tätigkeit und Management in diesen Ländern.

1. Günstige Bedingungen für das Management in den Visegradländern

1990 führte ein Gipfeltreffen der führenden Repräsentanten der mittelosteuropäischen Reformländer Polen, Ungarn und der Tschechoslowakei in der nordungarischen Stadt Visegrad zur Formierung einer Ländergruppe, die politische Möglichkeiten für eine mehrseitige Zusammenarbeit zwischen diesen ehemaligen RGW-Ländern anstrebte. Nach der staatlichen Trennung zwischen der tschechischen und slowakischen Republik besteht diese Ländergruppe aus vier Staaten, die gemeinsam den Transformationsprozeß von der Plan- zur Marktwirtschaft gehen. Am 21. Dezember 1992 unterzeichneten Tschechien, die Slowakei, Polen und Ungarn das Central European Free Trade Agreement (CEFTA), das die Schaffung einer Freihandelszone bis zum Jahre 2001 zwischen diesen Ländern vorsieht. Alle vier Länder bieten, wenn auch im Einzelnen differenziert, im Unterschied zu den GUS-Staaten relativ günstige Managementperspektiven für in- und ausländische Unternehmen. Hervorhebenswert sind vor allem fünf Faktoren:

- Alle vier Länder verfügen über ein gut ausgebildetes, qualifiziertes Arbeitskräftepotential. Extrem niedrige Arbeitskosten sind ein wichtiger Wettbewerbsvorteil der Visegradländer. Betrug 1994 das Bruttogehalt eines Facharbeiters der metallverarbeitenden Industrie in Frankfurt am Main 57 000 DM, so verdiente im gleichen Jahr ein entsprechender Facharbeiter in Prag 5 540 DM, in Budapest 6 480 DM.
- Die vier mittel-osteuropäischen Länder haben langjährige marktwirtschaftliche Traditionen, die – zumindest im Falle Ungarns und Polens – auch während der Zeit des Realsozialismus nicht liquidiert wurden.
- Die vier Länder gehören zu den ehemaligen Staatshandelsländern, die im Transformationsprozeß von der Plan- zur Marktwirtschaft (von Slowenien abgesehen) die größten Fortschritte zu verzeichnen haben.
- Alle vier Länder sind außenhandelsintensive Länder, die in den letzten Jahren ihre Märkte für den internationalen Wettbewerb weitgehend öffneten und eine erfolgreiche Umstrukturierung ihres Außenhandels von einer einseitigen RGW-Orientierung auf die Beziehungen mit westlichen Industrieländern vollzogen.
- Die abgeschlossenen Assoziierungsabkommen der Europäischen Union mit diesen Ländern sehen eine schrittweise Annäherung und schließliche EU-Mitgliedschaft vor. Auf dem Wege der Angleichung an das EU-Recht haben diese Länder bereits wesentliche Fortschritte erreicht.

Die Attraktivität der Visegradländer für die Wirtschaftsbeziehungen von Unternehmen Deutschlands und anderer westeuropäischer Industrieländer kommt allein schon darin zum Ausdruck, daß Mitte der neunziger

Jahre 50 Prozent des europäischen Ost-West-Handels und etwa 80 Prozent der in den mittel-osteuropäischen Ländern getätigten ausländischen Direktinvestitionen auf diese Länder entfallen.

2. Makroökonomische Rahmenbedingungen für das Management in den Visegradländern

2.1 Stand der Transformation (insbesondere Privatisierung)

In *Polen* hat der Privatisierungsprozeß früher eingesetzt als in den anderen Visegradstaaten, und er ist zunächst auch dynamischer verlaufen. Bereits Ende 1988 begann die »Kleine« Privatisierung und die »Große« schon ab Mitte 1990. Im Verlauf des weiteren Reformprozesses verlangsamte sich das Tempo der Privatisierung. Von wesentlichem Einfluß war die starke Stellung von Belegschaften und Gewerkschaften in den Unternehmen und in der Wirtschaft. Es werden zwei Formen der Privatisierung angewendet:

- die Umwandlung von Staatsbetrieben in rechtlich selbständige Privatunternehmen;
- die rechtliche Auflösung von Staatsunternehmen und ihre vollständige oder teilweise Privatisierung durch Verkauf, Vermietung oder Einbringung ihres Vermögens in neue Unternehmen.

Auf letztere Form entfällt die Mehrheit der Privatisierungsverfahren in den ersten Jahren des Reformprozesses (1990–1992).

In diesen drei Jahren hat sich die Zahl der Privatunternehmen in Polen verdreifacht, während die der Joint Ventures sogar auf das Fünfzehnfache wuchs. Die Zahl der Staatsunternehmen hingegen ging nicht zurück, sondern nahm noch zu. Stürmisch entwickelt hat sich Anfang der neunziger Jahre die Zahl der Gewerbebetriebe (von Ende 1990 bis Mitte 1992 von 1,1 auf 1,5 Millionen). Fast zwei Drittel entfallen auf Handel und Dienstleistungen, ein Drittel auf Industrie und Bauwirtschaft. Im weiteren kam es zu vielen Verzögerungen im Privatisierungsprozeß. Im Gefolge der von L. Balcerowicz eingeleiteten Schock-Therapie und der hohen ökonomischen und sozialen Kosten und Lasten des wirtschaftlichen Transformationsprozesses mehrten sich die Forderungen nach einem tragbaren, in Verbindung mit den wirtschaftlichen Realitäten vor sich gehenden Prozeß des Übergangs zur Marktwirtschaft. Diese Forderungen brachten in den Septemberwahlen von 1993 eine Regierungskoalition an die Macht, die dieses Anliegen der Wählerschaft mit einem Wirtschaftsprogramm aufgriff, das sich wesentlich von der Politik der von 1991 bis 1993 regierenden Parteien unterschied.

1994 wurde schrittweise die Massenprivatisierung vorbereitet. Aber erst im Dezember 1994 wurde die letzte Hürde durch den damaligen Ministerpräsidenten Pawlak beseitigt, der die Aufsichtsräte für die 15 Nationalen Investmentfonds ernannte, denen 444 am Programm der Massenprivatisierung beteiligte Betriebe (rund 10 Prozent des Industrieanlagevermögens) mit einem Buchwert von 2,7 Milliarden US-Dollar übertragen werden sollen.

Die Leitung der Investmentfonds werden gemischte Gruppen von einheimischen und ausländischen Fondsmanagern haben. Dazu kommt eine großzügige Unterstützung durch die Weltbank und die Europäische Bank für Wiederaufbau und Entwicklung.

Der neue Finanzminister Kolodko sieht in den zu erzielenden Einnahmen aus der Privatisierung eine Quelle zur Aufrechterhaltung von fiskalem Gleichgewicht. Privatisierung und Restrukturierung sollen sich weiterentwickeln, aber in einem anderen Rahmen:

Sie sollen in kooperativer Partnerschaft mit den Gewerkschaften erfolgen.

Die Privatisierung soll im Rahmen »sektoraler Gleichheit« vor sich gehen, das heißt, der Privatsektor wird nicht länger eine besondere Behandlung auf Kosten des staatlichen und des genossenschaftlichen Sektors erhalten.

Weiter wird als wichtige Veränderung der Schwerpunkt der Privatisierungspolitik vom einfachen »Ausverkauf« von Staatseigentum verschoben auf ein Management dieses Eigentums, bei dem sich der Staat wie ein »wirklicher Eigentümer« verhält. Alle verbleibenden Staatsunternehmen sind zu »kommerzialisieren«.

Der Staatssektor hat seit 1990 in der polnischen Volkswirtschaft wesentlich an Bedeutung verloren, hat aber noch immer einen großen politischen und wirtschaftlichen Einfluß.

Das Jahr 1994 war erneut ein Jahr der Kämpfe und Auseinandersetzungen über Privatisierung und Restrukturierung, die den Privatisierungsanstrengungen in Polen ernste Hindernisse bereitet haben. Die »Entstaatlichung« der Wirtschaft ist mit großen Widersprüchen behaftet. Zwar ist einerseits weit mehr als die Hälfte aller Beschäftigten bereits im Privatsektor tätig und andererseits der private Anteil an der Industrieproduktion bis Mitte 1994 auf 33 Prozent gestiegen, aber die tatsächliche Privatisierung der großen Staatsbetriebe ist nur wenig vorangekommen. So waren unter den fünfzig größten polnischen Firmen im Frühjahr 1994 nur sechs Privatunternehmen. An der Börse konnten im August 1994 nur die Aktien von 33 Firmen gehandelt werden.

In der *Tschechoslowakei* gab es im November 1989 praktisch keinen privaten Sektor der Volkswirtschaft. Am Beginn der Privatisierung stand ein Programm zur Privatisierung von Kleinunternehmen, durch das ab Januar 1991 in öffentlichen Versteigerungen mehr als 30 000 Kleinunternehmen, Geschäfte und Restaurants an Bürger der Tschechoslowakei verkauft wurden.

Die Privatisierung großer Staatsunternehmen im Rahmen einer Privatisierung in großem Maßstab begann im Februar 1992. Sie stützt sich hauptsächlich auf die sogenannte »Kupon«-Privatisierung, die vom damaligen Finanzminister Klaus initiiert wurde. Unternehmen erarbeiten ihre eigenen Privatisierungsvorschläge in einer Kombination aus Kupon-Verkäufen, Direktverkäufen, öffentlichen Versteigerungen oder Beteiligung ausländischer Investitionen. Die erste Welle dieser Privatisierung erstreckte sich bis Dezember 1992. In ihr wurden 988 Unternehmen mit einem Buchwert von 216,7 Milliarden Tschechoslowakischen Kronen in beiden Republiken privatisiert. Die Bürger konnten für 1000 Kronen Kupon-Hefte erwerben und die Kupons nutzen, um sie direkt in Unternehmen oder indirekt in Investmentfonds anzulegen. Die zweite Welle der Kupon-Privatisierung umfaßte 861 Unternehmen mit Aktiva im Buchwert von 155 Milliarden Kronen. Sie betraf nach der Auflösung der Tschechoslowakischen Föderation nur noch die *Tschechische Republik* und begann im April 1994.

Bereits im 4. Quartal 1993 waren 67 Prozent der tschechischen Volkswirtschaft in Privatbesitz. Ende 1996 soll das Privatisierungsprogramm beendet sein. Der Staat wird voraussichtlich nur 10 Prozent des Eigentums in seinem Besitz behalten.

Das Programm hat bisher jedoch nur in geringem Umfang zu einer Restrukturierung der Unternehmen geführt. Die Ursachen dafür werden im Zögern der Eigentümer und der Regierung gesehen. Ein weiteres

Problem ergibt sich daraus, daß nach deutschem Vorbild Großbanken sowohl als Eigentümer als auch als Kreditgeber für Industrieunternehmen auftreten. Sie sind als Eigentümer der großen Investmentfonds zugleich auch einige der größten Anteilseigner an tschechischen Firmen. Das läßt sie zögern, die Schulden von Firmen einzutreiben, die ihnen selbst gehören. Die behindernden Wirkungen für Firmenbankrotte, die sich aus diesem Interessenkonflikt ergeben, zeigten sich in einer anfangs geringen Zahl von Firmenzusammenbrüchen. Für 1995 werden vor allem Konkurse in der Schwerindustrie erwartet, die wenig Überlebenschancen hat.

Im Streit um das Privatisierungsprogramm der Regierung wurde auch die Forderung nach Unabhängigkeit des Nationalen Eigentumsfonds von der Regierung erhoben.

Nach der schnellen Privatisierung besteht nunmehr die Aufgabe der Restrukturierung der Unternehmen, und die neuen Eigentümer müssen deren Lebensfähigkeit unter marktwirtschaftlichen Bedingungen nachweisen.

In der *Slowakischen Republik* ist die Privatisierung von Klein- und Mittelunternehmen bis 1994 als »Kupon-Privatisierung« weitergeführt worden und ziemlich reibungslos vonstatten gegangen.

Inzwischen wurde die zweite Privatisierungswelle in Angriff genommen. Ziel war es, 365 kleinere Unternehmen mit einem Gesamtkapital von rund 30 Milliarden Slowakischen Kronen (Sk) und 154 größere Unternehmen im Wert von 166 Milliarden Kronen im Laufe des Jahres 1994 zu privatisieren. Dabei wurden mehr Eigentumsübertragungen durch Direktverkäufe, öffentliche Ausschreibungen und öffentliche Versteigerungen angestrebt. Bevorzugt sollten insbesondere Angebote ausländischer Erwerber berücksichtigt werden, die die Schaffung neuer Arbeitsplätze garantieren und neue Investitionen kurz- und mittelfristig zusichern.

Als Grundlinie für den weiteren Privatisierungsprozeß wurde ein gemäßigteres Vorgehen im Vergleich zur Tschechischen Republik angestrebt. Unter der ersten Regierung Meciar hat sich der Anteil der Privatwirtschaft am Bruttoinlandsprodukt nur um 3 Prozent erhöht. Die Nachfolgeregierung unter Moravcik kündigte deshalb bei ihrem Regierungsantritt eine »Privatisierungsoffensive« an. Gegen Ende 1994 erreichte der Anteil von Privatunternehmen am BIP 39 Prozent. Jedoch stockte

Management in den Visegradländern 77

der weitere Privatisierungsprozeß, der die Entstaatlichung von Großunternehmen betraf. Die »Große Privatisierung« von 600 Objekten mit einem Buchwert von 6,6 Milliarden US-Dollar sollte Anfang September 1994 beginnen. Im Dezember 1994 wurde die Privatisierung gebremst, eine Aufschiebung der Ausgabe neuer Anteilscheine am Staatsvermögen um mehrere Monate offiziell verkündet.

Die hochgesteckten Privatisierungsziele der Regierung Moravcik sahen vor, für rund 80 Milliarden Sk Vouchers auszugeben und für 16,2 Milliarden Sk Vermögenswerte durch Direktverkäufe, öffentliche Ausschreibungen und über den Kapitalmarkt zu veräußern. Zu politischen Diskussionen kam es um die Umstrukturierung und den Verkauf von Unternehmen der Gas- und Elektroindustrie sowie des Gas-Pipeline-Transports, die reiche Staatseinnahmequellen sind, aber in bedeutendem Umfang Kapital für Modernisierungsmaßnahmen benötigen.

Vom Wirtschaftsministerium wurde die Forderung erhoben, solche strategisch wichtigen Unternehmen unter Staatskontrolle zu behalten und seitens der Regierung ausländische Investoren auszuwählen.

Die weitere Privatisierung von Staatseigentum in einem Umfang von 220 Milliarden Sk war zudem eine Bedingung für die Entscheidung des Internationalen Währungsfonds, Kredite in Höhe von 263 Millionen US-Dollar bereitzustellen.

Für die »Große Privatisierung« ist eine Beteiligung ausländischer Unternehmen erforderlich, um neues Betriebskapital und Know-how zu erlangen. Das ist Voraussetzung für die internationale Konkurrenzfähigkeit von auf- und auszubauenden Privatunternehmen.

Ungarn gehört zu den Frühstartern bei der Privatisierung des Staatseigentums. Bereits im September 1990 wurde vom Parlament die »Kleine« Privatisierung beschlossen. Anfang 1992 folgten gesetzliche Regelungen zur Privatisierung in der Landwirtschaft und im Sommer 1992 zur »Großen« Privatisierung.

Direktinvestitionen von Auslandskapital waren bereits seit Anfang 1989 möglich. Bis Mitte Mai 1992 verfolgte Ungarn eine ausländerfreundliche Privatisierungspolitik, was sich darin niederschlug, daß Ungarn mit mehr als der Hälfte des Kapitalimports aller kleinen mittel- und osteuropäischen Reformländer die Spitzenstellung in bezug auf ausländische Investitionen erreichte. Die Kehrseite dieser Entwicklung waren wachsende Befürchtungen vor einem zu großen Einfluß von Auslandskapital in wichtigen Bereichen der ungarischen Volkswirtschaft. Ein Ausländer kann bestehende Unternehmungen ganz oder teilweise erwerben oder nach ungarischem Recht ein voll im ausländischen Besitz befindliches Tochterunternehmen gründen.

Die Zahl der Staatsunternehmen ging zunächst nur langsam zurück. Als private Unternehmensform erfuhren Gesellschaften mit beschränkter Haftung einen schnellen Aufschwung und wurden zur quantitativ dominierenden Unternehmensform. Eine Restitution von Industrievermögen an frühere Besitzer wurde in Ungarn ausgeschlossen, nicht aber ein teilweiser finanzieller Ausgleich. Bereits 1989 wurde in Ungarn mit der sogenannten spontanen Privatisierung begonnen, bei der die Manager von Staatsbetrieben versuchten, sich die Betriebe anzueignen. Dagegen wurde 1990 mit der Gründung der Ungarischen Vermögensagentur (SPA) eingeschritten. Von da an verfolgte Ungarn eine Politik der »Einzelfall«-Privatisierung, die aber nur langsam vonstatten ging.

Schließlich wurden ab 1991 unter Aufsicht der Vermögensagentur im Rahmen einer »Vorprivatisierung« vor allem von kleinen und mittleren Unternehmen bestimmte Aktivitäten im Zusammenhang mit Privatisierungsvorhaben dezentralisiert und an Beratungsgesellschaften übertragen, die für ihre Tätigkeit eine spezielle Lizenz erhielten.

Die SPA ist nur zeitweise im Besitz von Staatseigentum. Nach der Umwandlung von Staatsbetrieben in Aktiengesellschaften oder GmbH erfolgt der Verkauf von Aktien oder Vermögensteilen vom Staat an private Investoren. 1992 wurde die Ungarische Staats-Holdinggesellschaft gegründet (AVRt), um Staatsunternehmen zu verwalten und Vermögenswerte in Besitz zu haben, die ganz oder teilweise auf Dauer im Staatsbesitz verbleiben sollen.

Neben der spontanen Privatisierung durch das Management von Staatsbetrieben und der aktiven Privatisierung durch SPA und AVRt wird als dritte Form die investorientierte Privatisierung angewandt. Bei letzterer unterbreiten interessierte Investoren eigene Angebote direkt der Ungarischen Vermögensagentur. In nahezu allen Fällen müssen aber Bieter durch öffentliche oder nichtöffentliche Ausschreibungen zur Unterbreitung von Angeboten aufgefordert werden.

Entwickelt wurde auch ein Privatisierungsprogramm für Kleininvestoren, durch das die Privatisierung beschleunigt und unter breiterer Beteiligung individueller ungarischer Investoren durchgeführt werden soll, die bestimmte Investitionsanreize erhalten.

Da die Regierung auch bestrebt war, Beschäftigte von Staatsunternehmen zur Beteiligung an deren Privatisierung anzuregen, wurde als Bestandteil des Privatisierungsplanes von speziellen Unternehmen auch die Möglichkeit des Erwerbs von Aktien/Anteilen (in Höhe bis zu 15 Prozent des Kapitals der Unternehmen) zu Vorzugspreisen durch die Beschäftigten vorgesehen.

Für Existenzgründer wurden Möglichkeiten in Form von Existenzgründungsdarlehen mit Vorzugsbedingungen hinsichtlich der Zinssätze und der Rückzahlungsbedingungen geschaffen.

In den letzten Jahren wurde eine Tendenz zur besonderen Unterstützung der Angebote von ungarischen Staatsbürgern deutlich. In der Praxis ist die Privatisierung in einigen Wirtschaftszweigen nur Ungarn zugänglich.

Generell sind für den Erfolg von Bewerbern nicht nur der Preis entscheidend, sondern auch deren Geschäftsplan und weitere Verpflichtungen, die im Rahmen des Gebots übernommen werden.

Eine weitere Form der Umwandlung in Staatseigentum ist die Übertragung von Eigentumsanteilen an die Kommunen, in denen das Eigentum der Firmen seinen Standort hat.

2.2 Volkswirtschaftliche Eckdaten

Das Bruttoinlandsprodukt Polens ist 1990 um 11,6 und 1991 nochmals um 7,8 Prozent zurückgegangen. Seit 1992 weist Polen wieder ein wirtschaftliches Wachstum auf, das von Jahr zu Jahr zugenommen hat: 1992 = 1,5 Prozent, 1993 = 3,8 Prozent und für 1994 und 1995 (Prognose) 5 Prozent. Starke Einbrüche gab es bei den Bruttoinvestitionen zu festen Preisen. Sie gingen 1990 um fast ein Viertel (- 24,8 Prozent), 1991 nochmals um 14,2 und 1992 um 2,6 Prozent zurück. 1993 haben sie erstmals wieder zugenommen. Mitte 1994 betrug die Zuwachsrate der Investitionen 15,5 Prozent. Ein drastischer Einbruch ereilte 1990 und 1991 die Industrieproduktion. Seit 1992 ist sie wieder auf Wachstumskurs.

1990 war die Inflation extrem hoch. Die Verbraucherpreise stiegen innerhalb eines Jahres auf das Dreieinhalbfache (auf 352,2 Prozent). 1991 gelang es, die Inflation bedeutend abzuschwächen (70,3 Prozent), und 1992 und 1993 konnte sie weiter verringert werden (43 bzw. 35,3 Prozent). Die Prognose für 1994 und 1995 sieht 32 bzw. 25 Prozent vor.

Eine starke Belastung der polnischen Volkswirtschaft geht von der von Jahr zu Jahr steigenden hohen Arbeitslosigkeit aus. Von 6,1 Prozent im Jahr 1990 ist sie auf 16 Prozent im Jahr 1994 angewachsen. Die Geld- und Steuerpolitik wird recht restriktiv gehandhabt, so daß es gelang, das bereinigte Haushaltsdefizit auf 3 Prozent des Bruttoinlandsprodukts zu senken; eine Tendenz, die sich 1994 fortsetzte.

Die Handelsbilanz entwickelte sich außerordentlich schwankend. Auf einen Überschuß von 2,2 Milliarden US-Dollar 1990 folgte 1991 eine fast ausgeglichene Bilanz. 1992 konnte ein Überschuß von fast einer dreiviertel Milliarde Dollar erwirtschaftet werden. Im folgenden Jahr ergab sich ein Defizit von 2 Milliarden Dollar.

Die Zahlungsbilanz war nur 1990 positiv (+ 716 Millionen Dollar). 1991 wies sie mit 1,36 Milliarden Dollar ein hohes Defizit aus, das 1993 sogar auf 2,27 Milliarden Dollar anstieg. Die Auslandsverschuldung bewegte sich 1991 bis 1993 um 48 Milliarden Dollar.

Der Wertverlust des Zloty gegenüber dem US-Dollar hat von 1990 bis 1993 schnell zugenommen (von 9 500 Zloty je Dollar auf über 21 000 Zloty).

Der Strukturwandel der Volkswirtschaft kam im abnehmenden Anteil der Industrie am Bruttoinlandsprodukt zum Ausdruck.

Die makroökonomischen Zielsetzungen des neuen Finanzministers G. Kolodko in seiner »Zielsetzung für Polen« sehen ein Wachstum des Bruttoinlandsprodukts bis Ende 1997 von jährlich 5 Prozent vor. Die Inflation soll in den Bereich einstelliger Zahlen heruntergedrückt werden. Wachsende Exporte und Investitionen sollen als Konjunkturlokomotive dienen. Reallöhne und Verbrauch sollen zwischen 1994 und 1997 wachsen, jedoch langsamer als das Bruttoinlandsprodukt.

In der *Tschechischen Republik* ist der wirtschaftliche Übergangsprozeß zur Marktwirtschaft noch nicht beendet. Vor allem ist eine Umstrukturierung im großen Maßstab noch nicht vollzogen.

Das Bruttoinlandsprodukt ist von 1990 bis 1993 um 22,3 Prozent zurückgegangen. 1994 und 1995 wird mit einem Wachstum von 2,5 bzw. 4 Prozent gerechnet.

Dramatisch war der Einbruch der realen Industrieproduktion mit 44,8 Prozent von 1990 bis 1993. Noch 1993 war ein Rückgang um 5,3 Prozent zu verzeichnen.

Die Tschechische Republik hat die Umstellung ihres Außenhandels von Ländern, die zum früheren Ostblock gehörten, auf westliche Länder als neue Haupthandelspartner schnell und erfolgreich vollzogen. Eine Ausnahme in der tschechischen Außenhandelsentwicklung stellen die nach der Trennung zum Außenhandel gewordenen Handelsbeziehungen zur Slowakischen Republik dar.

Der Anteil der EU und der EFTA am tschechischen Export erreichte Anfang 1994 bereits 58 Prozent.

In der Zahlungsbilanz erreichte Tschechien 1993 einen Hartwährungsüberschuß von 600 Millionen US-Dollar, wobei das Handelsbilanzdefizit durch einen Überschuß bei Leistungen einschließlich Tourismus gedeckt wurde. Letzterer hat der Republik bedeutende Deviseneinnahmen gebracht. Die Netto-Auslandsverschuldung hat ein niedriges Niveau.

Der Erfolg der tschechischen Exportpolitik beruht wesentlich auf der Bewertung der tschechischen Währung. Der Wechselkurs gegenüber westlichen Hauptwährungen (DM, Dollar) blieb seit Einführung der neuen Währung im Februar 1993 fast unverändert. Während der Übergangsperiode war in der Tschechischen Republik die Inflationsrate unter den niedrigen Raten in der Region.

Der Staatshaushalt schloß 1993 mit einem Überschuß von 1,1 Milliarden Kronen (= 0,1 Prozent des Bruttoinlandsprodukts) ab. Bei Berücksichtigung von 4,6 Milliarden Kronen auf den Clearing-Konten mit der Slowakei wäre dieser Überschuß noch wesentlich höher ausgefallen. Ein markanter Faktor der tschechischen Wirtschaftsentwicklung ist die bemerkenswert niedrige Arbeitslosigkeit. 1994 lag die Arbeitslosenquote bei 3 Prozent.

Insgesamt bestehen in der tschechischen Volkswirtschaft gute Rahmenbedingungen für einen dauerhaften Aufschwung. Bei einem möglichen Wachstum des Bruttoinlandsprodukts von jeweils 4 Prozent in den Jahren 1994 und 1995 wird die Tschechische Republik nach Slowenien und Polen das höchste Wachstum in Mitteleuropa haben.

Für die *Slowakei* hat die Trennung von Tschechien am 1. Januar 1993 den wirtschaftlichen Niedergang beschleunigt. Das Bruttoinlandsprodukt ist 1993 real um 4,1 Prozent gesunken. Die Industrieproduktion verminderte sich sogar um 13,5 Prozent.

Die Arbeitslosenquote stieg auf 14,4 Prozent 1993. Für 1994 und 1995 wird mit 15 Prozent gerechnet. Die Verbraucherpreise stiegen um 23,2 Prozent. Handelsbilanzsaldo und Leistungsbilanzsaldo waren negativ.

Währungsreserven (ohne Gold) von 400 Millionen US-Dollar standen 3 Milliarden US-Dollar Auslandsschulden gegenüber.

Schon im 1. Quartal 1994 setzte aber auch eine gewisse konjunkturelle Belebung ein. Das Bruttoinlandsprodukt stieg 1994 um 4,5 Prozent. Die Preissteigerung ging 1994 auf 13,5 Prozent zurück. Die Slowakische Krone hatte nach der Tschechischen Krone die geringste Kursveränderung unter den Währungen der Visegradländer aufzuweisen.

Ende 1993 erarbeiteten Privatunternehmen ein Drittel des Bruttoinlandsprodukts – wenig im Vergleich zu den anderen Visegradländern.

Die Wirtschaft hat gravierende Strukturprobleme infolge der Industriestruktur (Dominanz von Schwer- und Rüstungsindustrie sowie Chemieindustrie), des Industrieanteils (40 Prozent des BIP) und der starken Stellung der Landwirtschaft (11 Prozent Beitrag zum BIP). Letztere befindet sich zudem seit 1990 in einer Dauerkrise.

Während die Slowakei 1993 im Außenhandel voll von Anpassungsproblemen getroffen wurde und Exporte wie Importe um mehr als 10 Prozent zurückgingen, setzte 1994 eine gegenläufige Entwicklung ein.

Es gelang, den Fehlbetrag in der Leistungabilanz von 700 Millionen US-Dollar 1993 auf nur 200 Millionen Dollar 1994 abzubauen. Die Devisenreserven begannen zu steigen.

Kunden der Slowakei sind vor allem Tschechien und Deutschland und mit größerem Abstand die Nachbarländer Ungarn und Österreich, aber auch Italien, Rußland und die USA. Die Slowakei importiert in erster Linie aus der Tschechischen Republik, Rußland und Deutschland. Nach diesen großen Partnern sind auch Österreich, Italien, Frankreich und die USA Lieferanten der Slowakei.

Das Staatshaushaltsdefizit war für 1994 mit 14 Milliarden Slowakischen Kronen (gleich 4 Prozent des Bruttoinlandsprodukts) geplant. Das war eine wesentliche Verbesserung gegenüber dem Haushaltsdefizit von 1993.

Ungarns Bruttoinlandsprodukt war 1990 durch einen Rückgang um 4,3 Prozent gekennzeichnet. Die Verbraucherpreise wuchsen um 30 Prozent. Reale Gefahren für die Volkswirtschaft gingen von der riesigen Auslandsverschuldung in Höhe von 21,5 Milliarden Dollar und dem damit verbundenen hohen Schuldendienst aus. Die Währungsreserven fielen auf ein gefährlich niedriges Niveau, und Ungarn konnte nur mit

Hilfe internationaler Organisationen und westlicher Regierungen seine Zahlungsfähigkeit aufrechterhalten.

Arbeitslosigkeit und Haushaltsdefizite waren am Beginn der politischen und wirtschaftlichen Umgestaltung sehr niedrig.

Im Zeitraum von 1990 bis 1993 vollzogen sich in der ungarischen Wirtschaft grundlegende Veränderungen. Sie verfiel nach 1990 in eine tiefe Krise. Arbeitslosigkeit und Haushaltsdefizite stiegen sehr schnell. Hingegen zeigten Handelsbilanz und Zahlungsbilanz bis Ende 1992 beeindruckende Verbesserungen.

Das Bruttoinlandsprodukt ging 1990 um 4 Prozent, 1991 um 12 Prozent, 1992 um 5 Prozent und 1993 um 2 Prozent zurück. Die Arbeitslosenrate stieg von 1,6 Prozent 1990 auf 11,5 Prozent 1994.

Nach einem Sprung der Verbraucherpreise um 35 Prozent im Jahre 1991 wuchsen diese 1992 um 23 Prozent und 1993 um 22,5 Prozent. 1994 lag die Inflationsrate bei 19 Prozent.

Der Export in die früheren sozialistischen Länder fiel 1991 um 45 Prozent, was für Ungarn einen nie dagewesenen makroökonomischen Schlag darstellte.

Zur Krise trugen auch innere Faktoren bei, wie die scharfen Kürzungen der Subventionen für Verbraucher und Produktion verbunden mit Einkommensverlusten der Haushalte und dem Rückgang der Ausgaben für Investitionen in der Wirtschaft.

Der Rezession der Binnenwirtschaft stand eine erstaunlich günstige Entwicklung des Außenhandels und der Leistungen auf dem Gebiet der Zahlungsbilanz sowie eine spürbare Verbesserung in bezug auf die Auslandsverschuldungsposition gegenüber.

Es vollzog sich eine beeindruckende geographische Umorientierung der Exporte nach dem Westen.

Die Zahlungsbilanz verbesserte sich um 1,5 Milliarden US-Dollar im Jahre 1990 und wies 1991 einen Überschuß von 270 Millionen Dollar und 1992 von 325 Millionen Dollar auf.

Die Nettoauslandsverschuldung ging zwischen 1990 und 1992 um rund 2,7 Milliarden Dollar von 16 auf 13,3 Milliarden Dollar zurück.

Das Haushaltsdefizit, 1990 noch unbedeutend, wuchs auf 5 Prozent des Bruttoinlandsprodukts 1991 und weiter auf 7 Prozent des BIP 1992. Auf dieser Höhe ist es auch 1993 verblieben.

1992, nach zwei Jahren beeindruckender Leistungen, waren die Ergebnisse im Außenwirtschaftssektor enttäuschend. Die Exporte gingen um 16 Prozent zurück, die Zahlungsbilanz verschlechterte sich um mehr als 3,7 Milliarden Dollar. Die Auslandsschulden stiegen um fast 2 Milliarden auf 14,9 Milliarden Dollar.

In der Wirtschaftsstruktur vollzogen sich bedeutende Veränderungen. Der Anteil der Industrie am Bruttoinlandsprodukt sank von 30,1 Prozent 1989 auf 25,3 Prozent 1993. Noch stärker war der Rückgang des Anteils der Landwirtschaft, der von 9,7 Prozent 1989 auf 6,4 Prozent im Jahre 1993 fiel.

Eine Hauptaufgabe der ungarischen Wirtschaftspolitik besteht darin, Bedingungen und Anreize für das Exportwachstum zu schaffen, das seinerseits für ein anhaltendes Wachstum der Gesamtwirtschaft wesentlich ist. Exportgestütztes Wachstum lockert die Beschränkungen der Zahlungsbilanz und verbessert die Haushaltsbilanz absolut und relativ. Eine reale Abwertung des Forint ist nötig für die Verbesserung der Position der ungarischen Firmen auf den Außenmärkten und dem Binnenmarkt. Für sich allein genommen reicht das nicht aus. Die gesamte Wirtschaftspolitik, insbesondere aber exportfördernde Investitionen müssen diesem Ziel dienen.

2.3 Bedingungen für Auslandsinvestitionen

In *Polen* gibt es für ausländische Investoren drei Möglichkeiten, sich für eine ständige Geschäftstätigkeit zu etablieren: Gründung eines neuen Unternehmens, Erwerb eines bestehenden Unternehmens, Entwicklung eines Repräsentationsbüros.

Nach dem polnischen Handels- und Gesellschaftsrecht können ausländische Investoren als Rechtsform ihrer Geschäftstätigkeit entweder eine Gesellschaft mit beschränkter Haftung oder eine Aktiengesellschaft wählen. Die GmbH ist besonders für geschäftliche Aktivitäten im Maßstab eines Klein- und Mittelunternehmens geeignet, während eine Aktiengesellschaft bei großen Vorhaben, die Kapital in bedeutendem Umfange erfordern, die angemessene Unternehmensform ist und eine größere Anzahl von Teilnehmern ermöglicht.

Für ausländische Investoren sind außerdem die Bestimmungen des Gesetzes über Unternehmen mit ausländischer Beteiligung (Ausländer-Investitionsgesetz) von 1991 von Bedeutung. Das Mindestkapital für die Gründung einer GmbH beträgt 40 Millionen Zloty. Für eine Aktiengesellschaft sind eine Milliarde Zloty als Mindestkapital erforderlich.

Wesentliche rechtliche Unterschiede zwischen den Unternehmensformen der GmbH und der AG sind folgende:
Eine Aktiengesellschaft muß aus mindestens drei Aktionären bestehen, die GmbH kann nur einen Eigentümer haben. Bei ähnlichen Haftungsprinzipien für die Anteilseigner gibt es einen wichtigen Unterschied: Nach der Steuergesetzgebung von 1993 sind die Anteilseigner von GmbH persönlich für die gesamten steuerlichen Verpflichtungen des Unternehmens im Verhältnis zu ihrem Anteil an seinem Gewinn haftbar. Dagegen haben die Aktionäre von Aktiengesellschaften nur eine Steuerhaftung bis zur Höhe ihres eingebrachten Kapitals.

Ein weiterer Unterschied besteht hinsichtlich der Eigentumsanteile. Eine GmbH kann keine Inhaberaktien ausgeben. Die von ihr erteilten Zertifikate können nicht als Sicherheiten behandelt werden. Sie sind nur ein Eigentumsnachweis. Hingegen sind Inhaberaktien einer Aktiengesellschaft frei übertragbar und können öffentlich angeboten werden. Die von einer AG ausgegebenen Aktien müssen nur bis zu 25 Prozent bezahlt werden, während die Anteile an einer GmbH voll einzuzahlen sind.

Die Besteuerung umfaßt die UnternehmensEinkommensteuer (40 Prozent auf den Netto-Gewinn). Bei Firmen mit Sitz des Unternehmens oder der Unternehmensleitung in Polen gehört dazu das Einkommen nach Abzug der Kosten, das in Polen und im Ausland erlangt wurde. Ausländische Unternehmen zahlen Einkommensteuer nur auf in Polen erzielte Gewinne.

Es gibt verschiedene Steuererleichterungen und Ausnahmen von der Einkommensteuer. Es kann ein Verlustvortrag für drei Jahre in gleichen Raten erfolgen, was eine Hilfe für neu gegründete Unternehmen ist, die in der Regel Anfangsverluste haben.

Persönliche Einkommensteuer: Seit Januar 1992 ist das Netto-Einkommen von Personen (einschließlich Ausländern) in Abhängigkeit von bestimmten Einkommensgrenzen mit 21 Prozent, 33 Prozent bzw. 45 Prozent zu versteuern. Das gilt für alle Arten von Einkommen ungeachtet ihres Ursprungs.

Arbeitgeber haben die Einkommensteuer als Vorauszahlungen vom monatlichen Gehalt an die Steuerbehörde abzuführen. Sie haben ferner Sozialversicherungsbeiträge in Höhe von 43 Prozent der Nettogehälter und Beiträge zur Arbeitslosenversicherung in Höhe von 2 Prozent der Nettogehälter zu zahlen. Bei Zahlungen an Ausländer in Form von Dividenden, Zinsen, Patent- oder Lizenzgebühren werden zunächst generell 20 Prozent einbehalten.

Dabei sind folgende Steuererleichterungen (-anreize) gegeben: Die Kosten für den Erwerb von Vermögenswerten können unter bestimmten Bedingungen vom Steuerzahler im Steuerjahr des Erwerbs bis zu einer Höhe von 25 Prozent des zu besteuernden Einkommens abgesetzt werden. Die Vorjahresgewinne vor Steuern müssen dazu mindestens 8 Prozent der Umsätze betragen. Voraussetzung ist auch, daß alle Steuern fristgerecht bezahlt wurden und die Ausgaben für die Zwecke der Mehrwertsteuererhebung ordnungsgemäß ausgewiesen wurden.

Ein breites Spektrum von fixen Vermögenswerten kommt für einen Abzug vom zu versteuernden Einkommen in Frage, einschließlich aller Maschinen und Ausrüstungen (außer Autos). Abgesetzt werden können der Kauf von Lizenzen, Patenten oder Know-how sowie die Kosten für den Kauf, die Bebauung oder Entwicklung von Grundbesitz.

Steuerzahler, die erst eine Geschäftstätigkeit aufgenommen haben, können einen Anspruch auf Absetzung von Kapitalkosten erheben, die im Jahr der Geschäftsaufnahme entstanden sind.

Trotz einiger noch bestehender Einschränkungen gibt es keine Begrenzungen für den Erwerb von Hartwährungen für den Import von Gütern und Dienstleistungen oder zur Rückführung von Gewinnen. Ein ausländisches Unternehmen kann nach Zahlung der Steuern ausländische Währungen bei einer mit Währung handelnden Bank für seinen Gewinnanteil erwerben. Dazu ist ein Zertifikat des Buchprüfungsunternehmens vorzulegen, das die Jahresbilanz der betreffenden Firma geprüft hat. Die entsprechenden Gewinne können ohne eine Erlaubnis für Fremdwährungen in das Heimatland des Investors überführt werden.

Im Unterschied dazu sind alle Einnahmen in ausländischer Währung in Zloty umzutauschen, und alle inländischen Transaktionen sind nur in polnischen Zloty zu regulieren. Die Regierung verfolgt das Ziel, die volle Konvertibilität des Zloty 1995/96 zu erreichen.

Der Erwerb von Grundbesitz, dinglichen Nutzungsrechten oder die Langzeitpacht durch einen Ausländer erfordern eine Genehmigung des Ministeriums des Innern. Soll eine Pacht von Land oder fixen Vermögenswerten durch einen Ausländer von einem Staatsunternehmen erfolgen, so ist die Zustimmung des Ministers für Privatisierung erforderlich. Dazu werden bis zu sechs Monate Zeit benötigt. Bei der Pacht von Land von Privatpersonen gibt es weder für polnische juristische Personen noch für Ausländer irgendwelche Beschränkungen. Voraussichtlich wird der Erwerb von Grundeigentum auch für Ausländer in Zukunft weiter erleichtert. Polen bleibt ein attraktiver Standort für Investitionen. Bis Ende 1993 gab es bereits für 4,6 Milliarden US-Dollar Zusagen für ausländische Direktinvestitionen.

In der *Tschechischen und Slowakischen Republik* werden inländische und ausländische Unternehmen in rechtlicher Hinsicht gleich behandelt. Die rechtlichen Grundlagen sind das Zivilgesetzbuch, das Handelsgesetzbuch, das Gesetz über die Lizensierung von Handelstätigkeit, das Außenhandelsgesetz, das Privatisierungsgesetz und das Buchführungsgesetz.

Das Handelsgesetzbuch gestattet hundertprozentiges ausländisches Eigentum an einer inländischen juristischen Person sowie die vertragliche Vereinbarung im Gründungsvertrag, daß sich die Tätigkeit der juristischen Person auch nach dem Recht eines anderen Staates richten kann, vorausgesetzt, daß dieses dem tschechischen oder slowakischen Recht nicht zuwiderläuft.

Das Handelsgesetzbuch kennt sechs Grundformen von rechtlich anerkannten wirtschaftlichen juristischen Personen: die GmbH, das Tochterunternehmen (Filiale), die Aktiengesellschaft, die allgemeine kommerzielle Partnerschaft, die begrenzte Partnerschaft und die Genossenschaft.

Ausländische Investoren bevorzugen Tochtergesellschaften oder Filialen, da diese keinen Währungsbeschränkungen unterliegen, wie sie auf tschechische (oder slowakische) juristische Personen noch angewandt werden. Für das Tochterunternehmen ist jedoch eine Genehmigung der Nationalbank erforderlich, um örtliche Einkünfte für den Erwerb von ausländischen Währungen und für die Rückführung von Unternehmensgewinnen verwenden zu können.

Die Gründung eines neuen Unternehmens ist in der Regel zeitaufwendig. Ausländische Investoren benötigen dafür vier bis sechs Monate.

Die tschechische Gesellschaft mit beschränkter Haftung ähnelt sehr einer deutschen GmbH. Eine Eigentumsübertragung ist in einer GmbH nur zulässig, wenn das im Gründungsvertrag vorgesehen ist. Die Eigentümer einer GmbH haften für Schulden des Unternehmens nur im Umfang ihrer vereinbarten Kapitalbeteiligung. Das Mindestkapital beträgt 100 000 Tschechische Kronen und je Teilnehmer mindestens 20 000 Kronen. Ausländer können sich in ausländischer Währung beteiligen. Die Teilnehmerzahl kann 1–50 betragen. Es muß ein Reservefonds aus 10 Prozent des Nettogewinns im ersten Jahr der gewinnbringenden Geschäftstätigkeit gebildet werden, bis zu einem Maximum von 5 Prozent des Stammkapitals. Weiter sind 5 Prozent des Nettogewinns nach Steuern jährlich an den Reservefonds abzuführen, bis dieser 10 Prozent des Stammkapitals erreicht.

Für ein Zweig-Büro (Tochterunternehmen), das ein ausländisches Unternehmen darstellt, dessen Tätigkeit durch das Recht des Ursprungslandes bestimmt wird, gibt es kein fixiertes Mindestkapital. Es muß jedoch über einen Repräsentanten verfügen, der tschechischer Staatsbürger ist oder eine örtliche Aufenthaltsgenehmigung hat.

In einer Aktiengesellschaft gibt es keine statuarischen Begrenzungen der Zahl der Aktionäre. Das Mindestkapital beträgt eine Million Kronen. Dazu kann in ausländischer Währung beigetragen werden. Mindestens 30 Prozent des in Bargeld gezeichneten Kapitals müssen bei der Gründung eingezahlt werden. Zusätzlich ist ein Reservefonds in Höhe von 20 Prozent des Nettogewinns im ersten Jahr gewinnbringender Tätigkeit zu bilden, der bis maximal 10 Prozent des Gesellschaftskapitals betragen kann. Danach sind jährlich 5 Prozent des Nettogewinns nach Steuern an den Reservefonds abzuführen, bis dieser 20 Prozent des Gesellschaftskapitals erreicht. Es gibt Garantien für investiertes Eigentum sowohl im Rahmen der tschechischen nationalen Gesetzgebung (Verfassungsgesetz Nr. 100/1990, Handelsgesetzbuch und das Gesetz über Kleinunternehmen Nr. 455/1991) als auch in Gestalt internationaler Abkommen. Die Tschechische Republik hat bilaterale Investitionsschutzabkommen mit mindestens 25 Staaten abgeschlossen, darunter mit den USA, Kanada, Italien, den Niederlanden, Österreich und Deutschland. Der direkte Erwerb von Boden und Gebäuden ist Ausländern in der Tschechischen und in der Slowakischen Republik nicht erlaubt. Möglichkeiten, zu diesen Voraussetzungen wirtschaftlicher Tätigkeit zu gelangen, bestehen in der Pacht oder in der Gründung tschechischer oder slowakischer juristischer Personen mit ausländischer Kapitalbeteiligung.

Die Hauptsteuern sind Körperschaftsteuer, Einkommensteuer und Mehrwertsteuer. An europäischen Maßstäben gemessen ist die Körperschaftsteuer vergleichsweise hoch. Sie beträgt in der Tschechischen Republik 42 Prozent und in der Slowakischen Republik 40 Prozent. Als Anreiz für ausländische Investoren gewährt die Slowakei Steuerfreiheit bzw. Steuervergünstigungen für den Zeitraum von ein bis drei Jahren. Für Banken gelten längere Zeiträume. Drei steuerfreie bzw. steuerbegünstigte Jahre werden Unternehmen mit einer ausländischen Beteiligung von mehr als 30 Prozent des Stammkapitals oder einer Million DM eingeräumt. Der Steuersatz liegt im ersten Jahr bei 0 Prozent und bei 20–30 Prozent im zweiten und dritten Jahr. Die Steuerbefreiung ist aber nur für Unternehmen von Interesse, welche unmittelbar gewinnbringend sein werden. Körperschaftsteuer haben alle Unternehmen zu zahlen, die in der Tschechischen Republik oder der Slowakei gegründet wurden und in das Handelsregister eingetragen sind. Sie werden als einheimische Unternehmen betrachtet und sind für ihr gesamtes weltweites Einkommen steuerpflichtig. Tochtergesellschaften und ständige Vertretungen sind nur für das inländische Einkommen steuerpflichtig. Kapitalgewinne gelten als gewöhnliches Einkommen und werden so besteuert. Sowohl Niederlassungen als auch Tochtergesellschaften sind mehrwertsteuerpflichtig, wenn ihr Umsatz im ersten Quartal 750 000 Tschechische (oder Slowakische) Kronen übersteigt. Bei Importen wird die Mehrwertsteuer auf den Gesamtwert (einschließlich Importzoll und Akzise) erhoben. Die Besteuerung ist für importierte und inländische Güter gleich. Ausgenommen von der Mehrwertsteuer sind importierte Dienstleistungen und alle Exporte. In beiden Ländern gibt es zwei Mehrwertsteuersätze: Tschechische Republik 23 bzw. 5 Prozent und Slowakische Republik 25 bzw. 6 Prozent. Der höhere Steuersatz gilt für die meisten Waren und der geringe Satz im allgemeinen für die meisten Dienstleistungen und lebenswichtigen Güter (Grundnahrungsmittel, Treibstoffe, Pharmazeutika). Mit einer Anzahl von Ländern gibt es Verträge zur Doppelbesteuerung, darunter auch mit Deutschland.

Der Einkommensteuer-Höchstsatz wurde ab 1. 1. 1994 von 47 auf 44 Prozent gesenkt. Auf dem Wege zur vollen Konvertibiltät der Währung konzentriert sich die Tschechische Nationalbank auf die Aufrechterhaltung eines stabilen Wechselkurses. Zweigunternehmen ausländischer Firmen können in der Tschechischen Republik Fremdwährungskonten unterhalten. Die bestehenden Devisenkontrollen behindern kommerzielle Transaktionen nicht. Ausländische Währungen sind zur Begleichung von vertraglichen Zahlungsverpflichtungen gegenüber Auslandspartnern ständig verfügbar.

Für den Transfer von Kapital und Gewinnen gibt es nur minimale Kontrollen. Bei Vorlage der ordnungsgemäßen Dokumentation bei der

Nationalbank können Unternehmen Gewinne aus Geschäftstätigkeit ohne Einschränkungen hinsichtlich ihres Ursprungs transferieren. Auch Management-, Patent- und Lizenzgebühren gegenüber ausländischen Muttergesellschaften gelten als Geschäftskosten und können transferiert werden.

Die Tschechische Republik mit ihrer stabilen wirtschaftlichen Entwicklung, dem großen Privatisierungsfortschritt und der sich verringernden Rolle des Staates in der Volkswirtschaft ist für ausländische Investoren sehr anziehend. Die privatisierten Unternehmen benötigen ausländische Partner und Kapital. Die Tschechische Nationalbank berichtete über einen Zufluß von Auslandskapital im Jahre 1994 in Höhe von 2,8 Milliarden US-Dollar.

Ein Problem stellt der Zufluß von spekulativem Kapital dar, der 1994 nach Angaben des tschechischen Finanzministers rund 2 Milliarden US-Dollar betrug und den Druck auf die Tschechische Krone erhöhte.

In *Ungarn* wurde bereits 1988 durch die Reform des Gesellschaftsrechts und die Einführung des Investitionsschutzes für ausländische Investoren das Investitionsumfeld grundlegend verbessert. Ende 1993 erreichte der Zufluß von Auslandsinvestitionen fast 7 Milliarden US-Dollar, und auch für 1994 war ein weiteres Anwachsen der Auslandsinvestitionen gegenüber dem Vorjahr zu verzeichnen. Grundsätzlich ist in Ungarn keinerlei Genehmigung erforderlich für die Gründung von Unternehmen, die ganz oder teilweise im Besitz von Ausländern sind. Das gleiche gilt für den Erwerb einer Mehrheitsbeteiligung an einem bestehenden Unternehmen durch einen Ausländer. Das Gesetz über ausländische Investitionen erlaubt es ausländischen juristischen Personen, jede Form von Unternehmen zu schaffen oder sich an ihnen zu beteiligen. Der ausländische Anteil kann bis zu 100 Prozent betragen.

Auch für die Teilnahme von Ausländern am Management von Unternehmen ist keine Erlaubnis notwendig. Ausländer können Direktoren, Generaldirektoren und Aufsichtsratsmitglieder eines Unternehmens sein. In einigen Fällen ist eine Lizenz erforderlich, wenn ein Unternehmen bestimmte Geschäftstätigkeiten ausübt. Die Erlaubnis ist z. B. erforderlich, wenn ein Unternehmen an der Bereitstellung von national oder regional bedeutsamen Dienstleistungen oder Versorgungsgütern beteiligt ist. Das betrifft Post- und Telekommunikationsdienste, Energieerzeugung oder Personentransport. Dafür ist ein vom Staat gewährter

Konzessionsvertrag notwendig. Zur Erlangung der Konzession muß sich das Unternehmen an einer öffentlichen Ausschreibung beteiligen. Ausländische Investoren können sich an folgenden Unternehmensformen beteiligen: Gesellschaft mit beschränkter Haftung (GmbH), Aktiengesellschaft (AG), Allgemeine oder unbegrenzte Partnerschaft, Depositär- oder begrenzte Partnerschaft, Vereinigung oder eingetragene Handelsvereinigung, Gemeinschaftsunternehmen.

Die Gründungen erfolgen entsprechend den Vorschriften des Gesellschaftsrechts mit einem von allen Partnern zu unterzeichnenden und von einem Anwalt oder Notar zu beglaubigenden Gründungsakt.

Das Kapital eines Unternehmens ist in bar einzuzahlen oder in bargeldlosen Beiträgen einzubringen (z. B. in Form geistiger Eigentumsrechte).

In einer GmbH gibt es Vorkaufsrechte für den Transfer von Eigentumsanteilen, die einem ausländischen Investor vor unwillkommenen Anteilseignern schützen. Das Stammkapital beträgt mindestens eine Million Ungarische Forint. Alle nicht in Bargeldform erfolgenden Beteiligungen und ein Bargeldanteil von mehr als 30 Prozent des eingetragenen Kapitals (oder 500 000 Forint) sind zum Zeitpunkt der Eintragung der GmbH zu leisten, der verbleibende Bargeldanteil innerhalb eines Jahres.

Wenn ein Ausländer im Rahmen des ungarischen Privatisierungsprogramms investieren will, wird das privatisierte Unternehmen in der Regel eine Aktiengesellschaft sein. Diese muß ein eingetragenes Kapital von 10 Millionen Forint haben, und bei ihrer Gründung sind mindestens 30 Prozent des eingetragenen Grundkapitals in bar einzuzahlen. Innerhalb eines Jahres nach der Registrierung muß das gesamte Grundkapital eingezahlt sein.

In den weiteren Unternehmensformen, die für ausländische Investoren zur Verfügung stehen, ist die Haftung des Investors generell unbeschränkt.

Falls ein Investor nicht verkaufen oder produzieren will, sondern nur Marketing betreibt, kann er ein Repräsentationsbüro einrichten. Solche Büros können Verkaufsförderung betreiben oder Verträge im Namen des repräsentierten Unternehmens aushandeln, sie dürfen selbst nicht in kommerzielle Verträge eintreten.

Wünscht ein Investor ein Tochterunternehmen zu gründen, das in vollem Umfange auf dem ungarischen Markt tätig werden kann, dann ist eine GmbH die geeignetere Gesellschaftsform. Das ungarische Besteuerungssystem wurde durch drei Gesetze umgestaltet: das Unternehmenssteuergesetz, das Gesetz über ausländische Investitionen und das Einkommensteuergesetz für Personen. Dabei wurde das Ziel verfolgt, die Steuerlast von den Löhnen auf die Gewinne zu verlagern, ausgehend von der Überlegung, auf diese Weise die Unternehmen zu veranlassen, ihr Arbeitskräftepotential effektiver zu nutzen. Die Besteuerung des Unternehmensgewinns beträgt 36 Prozent. Seit dem 1. 1. 1994 gibt es Erleichterungen für Unternehmen in bezug auf die für Dividenden zu zahlende Steuer, wenn diese Dividenden ins eigene Unternehmen oder in ein anderes ungarisches Unternehmen reinvestiert werden. Um diese Steuerentlastung zu erhalten, muß das Kapital des Unternehmens über 100 Millionen Forint betragen oder die reinvestierte Dividende 25 Millionen Forint übersteigen. In beiden Fällen dürfen die Firmen ihr Kapital in den nachfolgenden fünf Jahren nicht verringern. Eine befristete hundertprozentige Steuerbefreiung ist unter der Bedingung möglich, daß das Unternehmenskapital mindestens 500 Millionen Forint beträgt und die getätigte Investition mindestens einen Wert von 200 Millionen Forint hat. Ferner erhält das Unternehmen die Steuerbefreiung, wenn im Ergebnis der Investition mehr als 50 Prozent des Einkommens aus der Produktion von umweltsicheren Gütern oder aus dem Verkauf von technologisch innovativen Gütern erzielt wird. Schließlich muß das Unternehmen neue Arbeitsplätze schaffen oder den Einkommensteil erhöhen, den es aus Exporten erhält, welche eine direkte Folge der Investition sind.

Diese hundertprozentige Steuerbefreiung ist in den ersten fünf Jahren möglich und eine sechzigprozentige Reduzierung in den nächsten fünf Jahren. Jedoch liegt die Steuerbefreiung ausschließlich im Ermessen der Regierung, die von Fall zu Fall entscheidet, ob die Steuerbefreiung gewährt wird oder nicht.

Steueranreize gibt es auch für Unternehmen mit ausländischer Beteiligung, die in zollfreien Zonen errichtet wurden, sogenannte »offshore-Unternehmen«. Ihre Gründung bedarf der Genehmigung des Ministeriums der Finanzen. Gegenüber anderen Unternehmen werden die »offshore-Unternehmen« in bezug auf den Handel mit anderen Ländern oder hinsichtlich der Fremdwährungsbestimmungen wie ausländische juristische Personen behandelt.

Eine fünfundachtzigprozentige Steuersenkung können »offshore-Unternehmen« erhalten, die völliges Eigentum von ausländischen Investoren sind und einige weitere Anforderungen erfüllen, die darauf gerichtet sind, daß das »offshore-Unternehmen« lokale ungarische Ressourcen nutzt, um Handel mit Drittländern zu treiben.

Ausländer haben Einkommensteuern auf Einkommen zu zahlen, das sie aus ungarischen Quellen beziehen. Nichtansässige Ausländer zahlen Steuern auf Einkommen, das aus Aktivitäten in Ungarn stammt. Als in Ungarn ansässig gilt, wer einen ständigen Wohnsitz in Ungarn hat oder mindestens 183 Kalendertage in Ungarn verbringt.

Das seit 1987 bestehende Mehrwertsteuersystem wurde 1993 modernisiert. Mit einigen Ausnahmen werden alle Transaktionen eines Unternehmens mit 25 Prozent, 10 Prozent oder keiner Mehrwertsteuer belegt. Außerdem wird auf den Verkauf oder den Import bestimmter Produkte wie Benzin, Kaffee, Alkohol und Tabak eine Verbrauchersteuer erhoben.

Seit dem 1. Juni 1994 können Ausländer auf Handelskonten befindliches Geld auch in Forint einwechseln, um nach Ungarn importierte Güter zu kaufen. Grundeigentum können ausländische Personen oder Unternehmen in Ungarn nur mit Genehmigung des Finanzministers erwerben. Schwierig ist es, Genehmigungen zu Bodenkäufen in Budapest oder anderen großen Zentren in Ungarn zu erhalten. Für eine Bodenpacht durch Ausländer ist keine Genehmigung erforderlich. Für jeden Grunderwerb müssen Ausländer in harter Währung zahlen.

Zu beachten ist von möglichen Investoren, daß 1994 ein Gesetz in Kraft getreten ist, das den Erwerb von Eigentum an landwirtschaftlicher Nutzfläche durch Ausländer untersagt.

Das Gesetz über ausländische Investitionen hat Investitionen in Ungarn angeregt, und es wurde ein Rahmen geschaffen, innerhalb dessen ausländische Investoren mit einem bestimmten Maß an Sicherheit operieren können. Ein ausländischer Investor kann seine investierten Gelder einschließlich Gewinnanteilen und/oder Verkaufserlösen in der Währung der Investitionen zurückführen.

3. Annäherung der Visegradländer an die Europäische Union

Die 1994 in Kraft getretenen Europaabkommen (Assoziierungsabkommen) der EU mit den vier Visegradländern verbessern die Marktgegebenheiten für das Management in diesen Ländern. Die schrittweise Schaffung einer Freihandelszone zwischen der EU und den Visegradländern in den neunziger Jahren trägt dazu bei, die Außenwirtschaftsbeziehungen Ungarns, Polens, der Tschechischen und Slowakischen Republik mit den Ländern der Europäischen Union weiter zu intensivieren. Die Europaabkommen sehen eine Beitrittsperspektive der mittel-osteuropäischen Länder vor. Ein Beitritt kann dann erfolgen, sobald ein assoziiertes Land in der Lage ist, den mit der Mitgliedschaft verbundenen Verpflichtungen nachzukommen und die erforderlichen wirtschaftlichen und politischen Bedingungen erfüllt. Polen und Ungarn stellten 1994 den Antrag auf die Mitgliedschaft in der Europäischen Union. Zur schrittweisen Heranführung der assoziierten Länder an die Europäische Union wurde auf den Tagungen des Europäischen Rates in Kopenhagen und Essen beschlossen, neben der Erörterung bilateraler Fragen einen multilateralen Rahmen für einen intensivierten Dialog und Konsultationen zwischen dem Rat der Europäischen Union einerseits und den assoziierten Ländern andererseits zu schaffen. Dieser strukturierte Dialog soll Gemeinschaftsbereiche, vor allem solche mit transeuropäischer Bedeutung (z. B. Energie, Umwelt, Verkehr, Wissenschaft und Technik), die gemeinsame Außen- und Sicherheitspolitik sowie die Bereiche Justiz und Inneres umfassen. Damit wird eine praktische Zusammenarbeit zwischen den Regierungen der Mitgliedsstaaten der Europäischen Union und den Regierungen und Parlamenten der beitrittswilligen mittelosteuropäischen Länder geschaffen.

Das hohe Maß an Außenhandelsverflechtung und ein hoher Kapital- und Finanzbedarf sind, neben weiteren ökonomischen und politischen Ursachen, Gründe dafür, daß die vier Visegrádländer eine schnelle Annäherung an die Europäische Union und baldige EU-Mitgliedschaft anstreben. Seitens der EU ist die Interessenlage sehr differenziert. Während Länder wie Deutschland und Österreich für eine schnelle Osterweiterung eintreten, ist dieses Interesse bei den Südländern nicht so ausgeprägt. Das kann jedoch nicht darüber hinwegtäuschen, daß der Prozeß der Osterweiterung der EU um die Visegrádländer bereits begonnen hat. Pointiert manifestiert sich dies beispielsweise in der Außenhandelsentwicklung dieser Länder mit der EU, den Anpassungsprozessen im Bankwesen, der Ökologie, der Reisefreiheit, der Vorbereitung auf die Währungskonvertibilität und den Bemühungen um die Rechts- und Normenharmonisierung. In den nächsten Jahren kommt es in den Visegrádländern zweifellos darauf an, Modelle und Strategien zur Bestimmung des Platzes dieser Länder im EU-Binnenmarkt unter Beachtung von Standortvor- und -nachteilen sowie einer zweifellos noch begrenzten internationalen Wettbewerbsfähigkeit zu entwickeln. Insbesondere der Platz der Landwirtschaft dieser Länder im EU-Agrarmarkt ist hierbei von hoher Sensibilität. Die auf dem EU-Gipfel von Essen angemahnte Entwicklung alternativer Strategien für die Entwicklung agrarpolitischer Beziehungen zwischen der EU und den potentiellen Beitrittsländern kann hierbei ein wichtiger Schritt sein. Ähnliches trifft auf sensible industrielle Bereiche (Kohle, Eisen/Stahl, Textilien/Bekleidung) zu. Die weitere Annäherung der Visegradländer an die Europäische Union erfordert die weitere Entstaatlichung der Wirtschaft in den Visegradländern und die Sicherung einer EU-konformen Wettbewerbs- und Beihilfenpolitik. Entsprechend den Festlegungen des Essener Gipfels wird die Europäische Kommission den mittel-osteuropäischen Ländern bei der Einführung einer wirksamen Wettbewerbs- und Beihilfenpolitik (einschließlich der Schaffung nationaler Kartellämter bzw. Wettbewerbsbehörden) Unterstützung geben. Ein Schwerpunkt der weiteren Annäherung der Visegradländer an die Europäische Union ist die Angleichung ihrer Rechtssysteme an das der Europäischen Union. Die Vorlage eines Weißbuches der Europäischen Kommission zu dieser Problematik kann für diesen Prozeß hilfreich sein. Neben der Rechtsangleichung steht auch die Aufgabe der Einführung von Normen, Standards und Zertifizierungsverfahren, die denen der EU entsprechen. Die weitere Annäherung der Visegradländer an die Europäische Union und ihre spätere EU-Mitgliedschaft setzt die konsequente Fortführung der wirtschaftlichen Transformation zur Marktwirtschaft und eine auf wirtschaftliche Stabilität gerichtete Preis- und Haushaltspolitik voraus. Neben der schrittweisen Sicherung der inneren wirtschaftlichen Stabilität ist die weitere Vertiefung der gegenseitigen wirtschaftlichen Zusammenarbeit der Visegradländer im Rahmen des CEFTA-Abkommens zweifellos eine wichtige Voraussetzung für die Integration dieser Länder in die Europäische Union.

Unter diesen Aspekten und Perspektiven ist unternehmerische Tätigkeit und ein entsprechendes Management in Polen, Ungarn, der Tschechischen und Slowakischen Republik zweifellos eine lohnenswerte und perspektivreiche Aufgabe.

Redaktionsschluß: April 1995

Literatur

Autorenkollektiv, Die Lage der Weltwirtschaft und der deutschen Wirtschaft im Frühjahr 1995, in: Deutsches Institut für Wirtschaftsforschung Wochenbericht 15–16/1995, Berlin, 13. April 1995, S. 304f.

Bartholdy, K., Statistical tables, in: Economics of Transition, Volume 2 (4), 1994, S. 513–524.

Blechová, O., Gabrielová, H., Vokoun, J., Ekonomicky výhlad Slovenskej republiky, in: Ekonomický Casopis, 42 (3), 1994, S. 239–248.

Bobinski, C., Poland begins to see light at the end of economic reform tunnel, in: Central European, October 1994.

Bobocká, J., Regionálna spoluprace v strednej Európe, in: Ekonomicky Casopis, 42 (7–8), 1994, S. 518–527.

Brendel, G., Die Osterweiterung der Europäischen Union-Chancen, Zeithorizonte, Risiken (am Beispiel der Visegradländer), in: WFB Wirtschaftsforschung gGmbH Berlin, Die Wirtschaftsbeziehungen der Europäischen Union mit den mittel-osteuropäischen Ländern, Berlin, März 1995, S. 2–11.

Filip, J., Otázky rozvojovej Stratégie Slovenskej republiky v podmienkach európskeho integracneho procesu, in: Ekonomicky Casopis, 42 (7–8), 1994, S. 489–504.

Lasciak, A., Odhad dopodov kospodárskej politiky na ekonomiku Slovenska v rokoch 1993–1995: nevyhnutnost' zmien, in: Ekonomický Casopis, 42 (1), 1994, S. 3–17.

Likawev, E., Poglady polskich ekonomistów na ogólne zalozenia transformacji systemowej, in: Ekonomista, Nr. 6, 1994, S. 734–759.

Oblath, G., Macroeconomic Developments between 1990 and 1994, in: The Hungarian Quarterly, Vol. XXXV, No. 134, 1994, S. 15–22.

Okáli, I. et al., Economic Development of the Slovak Republic in 1993, in: Economický Casopis, 42 (3), 1994, S. 174–206.

Pajestka, J., Megatrendy cywilizacyjne a proces transformacji systemowej, in: Ekonomista (2), 1994, S. 163–188.

Rievajová, E., Nezamestnanost' a specifické struktury trhu práce, in: Ekonomický Casopis, 42 (1), 1994, S. 28–39.

Sterling Surrey, R., Czech and Slovak Republics, in: Financial Times East European Law (VIII), 1994, S. 2–5.

Symes-Thompson, P., Wozniak, G., Poland, in: Financial Times East European Law (VIII), 1994, S. 11–13.

III. Abschnitt
Möglichkeiten und Grenzen der
Übertragung von Management-Know-how

Kulturgerechte Konzepte für das Management in Mittel- und Osteuropa

Lothar Bayer

Konzepte sind sowohl für Führungskräfte aus den jeweiligen Ländern sowie auch für Führungskräfte aus dem Ausland notwendig. Es gilt, sich vertraut zu machen mit den Kultur- und Wertvorstellungen vor Ort, mit der historischen Entwicklung der Länder und Regionen und der Anpassung von generellem Management-Know-how an die jeweilige Situation. Kulturgerechte Konzepte sind aufs engste mit gesamtgesellschaftlichen Entwicklungsprozessen verbunden. Nur vor diesem Hintergrund sind operational machbare Konzepte möglich.

Von besonderem Wert für das Management Mittel- und Osteuropas ist es, den Zugang zum Marketingverständnis zu erhalten. Entscheidend ist, dieses Wissen den spezifischen Bedingungen auf diesen Märkten angepaßt zu vermitteln.

Übertragung von Management-Know-how ist nicht als ein einseitiger Wissenstransfer zu behandeln, sondern der beiderseitige Wissensgewinn ist wichtig. Ganz allgemein können zwei Grundrichtungen hervorgehoben werden: betriebswirtschaftliche Instrumente einerseits und Ethik, Werte, Unternehmenskultur, psycho-soziale und soziologische Fragen andererseits. Inhaltlich übergreifend ist der Bedarf nach Wissen und Erfahrungen aus dem Transformationsprozeß der neuen Länder in der Bundesrepublik Deutschland. Als günstig erweist sich, daß diese Schulungen durch westliche Trainer oder Berater eingebunden sind in Weiterbildungszyklen, die mittel- und osteuropäische Länder mit eigenen Kräften und mit Multiplikatoren selbst organisieren. Andererseits sind Studienaufenthalte, z. B. in Deutschland, unbedingt erforderlich; geht es doch um »Marktwirtschaft zum Anfassen«.

Als eine Form der Übertragung von Management-Know-how haben sich auch Symposien erwiesen. Im Bildungszentrum am Müggelsee werden in Kenntnis der historischen und aktuellen Gegebenheiten dieser Länder, dem mittel- und osteuropäischen Management kulturgerechte Konzepte angeboten, es werden die spezifischen Fragen des Übergangs zur Marktwirtschaft behandelt und zugleich die neuen marktwirtschaftlichen Strukturen, moderne Technologien und Managementstile veranschaulicht.

1. Zum geschichtlichen Hintergrund für das heute notwendige Management in Mittel- und Osteuropa

Rußland sei ein reiches Land. Man brauche nicht vordringlich Kapital. Was man brauche, sei Know-how und Management, betonte Boris Fjodorow, Vorsitzender des Parlamentarischen Unterausschusses für Geldpolitik und Tätigkeit der Zentralbank in Rußland auf dem European Chairmen's Symposium 1994 in Prag.

Kulturgerechte Konzepte für das Management in Mittel- und Osteuropa erfordern mehrere Sichtweisen und bedürfen der Kenntnis eines bestimmten geschichtlichen Hintergrundes.

Zunächst stellt sich die Frage, für welches Management in Mittel- und Osteuropa derartige Konzepte notwendig sind. Es liegt in der Natur des Transformationsprozesses in Mittel- und Osteuropa, daß es sich um Konzepte für Manager – und solche, die es werden wollen – aus diesen Ländern handeln muß. Dabei ist auch klar, daß es vor allem Personen jüngeren und mittleren Alters sind, die die Zielgruppe darstellen. Selbst wenn heute erfahrene Führungskräfte älteren Jahrganges aus Gründen des personellen Vakuums an der Spitze von Unternehmen stehen – es standen keine anderen zur Verfügung –, oder sie haben sich auf der Grundlage mehrjährigen Selbstlernens im Prozeß des Übergangs zu marktwirtschaftlichen Strukturen vorbereitet, so wird doch die Zukunft von den Jüngeren bestimmt.

Es sind jedoch nicht nur die dem Transformationsprozeß innewohnenden Gründe, die für das eigene Management neue Konzepte erfordern. Der internationale Wettbewerb, die hohe Mobilität von Kapital und technischem Wissen, insbesondere bei transnational agierenden großen Firmen, verstärkt den Grundsatz: »Global denken, regional handeln«. Dies ist mit der Konsequenz verbunden, deutlich auf das Management aus diesen Ländern zu setzen und damit die Mentalitätsbarriere zu überwinden; Mentalitäten, die tief in der Kultur und dem Wertesystem der Länder und Regionen verankert sind.

Kulturgerechte Konzepte sind jedoch auch für jene Manager notwendig, die aus der westlichen Welt, aus Westeuropa, z. B. aus Deutschland, kommen und dort Firmen leiten, Joint Ventures führen oder auch vermittelnd und beratend tätig sind. Gerade für diesen – wenn auch vergleichsweise kleinen – Personenkreis sind Managementkonzepte wichtig, die der Kultur in diesen Ländern gerecht werden. Zu wissen, was in den Köpfen der Menschen vorgeht, was aktuelle Vorstellungen sind, die sich mit den Tagesereignissen und der zum Teil starken Unvorhersehbarkeit gesellschaftlicher Prozesse ergeben, ist von prinzipieller Bedeutung für die eigene, konkrete Führungstätigkeit westlicher Manager in Mittel- und Osteuropa.

Die Widerspiegelung und Bewertung aktueller Entwicklungen erfolgt jedoch – bewußt oder unbewußt – auch unter Verarbeitung historisch gewachsener und biographisch angeeigneter Kulturvorstellungen und Wertesysteme. Dieses – und die darin eingeschlossene zeitliche Dimension – prägt auch das aktuelle Denken, und es überdauert Generationen.

Man muß Geduld haben, wenn man auf dem russischen Markt etwas bewegen will; das ist eine Erkenntnis, die für viele Gesellschaftsbereiche in Rußland gilt – ob bei der Privatisierung, bei der Erhaltung und Stärkung der Effizienz von Innovationspotentialen oder der Besinnung der Menschen auf ihre eigenen Stärken und die ihres Landes.

Zur Zeit ist die Tendenz zu erkennen, daß keine Leistung mehr geht, ohne Gegenleistung, sprich Geld, zu erbringen. Für alles muß gezahlt werden. Nicht im Gegensatz dazu steht die Auffassung, man wolle nichts geschenkt bekommen, keine Unterstützung schlechthin; sondern es geht um gegenseitigen Vorteil, man will seine Gegenleistung einbringen. Eine ganz andere Frage ist, wie diese Gegenleistung subjektiv bewertet und selbst eingeschätzt wird; meist wird sie überschätzt im Sinne der Brauchbarkeit, der Vermarktung und des Kundennutzens.

Konzepte sind deshalb sowohl für Führungskräfte aus den jeweiligen Ländern als auch für Führungskräfte aus dem Ausland notwendig.

Die Kenntnis des geschichtlichen Hintergrundes besitzt eine ähnlich hohe Wertigkeit. Sie ist wichtig für die Erklärung von differenzierten Vorgängen, für unterschiedliche Entwicklungstempi und verschiedenartige Bewertungen.»Mit dem Zerbrechen der verbindlichen zentralen Planung im RGW zerbrach das Lenkungssystem und transformierte sich zu nationalstaatlichen Binnenmärkten, die nun auf der Grundlage von Handelsbeziehungen miteinander kommunizieren wollen, ohne dafür die mentalen und juristischen Infrastrukturen zu besitzen. Die im westlichen Vorfeld liegenden Staaten rekonstruierten sofort die traditionellen Märkte, während diese in der GUS noch geschaffen werden müssen. Der politisch definierte ›sozialistische Weltmarkt‹ hat sich aufgelöst und die orientierungslos gewordenen Wirtschaftsgebiete der Reformstaaten wurden der Weltmarktkonkurrenz brutal ausgesetzt (Bress 1994, S. 4)«.

Der Zusammenbruch der politischen Systeme und ihrer Rechtsordnungen und die Transformation der Wirtschaftssysteme in ihrer Gesamtheit – mit zum Teil andauernden Produktivitätsrückgängen und bis dahin nicht gekannten Zahlen von Arbeitslosen – sowie die Herausbildung neuer ordnungspolitischer Rahmenbedingungen verlief und verläuft in den Ländern Mittel- und Osteuropas sehr differenziert. Ursache dafür sind nicht zuletzt die historisch begründeten unterschiedlichen Entwicklungsniveaus dieser Länder.

Einerseits fehlten z. B. in Rußland mit dem Übergang von der feudalen Ordnung zum planwirtschaftlichen System in hohem Maße marktwirtschaftliche Erfahrungswerte. Weder in der Landwirtschaft noch in der organisierten Großindustrie können sich daher ad hoc marktwirtschaftliche Strukturen entwickeln. Und ein »Mittelstand als wirtschaftspolitischer Faktor wird in Rußland so schnell nicht entstehen« (Fjodorow 1993, S. 132).

Andererseits war seit jeher die Orientierung Rußlands – und davor die der Sowjetunion – auf die USA fixiert. Das hat zwar zutiefst militärische und gesellschaftspolitische Gründe, wurde und wird jedoch auch unter Großmachtaspekten auf die Wirtschaft bezogen.

Bulgarien und Rumänien spielten bis Ende des II. Weltkrieges als Industriestaaten so gut wie keine Rolle. Ende des vergangenen Jahrhunderts betrug das Eisenbahnnetz in Bulgarien noch nicht einmal 500 km. Rumänien war bis 1945 so rückständig wie die Slowakei; Polen war Jahrhunderte der Spielball europäischer Großmächte.

In den anderen mittel- und osteuropäischen Staaten existieren dagegen teilweise anders geartete Strukturen und sektoral andere Verhältnisse. Ausgeprägte marktwirtschaftliche Strukturen existierten schon vor dem Zweiten Weltkrieg, mittelständische Unternehmen konnten sich revitalisieren. Und ihre Beziehungspunkte waren – historisch bedingt und von der Größe der Länder her – anders strukturiert. Wirtschaftlich zwar quantitativ auf Beziehungen im Rahmen der RGW-Länder orientiert, waren die qualitativen Bezugspunkte doch überwiegend auf westeuropäische Länder gerichtet. Hierbei wurden deren Wirtschaftsdaten und ökonomische Schulen studiert.

Diese zum Teil sehr gravierenden, historisch begründeten, wirtschaftlichen Verschiedenartigkeiten waren auch ein entscheidender Grund – ein weiterer und zumindest gleich wichtiger bestand in der politisch unterschiedlichen Entwicklung – für das differenzierte Niveau der Reformen und der sich dabei abzeichnenden Entwicklungen. Gleiche Reformversuche – z. B. die polnische Schocktherapie durch Liberalisierung der Preise bei noch bestehenden Monopolstrukturen (geistiger Vater: Jeffrey Sachs) – brachten in Rußland deutlich größeres »Inflationsleid« und hatte auch weitere, zum Teil ausgesprochen negative ökonomische und soziale Auswirkungen.

Diese Differenzierung der wirtschaftspolitischen und sozialen Entwicklung ist nicht nur typisch zwischen den Ländern. Insbesondere für Rußland gilt, daß auch große Unterschiede zwischen den Regionen, zwischen industriellen Ballungszentren – den Kohlerevieren und den vorwiegend auf Landwirtschaft orientierten Regionen – und vielen Klein- und Mittelstädten bestehen. Derzeit ist die wirtschaftliche und soziale Situation bei ersteren deutlich schlechter als bei letzteren. Darum gilt, »Wer Moskau kennt, kennt nicht Rußland.«

Diese – historisch gesehen – unterschiedlichen Entwicklungsniveaus der Länder/Regionen waren die Basis dafür, daß sich auch die Wertvorstellungen differenzieren und bereits »im Schoße« der alten Systeme wandelten. Auch hier sind beispielsweise Unterschiede zwischen den meisten Nachfolgestaaten der Sowjetunion sowie Rumäniens und Bulgariens einerseits sowie Ungarns, Polens, Tschechiens und der Slowakei andererseits nicht zu übersehen. Postulate von einer »Verslawisierung« der Ostmanager gehen daher an den Realitäten vorbei.

Diese nur angedeuteten Fakten sollen darauf hinweisen, daß es auch keine allgemeinen Rezepte für die Übertragung von Management-Know-how geben kann.

Erfahrungen und ihre Verallgemeinerungen können deshalb nur Richtungen und Orientierungen geben. *Notwendig ist es, sich vertraut zu machen mit den Kultur- und Wertvorstellungen vor Ort, mit der historischen Entwicklung der Länder und Regionen und der Anpassung von generellem Management-Know-how an die jeweilige Situation.*

Eine wichtige Erfahrung dabei besteht darin, das Wissen und das Selbstwertgefühl des Managements in den Ländern Mittel- und Osteuropas zu achten, ihm nicht das Gefühl vermitteln, alles bisher Gelernte sei umsonst (vgl. Turner 1994, S. 51). Vielmehr gilt es, gerade diesen historischen Hintergrund zu nutzen, um kulturgerechtes Management-Know-how überhaupt erst übertragen zu können.

2. Ausgewählte Management-Aspekte

2.1 Gesamtgesellschaftliche Managementaspekte

Wenn in diesem Abschnitt auf einzelne Managementaspekte systematisch eingegangen wird, so geschieht das in Fortsetzung der eingangs verfolgten Herangehensweise:

Was sind historisch bedingte und was sind aktuelle Erfahrungswerte von Führungskräften aus den Ländern Mittel- und Osteuropas? Wie müssen sich Unternehmer, Führungskräfte und Berater aus Ländern mit traditionellen marktwirtschaftlichen Rahmenbedingungen (aus dem Westen) darauf einstellen?

Kulturgerechte Konzepte für das Management in Mittel- und Osteuropa sind aufs engste mit gesamtgesellschaftlichen Entwicklungsprozessen verbunden. Nur vor diesem Hintergrund sind operational machbare Konzepte möglich.

Praxis wie Wissenschaft sind sich einig: Ohne funktionierende ordnungspolitische Rahmenbedingungen können keine marktwirtschaftlichen Betriebsweisen und keine darauf aufbauenden Managementkonzepte entstehen. Während sich – wenn auch nicht ohne Rückschläge – solche Rahmenbedingungen in den meisten mittel- und osteuropäischen Staaten bereits etabliert haben, ist die Transformation der Wirtschaft trotz vieler Einzelschritte, Gesetze, Durchführungsbestimmungen etc. in Rußland und einigen anderen Ländern der Gemeinschaft Unabhängiger Staaten noch nicht erfolgt. An der Oberfläche scheint sich die Marktwirtschaft durchgesetzt zu haben. Mehr als 50 Prozent der Beschäftigten arbeiten bereits in der Privatwirtschaft; auch Preisliberalisierung, Konvertierbarkeit der Währungen u.a.m. sprechen dafür. Doch die Garanten für eine marktwirtschaftliche Ordnung sind in diesen Ländern noch nicht gegeben. Statt Struktur- und Systemreformen durchzuführen, wurden mit dem Zauberwort »Privatisierung« bei nicht gegebenen gesamtwirtschaftlichen Koordinationsmechanismen massenhaft Industrieunternehmen vernichtet und gerade privatisiertes Eigentum zu Schleuderpreisen verkauft. Dabei konnten gigantische Schiebereien nicht ausgeschlossen werden.

Es ist zu fragen, ob diese Transformationsprozesse zwangsläufig chaotisch ablaufen müssen. »... jede Marktwirtschaft fängt eben auch mit Ganoven an – in Amerika ist die Marktwirtschaft mit dem Colt und der

Winchester eingeführt worden. Rockefeller hatte seine private Armee. Ich sage den Russen sogar, es gab in den USA Verbrecherfamilien, die stellten dann irgendwann die Präsidenten« (Kartte 1994, S. 7).

Wenn in den anderen mittel- und osteuropäischen Ländern, insbesondere in Ungarn und Polen, mehr Wert gelegt wurde auf allmähliche Übertragungen staatlichen Eigentums in Privathand – bei ganz bestimmten Bereichen beginnend, darunter im Handel, beim Transport, in der Landwirtschaft und in der Kleinindustrie –, so war das in Anlehnung an John Kenneth Galbraith, ein Weg, der geeignet erscheint, zugleich marktwirtschaftliche Rahmenbedingungen zu schaffen, die den Unternehmen den notwendigen Spielraum geben.

Diese jeweilige Umfeldsituation zu kennen, unter der Führungskräfte Unternehmen leiten, ist von besonderer Bedeutung, um Denkhaltungen und Handlungen zu verstehen. Warum fehlt es an langfristiger Unternehmensplanung, warum fällt es schwer, betriebswirtschaftliche Grundsätze, wie klare Kostenkalkulation u.ä., einzuführen? Warum ist die Herausbildung einer Unternehmenskultur und eine überzeugende stabile Motivierung der Mitarbeiter so kompliziert? Unternehmerische Unsicherheit und die des Managements, die sich fortsetzt bis zu den Mitarbeitern, führen oft zu kurzfristigem Gewinndenken, zu rücksichtsloser Plusmacherei und zu unsolidem Geschäftsgebaren. Die Unbestimmtheit der Zukunftsentwicklung – Wann setzt die politische und wirtschaftliche Konsolidierung ein? Ist ein Ende der Abwärtsentwicklung zu erkennen? – bringt enorme Entscheidungsprobleme für das Management.

Es deutet sich folgende Tendenz an: Da die zentralisierte Planwirtschaft nicht mehr und die Marktwirtschaft noch nicht existiert, entwickeln sich sporadisch und spontan Zwischenstrukturen bzw. Übergangsstrukturen, unter denen gesamtgesellschaftliche Managementaspekte geprägt werden durch eine Mischung von herkömmlichem bürokratischen Leitungsstil einerseits und kopiertem Unternehmergebaren westlichen Zuschnitts andererseits. Eine solche Mischung wird sich verfestigen, je länger der schmerzhafte Reformprozeß anhält.

Das alles macht die Gestaltung eines wirksamen Krisenmanagements unumgänglich. Viele Manager in den mittel- und osteuropäischen Ländern, deren marktwirtschaftliche Ordnungspolitik noch nicht entwickelt ist, haben sich bereits auf ein spezifisches Krisenmanagement eingestellt. Den Führungskräften aus dem Westen und den Beratern begegnen bereits auf diesem Gebiet versierte Manager; andererseits ist eine gewisse »Blauäugigkeit« nicht zu übersehen. Sie ist um so problematischer, als sie Erwartungen an westliche Berater zur Lösung von Problemen stellt, auf die diese in der vorliegenden Situation selten selbst eingestellt bzw. vorbereitet sind.Ohne Anspruch auf Vollständigkeit sollen hier nur einige Anforderungen an dieses spezifische Krisenmanagement genannt werden:

Zunächst sind es die Führungskräfte und Mitarbeiter selbst, die für die heutige und künftige Existenz des Unternehmens von strategischer Bedeutung sind. Personalpolitik und hier die richtige Auswahl der Führungskräfte und Mitarbeiter für Krisensituationen sind besonders wichtig. Um so schwieriger ist dieser Gesichtspunkt allerdings durchzusetzen, je weniger die skizzierten Rahmenbedingungen dazu passen, z. B. die derzeitige Situation der Quasi-Arbeitslosen in russischen Großunternehmen, die mitfinanziert werden müssen, weil staatliche und kommunale Sozialversicherungssysteme noch nicht in der Lage sind, diese Funktion zu übernehmen. Derzeit werden bis zu 75 Prozent der Amortisationen zur Bezahlung von verdeckter Arbeislosigkeit genutzt. Die sogenannten sozialkulturellen Fonds der Betriebe – Erholungsheime, Wohnhäuser, Sportstätten – werden verkauft, um die betriebswirtschaftlichen Aufwendungen zu senken (vgl. Tschursin 1994, S. 75).

Eng damit verbunden ist die Notwendigkeit für das Management, außergewöhnliche Belastungen zu meistern. Wissenschaftliche Beweise über psychologische und physiologische »Überleistungen« von Menschen in Not, Bewährungs- und Streßsituationen verdeutlichen die Realität dieses Anspruches.

Schließlich ist die Fähigkeit zur Eigenmotivation und Motivation der Belegschaften sowie die Lernbereitschaft und -fähigkeit der Führungskräfte als Kriterium für Krisenmanagement zu nennen.

Intellektuelle und kommunikative Anforderungen, verbunden mit hoher Belastungsfähigkeit des Managements sind entscheidende Aspekte, um unter den gegebenen – mehr oder weniger funktionierenden – Rahmenbedingungen führen zu können.

Daß Führungskräfte aus mittel- und osteuropäischen Ländern weniger in der Lage seien, »mehrdimensional, integrativ und vernetzt zu denken«, weil sie auf diesem Terrain auch nicht geübt und gefordert wurden, ist eine in ihrer Generalisierung anzuzweifelnde Aussage, die die heutige Realität und die historischen Entwicklungsprozesse nur ungenügend widerspiegelt.

2.2 Technische Managementaspekte

Unbestritten sind die innovativen Fähigkeit in den mittel- und osteuropäischen Ländern, erstklassige Ergebnisse zu erbringen. Das betrifft vorrangig Rußland und andere Nachfolgestaaten der Sowjetunion, gilt aber auch für andere Länder Mittel- und Osteuropas. Herausragende Leistungen sind bekannt aus der Grundlagenforschung und der angewandten Forschung auf speziellen Gebieten, wie Medizin, Weltraumforschung und Militärtechnik – von Atomwaffen bis zur Lasertechnik.

Andererseits wird die effiziente Umsetzung in verwertbare Produkte der zivilen Fertigung noch nicht beherrscht. Dies hat verschiedene Ursachen, die auch traditionell begründet sind. So war besonders in den siebziger Jahren die Trennung von Forschung und Produktion ein charakteristischer Zug des sowjetischen Wissenschafts- und Wirtschaftslebens. Einerseits existierten riesige Forschungsinstitute, Wissenschaftsvereinigungen, und dazu kamen noch bedeutende Kapazitäten in staatlichen Universitäten, Hochschulen und Akademien. Andererseits verfügten die gigantischen Großkombinate und Industrievereinigungen vielfach nur über eine schmale Forschungs- und Entwicklungsbasis. Über allem schwebte die strikte Trennung in Verteidigungs- und zivile Produktion, die die Wissensübertragung auf die Produktion generell erschwerte. Auch in anderen mittel- und osteuropäischen Ländern gab es – wenn auch nicht so ausgeprägt – ähnliche Tendenzen. Das Management in der Wirtschaft war es also überwiegend gar nicht gewöhnt, diese Felder, insbesondere die angewandte Forschung oder etwa gar die Grundlagenforschung, zu beherrschen bzw. zu leiten.

Für kulturgerechte Managementkonzepte ist es unter den heutigen, konkret-historischen Bedingungen erforderlich, mehrere Richtungen zu beschreiten. Einmal besteht eine hohe Verpflichtung im Interesse der Staaten darin, das vorhandene Potential zu erhalten, Wissen zu bewahren, zu aktivieren und natürlich auch der Umsetzung zuzuführen. Derzeit besteht eine große Gefahr, daß kreatives Potential (weiter) auswandert oder, was noch problematischer und bedrohlicher ist, die Forschung verläßt und den Lebensunterhalt für sich und die Familien durch Kleingeschäfte, auf dem Schwarzmarkt und anderes bestreitet und damit für Wissenschaft und Forschung verlorengeht.

Programme der Europäischen Union und der Bundesregierung Deutschlands, die diesen Prozeß verhindern und die wissenschaftliches

Arbeiten an Akademien und Instituten aufrecht erhalten sollen, zeigen gewisse Erfolge. Die Verpflichtung, diese Potentiale zu fördern und zum gemeinsamen Nutzen, z. B. zwischen russischen und deutschen Partnern zu entwickeln, sollte noch stärker in die Tat umgesetzt werden.

Dabei liegt die Stärke dieses Potentials in der Fähigkeit, langfristig zu denken, die Forschungsarbeit entsprechend gründlich anzulegen und über diesen Weg auch hervorragende Leistungen zu vollbringen. Von deutschen Forschungspartnern, die zum Beispiel mit russischen Forschern über Jahre kooperieren, wurde diese Seite besonders hervorgehoben. Diese Stärken sollten nicht vernichtet werden.

An kurzfristiges und auf die Umsetzung am Markt orientiertes Arbeiten war man nicht gewöhnt. Eine totale Umorientierung »über Nacht« dürfte also kaum erhoffte Ergebnisse bringen.

Andererseits ist die Ausrichtung auf den Kundennutzen durchaus eine grundlegende Strategie, die es zu verfolgen gilt. Auch dafür sollten verschiedenartige Wege beschritten werden.

Ein Weg ist zweifellos die Entflechtung der Großkombinate zu mittleren wirtschaftlichen Einheiten, in denen nun verstärkt Forschungs- und Entwicklungspotential anzusiedeln ist. Marktwirtschaftliche Erfahrungen mit dem Produktmanagement sind geeignet, hier spezifisch verwertet zu werden. Produktorientierte Strukturen, Geschäftsfelder, die die angewandte Forschung, Entwicklung und Konstruktion genauso einschließen wie die Fertigung und den Vertrieb, erweisen sich als möglich und zweckmäßig gerade bei der Herausbildung neuer Mittelbetriebe, die noch nicht durch traditionelle Strukturen geprägt sind.

Ein weiterer Weg besteht in der Herausbildung von sogenannten Technoparks. Beispiele in der Ukraine und in Belorußland bestätigen diese Richtung. Hier entstehen kleine private Innovationsfirmen, die sich auf gemeinsamer Infrastruktur entwickeln, befruchten und Zugang zu Fertigungsstätten und Betrieben finden. Diese kleinen »Institute« bzw. Firmen zu beraten, ihnen den Blick für die potentiellen Märkte zu schärfen, Geschäftskontakte zu vermitteln, alles das gehört zu kulturgerechten Managementkonzepten in bezug auf die technische Entwicklung.

Erforderlich ist auch, eine Haltung des Managements zu den Qualitätsmaßstäben Westeuropas zu entwickeln. Auch hier trifft man auf ein äußerst differenziertes Bild. Das deshalb, weil die traditionelle Haltung einmal geprägt war von der Vorstellung »das Produkt muß seinen Zweck erfüllen, stabil sein und eine lange Lebensdauer haben«. Qualität im

Sinne von Bedienungsfreundlichkeit, Arbeitsschutz, Umweltverträglichkeit, Energie- und Materialeinsparung war vielfach nicht im Blickwinkel des Managements gewesen. Dafür standen möglichst einfache, aber sichere Methoden der Schadensbehebung, nicht selten durch ungeschultes Personal im Mittelpunkt, das sich anhand von Bedienungsanleitungen und mit umfangreichem Ersatzteil zu helfen wissen mußte.

Die Reaktion der Bevölkerung russsicher Städte in den sechziger Jahren auf die von Verpackungsautomaten eingewickelten Süßwaren – verhalten bis skeptisch, weil man die Qualität nicht vorher kontrollieren konnte – war ein Zeichen für das mangelhafte Qualitätsangebot bei Konsumgütern. Die »Vorsicht« gegenüber Automaten, sei es bei Transportmitteln, Dienstleistungen oder anderen Leistungen ist auch heute noch zu spüren. Selbst bei Produkten und Leistungen für die Militärtechnik, deren Präzision unter Beweis steht, wird eine Qualitätssichtweise deutlich, die auf Robustheit und Verläßlichkeit orientiert ist und weniger auf Bedienungskonfort etc. Noch bis Ende der sechziger Jahre stellte beispielsweise das Büromaschinenwerk Sömmerda in Thüringen für das Raketenprogramm der Sowjetunion elektromechanische Schreibmaschinen mit einem Gewicht von mehr als 20 kg und einer Jahreslosgröße von circa 2000 Stück her. Der einzige Grund dafür war, daß diese Schreibmaschinen als Eingabegeräte für mobile Raketensysteme »unverwüstlich« waren.

Inzwischen sind neue Sichtweisen des Managements in bezug auf Qualität erkennbar; allein durch die Bekanntschaft mit westlichen Produkten und Leistungen und auch durch den Zwang, sich bei Exporten auf deutlich strengere Normen einstellen zu müssen. Während mittel- und osteuropäische Länder wie Tschechien, Ungarn und Polen bereits den Qualitätsmaßstäben Westeuropas folgen, ist nicht zu verkennen, daß insbesondere in einigen GUS-Ländern, in Rumänien und in Bulgarien noch immer traditionelles Denken vorhanden ist. So zeigen viele Exportangebote russischer und ukrainischer Unternehmen, daß bei Rohstoffen und Halbfabrikaten die Qualitätsstandards westlicher Märkte gar nicht bekannt sind, indessen das eigene Qualitätsniveau überschätzt wird und Qualität als Verkaufsargument hinten ansteht. Ein kasachischer Großbetrieb für Nutzkraftwagen versuchte seine unzureichende Qualität mit billigeren/niedrigen Preisen zu kaschieren und hielt das für ein zugkräftiges Verkaufsargument.

Langsam setzt sich jedoch die Einsicht durch, daß gerade mit Erzeugnissen, die in hoher Qualität mehrere Fertigungsstufen durchlaufen haben, langfristig Devisen zu erwirtschaften sind, obwohl Rohstoffe in vielen mittel- und osteuropäischen Ländern noch die Hauptexportartikel sind.

Das Management in Mittel- und Osteuropa soll in bezug auf die Hinwendung zu höherer Qualität differenziert gesehen werden. Dem Teil, dem noch Denkhaltung und Handlungshilfen zur Qualitätssicht anzuraten sind, helfen vor allem zwei Vorgehensweisen.

Das ist zuerst die plastische Überzeugung zur Notwendigkeit der Qualitätsproduktion und ihrer Umsetzung. Hier ist »Qualität zum Anfassen« wichtig: Zusehen, wie Qualität hergestellt wird und welche Randbedingungen zu schaffen sind, ist am wirksamsten. Dazu gehört nicht zuletzt die Sauberkeit in den Werkhallen. Beim Besuch eines großen Stahl- und Walzwerkes im Ruhrgebiet weigerten sich erfahrene russische Manager ohne Schutzkittel die Walzstraße zu besichtigen, weil sie befürchteten, ihre Anzüge zu beschmutzen. Ihr Erstaunen, daß man auf der Galerie die Geländer anfassen konnte, ohne schmutzig zu werden, war sehr groß. Ebensolchen Eindruck machte die Arbeitsbekleidung der Stahlarbeiter. Ähnliche Erlebnisse sind bei Studiendelegationen immer wieder in anderen Betrieben anzutreffen. Ebenso überzeugt der Besuch deutscher Autobaufirmen am meisten, wenn es um Qualitätsarbeit geht.

Zum anderen ist es das Informieren über Standards, Normen etc., was über Literatur, Seminare und in Vorbereitung von Geschäften geschehen kann.

2.3 Ökonomische und betriebswirtschaftliche Sichtweisen

Ökonomische und betriebswirtschaftliche Managementaspekte nehmen eine zentrale Rolle in den kulturgerechten Konzepten für das mittel- und osteuropäische Management ein.

Das ökonomische Grundverständnis baute – systembedingt – auf völlig unterschiedlichen Grundlagen auf. Privates Eigentum stand einem nicht klar definierten Volkseigentum gegenüber; wirtschaftliche Selbständigkeit, Vertragsfreiheit und Preisfreiheit begegnete zentralistisch organisierten Planungs- und Finanzierungsregeln. Daraus ergab sich logischerweise eine Denk- und Handlungsweise des mittel- und osteuropäischen Managements, die in vielen Sachverhalten dem der westlichen Welt völlig entgegenstand.

Kulturgerechte Managementkonzepte   111

Von besonderem Wert für das Management Mittel- und Osteuropas ist es, den Zugang zum *Marketingverständnis* zu öffnen und zu verstärken. Insbesondere die Führungskräfte, die in ein Wirtschaftssystem hineingewachsen waren, in dem die Betriebe vorwiegend nach Produktionsbefehlen arbeiteten, hatten und haben zum Teil noch Schwierigkeiten bei der Umstellung ihrer Produktion gemäß den Wünschen ihres Marktes. Die unternehmensphilosophische Seite des Marketings, d. h. die grundsätzliche Orientierung des gesamten Unternehmens auf den Kunden und die Ableitung von Maßnahmen zur Befriedigung seiner Bedürfnisse, ist darum an erster Stelle zu nennen, wenn es um kulturgerechte ökonomische Marketingkonzepte geht.

Zweifellos hat sich diese Einstellung bereits weitgehend durchgesetzt, insbesondere in kleinen und mittleren Unternehmen, also dort, wo die Kundenbindung am direktesten ist. Im Handel und bei Dienstleistungen sind diese Haltungen ebenfalls deutlich spürbar. Nicht immer wird jedoch schon das Instrumentarium im Marketingmix beherrscht. Abhängigkeiten zwischen Qualität und Marke einerseits und Preis sowie Vertriebswegen andererseits werden oft noch nicht genügend erkannt und umgesetzt. Hier liegt ein hilfreicher Ansatz für die Vermittlung von Konzepten. Ein weiterer besteht in der Marktorientierung für die größeren Unternehmen, denen es an Beweglichkeit mangelt und bei denen staatliche Eingriffe eine am Marketing orientierte Denkhaltung noch verzögern.

Eine Marktorientierung in diesen Unternehmen und ihre Umsetzung in die Praxis ist dort zu erkennen, wo kommerziell geschulte und erfahrene Führungskräfte – z. B. aus den ehemaligen staatlichen Außenhandelsbetrieben – tätig sind. In Regionen um Moskau, Petersburg und anderen Großstädten ist diese Situation vielfach anzutreffen, während in den »Provinzen« oft noch das stark produktionsorientierte Denken Vorrang hat. Produktion für die Produktion – mehr Stahl, um mehr Stahl produzieren zu können –, diese Denkweise ist noch nicht völlig beseitigt. Hier bedarf es gerade bei der Entflechtung von Großunternehmen und der Konsolidierung mittlerer Unternehmen noch der theoretischen und praktischen Kenntnisvermittlung.

Die Monopolsituation der Vergangenheit, die objektiv keinen Zwang zur Kundenorientierung ausübte, führte gleichzeitig auch kaum zu einem wettbewerbsgerechten Verhalten. Nicht ausreichende Kenntnis der Wettbewerber, ihrer Angebote, aber vor allem ungenügendes Reaktionsvermögen und die Unkenntnis der Preislagen erschweren diesen Firmen das Bestehen am Markt.

Dem Management in Staatsbetrieben und örtlichen Verwaltungen wiederum fällt es schwer, sich bei Auftragsvergaben wettbewerbskonform zu verhalten. Die Folge sind Auftragsvergaben ohne genügende Öffentlichkeit, persönliche Bevorzugungen mit Schaden für den marktwirtschaftlichen Wettbewerb und den Abnehmer. Auch hier ist es zunächst wichtig, die Hintergründe für marketing-averses Verhalten zu kennen, um entsprechend reagieren zu können oder die Erwartungen auf das relativ reibungslose Zustandekommen zu begrenzen.

Marketing-Know-how ist darum ein unabdingbarer Bestandteil für kulturgerechte Managementkonzepte in Mittel- und Osteuropa. Entscheidend ist, dieses Wissen angepaßt an die spezifischen Bedingungen auf diesen Märkten zu vermitteln. Fehlende Informationssysteme, Mischwirtschaft (private, genossenschaftliche, staatliche Unternehmen), fehlende klassische marktwirtschaftliche Wettbewerbssituationen etc. können mit der gängigen Marktwirtschaftslehre nicht erklärt werden.

Ökonomische Effektivität in den Unternehmen zu sichern ist eine erstrangige Managementaufgabe in Mittel- und Osteuropa; davon hängt letztlich ab, ob sich Unternehmertum lohnt. Die Führungskräfte stehen dabei in einer komplizierten Situation.

Vor dem Hintergrund einer noch unzureichend ausgebildeten marktwirtschaftlichen Ordnungspolitik schlagen ungelöste gesamtgesellschaftliche Probleme auf die Unternehmen zurück. Das betrifft die Belastung der Personalkosten russischer Unternehmer durch Quasi-Arbeitslose, die noch nicht voll beherrschte Devisen- und Wechselkurspolitik in mehreren mittel- und osteuropäischen Ländern; die »Altlasten« finanzieller Art von Unternehmen, Kreditrückzahlungen aus früher verordneten Kreditaufnahmen sowie die Verpflichtung zur Umweltsanierung und die Beseitigung ökologischer Gefahren.

Neben diesen und anderen materiellen und finanziellen Problemen der Unternehmen besteht eine weitere Schwierigkeit im notwendigen Umdenken hinsichtlich betriebswirtschaftlicher Prozesse. Es ist durchaus nicht so, daß in den Kombinaten oder großen Betrieben keine exakte Buchführung, Analyse oder ökonomischen Berechnungen existierten. Sehr genau, in kurzen Zeitintervallen, zum Teil täglich, wurden ökonomische Ergebnisse erfaßt, berechnet und analysiert. Große Rechenzentren verarbeiteten massenhaft Daten für diese Zwecke. Das Pro-

Kulturgerechte Managementkonzepte   113

blem besteht auch nicht primär darin, daß die wirtschaftlichen Abläufe stark als Vergleichswerte zwischen staatlichen Vorgaben, Planzahlen und den Ist-Werten der Betriebe abgerechnet und analysiert wurden.

Der *Kernpunkt* im Umdenken des Managements liegt vielmehr in der Orientierung auf tatsächliche betriebswirtschaftliche Effektivität. Weil praktisch die Kosten die Grundlage der Preise und auch des darin enthaltenen Gewinns waren, gab es de facto keine ernsthaften Bemühungen um betriebswirtschaftliche Kostensenkungen. Je höher die Kosten, je höher der Preis und je mehr Produktion, desto mehr Umsatz entstand.

Viele Geschäftspartner aus dem Ausland waren oft verblüfft, warum als Kriterium für Leistung von Maschinen oder Anlagen immer wieder das Gewicht, die Masse, herangezogen wurden. Egal ob Waggons, Kräne oder Schiffe, selbst Werkzeugmaschinen und Herrenanzüge wurden oft auf der Tonnenbasis preislich kalkuliert. Ihren tieferen Grund hatte dieses Vorgehen in der Tatsache, daß Kosten die Preisgrundlage darstellten.

Unter marktwirtschaftlichen Bedingungen volkswirtschaftliche und betriebliche Kategorien zu verstehen und dabei richtig mit Wert- und Naturalkennziffern umzugehen, gehört zu den Managementthemen, die immer wieder einer Klärung bedürfen. Völlig unverständlich war beispielsweise einer Gruppe Energetiker aus großen Schwarzmetallurgiebetrieben Rußlands, daß in Deutschland für Energiegroßverbraucher Preisermäßigungen gewährt werden und nicht durch höhere Preise auf die Senkung des Energieverbrauchs gedrückt wurde. Daß betriebswirtschaftliches Kostendenken in Geld und der verantwortungsvolle, sparsame Umgang mit Energieträgern kein Widerspruch sein muß, bedurfte erst einer ausführlichen Diskussion über die betriebswirtschaftliche Verantwortung des Managements und der Unternehmer, über die Sichtweise von Energieproduzenten und der Anwendung moderner, energiesparender Technologien.

Ähnliche Denkhaltungen sind mitunter bei der Bewertung der Arbeitsleistung mittels der Personalkosten anzutreffen. Diese waren in der Regel verhältnismäßig gering – auch aufgrund niedriger Löhne und der subventionierten Konsumgüterpreise. Rationalisierungsmaßnahmen, die auf arbeitsparende Technologien und Organisation ausgerichtet waren, bewirkten darum kaum spürbare Kosteneinsparungen.

Auch die Sicht auf Dienstleistungen war lange Zeit – weil arbeitsintensiv und damit personalintensiv, jedoch nicht sonderlich kostenintensiv – eine andere als sie heutigen marktwirtschaftlichen Systemen innewohnt. Beim Besuch von Studien- und Geschäftsgruppen aus der Ukraine und aus Südrußland auf kommerzieller Basis ist heute noch zu spüren, daß man bei der Kostenkalkulation für Deutschlandaufenthalte den Transport als eine zu vernachlässigende Größe betrachtet.

Mit grundsätzlichem Marktdenken hängt auch die betriebswirtschaftliche »*Make or buy*«-*Problematik* zusammen. Unter Bedingungen des latenten Nachfrageüberhangs – und das war die grundlegende Situation des Angebots-/Nachfrage-Verhältnisses der mittel- und osteuropäischen Länder unter »planwirtschaftlichen« Verhältnissen – war »Make or buy« kein Thema. Dafür herrschte die Devise vor, was selbst produziert wird, darauf hat man den eigenen Einfluß; man verfügt über das Produkt, wenn es für die Produktion benötigt wird. Die höheren Kosten sind das kleinere Übel im Vergleich zum Risiko, wenn die Zulieferungen »nicht kommen« oder nicht bilanziert sind. Aus dieser Denkhaltung entwickelten sich große Wirtschaftseinheiten mit tiefer, vertikaler Gliederung. Aber auch horizontal erfolgte die Ausweitung vom eigenen Fuhrpark über den Kindergarten bis zur Schweineaufzucht für die Versorgung der Belegschaft.

Den Sinn von »Make or buy« wird nur der Manager in mittel- und osteuropäischen Ländern verstehen, der entsprechende Rahmenbedingungen auf dem Markt kennt und der zu wirklicher Kostensenkung gezwungen ist. So lange ist auch der Begriff »Lean« – Verschlankung des Unternehmens und die Reduzierung der Anlagen, der Gebäude und Grundstücke auf den betriebsnotwendigen Kern – nur eine marktwirtschaftliche Worthülse, deren Grund nicht erkannt wird.

Last but not least sind Managementkonzepte für mittel- und osteuropäische Länder in bezug auf die *Liquiditätssicherung* von Unternehmen gefragt. Die Besonderheit der Situation besteht darin, daß das Thema Liquidität in den Betrieben unter planwirtschaftlichen Verhältnissen praktisch ein Tabuwort war und kein Überlebensproblem für Leitung und Belegschaft darstellte. Und heute ist es das allerwichtigste Problemumfeld, damit das Unternehmen die nächsten Wochen und Monate überleben kann.

Dafür benötigt das Management Konzepte. Sie reichen von der Deckungsbeitragsrechnung für die operative Geschäftspolitik über die Personalentwicklung – nicht selten einer Personalpflege – bis hin zur Kreditbeschaffung.

2.4 Unternehmenskulturelle Managementgesichtspunkte

Nicht nur gesamtgesellschaftliche Rahmenbedingungen sowie die technischen und wirtschaftlichen Sichtweisen des osteuropäischen Managements sind für die Übertragung von westlichem Management-Knowhow zu beachten. Auch eine in Jahrzehnten gewachsene, andere ökonomische und soziale »Kultur« hat zu unterschiedlichen Mentalitäten geführt. Es sind vielfach verschiedene Denk- und Handlungsmuster, Haltungen und Wertvorstellungen, die trotz der in den letzten Jahren eingetretenen Veränderungen nicht plötzlich verschwunden sind. Ein Beispiel dafür ist der Einfluß der orthodoxen Kirche vor 1917 und auch in den Jahrzehnten danach.

Damit soll ein Sachverhalt behandelt werden, der mit »unternehmenskulturellen Aspekten« umschrieben wird. Gerade weil es sich hierbei um ein äußerst sensibles Thema handelt, das die Persönlichkeitssphäre der osteuropäischen Manager berührt, sollte beim praktischem Vorgehen der Management-Know-how-Übertragung äußerst behutsam gehandelt werden.

Zumindestens in deutschen Publikationen ist sehr oft eine »Schwarz-Weiß-Malerei« nicht zu übersehen. Danach charakterisieren Westmanager die Ostmanager etwa wie folgt: Scheu vor Verantwortung, ineffizientes Arbeiten und Mangel an Ehrgeiz, ungenügende Flexibilität, fehlende Risikobereitschaft und mangelnde Loyalität. Positiv gewürdigt werden Lern- und Arbeitsbereitschaft, Enthusiasmus, Anpassungsfähigkeit (gemeint ist Unterordnung) und gute technische Ausbildung.

Umgekehrt denken Ostmanager über Westmanager, sie seien überheblich und wenig bereit, sich örtlichen Bedingungen anzupassen; dafür wird ihnen hohe Professionalität, Praxiserfahrung und Entscheidungsfreudigkeit nachgesagt (Becker 1995, S. K3).

Eine solche stereotype Konfrontation der Führungskräfte entspricht nicht (mehr) den wirklichen Gegebenheiten. Sie errichtet psychologische Barrieren und birgt die Gefahr in sich, daß differenzierte Verhaltensweisen mittel- und osteuropäischer Führungskräfte ungenügend zur Kenntnis genommen werden. Es ist durchaus nicht so, daß – wie bei dem skizzierten Denkmuster oft zu hören bzw. zu erfahren – Ostmanager keine Mitarbeiterorientierung praktizieren würden, ihnen ein kooperativer Führungsstil nicht läge und Konflikte nur durch Anweisung gelöst worden wären. Zwangsläufig gab es auch derartige Tendenzen, doch –

so wie es unter marktwirtschaftlichen Bedingungen ebenfalls klar autoritäre Führungsstile gab und gibt – ebenso gab es unter Bedingungen zentralistischer Planwirtschaft durchaus sehr viele Führungskräfte, die es verstanden, die Belegschaft zu motivieren, flexibel und mit Risiko zu handeln.

Kulturgerechte Konzepte für das Management in Mittel- und Osteuropa sollten also davon ausgehen, daß den dortigen Führungskräften sowohl unter damaligen Bedingungen und auch heute das Spektrum unternehmenskulturellen Managementverhaltens bekannt ist und sie dieses – soweit es die heutigen Bedingungen zulassen – auch anwenden.

Zugleich ist unbestritten, daß die Führungskräfte in Mittel- und Osteuropa unterschiedlichen Kulturen mit spezifischen Wertorientierungen und verschiedenartigen Organisationen mit differenzierten Unternehmenskulturen angehörten (Assmann/Backhaus/Hilker 1991). Daraus diesen Führungskräften – bei bestimmten Erfahrungsdefiziten – einen persönlichen Mangel zuzuschreiben, wäre unüberlegt, ja in bezug auf mögliche Wirkungen sogar schädlich. Vielmehr sollten die Gründe für einen solchen Tatbestand untersucht werden, um darauf aufbauend die Defizite abzubauen.

Wenn man die Führungskräfte in Mittel- und Osteuropa einerseits nicht pauschal in der einen oder anderen Richtung betrachten darf – das Bild ist außerordentlich differenziert – so ist doch in bezug auf ihre Wirkung von folgender Position auszugehen: Sie bestimmen maßgeblich Richtung und Tempo der Transformationsprozesse; sie sind Schlüsselpersonen für den innovativen Wandel der Unternehmen in Mittel- und Osteuropa und für Demokratisierungsprozesse von der Basis her.

Übereinstimmend sind in Mittel- und Osteuropa tätige westliche Manager und Analysten der Auffassung, daß sich in Ungarn, Tschechien und Polen bereits weitgehend ein Management aus einheimischen Kräften herausgebildet hat, sogenannte Managementpools. In den GUS-Ländern, in Rumänien und Bulgarien steht diese Entwicklung erst am Anfang. Hier etablieren sich junge Manager vor allem über kleine Firmen, während große und mittlere Betriebe vorrangig von älteren Erfahrungsträgern geleitet werden.

Auf dem Internationalen Wirtschaftstreffen, das sich 1993 im Bildungszentrum am Müggelsee mit der Revitalisierung traditioneller Beziehungen und neuer Kontakte mit Unternehmen aus osteuropäischen

Staaten befaßte, prallten die unterschiedlichen Auffassungen zu vielen wirtschaftlichen und wirtschaftspolitischen Fragen von Managern aus Osteuropa akzentuiert aufeinander. Vertreter von Staatsunternehmen und aus staatlichen Institutionen Rußlands warfen den anwesenden Jungunternehmern aus ihrem Lande vor, sie würden das russische Volksvermögen durch ihre Handelsgeschäfte verkaufen. Ihre Philosophie sei, man wolle nur viel Geld verdienen. Umgekehrt wurden die Vertreter der Staatsunternehmen kritisiert, nicht flexibel genug zu reagieren.

Vor allem im Gedächtnis und in der Gefühlswelt der älteren Führungskräfte sind solche Wertvorstellungen wie Sicherung von Arbeitsplätzen, Produktionsorientierung, Funktion stabiler Preise, die übergreifende Rolle des Betriebes als Stätte der Produktion und als soziale Anstalt stark verankert. Wie diese und andere Wertvorstellungen in neuer Qualität zu nutzen sind, sollte in den Managementkonzepten bedacht werden. Zum Beispiel für die neue Identifikation der Mitarbeiter mit den Unternehmen, die Entwicklung von Betriebsstolz und eines eigenen Betriebsklimas, das allein durch Aktienanteile nicht geschaffen werden kann.

Der Einfluß der Wertvorstellungen, die Erfahrungen und das Charisma von Personen sind von erheblicher Relevanz für die Stabilisierung von Unternehmen, deren Sanierung und schließlich auch für die Privatisierung auf einer gesunden wirtschaftlichen Basis.

In den Managementkonzepten für mittel- und osteuropäische Führungskräfte sollten handhabbare Vorstellungen enthalten sein, wie bestimmte unternehmenskulturelle Aspekte auch instrumentalisiert werden können. Das reicht von der zweckmäßigen Herausbildung von Entscheidungs- und Beratungsgremien, einer »Kultur der Arbeit« mit Vertreterorganisationen der Arbeitnehmer (Betriebsräte) bis hin zur Gewährleistung von Ordnung und Durchschaubarkeit der wirtschaftlichen Prozesse in Unternehmen sowie die Sicherung der internen und externen Kontrolle.

Nicht außer acht gelassen werden sollte bei diesen Konzepten, mit welchem Blick deutsche Firmen und Institutionen überhaupt vom Management in mittel- und osteuropäischen Ländern gesehen werden. Auch hier ist eine Differenzierung festzustellen, in einigen Meinungen ist jedoch auch viel Übereinstimmendes anzutreffen. So wird an den Deutschen Fleiß, Leistung, Pünktlichkeit geschätzt. Die Sauberkeit in Städten, Dörfern, Betrieben wird mit viel Achtung bestaunt. Blumenkästen in Fenstern von Viehställen, unbewachte Lager und das Niveau der deutschen Autobahnen sind für viele mittel- und osteuropäische Manager eine mit dem ersten Deutschlandbesuch tiefsitzende Erinnerung und Ansatz für eigenes Handeln.

Resümiert man die Aspekte, unter denen mittel- und osteuropäische Manager wirken und ihre auch aus der Tradition erklärbaren technischen, ökonomischen, unternehmenskulturellen Sichtweisen und Mentalitäten, so läßt sich in bezug auf die Übertragung von kulturgerechten Konzepten für das Management in Osteuropa folgendes feststellen:

Der Transformationsprozeß vom Plan zum Markt in Mittel- und Osteuropa verläuft zwar weniger schlagartig als in Ostdeutschland, dafür jedoch in höherem Maße aus eigenem Antrieb, mit eigenen Kräften und praktisch ohne »Spielführer«.

Diese Situation erlaubt zugleich auch, neue Führungsmodelle im Management, gewissermaßen einen Paradigmenwechsel, einzuführen. Diese verkörpern weder »den alten Leiter« noch ein Management, das sich allein auf westliche Erklärungsansätze gründet.

Eine neue Identitätsfindung bietet sich in dieser Situation. Sie kann auch solche Ansätze wie Integrationsfaktor Betrieb, Rolle der Arbeit im Leben, »Kollektiv«, soziale Betrachtungsweise u.ä. positiv nutzen.

Zugleich sind intellektuelle und kommunikative Ansätze neu einzubringen sowie Kreativität und Risikobereitschaft weiter zu fördern.

3. Ansätze für die Übertragung des Management-Know-hows

Wenn sich in diesem Abschnitt Autoren über Möglichkeiten und Grenzen der Übertragung von Management-Know-how äußern, so sollte ein Gesichtspunkt stets bedacht werden, den der Regierende Bürgermeister von Berlin, E. Diepgen, in seiner Rede als Schirmherr des Internationalen Symposiums »Der Osten – Aufbruch und Chance für die Wirtschaft Europas« im Berliner Bildungszentrum am Müggelsee hervorgehoben hat: »Bei dem notwendigen Umbau planwirtschaftlicher Strukturen in marktwirtschaftliche«, sagte er, »können wir alle voneinander lernen. Patentrezepte für diese Jahrhundertaufgabe gibt es nicht und kann es auch nicht geben, wohl aber den Austausch von Erfahrung«(Diepgen 1994, S. 32).

Sowohl vom Inhalt wie auch von den Formen und Strukturen her ist es wichtig, die Übertragung von Management-Know-how nicht als einen einseitigen Wissenstransfer zu behandeln, sondern den beiderseitigen Wissensgewinn, die Rückkopplung – ob direkt beim Transfer oder indirekt über wirtschaftliche Entwicklungsprozesse und Beziehungen – und die spezifischen Ausgangspositionen und Reaktionen im Auge zu haben.

Die *Inhalte* der Management-Know-how-Übertragung für Mittel- und Osteuropa sollten sich vor allem am wirklichen Bedarf des Managements und an noch vorhandenen Defiziten orientieren.

Im vorangegangenen Abschnitt – Ausgewählte Managementaspekte – wurden Bedarf und Defizite aufgezeigt, die es zu decken gilt, und zwar mit entsprechenden kulturgerechten Konzepten.

Ganz allgemein können zwei Grundrichtungen hervorgehoben werden: betriebswirtschaftliche Instrumente einerseits und Ethik, Werte, Unternehmenskultur, psycho-soziale und soziologische Fragen andererseits.

Es reichen weder pragmatische marktwirtschaftliche Konzepte – ausgerichtet auf den schnellen Gewinn – noch die alleinige Vermittlung unversitären Fachwissens. Angesichts der komplizierten Situation in zahlreichen Unternehmen des Osten nutzt ausgefeiltes Cost-Accounting zunächst allein sehr wenig. Vielmehr ist zuerst ein Verständnis für betriebswirtschaftlich ausgeprägtes Herangehen aufzubauen. Dies gelingt am sinnvollsten unter Zuhilfenahme von – auch in den Reformländern – anwendbaren praktischen Beispielen.

Genau so wichtig ist das Training von Überlebensstrategien sowie das Aufzeigen möglicher Perspektiven, um ohne staatlichen »Tropf« auszukommen. In der Übergangsperiode kann unter Umständen eine temporäre Mischung von »alt« und »neu« noch zweckmäßig sein.

Gleich wichtig ist das Verständnis für die Menschen dort, für ihre Probleme, für ihre Befindlichkeiten. Psycho-soziales und soziologisches Verständnis erlangt ebenfalls einen hohen Stellenwert. Und das muß sich auch in den Inhalten der Programmangebote – befreit von Sprachbarrieren – mit hoher Priorität niederschlagen.

Die »klassischen« marktwirtschaftlichen Führungsseminare der letzten vier bis fünf Jahre reichen dafür nicht aus. Gefragt sind anwendungsorientierte Managementthemen für die konkrete Situation sowie »Nischenthemen«, die bisher weniger im Blickpunkt standen. Zu letzteren gehören:

- Besonderheiten der Gründung von Versicherungs- und Altersvorsorgegesellschaften,
- Qualitätszertifizierung,
- Logistik,
- Organisationsformen und Funktionsweise von Leasinggesellschaften,
- Transportmanagement.

Auch die Existenzgründung von kleinen und mittleren Betrieben ist nach wie vor sehr gefragt.

Bei vielen Managementseminaren besteht der Bedarf, die Tätigkeit der Unternehmen unter instabilen Außenbeziehungen und Rahmenbedingungen zu behandeln. (Hier wird wiederum deutlich, daß das mit einer einfachen »Übertragung« gar nicht möglich ist; die Kombination mit Beratung und gemeinsamen Suchen nach Lösungen ist hier unumgänglich).

Während unter Management-Know-how überwiegend dasjenige der Wirtschaft verstanden wird, ist zu bemerken, daß das Verwaltungsmanagement gleichfalls modernisiert werden muß. Wie von kompetenten russischen Personen auf dem Weiterbildungssektor eingeschätzt wird (Prozenko 1994, S. 53f.), besteht hier ein großer Bedarf. Im Angestelltenapparat der staatlichen Behörden Rußlands etwa arbeiten 922 000 Personen, 80 Prozent davon in einem Alter unter 49 Jahren. Hier sind Finanzökonomie, Recht und Personalpolitik gefragt. Vor Ort interessiert das Funktionieren staatlicher Leitungssysteme in marktwirtschaftlich organisierten Ländern, die Rolle und der Stellenwert kommunaler Leitungsorgane, die Funktion der Finanzämter (»Steuerbehörden«), der Arbeitsämter und anderer Institutionen.

Inhaltlich übergreifend ist der Bedarf nach Wissen und Erfahrungen aus dem Transformationsprozeß der neuen Länder in der Bundesrepublik Deutschland. Obwohl viele Bedingungen und Möglichkeiten sowie Grenzen anders zu beurteilen sind, werden Erkenntnisse und Erfahrungen der Beteiligten außerordentlich stark nachgefragt. Das reicht von der Privatisierung von Unternehmen über die Einführung marktwirtschaftlicher Abgabenpolitik, dem Erreichen der Marktorientierung der Firmen bis hin zur Unternehmenskultur und den Beziehungen zwischen Geschäftsführern und Betriebsräten.

Die Schulung von Führungskräften durch erfahrene und kompetente Trainer, Wissenschaftler und Praktiker aus Wirtschaft und Verwaltung westlicher Länder ist eine bewährte Form der Übertragung von Management-Know-how. Insbesondere dann war und ist die Managementweiterbildung sinnvoll, wenn die Probleme, die Manager bewegen, bekannt sind und behandelt wurden. Materielle Verluste und moralische Schäden traten jedoch dann auf, wenn »nicht der Nerv getroffen und über die Köpfe hinweg geredet wurde«. In der Regel war das nicht etwa – wie oft von osteuropäischen Managern betont – Überheblichkeit, sondern einfach Unkenntnis des wirklichen Bedarfs. Um so erstaunlicher ist diese fehlende Bedarfskenntnis bei jenen Vertretern der Marktwirtschaft, die die Kundenzufriedenheit und den Kundennutzen selbst stets stark propagieren.

Kulturgerechte Managementkonzepte »greifen« dann, wenn der kulturelle Hintergrund des mittel- und osteuropäischen Managements bekannt ist. Gerade das sollten westliche Manager, Trainer und Berater wissen. Deshalb spielt zum Beispiel im Programmangebot des Bildungszentrums am Müggelsee für deutsche Fach- und Führungskräfte neben dem Kennenlernen von Erfolgs- und Mißerfolgsfaktoren der Unternehmensführung im Osten, neben Verhandlungstraining und Geschäftsanbahnung »vor Ort« auch das Kennenlernen von Mentalität und Gebräuchen, von Quellen zur geistigen Rekonstruktion und von historischen Wurzeln der gegenwärtigen politischen Kultur u.ä.m. eine bedeutende Rolle.

Ohne Zweifel wird der überwiegende Teil von Schulungen mittel- und osteuropäischer Führungskräfte in den Reformländern selbst durchgeführt werden müssen. Das ist zuerst eine Frage ökonomischer Zweckmäßigkeit für die Teilnehmer aus Mittel- und Osteuropa sowie für die Vertreter der deutschen Seite, nicht zuletzt aber auch eine Frage der Finanzierung.

Als günstig erweist sich, daß diese Schulungen durch westliche Trainer oder Berater eingebunden sind in Weiterbildungszyklen, die mittel- und osteuropäische Länder mit eigenen Kräften und mit Multiplikatoren selbst organisieren. Auf diese Weise gelingt es am besten, Synergieeffekte zu erzielen. Auch hier gilt es, den Erfahrungsschatz von kompetenten Führungskräften und Trainern aus den neuen Bundesländern noch besser zu nutzen.

Andererseits sind Studienaufenthalte, z.B. in Deutschland, unbedingt erforderlich, geht es doch um »Marktwirtschaft zum Anfassen«. Bei der Gestaltung von Kursprogrammen wird immer wieder gewünscht, sowohl Unternehmen und Kommunen aus den alten Bundesländern als auch privatisierte Unternehmen aus den neuen Bundesländern kennenzulernen. Die unmittelbaren Eindrücke – von der Infrastruktur bis hin zum Fachgepräch mit den Führungskräften sowie Kontakten zu Geschäftsführern – sind durch nichts zu ersetzen. Deshalb hat es wenig Sinn, den Mindestanteil des Unterrichts bei solchen Studienaufenthalten starr zu sichern, um den Nachweis von »Bildung« zu gewährleisten. Je nach Branche und Ebene sind solche Studienaufenthalte variabel zu gestalten. Während z.B. Medienvertreter bzw. Führungskräfte aus Finanzbereichen durchaus auch an systematischer Wissensvermittlung Interesse zeigen, hat es wenig Zweck, Führungskräfte, z.B. aus der Bauwirtschaft oder dem Handel, nur seminaristisch schulen zu wollen.

In der Regel sollte ein Zeitraum von circa 2 Wochen für derartige Studienaufenthalte nicht überschritten werden.

Als eine Form der Übertragung von Management-Know-how haben sich auch Symposien erwiesen. Seit 1990 führt das Bildungszentrum am Müggelsee jährlich mehrere solcher Symposien durch. In relativ knapper Zeit gelingt hier der Austausch von Erfahrungen und Wissen, der für beide Seiten von Nutzen ist. Meistens absolvieren Teilnehmer an solchen Symposien in zeitlichem Zusammenhang weitere Studienaufenthalte bzw. Geschäftsreisen/-anbahnungen.

Die in fünf Jahren gesammelten Erfahrungen des Bildungszentrums am Müggelsee bei der Ausbildung von Führungskräften aus Osteuropa und Asien bestätigen die Worte des Regierenden Bürgermeisters von Berlin, E. Diepgen, auf dem '94er Symposium:

»In diesem Hause wird eine ganz wichtige Leistung deutlich, die westliche Demokratien in diesen Zeiten des Umbruchs und des Neuaufbaus zu leisten haben; hier wird in Humankapital investiert« (Diepgen 1994, S. 31).

Dies gelingt, weil in Kenntnis der historischen und aktuellen Gegebenheiten dieser Länder dem mittel- und osteuropäischen Management kulturgerechte Konzepte angeboten werden sowie gemeinsam auch die spezifischen Fragen des Übergangs zur Marktwirtschaft behandelt und zugleich die neuen marktwirtschaftlichen Strukturen, moderne Technologien und Managementstile veranschaulicht werden.

Führungserfolge, die im Transformationsprozeß der neuen Bundesländer gesammelt wurden, können dabei helfen. Kostenbewußtsein, individuelle Verantwortung, Kritik, echtes Team-Work und die Identifikation mit der Aufgabe sowie Motivation sind dabei wichtige Bausteine (vgl. Liertz 1994, S. 49).

Literatur

Becker, J. H., Das Potential vor Ort nutzen, in: Handelsblatt Nr. 7, 17./18. Februar 1995, S. K3.
Bress, L., »Langfristige Ursachen der Transformation von politischen und ökonomischen Ordnungen«, Wissenschaftliche Doppelkonferenz, Graz/Österreich, 14.–17. Sept. 1994, Material S. 4.
Diepgen, E., Report, »Der Osten – Aufbruch für die Wirtschaft Europas, Internationales Symposium – November 1994 im Bildungszentrum am Müggelsee, S. 32.
Fjodorow, R. P., Wohin geht Rußland?, Eine Nation am Scheideweg, Bonn 1993, S. 132.
Kartte, W., Mein Rat an die Russen: Schmeißt alle Berater raus, in: DIE WELT, Nr. 295 vom 19. 12. 1994, (Welt im Gespräch), S. 7.
Liertz, R., Report, »Der Osten – Aufbruch für die Wirtschaft Europas, Internationales Symposium – November 1994 im Bildungszentrum am Müggelsee, S. 49.
Prozenko, O. D., Report, »Der Osten – Aufbruch für die Wirtschaft Europas, Internationales Symposium – November 1994 im Bildungszentrum am Müggelsee, S. 53f..
Tschursin, A. A., Report, »Der Osten – Aufbruch für die Wirtschaft Europas, Internationales Symposium – November 1994 im Bildungszentrum am Müggelsee, S. 75.
Turner, G., Report, »Der Osten – Aufbruch für die Wirtschaft Europas, Internationales Symposium – November 1994 im Bildungszentrum am Müggelsee, S. 51.

Erfolgsfaktoren bei der Nutzung unternehmerischer Chancen in der GUS

Bernd Eggers, Martin Eickhoff, Leonid Dimant

Mit dem Wandel der Rahmenbedingungen im Wirtschaftsraum der GUS sind zahlreiche unternehmerische Chancen verbunden. Allerdings setzt deren Nutzung die Kenntnis der marktrelevanten Rahmenfaktoren und unternehmungsspezifischen Erfolgsfaktoren voraus. Im Rahmen der Umwelt- und Unternehmensanalyse bezogen auf Geschäftsaktivitäten in der GUS besitzen in anderen Kontexten entwickelte Erfolgsfaktorenkonzepte allenfalls Richtliniencharakter, denn die Determinanten des Erfolges in der GUS sind in gänzlich andersartige Geflechte von Rahmenbedingungen als in der westlichen Welt eingebunden. Das Ziel dieses Beitrages besteht darin, zunächst einige ausgewählte Erfolgsfaktorenkonzepte westlicher Prägung vorzustellen, die hinsichtlich der Grundaussagen durchaus auch für Planungs- und Realisationsprozesse in der GUS von Interesse sind. Im Anschluß daran werden in exemplarischer Weise ausgewählte Rahmen- und Erfolgsfaktoren auf der Grundlage von Erfahrungen und praktischen Beispielen behandelt.

1. Einführung

Bereits vor der Auflösung des Ostblocks bestanden vielfältige wirtschaftliche Beziehungen zwischen Unternehmungen der heutigen alten Bundesländer und denen der damaligen UdSSR. Mit dem Zusammenbruch des politischen und wirtschaftlichen Systems der ehemals kommunistisch regierten Länder kam es zu einer »Goldgräberstimmung«, in deren Verlauf viele westliche Unternehmen angesichts neuer Marktpotentiale und Absatzchancen ihr unternehmerisches Glück in dieser Region suchten.

Häufig stellte sich jedoch der angestrebte wirtschaftliche Erfolg nicht ein. Eine wichtige Ursache hierfür besteht darin, daß eine exakte Übertragung derjenigen Konzepte, die im Westen zum Erfolg führten, auf die Verhältnisse in der GUS nicht möglich ist. Die Bedeutung dieser trivial klingenden Aussage wird allerdings häufig unterschätzt. Große Teile der GUS liegen zwar in Europa, sind jedoch nicht wie andere europäische Länder zu behandeln. Das Ziel des folgenden Beitrags besteht daher in dem Aufzeigen von Erfolgsfaktoren in der GUS, die sich zum Teil von Erfolgsfaktorstudien im deutschsprachigen Raum oder den USA unterscheiden.

Dabei gilt auch für die Untersuchungen in der GUS die grundsätzliche Durchführung von Studien zur Bestimmung zentraler Erfolgsfaktoren, die als Grundlage und Anknüpfungspunkt strategischer Pläne und Maßnahmen zu verstehen sind. In der Managementliteratur gibt es bereits eine Vielzahl solcher Ansätze. Deren gemeinsames Merkmal ist, daß sie im westlichen Kulturkreis entwickelt worden sind und somit auch nur für diesen Bereich Gültigkeit beanspruchen können. Bislang existieren jedoch keine umfassenden empirischen Untersuchungen, die sich der Ermittlung von Erfolgsfaktoren für die GUS gewidmet haben.

In einem ersten Schritt werden daher die grundlegenden Konzepte der Erfolgsfaktorenforschung skizziert. Diese Darstellung dient als Ausgangspunkt für die Erfassung ausgewählter Erfolgsfaktoren in der GUS. Als Strukturierungshilfe wird ein Managementkubus verwendet, der eine ganzheitliche Sicht der Problemstellung gewährleistet.

2. Erklärung wirtschaftlichen Erfolgs auf der Grundlage von Erfolgsfaktorkonzepten

2.1 Ausgewählte Erfolgsfaktorkonzepte

Die Suche nach den »Stellschrauben« des wirtschaftlichen Erfolgs gehört zu den Fragestellungen, die Praktiker und Wissenschaftler schon immer in ihrer Tätigkeit lenkte. Ausgelöst durch den Bestseller von Peters/Waterman (»In Search of Excellence«), der erstmals Anfang der achtziger Jahre erschienen ist (vgl. Peters/Waterman 1993), hat sich eine wahre Flut von Publikationen und wissenschaftlichen Veröffentlichungen zu diesem Themengebiet über den interessierten Leser ergossen.

Zentraler Bezugspunkt einer Darstellung von Erfolgsfaktoren ist das Erfolgspotential einer Unternehmung, worunter alle »Voraussetzungen, die bestehen ... müssen, wenn es um die Erfolgsrealisierung geht« zu verstehen sind (Gälweiler 1987, S. 26). Um diesen Begriff weiter zu operationalisieren und Ansatzpunkte für konkrete strategische Maßnahmen zu finden, werden die Erfolgspotentiale mit Hilfe spezifischer Erfolgsfaktoren beschrieben. Erfolgsfaktoren sind ex definitione durch die Unternehmung beeinflußbar. Es handelt sich hierbei nicht um Faktoren der Unternehmungsumwelt, die keinen Wettbewerbsvorteil für die Unternehmung darstellen. Erfolgsfaktoren haben keine zeitlose Gültigkeit. Ein früherer Erfolgsfaktor kann somit im Zeitablauf durchaus seine Erfolgsrelevanz verlieren und sogar zu einem Mißerfolgsfaktor werden.

Alle im folgenden darzustellenden Ansätze verbindet das gleiche inhaltliche Ziel der Erfolgsfaktorenforschung: die Ermittlung der wesentlichen und langfristig gültigen Erfolgsursachen (vgl. Steinle/Lawa/ Schmidt 1993, S. 196). Die Quellen, aus denen die Erfolgsfaktoren generiert wurden, sind sehr unterschiedlich. Sie reichen von empirischen Erhebungen über das Erfahrungswissen von Praktikern bis hin zur Auswertung themenspezifischer Literatur. Anhand einiger ausgewählter Erfolgsfaktorenansätze sollen im folgenden grundlegende Erkenntnisse herausgestellt werden, die sich in Abbildung 1 in einer Zusammenschau wiederfinden.

Peters/Waterman haben in ihrer populären Untersuchung acht Erfolgsfaktoren amerikanischer Unternehmungen herausgearbeitet. Besondere Bedeutung wird den »weichen« gegenüber den »harten« Faktoren beigemessen.

Im Mittelpunkt der Überlegungen von *Pümpin* steht der Begriff der Strategischen Erfolgsposition (SEP), wobei es sich um diejenigen Fähigkeiten einer Unternehmung handelt, die es ihr erlauben, gegenüber den Wettbewerbern überdurchschnittliche Ergebnisse zu erzielen (vgl. Pümpin 1986, S. 32). Um eine SEP zu erreichen, sind alle Führungshandlungen auf diese auszurichten. Pümpin gibt dem Management dazu zehn Führungsregeln an die Hand, um die Effizienz seiner Bemühungen zu erhöhen.

Nagel faßt die Ergebnisse mehrerer Untersuchungen, darunter auch die von Peters/Waterman und Pümpin, zu sechs Erfolgsfaktoren zusammen. Bei Nagel wird herausgestellt, daß die Kundenorientierung im Fokus des unternehmerischen Denkens stehen sollte und die Informations- und Kommunikationssysteme die informatorische Klammer zu den anderen Erfolgsfaktoren bilden (vgl. Nagel 1989, S. 63ff.).

Die Bedeutung der Untersuchung von *Krüger/Schwarz* liegt weniger in der Ermittlung von Erfolgsfaktoren, die bei ihnen zu sechs Erfolgs-

Unternehmerische Chancen in der GUS: Erfolgsfaktoren

	Peters/Waterman (1993)	Pümpin (1986)	Nagel (1989)	Krüger/Schwarz (1990)	Steinle u.a. (1994)
Erfolgsfaktoren der jeweiligen Untersuchung	1. Primat des Handelns 2. Nähe zum Kunden 3. Freiraum für Unternehmertum 4. Produktivität durch Menschen 5. Sichtbar gelebtes Wertesystem 6. Bindung an das angestammte Geschäft 7. Einfacher, flexibler Aufbau 8. Straff-lockere Führung	1. Strategien – harmonisches Gesamtkonzept statt Teiloptimierung 2. Planung – Entwicklung von Fähigkeiten statt Zahlenfortschreibung 3. Disposition – bewußte Ressourcenentscheidung statt Zahlenfortschreibung 4. Organisation – Handlungsfreiheit in Verantwortung statt Bürokratie 5. Management-Einsatz – Unternehmer statt Verwalter 6. Führungsstil – konstruktivaufbauend statt chefbezogen 7. Managementmethoden – Resultatorientierung statt Methodengläubigkeit 8. Machtzentren – Zielbetonung statt Interessenkonflikte 9. Mitarbeiterentwicklung – themenzentriert statt punktuell 10. Berichtswesen – konzentriert und problemgerichtet statt überflutend	1. Geschäftsgrundsätze und Ziel- und Kontrollsysteme 2. Strategieorientierte Organisation 3. Verstärkte Nutzung des Mitarbeiter-Potentials 4. Effizientes Führungssystem 5. Marktnahes Informations- und Kommunikationssystem 6. Praktizierte Kundennähe	1. Träger 2. Philosophie und Kultur 3. Strategie 4. Struktur 5. Systeme 6. Realisationspotential	1. EDV-Einsatz 2. Innovationsmanagement 3. Leitbild 4. Globale Umweltfaktoren 5. Faktoren strategischer Wahl 6. Effiziente Verwaltung 7. Marktliche Umweltfaktoren 8. Umweltschutzmanagement 9. Planung 10. Strategiekontrolle 11. Organisation 12. Controlling
Ziel der Untersuchung/ Kernaussage	Identifikation von Merkmalen, die erfolgreiche von weniger erfolgreichen Unternehmungen trennen.	Herleitung von Führungsregeln, die das Management von Strategischen Erfolgspositionen (SEP) unterstützen sollen. Unter SEP werden Voraussetzungen verstanden, die es erlauben, gegenüber der Konkurrenz überdurchschnittliche Ergebnisse zu erzielen.	Angabe von Faktoren, die zur Steigerung von Innovationskraft, Flexibilität und des Erfolgs der Unternehmung beitragen.	Zusammenfassung von Erfolgsfaktoren in sechs Erfolgssegmente. Krüger/ Schwarz heben die Bedeutung der Abstimmung (»fit«) innerhalb der Segmente, zwischen den Segmenten und zwischen den Segmenten und der Umwelt hervor.	Identifikation derjenigen Faktoren, die den Erfolg bzw. Mißerfolg, gemessen am RoI und Cash Flow einer Unternehmung bedingen.

Abbildung 1: Zusammenschau ausgewählter Erfolgsfaktorenkonzepte

segmenten zusammengefaßt werden. Sie betonen vielmehr die Wichtigkeit der strategischen Stimmigkeit der Erfolgsfaktoren, die in unterschiedlichsten Beziehungen zueinander stehen können. Die Faktoren eines Segments müssen daher aufeinander bezogen werden, genauso wie ein »fit« innerhalb der Segmente und zwischen den Segmenten und der Umwelt hergestellt werden muß (vgl. Krüger/Schwarz 1990, S. 182ff.).

Eine von *Steinle u.a.* durchgeführte Erhebung verfolgte das Ziel, diejenigen Größen zu ermitteln, die einen deutlichen Zusammenhang zu Cash Flow und RoI der untersuchten Unternehmungen aufwiesen. Ergebnis sind die zwölf dargestellten Erfolgsfaktoren (vgl. Steinle u.a. 1994).

Ein Vergleich der dargestellten Erfolgsfaktorenkonzepte zeigt, daß bestimmte Erfolgsfaktoren für den westlichen Raum, in dem sie entwickelt wurden, von großer Bedeutung für den Unternehmungserfolg sind. Dies sind beispielsweise mitarbeiter- und unternehmungskulturbezogene Faktoren oder aber die Organisation. Für die unternehmerische Betätigung in der GUS ist kritisch zu prüfen, ob diesen Faktoren auch dort eine vergleichsweise hohe erfolgsrelevante Bedeutung zukommt. Die systematische Erschließung von Erfolgsfaktoren erfordert einen Bezugsrahmen, auf dem die Überlegungen beruhen. Diese Funktion kann ein Managementkubus erfüllen, der im folgenden dargestellt wird. Vor diesem Hintergrund werden dann ausgewählte Determinanten für den wirtschaftlichen Erfolg in der GUS entwickelt.

2.2 Klassifizierung von Erfolgsfaktoren auf der Basis einer ganzheitlich-integrierenden Sichtweise der Unternehmung

Bei einer Betrachtung der Erfolgsfaktorenkataloge verschiedener Autoren ist festzustellen, daß diese nicht überschneidungsfrei sind. So sind führungsbezogene Erfolgsfaktoren explizit bei Peters/Waterman, Pümpin und Nagel oder implizit bei Krüger/Schwarz (im Erfolgssegment Träger) zu finden. Ähnlich auch der Erfolgsfaktor Organisation, dessen Bedeutung von allen Untersuchungen herausgestellt wird. Um für die weiteren Ausführungen bezüglich Erfolgsfaktoren von Unternehmungen in der GUS einen gedanklichen Rahmen zur Verfügung zu stellen, soll kurz Steinles integrative Position vorgestellt werden (vgl. Steinle 1995).

Steinle verfolgt mit dem Managementkubus das Ziel, eine ganzheitliche Sicht der Unternehmungsführung zu erreichen. Eine Fläche des

Kubus wird durch Gestaltungsempfehlungen für einzelne Funktionsbereiche gebildet. Erkenntnisse hierzu finden sich z. B. bei Gutenberg und Wöhe. Auf der »Deckfläche« des Kubus sind die Managementteilprozesse bzw. -funktionen abgetragen. Aussagen zu dieser Dimension finden sich bei den Vertretern der Management- und Führungslehre wie Kirsch, Staehle und H. Ulrich. Die Seitenfläche des Kubus weist auf die Unternehmung als eine in Ebenen geschichtete Ganzheit und die Umwelt als »home of change« hin. Die gleichzeitige Betrachtung aller drei Dimensionen findet sich in der Darstellung des Managementkubus in Abbildung 2.

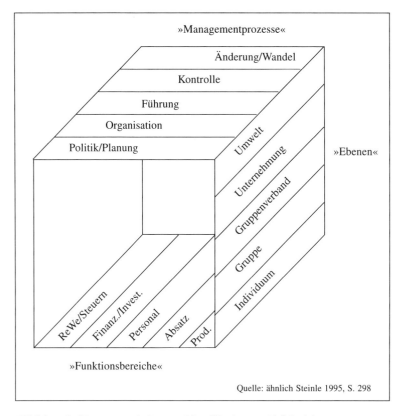

Abbildung 2: Managementkubus zur Identifikation von Erfolgsfaktoren

Bei einer Übertragung der dem Managementkubus zugrundeliegenden Gedanken auf die Problemstellung der Identifikation von Erfolgsfaktoren von Unternehmungen in der GUS, bietet sich zu Beginn eine Überprüfung der Umweltebene an. Ein solches Vorgehen hilft, die unkritische Übernahme der oben angeführten Erfolgsfaktorkataloge zu vermeiden, die unter wirtschaftlichen, gesellschaftlichen und politischen Umständen entwickelt wurden, die sich von denen in der GUS völlig unterscheiden.

Die Situation in der GUS ist beispielsweise durch hohe politische Risiken und Unwägbarkeiten oder auch Beschaffungsprobleme für spezifische Ressourcen gekennzeichnet. In der Umweltebene sind auch die Ursachen für andere Mentalitäten und Einstellungen der Menschen zu suchen, als sie sich im Westen finden lassen. Wie bereits oben angedeutet, kann bei diesen umweltbezogenen Faktoren nicht von Erfolgsfaktoren gesprochen werden, da sie sich der Beeinflussung durch die Unternehmung entziehen. Die Stellgrößen des wirtschaftlichen Erfolgs liegen jedoch im Umgang der Unternehmung mit diesen Faktoren begründet. Erfolgsfaktoren in einer solchen Situation können in der Herstellung guter Beziehungen zu bedeutenden politischen Entscheidungsträgern liegen oder auch in der Gestaltung von Anreizsystemen, die nach jahrzehntelanger Planwirtschaft die Mitarbeiter zu eigenständigem Handeln motivieren, um deren zweifellos vorhandenen Potentiale zu nutzen.

Die folgenden Ausführungen bauen auf diesen Gedanken auf. Da nur diejenigen Einflußgrößen betrachtet werden sollen, die einen großen Einfluß auf den Erfolg haben, wird nicht jede der denkbaren 125 Kombinationsmöglichkeiten betrachtet werden, die sich aus der Zusammenschau der drei Dimensionen des Managementkubus ergeben.

3. Ausgewählte Determinanten des wirtschaftlichen Erfolgs in der GUS

3.1 Die Unternehmungsumwelt als Rahmenfaktor aller Handlungen des Managements

Wie bereits zum Ende des vorangehenden Abschnitts angesprochen, erfordert die Identifikation der Bestimmungsfaktoren des wirtschaftlichen Erfolgs eine Untersuchung der Unternehmungsumwelt. Diese stellt den

Unternehmerische Chancen in der GUS: Erfolgsfaktoren 131

Rahmen für alle Entscheidungen des Managements und der ergriffenen Maßnahmen dar. Obwohl die eher allgemeine Darstellung umweltbezogener Faktoren für die meisten Leser nur eine Wiederholung bekannter Tatsachen darstellt, kann hierauf nicht verzichtet werden, da die tatsächlich erfolgsbestimmenden Faktoren in wesentlichem Maße durch die jeweilige Umweltsituation bestimmt werden. Es ist also zu klären, unter welchen Bedingungen sich das Wirtschaften in der GUS vollzieht.

In der Folge der kommunistischen Machtübernahme wechselte die Wirtschaftspolitik in eine »Kommandowirtschaft« über, die unter anderem durch die bekannten Merkmale der Verstaatlichung des Eigentums, der Beseitigung jeglicher Formen des freien Wettbewerbs oder der Einführung marktfeindlicher Methoden der Wirtschaftssteuerung gekennzeichnet war. »Flankierende Maßnahmen« wie die rigorose Strafverfolgung der Menschen, die nicht bereit waren, sich dem beschriebenen Zwang unterzuordnen, dienten der Sicherung der bestehenden Verhältnisse. Die Konsequenz war eine Umleitung der Kreativität und Leistungsbereitschaft der Menschen in eine immer stärker prosperierende Schattenwirtschaft.

Der unter Gorbatschow beginnende Transformationsprozeß brachte zwar einen erst zögerlichen, dann aber immer schnelleren Richtungswechsel in der Wirtschaftspolitik – jedoch mit äußerst negativen Begleiterscheinungen. Ein hoher Rückgang der Industrieproduktion, der nicht in gleichem Maße zu einer Anpassung der Beschäftigung führte, bewirkte eine hohe versteckte Arbeitslosigkeit. Hinzu tritt, bedingt durch die Freigabe der Preise, ein massiver Reallohnverlust, da die Löhne bei weitem nicht den Preissteigerungen angepaßt werden. Immer mehr Menschen rutschen somit unter die Armutsgrenze und können nicht vom gestiegenen Warenangebot profitieren, das die bekannten Warteschlangen vor den Geschäften der Vergangenheit angehören läßt. Mit dem Transformationsprozeß geht ein dramatischer Anstieg der Kriminalität einher, der inzwischen zu einem bedeutenden Hemmnis einer privatwirtschaftlichen Betätigung geworden ist.

Eine besonders problematische Komponente des Transformationsprozesses stellt die Privatisierung der industriellen Giganten dar; jener Großunternehmen, die aus dem Bestreben des Ostblocks resultierten, den Westen im industriellen Bereich zu übertreffen. Diese Monolithen können nicht dem dynamischen Spiel der Marktkräfte folgen. Der Ausweg liegt in ihrer Privatisierung und der Überführung in Unternehmensstrukturen, die eine viel größere Marktnähe und Flexibilität aufweisen, als die bislang üblichen Unternehmen mit ihrer starren Organisation. Der Weg zu einer stärkeren Marktorientierung der Unternehmen in der GUS ist allerdings noch lange nicht in befriedigendem Maße beschritten.

Der Transformationsprozeß zeigt auch eine Vielzahl weiterer nicht zu vernachlässigender Implikationen, wie beispielsweise eine größere Rechtssicherheit, Rede-, Presse- und Versammlungsfreiheit sowie eine neue, ungewohnte Mobilität der Bürger.

Einer unternehmerischen Betätigung in der GUS steht eine Vielzahl von Hemmnissen entgegen, von denen hier nur einige exemplarisch genannt werden können. Die Übertragung des Grundgedankens der oben dargestellten westlich geprägten Erfolgsfaktorenforschung führt zu der Fragestellung, auf welchen Schlüsselgrößen das Augenmerk des Managements liegen sollte, um einen wirtschaftlichen Erfolg zwar nicht zu garantieren, aber wahrscheinlicher zu machen.

3.2 Akzeptanz der Heterogenität in der Gemeinschaft

Ein typischer Fehler westlicher Manager besteht darin, die aus zwölf Staaten bestehende GUS als einen in wirtschaftlicher, politischer, kultureller und sozialer Hinsicht homogen zusammengesetzten Raum zu betrachten und auch so zu behandeln. Dabei wird völlig vernachlässigt, daß in den Republiken hunderte verschiedener Nationalitäten und Völkergruppen leben, die sich, bedingt durch ihre historische Entwicklung, deutlich in bezug auf Sprache, Kultur und Mentalitäten voneinander unterscheiden.

Daß sich dabei das Denken der westlichen Manager vornehmlich am größten und aus heutiger Sicht interessantesten Staat der GUS ausrichtet, könnte sich in längerfristiger Betrachtung als nachteilig herausstellen. Die Fokussierung auf Rußland vernachlässigt die durchaus auch in den anderen Staaten der GUS bestehenden unternehmerischen Chancen. Rußland sollte vielmehr als ein Brückenkopf auf dem Weg der Ausdehnung in die anderen Staaten der GUS verstanden werden, um trotz aller angesprochenen Unterschiede von den dort gemachten Erfahrungen zu profitieren.

Einige westliche Unternehmen verhalten sich u. E. zu abwartend, indem sie ausschließlich ihre eigenen Erfahrungen und daraus abgeleitete Maßstäbe an Rußland und die anderen GUS-Staaten anlegen. Ziel muß

Unternehmerische Chancen in der GUS: Erfolgsfaktoren 133

es sein, die zwischen dem Westen und diesen Ländern bestehenden Unterschiede herauszuarbeiten und sich ihrer bewußt zu werden. Dies jedoch nicht, um eine neue Mauer zwischen den Ländern und Menschen zu ziehen, sondern um die häufig noch in den Köpfen bestehenden Barrieren abzubauen.

Die GUS-Staaten sind nicht als »klassische« Entwicklungsländer anzusehen, die es erlauben, die dortigen Erfahrungen auf einen neuen »Anwendungsfall« zu übertragen. Denn die GUS-Staaten sind nicht unter-, sondern fehlentwickelt. Sie werden mit entsprechender Unterstützung in angemessener Zeit auf ein in jeder Hinsicht befriedigendes wirtschaftliches Niveau gelangen. Hierzu ist es selbstverständlich erforderlich, daß die Länder erst einmal ihre »Hausaufgaben« erledigen und auf einen in politischer und wirtschaftlicher Sicht stetigen Wachstumspfad gelangen. Auch westliche Unternehmen müssen hier einen Beitrag leisten (vgl. im folgenden Kalthoff 1992, S. 179ff und S. 183ff.).

Das Engagement in den GUS-Staaten sollte nicht in Form einer »cash out«-Strategie erfolgen, die auf die Nutzung der Managementressourcen »zweiter Wahl« und des x-fachen relaunchs der Produkte gerichtet ist, die auf den angestammten Märkten im Westen schon lange nicht mehr verkauft werden. Hier muß eine Sichtweise ansetzen, die akzeptiert, daß die GUS-Staaten augenblicklich einen kostengünstigen Produktionsstandort darstellen, dessen Gesicht sich jedoch längerfristig wandeln wird. Langfristig wird sich dort ein vergleichsweise anspruchsvoller Absatzmarkt wie im Westen etablieren. Aus dieser Sicht heraus ergibt sich die Notwendigkeit eines zweistufigen Vorgehens, das in einem ersten Schritt über Sanierung und Rationalisierung angemessene Produktionsbedingungen schafft und Arbeitsplätze sichert und aus dieser Position heraus auf den künftig attraktiven Märkten tätig ist. Der angesprochene Bewußtseinswandel äußert sich also in einer zukunftsorientierten langfristigen Perspektive der Unternehmung, die Teil des Wirtschafts- und Gesellschaftssystems ist, in dem sie agiert und somit Verantwortung für dieses und für die eigene Entwicklung trägt.

3.3 Der Umgang mit dem Humankapital als Herausforderung

Ein gemeinsames Merkmal der einleitend vorgestellten Konzepte ist die Berücksichtigung der Mitarbeiter oder allgemeiner der Menschen als einem Erfolgsfaktor. In einer ebenenbezogenen Betrachtungsweise sind diese Erfolgsfaktoren Gegenstand einer unternehmungs-, gruppen- oder auch individuumsbezogenen Perspektive, unter der die Untersuchung erfolgt.

Diese Sichtweise, die den Menschen als erfolgsbestimmende Größe sieht, wird von der Überzeugung getragen, daß jeder Mitarbeiter Teil jener Ressourcen ist, aus denen die Unternehmung die Kraft zu Wachstum und Erfolg schöpft. Peters/Waterman, Pümpin und Nagel betonen die Bedeutung der Personalführung, indem sie konkrete Empfehlungen für die Ergreifung bestimmter Führungsstile geben. Krüger/Schwarz und Steinle u.a. streichen besonders die Relevanz der von den Mitarbeitern getragenen Werte heraus, wie sie sich im Leitbild oder der Unternehmenskultur ausdrücken.

Die Bedeutung und der Umgang mit Humankapital wird unter Berücksichtigung der einführenden Aussagen zu diesem Abschnitt in der GUS vermutlich sogar noch größer sein als im Westen. Eine Ursache liegt in der häufig unbefriedigenden Potentialfaktorausstattung der Unternehmen und der Infrastruktursituation, die eine hohe Arbeitsintensität bedingt und den Improvisationsgeist der Mitarbeiter fordert. Der weitaus wichtigere Grund ist jedoch in der gesellschaftlichen Situation der ehemaligen UdSSR zu suchen. Siebzig Jahre Sozialismus haben in weiten Teilen der Bevölkerung Initiative, Leistungsbereitschaft und Individualität unterdrückt. Selbständiges unternehmerisches Denken und Handeln konnten sich somit bei vielen Mitarbeitern nicht herausbilden. Im folgenden sind daher die Gründe näher zu untersuchen, die dazu geführt haben, daß Führungskräften und Mitarbeitern in der GUS häufig mangelnde Risiko- und Verantwortungsbereitschaft, unzureichende Kundenorientierung und bürokratisches Verhalten vorgeworfen werden.

Das menschliche Verhalten wird in bedeutendem Maße von vielen objektiven und subjektiven Faktoren wie historischen, geographischen, kulturellen und politischen Gegebenheiten beeinflußt. Unbestritten ist daher, daß die Menschen, die in Gesellschaftssystemen wie denen in der ehemaligen UdSSR aufgewachsen sind, unterschiedliche Verhaltensweisen gegenüber den z. B. europäisch oder nordamerikanisch geprägten Menschen aufweisen. In dieses Feld spielen auch Determinanten wie nationale Traditionen, kulturelle Besonderheiten oder das Erziehungssystem hinein.

Häufig wird von westlicher Seite die mangelnde Leistungsorientierung der Manager und Mitarbeiter im Osten beklagt (vgl. zum folgenden Oesterle 1994, S. 69ff.). Die Ursachen hierfür liegen in den meisten Fällen jedoch weniger in einem Nicht-Wollen, sondern vielmehr in einem Nicht-anders-kennen. Die Leistungsorientierung und Leistungsbereitschaft eines Menschen wird wesentlich durch dessen Sozialisation geprägt, also die Erfahrungen, Werte und Normen, mit denen er aufgewachsen ist. Eine deutlich negative Wirkung auf die Leistungsorientierung geht dabei von rigiden und streng hierarchischen Gesellschaftsstrukturen und autoritären Normensystemen aus. Die in und von der ehemaligen UdSSR sozialisierten Menschen wurden in aller Regel mit gerade diesen Zuständen konfrontiert. Dies begann, bedingt durch die häufige Berufstätigkeit der Eltern, sehr frühzeitig bereits in den Kindertagesstätten und setzte sich in den Schulen und später im Berufsleben fort. Während sich westliche Wirtschaftssysteme schon immer durch eine ausgeprägte Wettbewerbsorientierung auszeichneten, strebte die kommunistische Ideologie die Stärkung kollektiver Harmonie und die Vermeidung des Wettbewerbs an. Die Führungskräfte und Arbeitnehmer in der GUS waren also lange Zeit Einflüssen und Bedingungen aus ihrer Umwelt ausgesetzt, die kaum zu einer Leistungsorientierung beigetragen haben.

Von der fehlenden Leistungsorientierung kann eine Verbindung zu einer ebenfalls häufig zu beobachtenden mangelnden Eigeninitiative und Motivation der Menschen gezogen werden. Das auf Zentralismus und Autorität beruhende Wirtschaftssystem mit ausgeprägter Formalisierung und Normierung aller Handlungen hat die Menschen jedoch immer wieder mit Situationen konfrontiert, in denen sie die Sinnlosigkeit eigener Bemühungen erkennen mußten. Die Erkenntnis, wenig aus eigener Kraft heraus gestalten zu können, führte zu einer gewissen Ohnmacht, die oft in eine als fatalistisch zu bezeichnende Haltung mündete.

Für die westlichen Manager von Unternehmen, die in der GUS wirtschaftlich aktiv sind, besteht nun die Aufgabe, eine Kongruenz der von den Mitarbeitern getragenen Werte herzustellen. Es kann hierbei jedoch nicht darum gehen, den russischen Manager »stromlinienförmig« an die westlichen Verhaltensweisen anzupassen. Wenn deren Eigenschaften beispielsweise als warmherzig, zuverlässig und loyal umschrieben werden, sollten diese mit Sozialkompetenz verbundenen Eigenschaften unbedingt erhalten werden (vgl. Oesterle 1994, S. 72). Denn viele Unternehmungen können sich hieran ein Beispiel nehmen und ihrerseits diese Werte wieder annehmen.

Eine Möglichkeit, die sich allerdings weitestgehend auf Führungskräfte beschränken wird, besteht in der Schulung der Mitarbeiter im westlichen Ausland. Zum einen besteht damit die Möglichkeit, moderne Produktionstechniken direkt vor Ort zu demonstrieren. Eine hohe Qualitäts- und Kundenorientierung, die langfristig auch in der GUS anzustreben ist, kann somit direkt am Beispiel »erlebt« werden. Das die GUS-Manager Leistungsbereitschaft, Eigeninitiative und Motivation nicht während einer nur wenige Tage dauernden Produktschulung aufnehmen und umsetzen können, ist dabei selbstverständlich. Nur längere und unter Umständen auch wiederholte Auslandsaufenthalte werden hier den gewünschten Erfolg bewirken. Ein solches Vorgehen ist beiderseits als Investition in das Humankapital zu betrachten. Einerseits hat das Unternehmen alle aus diesem Aufenthalt anfallenden Kosten zu übernehmen. Zum anderen trägt der Mitarbeiter auch »soziale Kosten«, die aus dem Aufeinandertreffen der unterschiedlichen, teilweise auch divergenten Wertvorstellungen resultieren. Letztlich muß er allein die aufkeimenden Widersprüche bewältigen; von westlicher Seite kann ihm dabei nur eine gewisse Unterstützung angeboten werden.

Eine weitere Möglichkeit zur Förderung einer Wertekonvergenz besteht in der Entsendung westlicher Führungskräfte an die Standorte in der GUS. Die von diesen Managern zu lösende Aufgabe erfordert neben dem Fachwissen und analytischen Fähigkeiten eine hohe soziale Kompetenz. Insbesondere ein hohes Einfühlungsvermögen in bezug auf unterschiedliche Menschen, deren Verhaltensmotive und generell im Hinblick auf bestehende kulturelle Unterschiede ist erforderlich. Diese Eigenschaften sollten durch eine hohe Kommunikationsbereitschaft und -fähigkeit sowie Verhandlungsgeschick und diplomatisches Verhalten ergänzt werden. Hier besteht allerdings die Schwierigkeit, unter den aktuellen Gegebenheiten in der GUS Führungskräfte zu einem, wenn auch nur zeitweisen Wechsel in diese Länder zu motivieren.

Der Diskussion verhaltensbezogener Aspekte wurde bewußt ein breiter Raum gewidmet, da hier besonders auch von westlicher Seite noch ein großer Nachholbedarf festgestellt werden kann. Sie kann allerdings nur einen Teil der hier zu behandelnden facettenreichen Problemstellung behandeln. Der eingangs dargestellte Managementkubus öffnet nun den Blick auf weitere Bereiche, in denen systematisch nach Erfolgsfaktoren für Aktivitäten in der GUS zu suchen ist.

3.4 Managementfunktionen und Funktionsbereiche als Quelle von Erfolgsfaktoren

Während mit der Betrachtung umwelt- und individuumsbezogener Aspekte bisher ausschließlich die ebenenbezogene Dimension behandelt wurde, werden im folgenden ausgewählte Aussagen zu den anderen Ebenen getroffen. Zu Beginn ist zu untersuchen, welche Anforderungen unter den in der GUS herrschenden Bedingungen an die Ausübung der Managementfunktionen gestellt werden. Hieran schließen sich Überlegungen zur Ausgestaltung einzelner Funktionsbereiche an.

Die Ausübung der Managementfunktionen der Planung und Kontrolle stellt grundsätzlich keine abweichenden Anforderungen an das Management. Hier sollte auf das im Westen bewährte Wissen sowie das umfassende und erprobte Controlling-Instrumentarium zurückgegriffen werden. Unter den spezifischen und bereits umfassend geschilderten Bedingungen in der GUS, sind vielmehr in organisatorischen Regelungen Erfolgsdeterminanten zu suchen (vgl. hierzu grundlegend Oesterle 1993, S. 354ff.). Im Vordergrund steht dabei die Zusammensetzung des Managements aus westlichen Managern und Managern der GUS. Ein Beispiel liefert hier das Unternehmen Salamander, das bereits seit 1987 an mehreren Standorten Schuhe für den russischen Markt produziert (vgl. Rost 1993, S. 307ff.). Die deutschen Manager sind in diesen Gemeinschaftsunternehmen für die Funktionen Finanzen, Controlling, Beschaffung und Produktion verantwortlich. Ihre russischen Kollegen tragen hingegen die Verantwortung für Marketing/Vertrieb, Personal, Recht und Steuern. In dieser Konstellation können die West-Manager ihre »Kernkompetenzen« voll zur Geltung bringen, die insbesondere auf dem Gebiet des Management-Know-how und den häufig aus dem Westen importierten Produktionstechniken liegen. Die russischen Manager können in den ihnen zugewiesenen Verantwortungsbereichen ihre Marktkenntnisse, das tiefere Verständnis für die Kultur und die Wünsche der Konsumenten ausspielen. Dieses Beispiel zeigt auch, daß die Entsendung von Führungskräften nicht einer »Missionarstätigkeit« gleichkommt, sondern Ausdruck eines kooperativen Verständnisses sein sollte, um die Interessen der Partner gleichermaßen zu berücksichtigen. Die Zusammenarbeit zwischen West- und GUS-Managern kann ferner durch den Einsatz von Integratoren verbessert werden, die über Management- und technisches Know-how sowie Kenntnisse der deutschen und der Sprache des Landes verfügen.

In einer funktionsbezogenen Perspektive stellt beim Aufbau einer Produktionsstätte in der GUS insbesondere die Sicherung der Versorgung mit den nach Qualität und Menge festgelegten Beschaffungsgütern ein Problemfeld dar. In einer solchen Situation empfiehlt sich, entgegen der unter den westlichen Verhältnissen verfolgten Vorgehensweise, ein möglichst hoher Integrationsgrad, der gewissermaßen eine Autarkie von fremden Zulieferern erlaubt, wobei sich unterschiedliche Herangehensweisen anbieten. So unterstützt Salamander seine Zulieferer beispielsweise bei der Beschaffung notwendiger Importgüter oder auch der Produktionsanlagen. Teilweise werden auch die Vorleistungen der Lieferanten von Salamander vorfinanziert. Durch Zahlung relativ höherer Beschaffungspreise kann die Bindung der Lieferanten an das Unternehmen erhöht werden.

Von ähnlichen Erfahrungen berichtet auch die Restaurantkette McDonald's, die im Einkauf ihrer Rohstoffe auch höhere Preise zahlt, um die Beschaffungsquelle langfristig zu sichern (vgl. Gerling 1992, S. 306ff.). Darüber hinaus wurde in einer Moskauer Vorstadt ein Zentrum für die Verarbeitung und Verteilung von Lebensmitteln aufgebaut, das einen Fleischverarbeitungsbetrieb, eine Backanlage, eine Anlage zur Kartoffelverarbeitung sowie Molkereimaschinen auf einem 10 000 Quadratmeter großen Firmengelände vereinigt.

Die geschilderten engen Beziehungen zu den Lieferanten verstärken selbstverständlich auch die Bindungen an diese. Die hohen Aufwendungen, die in Form der Kontaktpflege, des monetären aber auch des Wissenstransfers in die Beziehung geflossen sind, erfordern, daß diese möglichst lange bestehen, damit die Chance zur Amortisation dieser Investitionen besteht.

Auch auf der Absatzseite sind analoge Überlegungen möglich. So ist häufig der Aufbau eines eigenen Vertriebsnetzes erforderlich, um für den Absatz der Produkte zu sorgen. Teilweise werden in der Tradition der Warenkompensationsgeschäfte auch die eigenen Produkte zur Zahlung der Beschaffungslieferungen verwendet. Die Bedeutung eines hohen Integrationsgrades als Erfolgsfaktor ist in einer Phase, in der die Funktionsfähigkeit des Marktes noch nicht gesichert ist, sehr hoch. Sie wird jedoch abnehmen, wenn sich die Verhältnisse in der GUS stabilisieren.

Als problematisch stellt sich die relativ hohe Fluktuations- und Absentismusneigung der Mitarbeiter dar, die noch aus den Zeiten garantierter Vollbeschäftigung und zugesicherter Mindestlöhne stammt. Die Mobilitätstendenzen der Mitarbeiter können durch hohe Löhne begrenzt werden, die eine Bindung an das Unternehmen verstärken. Häufig sind Mitarbeiter jedoch gezwungen, in ihrer Arbeitszeit für die Beschaffung lebensnotwendiger Verbrauchsgüter zu sorgen. Sozialeinrichtungen, die den Mitarbeitern den Einkauf auf dem Firmengelände ermöglichen, stellen einen geeigneten Weg dar, Unternehmens- und Mitarbeiterinteressen miteinander zu verbinden.

4. Fazit

Die Diskussion der strategischen Erfolgsfaktoren eines wirtschaftlichen Engagements in der GUS sollte ihren Anfang in der Untersuchung bewährter Erfolgsfaktorkonzepte nehmen. Diese Studien, die mit Namen wie Peters/Waterman verbunden sind, sind in ihren Ergebnissen deutlich vom westlichen Kulturkreis geprägt, in dem sie auch entstanden sind. Eine kritische Untersuchung muß also an diesem Punkt ansetzen und die spezifischen Umfeldgrößen ermitteln, unter deren Einfluß die wirtschaftliche Betätigung erfolgt.

Der Managementkubus erweist sich für diese Aufgabe als ein Instrument mit hohem heuristischen Potential. Seine konsequente Anwendung gewährleistet zum einen, daß die Unternehmungsumwelt in die Untersuchung einbezogen wird. Zum anderen stellt sie die systematische Ableitung aller erfolgsrelevanten Größen sicher, indem die Beziehungen zwischen Umwelt, Unternehmung und Individuum, den Managementfunktionen und den betrieblichen Funktionsbereichen auch in ihren vielfältigen Verknüpfungen analysiert werden. In diesem Beitrag sind exemplarisch einige wichtige Kombinationsmöglichkeiten beleuchtet worden.

Im Gegensatz zu den sehr viel engagierteren amerikanischen oder asiatischen Investoren legen die deutschen Unternehmen eher Passivität und Zurückhaltung bei den Investitionen in der GUS an den Tag. Dieses Verhalten birgt die große Gefahr, den Start einer dynamischen Entwicklung in diesen Ländern zu versäumen und später den verlorenen Marktpositionen und -anteilen nachzutrauern, weil der Sprung durch das nur eine beschränkte Zeit geöffnete »strategische Fenster« versäumt wurde. Diese Entwicklung ist wenig verständlich, denn die Erfahrung zeigt, daß die Manager und die Bevölkerung der GUS-Staaten die Zusammenarbeit mit europäischen und in erster Linie deutschen Unternehmen bevorzugen.

Diese Möglichkeiten sollten – unter Beachtung und gründlicher Abwägung aller zweifellos bestehenden unternehmerischen Risiken – genutzt werden. Für die deutsche Wirtschaft sind die Bedingungen generell sehr günstig, jetzt in der GUS in einer »Testphase« kleinere und mittlere Projekte zu verwirklichen. Deutsche Unternehmen haben heute die Chance, diese Märkte systematisch zu erschließen, um in künftigen Perioden hohe Erträge zu erwirtschaften. Strategische Planungs- und Entscheidungsprozesse sollten mit der Identifikation von in der jeweiligen Situation der Unternehmung relevanten Erfolgsfaktoren beginnen.

Literatur

Gälweiler, A. (1987), Strategische Unternehmensführung, Frankfurt a. M./New York 1987.
Gerling, M. (1992), Joint Venture in der Gastronomie – Das Beispiel McDonald's in der UdSSR; in: Zentes, J. (Hrsg.): Ost-West Joint Ventures, Stuttgart 1992, S. 295–318.
Kalthoff, O. (1992), Die deutsche Wirtschaft im veränderten Umfeld – fordert der Osten neue Kompetenzen? in: Zahn, E. (Hrsg.): Erfolg durch Kompetenz: Strategie der Zukunft, Stuttgart 1992, S. 173–185.
Krüger, W./Schwarz, G. (1990), Konzeptionelle Analyse und praktische Bestimmung von Erfolgsfaktoren und Erfolgspotentialen; in: Bleicher, K./Gomez, P. (Hrsg.): Zukunftsperspektiven der Organisation, Bern 1990, S. 179–209.
Nagel, K. (1989), Die 6 Erfolgsfaktoren des Unternehmens: Strategie, Organisation, Mitarbeiter, Führungssystem, Informationssystem, Kundennähe, 3. überarb. und erw. Aufl., Landsberg/Lech 1989.
Oesterle, M.-J. (1993), Joint Ventures in Rußland. Bedingungen – Probleme – Erfolgsfaktoren, Wiesbaden 1993.
Oesterle, M.-J. (1994), Managementrelevante Verhaltensaspekte russischer Führungskräfte und Arbeitnehmer; in: Wirtschaft und Recht in Osteuropa; 3. Jg. (1994), H. 3, S. 68–74.
Peters, Th. J./Waterman, R. H. (1993), Auf der Suche nach Spitzenlei-

stungen: was man von den bestgeführten US-Unternehmen lernen kann, 4. Aufl., München/Landsberg am Lech 1993.

Pümpin, C. (1986), Management strategischer Erfolgspositionen: das SEP-Konzept als Grundlage wirkungsvoller Unternehmungsführung, 3. überarb. Aufl., Bern/Stuttgart 1986.

Rost, W. (1993), Erfahrungen beim Aufbau von Großunternehmen; in: Gieraths, J./Stein, H. v./Zeddies, J. (Hrsg.): Wirtschaft und Landwirtschaft Rußlands im Übergang. Universitäten als Begleiter des Wandels, Stuttgart 1993, S. 307–311.

Steinle, C. (1995), Betriebswirtschaftslehre als Führungsleere? Mehrebenenanalytische Skizze zur führungszentrierten Betriebswirtschaftslehre; in: Wunderer, R. (Hrsg.): Betriebswirtschaftslehre als Management- und Führungslehre, 3. Aufl., Stuttgart 1995, S. 285–307.

Steinle, C./Eggers, B./Kirschbaum, J./Kirschbaum, V. (1994), »Erfolgsfaktoren-Beziehungsanalyse«: Ergebnisbericht eines Praktiker-Workshops -Erfolgsfaktoren, Erfolgspotentiale und Erfolg aus Sicht der Praxis-, Diskussionspapier Nr. 187 des Fachbereichs Wirtschaftswissenschaften der Universität Hannover, Hannover 1994.

Steinle, C./Lawa, D./Schmidt, C. (1993), Entwicklung eines planungsstützenden Erfolgsfaktorenmodells: Rahmen sowie Anwendung in einer Dienstleistungsunternehmung; in: Zeitschrift für Planung, 4. Jg. (1993), H. 3, S. 195–214.

Russische Wirtschaftsmanager auf dem Weg vom Plan zum Markt?

Wilhelm Eberwein, Jochen Tholen

Den russischen Wirtschaftsmanagern kommt in der ungefestigten gesellschaftlichen Situation in Rußland angesichts des Zerbrechens des Staates und damit auch der gewohnten Austauschbeziehungen in der russischen Ökonomie eine Schlüsselfunktion bei der Umgestaltung der ökonomischen und politischen Verhältnisse zu.
In dieser Situation fühlen sich viele unsicher, überfordert und nicht ausreichend qualifiziert. Insbesondere sind ihnen die Regeln und Anforderungen einer Marktwirtschaft noch weitgehend fremd. Gleichwohl lassen sich vier Manager-Typen unterscheiden: der reformorientierte Markt-Manager, der an den alten Strukturen festhaltende traditionalistische Manager, der am schnellen Profit interessierte Entrepreneur und der Mafioso, der sich krimineller Methoden bedient.
Dabei scheint nicht nur der im Westen oft einseitig überhöhte Entrepreneur, sondern auch und vielmehr der Markt-Manager am ehesten geeignet, die wirtschaftliche Zukunft Rußlands zu bewältigen.

1. Der russische Manager – das unbekannte Wesen

Eine in Rußland sehr bekannte Metapher des Fabeldichters Iwan Krylow (1768–1844) berichtet davon, wie ein Schwan, ein Krebs und ein Hecht versuchten, einen Wagen fortzubewegen. Dies gelang natürlich nicht. Denn der Schwan zog in die Lüfte, der Krebs rückwärts und der Hecht ins Wasser. Der Schlußsatz wurde in Rußland sprichwörtlich:

»*Der Wagen steht heute noch da*«.

Das Bruttoinlandsprodukt in Rußland ist im Jahre 1994 auf circa 50 Prozent des Wertes von 1989, die Industrieproduktion um mehr als die Hälfte geschrumpft. Die Investitionstätigkeit als Gradmesser für die zukünftige Entwicklung ist sogar noch stärker gesunken. Und all dies erfolgt in einer Gesellschaft, in der Regellosigkeit die vorherrschende

Regel, in deren politischer, ökonomischer und auch privater Kultur ein scheinbar unaufhaltsamer Zerfallsprozeß zu beobachten ist. Das Interesse am Gemeinwohl schwindet zusehends; Marktwirtschaft und Demokratie werden oft gleichgesetzt mit der brutalen Durchsetzung des Stärkeren gegenüber den Schwächeren.

Die Notwendigkeit, marktwirtschaftliche Strukturen und eine funktionsfähige Demokratie gleichzeitig und unter Wahrung eines Minimums an sozialer Sicherheit herzustellen, erscheint bisweilen wie die Quadratur des Kreises. Das alte Normengefüge sowjetischer Prägung ist zerbrochen, ohne daß neue Orientierungen greifen. Die neugewonnenen bürgerlichen Freiheiten büßen angesichts der materiellen Not vieler ihre Attraktivität ein und lassen Raum für politische Hasardeure.

In dieser ungefestigten gesellschaftlichen Situation in Rußland mit der derzeitigen *Schwäche der Institutionen* kommt bestimmten *Akteuren und Akteursgruppen* eine Schlüsselfunktion bei der Umgestaltung der ökonomischen und politischen Verhältnisse zu. Ihr Denken und Handeln dürfte den Ausschlag dafür geben, ob – wie in der oben erwähnten Fabel angedeutet – eine gesellschaftliche Lähmung oder gar ein Rückfall eintritt, worauf die wirtschaftlichen Daten hinzuweisen scheinen, oder ob die Entwicklung hin zu einer offenen und ökonomisch tragfähigen Gesellschaft gelingt.

Eine der wesentlichsten Akteursgruppen dabei ist sicherlich die der Betriebsdirektoren, Entrepreneurs, Unternehmer, Manager, auf die angesichts des Zerbrechens des Staates und damit auch der gewohnten Austauschbeziehungen in der russischen Ökonomie eine immense Verantwortung für die Zukunft Rußlands zukommt. Aber wir wissen sehr wenig über diese ökonomische Elite des Landes.

Um diese Informationsdefizite mit aufzuhellen und zugleich mögliche Ansatzpunkte für eine wirksame westliche Hilfe herauszuarbeiten, haben wir im Rahmen einer größeren international vergleichenden Managementstudie eine empirische Untersuchung der Arbeits- und Berufssituation russischer Manager durchgeführt[1], aus der hier ausgewählte Ergebnisse präsentiert werden sollen.

Im einzelnen beschreiben wir zunächst die prekäre Leitungssituation

---

1 Der erste Teil bezieht sich ausschließlich auf Deutschland (Eberwein, Tholen 1990), der zweite Teil beinhaltet einen englisch-deutschen Vergleich (Eberwein, Tholen 1993), der dritte Teil befaßt sich mit Rußland (Eberwein, Tholen 1994).

der russischen Manager und ihre mangelnde Vorbereitung hierauf durch ihre Aus- und Weiterbildung. Anschließend versuchen, wir die Zukunftserwartungen der russischen Manager im Hinblick auf die Entwicklungstendenzen der Wirtschaft allgemein und der Betriebs- und Eigentumsformen herauszuarbeiten. Hieran anknüpfend können dann schließlich Chancen und Risiken des Weges der russischen Manager vom Plan zum Markt gekennzeichnet werden.

Den empirischen Kern unserer Überlegungen bilden 40 ausführliche qualitative Interviews mit Betriebsdirektoren und stellvertretenden Direktoren aus 32 Industriebetrieben, die wir im April/Mai 1991 in Rußland und zu einem kleineren Teil in der Ukraine führten. Diese Interviews wurden ergänzt durch eine Reihe von Expertengesprächen, die anläßlich mehrerer vor- und nachbereitender Rußlandaufenthalte stattfanden. Es bedarf eigentlich keiner besonderen Erwähnung, daß unsere Interviews als nicht-repräsentativ im statistischen Sinne zu betrachten sind. Dennoch meinen wir, daß die vorliegenden Ergebnisse durchaus verallgemeinerbar sind für die Arbeits- und Berufssituation von oberen Wirtschaftsmanagern in Rußland. So haben wir durch eine qualifizierte Streuung der Betriebe nach Branchenzugehörigkeit und Größe und der befragten Manager nach Position, Funktion, Qualifikation etc. erreicht, daß innerhalb dieses Spektrums wesentliche Variablen der Arbeits- und Berufssituation von oberen Managern berücksichtigt sind[2].

Diese Arbeits- und Berufssituation unter dem besonderen Aspekt des Transformationsprozesses vom Plan zum Markt steht im Zentrum unserer folgenden Überlegungen.

2. Zwischen Planwirtschaft und Chaos – ausgewählte Aspekte der Arbeits- und Berufssituation russischer Manager

2.1 Die prekäre Leitungssituation der russischen Manager

Managementarbeit heute ist mit Dantes Inferno zu vergleichen (R 28, S. 1)[3] – so der Direktor eines Druck- und Verlagsbetriebs auf unsere

---

2 Zur genaueren Beschreibung des Samples siehe Eberwein, Tholen 1994, S. 74–83.
3 Die Interviews der russischen Studie werden mit R gekennzeichnet. Die folgende Ziffer gibt die jeweilige laufende Interviewnummer an; die Seitenangabe bezieht sich auf das Interviewtranskript.

Frage, ob die Tätigkeit des Managers heute schwieriger als in früheren Zeiten sei. Weniger plakativ und differenzierter, in der Sache aber durchaus ähnlich, äußerte sich der Direktor eines Maschinenbaubetriebs:

> Alles hat sich geändert und ist schwieriger geworden. Das ist einerseits sehr positiv zu bewerten, da jetzt ein eigenständiges Budget für den Betrieb und die Assoziation vorhanden ist, andererseits ist es natürlich auch schwieriger zu handhaben. ... In früheren Zeiten war es nicht notwendig, über seine Arbeit nachzudenken. Nun mußt du immer denken (R 14, S. 1).

Beide Zitate sind – wenn auch in unterschiedlicher Weise – Ausdruck der prekären aktuellen Leitungssituation, welche die Manager nicht selten als Überforderung empfinden. Diese Überforderung hat ihre Ursachen nach unserem Eindruck sowohl in den objektiven Rahmenbedingungen der Managementtätigkeit als auch in der subjektiven Bewältigung der Arbeitssituation durch die Manager selbst.

Rund drei Viertel der von uns befragten Manager bezeichneten ihre jetzige Leitungssituation im Vergleich zu den früheren (Vor-Perestroika-)Verhältnissen als schwieriger. Dafür sind nach der Auffassung der Befragten verschiedene Gründe verantwortlich. Am häufigsten wurde die mangelhafte Materialversorgung der Betriebe angeführt. So äußerte ein stellvertretender Direktor eines Großbetriebs der Elektrotechnik:

> Die Lage ist ... viel schwieriger geworden wegen des Mangels an Material, technischer Ausrüstung usw. (R 3, S. 1).

Zu einem ähnlichen Ergebnis kommen Hentze und Lindert in ihren länderübergreifenden Erhebungen zu den Bedingungen der Managementtätigkeit. Danach bezeichneten die russischen Manager das Lieferantenproblem und den Mangel an Maschinen und Rohstoffen mit als wichtigste betriebliche Einflußfaktoren. Zum Vergleich: Bei ihren deutschen Kollegen standen die Einführung neuer Technologien und der Fachkräftemangel im Vordergrund (Hentze, Lindert 1992, S. 124).

Nach den umfassenden Versorgungsmängeln nannten die russischen Manager das Fehlen verläßlicher und damit erwartbarer Bedingungen, verbunden mit der allgemeinen Unsicherheit über die zukünftige Entwicklung, als wesentlichen Grund der schwieriger gewordenen Leitungssituation. Zum Beispiel klagte ein noch sehr junger Direktor eines kleinen Privatbetriebs der Softwarebranche:

> Es gibt eine Menge Probleme in Verbindung mit der ständigen Veränderung von Gesetzen (R 10, S. 1).

Schließlich bezeichnete ein erheblicher Teil der von uns befragten Manager die Einstellung auf Marktverhältnisse bzw. die Behauptung auf dem (auch internationalen) Markt als eine weitere wesentliche Schwierigkeit der aktuellen Leitungssituation.

Das allgemeine Problem ist, daß man nicht gewöhnt ist, sich mit ökonomischen Fragen auseinanderzusetzen. ... Mit der Perestroika wird notwendig, daß wirkliche Ökonomen an der Spitze stehen (R 17, S. 1);

so der stellvertretende Direktor für Ökonomie eines Betriebes der Baubranche.

Zu dieser Problematik findet sich eine Fülle weiterer Hinweise und Belege für jeweils unterschiedliche Aspekte der Bewältigung marktwirtschaftlicher Bedingungen in unserem Interviewmaterial.

Es gibt aber auch eine Minderheit von Managern, die in den politischen und wirtschaftlichen Veränderungen durchaus positive Chancen und Entwicklungen sehen. So hat sich nach der Einschätzung von circa einem Sechstel der von uns Befragten eine eindeutige Verbesserung der Leitungssituation ergeben. Beispielhaft sei hier ein stellvertretender Direktor eines Großbetriebes der Elektrotechnik zitiert:

Die Situation ist interessanter geworden. Jetzt gibt es viel größere Freiräume für Eigeninitiative. Man kann sich die Partner selbst aussuchen. Für die Manager ist die Perestroika gut (R 20, S. 1).

Festzuhalten bleibt dennoch, daß nur ein kleinerer Teil der Manager die größere Autonomie und Handlungsspielräume, die Chance zu mehr Eigeninitiative und Kreativität, die die veränderte Leitungssituation zweifellos bietet, als Erleichterung empfindet. Dies scheint angesichts der gleichzeitigen immensen Probleme vielfältiger Art, wie sie oben beschrieben wurden, durchaus verständlich.

Bei der Auseinandersetzung mit diesen neuen Anforderungen versprechen westliche Business Schools den Managern Unterstützung.

Business Schools sind Schwimmschulen im offenen Meer (R 32, S. 2).

Mit diesen Worten charakterisierte der Leiter einer Kooperative treffend die Funktion und Situation solcher Schulen bzw. der in ihnen Lernenden: Sie versuchen, sich für eine Tätigkeit zu qualifizieren, die die Manager eigentlich schon beherrschen müßten, wollen sie überhaupt ihre Aufgaben bewältigen. Dennoch oder vielleicht gerade deswegen hält etwa die Hälfte der von uns befragten Manager die Business Schools für eine gute Sache.

Dafür gibt es eine Reihe unterschiedlicher Begründungen. Verschiedene der Befragten sahen eine unmittelbare Verwendungsmöglichkeit der dort vermittelten Kenntnisse und Kompetenzen; andere erwarteten nicht unbedingt eine unmittelbare positive Wirkung, versprachen sich wohl aber einen erheblichen Nutzen auf längere Sicht, so etwa ein stellvertretender Direktor eines großen Staatsunternehmens im Schiffbau:

> Wir können das westliche Managementwissen noch nicht nutzen, weil wir noch keine Marktwirtschaft haben. Aber es ist eine gute Investition in die Zukunft (R 38, S. 2).

Ebenfalls etwa die Hälfte der Befragten stand den Business Schools ablehnend gegenüber. Hauptkritikpunkt war dabei, daß das Lehrangebot zu wenig den dortigen Verhältnissen angepaßt ist.

Insgesamt beurteilten die von uns befragten russischen Manager die Rolle der Business Schools als ambivalent. Radikale Ablehnung gab es ebenso selten wie rückhaltlose Bewunderung. Man kann nach unseren Befunden vermuten, daß die anfängliche Euphorie offensichtlich einer distanzierteren, teils eher wohlwollenden, teils eher ablehnenden Einschätzung gewichen ist.

In jedem Falle fehlen für eine unmittelbare und unangepaßte Übertragung westlicher Konzepte – so unsere Eindrücke und Befunde – nach wie vor nicht nur die objektiven Rahmenbedingungen, sondern oft auch die subjektive Bereitschaft und Fähigkeit gerade auch im russischen Management selbst, sich auf Marktwirtschaft, Privatisierung, also ein neues Wirtschaftssystem einzulassen, dem viele mit Unverständnis, ja mit Unsicherheit und Furcht gegenüberstehen.

Dabei teilen (fast) alle russischen Unternehmer und Manager das gleiche Handicap: Weder von ihrer fachlichen Ausbildung noch von ihrer beruflichen Sozialisation her waren/sind sie auf die Bewältigung der Leitungssituation, insbesondere auf deren marktwirtschaftliche Elemente, hinreichend vorbereitet.

2.2 Die mangelnde Vorbereitung der russischen Manager auf die neue Leitungsfunktion durch ihre Aus- und Weiterbildung

> Vor Beginn der Perestroika waren alle hohen Manager Ingenieure, weil es aufgrund der Planwirtschaft keine kommerziellen Aufgaben gab. Heute besteht ein sehr großer Mangel an ökonomischer Ausbildung. Drei Viertel der Arbeitszeit des Managers sind ausgefüllt durch soziale und ökonomische Aufgaben (R 14, S. 2).

Diese Äußerung eines Managers aus der Maschinenbauindustrie umreißt schlaglichtartig das aktuelle Grundproblem industriellen Managements in Rußland in bezug auf die Qualifikation der Manager und die Qualität des Managements: Denn durch die Perestroika, wie unterschiedlich sie auch immer beurteilt wird, hat ein Wandel in den Funktionen und Aufgaben des Managements eingesetzt, vor allem im Hinblick auf die gewachsene Bedeutung ökonomischer Sachverhalte. Es stellt sich daher die Frage, inwieweit die russischen Manager von ihrer Aus- und Weiterbildung her diesen veränderten Gegebenheiten gerecht werden.

Die Diskussion der Aus- und Weiterbildung für Manager muß sich zunächst mit Problematik Ingenieur versus Ökonom im oberen industriellen Management auseinandersetzen. Eine knappe Hälfte der von uns befragten Manager vertrat die Auffassung, daß es erheblich mehr Ökonomen unter den Managern geben müßte. Etwa ein Fünftel war der Meinung, daß Manager zwar eine Ingenieursausbildung, verbunden allerdings mit einer ökonomischen Zusatzausbildung, haben sollten. Und ebenfalls etwa ein Fünftel äußerte, daß Ingenieure im oberen industriellen Management geeigneter seien, unterstrich damit also den Status quo in den Betrieben. So waren 60 Prozent der von uns befragten Manager Ingenieure, nur ein knappes Fünftel dagegen Ökonomen. Manager mit technischer Ausbildung und ökonomischer Zusatzausbildung gab es ganze zwei in unserem Sample.

Die Befürworter der traditionellen Qualifikationsstruktur sind jedoch, wie gezeigt, in einer deutlichen Minderheit. Zu ihnen gehört beispielsweise die Direktorin eines Textilbetriebs:

In der Sowjetunion muß sich der Manager mit Technik befassen. Er muß breiter tätig sein als der Westmanager, wo der Leiter nur mit Businessfragen beschäftigt ist. Im übrigen haben wir auch in unserem Betrieb immer jede Kopeke gezählt; wirtschaftliche Fragen spielten immer eine Rolle (R 16, S. 1).

Wie das Antwortverhalten der von uns befragten Manager insgesamt aber zeigt, wird die Bedeutung der Ökonomie in einem stärkeren Maße anerkannt, als sich dies in der Qualifikationsstruktur industriellen Managements widerspiegelt. Manchem Manager geht dieser Zuwachs an Anerkennung aber entschieden nicht weit genug, wie einem stellvertretenden Direktor für Ökonomie:

Das Unglück besteht darin, daß die Wichtigkeit der Ökonomen noch nicht anerkannt wird. Wichtig ist nach wie vor der Umfang der Produktion, unabhängig vom Wie. Die

Ökonomen sind Träger der künftigen Wirtschaft. Aber Kategorien wie Preis, Gewinn usw. sind formal, spielen praktisch keine Rolle und sind keiner Kontrolle unterworfen. Erst jetzt versucht man allmählich, diese Kategorien ernst zu nehmen (R 17, S. 2).

So unterstrich eine deutliche Mehrheit den Mangel an Ökonomen bzw. an ökonomischer Fachkompetenz im oberen Management der russischen Betriebe und Unternehmen, ein Mangel, der angesichts der Anforderungen der Transformation besonders spürbar wird, der sich aber durchaus auch vorher schon negativ auswirkte.

Unsere Befunde werden erhärtet durch eine Vielzahl anderer Untersuchungen, von denen hier einige ausgewählte kurz erwähnt werden sollen.

Schon früher beschrieb Granick (1960, S. 94) den typischen Weg eines sowjetischen Managers etwa so: Er kommt von einer Ingenieurschule, fängt als stellvertretender Werkmeister an, ist neben administrativen Aufgaben aber stark mit auf die Produktionsorganisation ausgerichteten Tätigkeiten beschäftigt. Auch Berliner betont den technischen Charakter der Managerausbildung: »Soviet industrial enterprises are managed primarily by engineers ... It is estimated that at least 90 percent of all enterprise top executives (directors) are engineers by vocation and training, although many have not received a higher education« (Berliner 1957, S. 105). Diese Dominanz der Technik hatte auch mit der Herrschaftssicherung der KPdSU zu tun: Da technische Ausbildung in der UdSSR immer sehr spezialisiert betrieben wurde, waren die Techniker selbst hoch spezialisiert und keinesfalls Generalisten (im technischen Sinne). Das heißt, daß jeder Betriebsleiter nur über ein schmales Gebiet richtig Bescheid wußte und über andere Bereiche nicht mitreden konnte. Nach dem Motto »Divide et impera« ergriff die KPdSU die Rolle als Mittler zwischen allen Spezialbereichen und sicherte damit auch ihre Herrschaft ab.

Auch 30 Jahre später, nach der Auswertung der Interviews im Rahmen des Soviet Interview Project, bleibt die Dominanz der Ingenieure, die als Manager tätig sind. So kommt Linz aufgrund der Erfahrungsberichte von Emigranten zu folgendem Befund: »The typical manager had an engineering education received from an industrial institute. None of the directors reported receiving any special managerial training prior to beginning employment. Once employed, many of the managerial and staff personnel participated in courses to improve their qualifications.

Rarely did they view these ministry-sponsored courses as a worthwhile expenditure of their time« (Linz 1989, S. 17).

Die Ergebnisse werden weiter bestätigt durch eine neuere Untersuchung von Peter Rutland (1993, S. 245f.), der quantitative und qualitative Aspekte der unzureichenden ökonomischen Ausbildung beschreibt. So wurden in der UdSSR 1980 450000 Ingenieure, aber nur 160000 Ökonomen ausgebildet. Zum Vergleich: In den USA waren es im selben Jahr 213000 Ingenieure und 205000 Ökonomen.

Aber nicht nur die Anzahl der Absolventen, auch die Inhalte des Ökonomiestudiums in der UdSSR schildert Rutland als sehr unzulänglich. So war die Ausbildung begrenzt auf sehr enge angewandte Fächer wie Einzelhandel oder Bergbau, die sich zudem in anspruchslosen praktischen Informationen über Abläufe und Vorschriften erschöpften und allgemeine Grundsätze ausblendeten. Zudem war noch etwa ein Drittel des Ökonomiestudiums politischen Materialien gewidmet – marxistisch-leninistischen Traktaten, den neuesten Parteidekreten und Reden der Parteiführer.

Eine weniger politisch motivierte, mehr pragmatische, gleichwohl in der Wirkung ebenfalls zu wirtschaftlichen Unzulänglichkeiten führende Begründung gibt Kuebart wieder: Da die politische Führung eine Zunahme der Arbeitsproduktivität in erster Linie von einer durchgreifenden Technologisierung des Produktionsprozesses erwartete, wurde der Schwerpunkt der Ausbildung auf die Technik gelegt (Kuebart 1987, S. 70). Unseres Erachtens dürften beide Begründungen zugleich zutreffend sein und in der Praxis zu der ausführlich beschriebenen manageriellen »Monostruktur« in der Sowjetunion bzw. Rußland geführt haben.

Inwieweit schlägt sich nun der wenn nicht allseits, so doch vielfach beklagte Mangel an ökonomischer Kompetenz im russischen Management in den Ratschlägen der Manager selbst an ihre potentiellen Nachfolger nieder? Auf unsere entsprechende Frage empfahl nur etwa ein Sechstel der russischen Manager eine reine Ingenieursausbildung. Ebenfalls circa ein Sechstel hielt eine Ingenieursausbildung, verbunden allerdings mit einer ökonomischen, soziologischen und psychologischen Zusatzausbildung für die günstigste Voraussetzung, später einmal Managementfunktionen auszuüben. Als Beispiel hierfür sei der Direktor eines großen Textilunternehmens zitiert:

Das Beste ist zuerst eine technische Ausbildung, dann eine spezielle Managementausbildung (R 11, S. 2).

Ein Zehntel sah entweder praktische Erfahrungen oder eine gar nicht fachbezogene Ausbildung als das Wichtigste an. So meinte ein Direktor aus der Metallbranche:

Das hängt ganz vom Individuum ab. Der junge Mensch sollte sich nicht nur auf die Fabrik konzentrieren (R 15, S. 2).

Die große Mehrheit von fast 60 Prozent hingegen würde den kommenden Managern eine ökonomische Ausbildung nahelegen, zum Teil verbunden mit einer technischen oder juristischen Zusatzqualifikation. Auch die von Hentze und Lindert (1992, S. 162) nach den zukünftigen Anforderungen an Führungskräfte befragten russischen Manager setzten ökonomisches Wissen auf den ersten Rangplatz.

Hier deutet sich möglicherweise ein Umdenken in den industriellen Betriebs- und Unternehmensleitungen Rußlands selbst an, ein Umdenken, welches nach unseren Befunden, gerade angesichts der neuen Anforderungen der Gestaltung des Wirtschafts- und Produktionsprozesses, von existentieller Bedeutung sein und die Perspektiven des Transformationsprozesses in Rußland wesentlich bestimmen dürfte.

3. Zukunftserwartungen und Entwicklungstendenzen der russischen Manager im Transformationsprozeß

3.1 Die Zukunftserwartungen der russischen Manager: allgemeine Entwicklungstendenzen der Wirtschaft und die zukünftigen Betriebs- und Eigentumsformen

Uns interessierten in diesem Zusammenhang zunächst die Erwartungen und Einschätzungen der Manager in bezug auf die zukünftige ökonomische Grundstruktur Rußlands.

Eine deutliche Mehrheit (fast zwei Drittel) der befragten Manager äußerte die Erwartung, daß es einen eigenen Weg, eine Mischung aus Kapitalismus und Sozialismus geben werde. Hierzu zählen auch diejenigen, die die Herausbildung einer Marktgesellschaft mit Gemeineigentum prognostizierten. Beispielhaft hierfür ein Direktor aus der Textilindustrie:

In der Zukunft wird es in der Sowjetunion eine gemischte Ökonomie geben, aber mit großem Staatseinfluß. Es wird sowohl kapitalistische als auch sozialistische Merkmale geben. Es wird eine neue Form der Wirtschaft geben (R 11, S. 6).

In diesem Spektrum bewegte sich ein Großteil der Antworten der Manager, die in der Zukunft weder eine rein kapitalistische noch eine rein sozialistische Ökonomie erwarteten und zumeist auch wohl erhofften. Dabei fiel die Akzentuierung mal auf den sozialistischen, mal auf den kapitalistischen Elementen unterschiedlich aus. Gemeinsam ist dieser Auffassung jedoch, daß man einen spezifisch russischen Weg in die Marktwirtschaft gehen will, der sich vor allem dadurch auszeichnet, daß er nachteilige soziale Konsequenzen eines reinen Kapitalismus vermeidet.

Im übrigen äußerte eine Reihe der Manager in unserer Untersuchung, daß der Weg in die Marktwirtschaft beschwerlich und lang sein werde, so zum Beispiel der im folgenden zitierte Direktor eines Maschinenbaubetriebs:

Ich kann nicht sagen, ob es in der Zukunft einen kapitalistischen oder sozialistischen Markt gibt. Markt ist Markt. Unsere Wirtschaft wird sich sicher in Richtung auf die westlichen Wirtschaften bewegen. In 20 Jahren wird aber erst die Hälfte dieses Weges zurückgelegt sein (R 36, S. 6).

Ein kleinerer Teil der von uns befragten Manager erwartete, daß sich in der Sowjetunion eine kapitalistische Gesellschaft nach dem Muster der westlichen Industrieländer herausbildet – teils zustimmend bis euphorisch, teils ablehnend bis resignativ; hierzu ein Manager aus der pharmazeutischen Industrie lapidar:

Die sowjetische Ökonomie wird in 20 Jahren wie die westliche aussehen (R 4, S. 4).

Den Managern, die einen Kapitalismus westlichen Zuschnitts erwarteten, standen lediglich zwei der Befragten gegenüber, die keine große Veränderung in der Zukunft erwarteten und – so vermuten wir – diese auch nicht wollten. Die symptomatische Begründung hierfür war:

Man kann in 20 Jahren nicht alles das abschaffen, was man in 73 Jahren aufgebaut hat (R 18, S. 4).

Rund ein Fünftel der Befragten gab an, keine Vorstellung von der zukünftigen Ökonomie zu haben. Beispielsweise meinte ein Manager aus dem Metallbereich:

Die Entwicklung ist offen. Sie hängt von der politischen Situation ab (R 14, S. 6).

Insgesamt läßt sich festhalten, daß eine deutliche Mehrheit der von uns befragten Manager eine Entwicklung hin zu einer Marktgesellschaft erwartete und befürwortete. Weniger Einigkeit herrschte allerdings bei den Ordnungsprinzipien dieser Marktgesellschaft. Hier wurden in unterschiedlichen Mischungen kapitalistische und sozialistische Elemente teils erwartet, teils gefordert. Uns fiel auf, daß viele Manager Teile des Sozialismus mit in die Zukunft nehmen wollen, also einen Mittelweg suchen. Allerdings verfügte keiner über ein stimmiges Konzept, welche Teile des Sozialismus denn nun gerettet werden sollten und welche nicht. Zugleich waren auch ihre Vorstellungen davon, was unter Marktwirtschaft zu verstehen ist, sehr diffus.

Diese eher allgemeinen Vorstellungen versuchen wir anschließend durch die Frage nach den zukünftigen Betriebs- und Eigentumsformen ein wenig faßbarer zu machen.

Eine knappe Mehrheit der Manager (circa ein Drittel) äußerte die Erwartung, daß zukünftig alle Betriebsformen, d. h. Staatsbetrieb, Kooperative, Aktiengesellschaft usw., gleichberechtigt nebeneinander stehen werden. Ein stellvertretender Direktor für Ökonomie präzisierte:

> Alle Formen der ökonomischen Organisation müssen möglich sein. Die einzige Grenze dürfen die Gesetze des Landes darstellen (R 8, S. 5).

Ebenfalls etwa ein Drittel der Befragten sah den Staatsbetrieb auch in der Zukunft als wichtigste Betriebsform an. Dabei wurde allerdings von den meisten betont, daß daneben durchaus andere Formen möglich und wahrscheinlich sein werden. Vielfach wurde den Staatsbetrieben eine besondere Funktion bzw. ein spezieller Bereich der Ökonomie zugewiesen. Nach der Betriebsgröße unterschied die differenzierte Stellungnahme eines Direktors aus der Textilindustrie:

> In der Zukunft wird es alle diese Formen geben, aber keine größeren Privatbetriebe. Die großen Betriebe werden entweder Staatsbetriebe oder Aktiengesellschaften (mit dem Kollektiv als Aktionären) sein. Kleine und mittlere Betriebe werden häufiger Privatbetriebe sein (R 11, S. 8).

Faßt man die Antworten der Manager zur wichtigsten zukünftigen Betriebsform weiter zusammen, so ergibt sich folgendes Bild: Nach den Staatsbetrieben wurden die Aktiengesellschaften mit circa ein Sechstel der Nennungen am nächst häufigsten genannt. Dabei erwartete nur ein kleinerer Teil das Kollektiv als Aktionäre. Allerdings muß hierbei berücksichtigt werden, daß über den Begriff der Aktiengesellschaft selbst und die Funktionen der Umwandlung von Staatsbetrieben in Aktiengesellschaften in Rußland nach wie vor weder Klarheit noch Einigkeit herrschen.

Den Privatbetrieb an erster Stelle nannten nur fünf Manager. Das bedeutet allerdings keineswegs, daß alle anderen Privatbetriebe ausschlossen. Privatbetriebe wurden von den wenigsten ausdrücklich und generell abgelehnt, allerdings nur von einer Minderheit in ihrer Bedeutung für die zukünftige Wirtschaftsstruktur als dominant eingeschätzt, etwa von einem Direktor der Softwarebranche:

Eine besondere Rolle werden die privaten Unternehmen spielen, mit Ausnahme der Grundstoffbranchen. Kooperativen wird es vor allem im landwirtschaftlichen Sektor geben (R 10, S. 5).

Insgesamt läßt sich festhalten, daß die Manager für die Zukunft einen gewissen Pluralismus der Betriebs- und Eigentumsformen, verbunden mit der Einführung einer marktwirtschaftlichen Organisation der Ökonomie, erwarteten. Dabei werden nach der Auffassung einer Mehrheit allerdings einige wesentliche der alten Strukturen weiterhin Bestand haben. Insbesondere erwarteten die Manager auch für die Zukunft einen nachhaltigen Einfluß der Staatsbetriebe auf die Volkswirtschaft, in den Grundstoffindustrien und zum Teil im großbetrieblichen Bereich sogar einen dominierenden.

Bei den Aktiengesellschaften, die nach dem Urteil der Manager ebenfalls eine erhebliche Rolle spielen werden, bleibt abzuwarten, ob ein Teil von ihnen nicht eher zum verdeckten Staatsunternehmen wird, mit dem Staat als alleinigem oder zumindest als Hauptaktionär.

Nur relativ wenige der Befragten sahen die Zukunft der russischen Wirtschaft in erster Linie im privatisierten Betrieb, obwohl kaum ein Manager diese Unternehmensform ausdrücklich ausschloß. Insgesamt – so scheint es uns – maß jedoch die Mehrheit der Manager zum Zeitpunkt unserer Befragung dem Privatbetrieb eine eher untergeordnete Rolle zu, möglicherweise immer noch mehr eine Lückenbüßerfunktion. Dabei übersahen sie freilich, daß gerade rasche Fortschritte im Privatisierungsprozeß eine entscheidende Bedingung der notwendigen wirtschaftlichen und gesellschaftlichen Reformen sind.

Im folgenden befassen wir uns abschließend mit der Frage, welche Entwicklungstendenzen im Prozeß der Transformation sich unter den russischen Managern selbst möglicherweise abzeichnen.

3.2 Zwischen Markt und Mafia – eine Typologie russischer Manager im Transformationsprozeß

Schon Anfang 1988 hatte die Soziologin Tatjana Saslawskaja versucht, die mit der Umgestaltung der Wirtschaft und Gesellschaft verbundenen Anforderungen an die Manager systematisch darzustellen, um daraus die unterschiedlichen Interessen für oder gegen die Perestroika zu bestimmen:

Im Zuge der Umgestaltung ändern sich die Bedingungen für die Tätigkeit der leitenden Wirtschaftsfunktionäre von Grund auf, wobei die Wandlungen einen recht widersprüchlichen Charakter tragen. Zum einen erweitern sich die kreativen Möglichkeiten in der ökonomischen, organisatorischen, wissenschaftlich-technischen und sozialen Tätigkeit der Leiter. Gemeinsam mit den ihnen unterstellten Kollektiven erlangen sie reale Verfügungsgewalt über die ihnen übertragenen Produktionsbereiche und werden von den sie früher fesselnden Verboten befreit. ... Die Umgestaltung betrifft die Interessen der leitenden Wirtschaftskader viel zu stark und zu unmittelbar, als daß sie sich ihr gegenüber neutral verhalten könnten. Ihre Haltung in dieser Frage ist bei weitem nicht einheitlich. Sie unterscheidet sich zum einen bei den Leitern unterschiedlichen sozialen und persönlichen Typs und unterschiedlicher sozial-ökonomischer Denkweise. Zum anderen wissen die Leitungskader in der Produktion besser als die anderen zwischen der theoretischen Konzeption der Umgestaltung und den praktischen Veränderungen in den ökonomischen Beziehungen zu unterscheiden, wobei sie die Konzeption befürworten, die reale Praxis aber häufig verurteilen (Saslawskaja 1988, S. 40–42).

Solche unterschiedlichen Denk- und Verhaltensweisen der Manager in bezug auf den wirtschaftlichen und gesellschaftlichen Wandel, wie sie Saslawskaja hier andeutet, versuchen wir im folgenden durch eine Typisierung auf der Grundlage unserer empirischen Erhebung faßbar und verständlich zu machen. Differenzierungskriterien zur Konstruktion unserer Typologie sind die Stellung und Auffassung der Manager zur Marktwirtschaft einerseits und zur Privatisierung andererseits. Diese beiden Kriterien bilden die zentralen Dimensionen des ökonomischen Tranformationsprozesses in Rußland und beeinflussen unmittelbar die Arbeits- und Berufssituation der Manager, die im Zentrum unserer Untersuchung steht.

Unsere Typologie erhebt nicht den Anspruch statistischer Repräsentativität. Sie bezeichnet vielmehr die Extrempole eines »Vierecks« von Typen, innerhalb dessen sich die konkreten Manager einordnen lassen. Angaben zur exakten quantitativen Verteilung der Typen sind also nicht möglich. Gleichwohl werden wir eine Aussage darüber versuchen, mit welchen Haupttendenzen sich die Entwicklung russischen Managements nach unseren Eindrücken und Befunden vollzieht.

Der in der Tendenz häufigste Typus unseres Samples ist der von uns so bezeichnete *Markt-Manager* (Typ I). Wir fassen darunter jene durch den gesellschaftlichen und ökonomischen Wandel hervorgebrachten Manager meist größerer Industrieunternehmen, die grundsätzlich willens und bereit sind, sich auf eine Marktwirtschaft anstelle der Planwirtschaft einzurichten. Dabei ist ihre Auffassung von Marktwirtschaft untrennbar verbunden mit einer mehr oder minder ausgebauten betrieblichen oder überbetrieblichen Sozialpolitik. Insofern sind diese Manager Protagonisten einer allerdings nicht genau definierten sozialen Marktwirtschaft.

Gleichzeitig tritt dieser Typus des Managers nur eingeschränkt bzw. mit bestimmten Vorstellungen für die Privatisierung ein. So bevorzugt die Mehrheit dieser Manager eine Privatisierung der Betriebe, durch die das Kollektiv, also die Belegschaft einschließlich des Managements, zum Eigentümer wird. Ein kleinerer Teil der Markt-Manager sprach sich für eine »sozialistische Marktwirtschaft« aus, einer Marktwirtschaft ohne Privatisierung des Eigentums an Produktionsmitteln also. Alle Manager dieses Typus präferieren als ökonomischen Regelungsmechanismus den Markt gegenüber dem Plan, das heißt im einzelnen: Sie befürworten die Eigenständigkeit der Unternehmen, insbesondere ihre Tätigkeit in eigener Verantwortung und für eigene Rechnung. Dies impliziert auch, daß sie von den Unternehmen die Behauptung auf dem Markt in Konkurrenz mit anderen erwarten und fordern.

Bei den Markt-Managern handelt es sich also um grundsätzlich reformorientierte Manager, die allerdings die Einführung eines manchesterliberalen Kapitalismus ebenso ablehnen, wie die staatlich gelenkte Planwirtschaft.

Von der beruflichen und gesellschaftlichen Herkunft aus betrachtet ist der Typus des Marktmanagers recht heterogen zusammengesetzt. Es finden sich hier sowohl ehemalige staatliche Wirtschaftsmanager, die versuchen, die Staatsbetriebe, denen sie seit längerer Zeit vorstehen, auf die Marktwirtschaft um- und einzustellen wie Vertreter der ehemaligen politischen Nomenklatura. Letztere haben sich mit Hilfe der alten Partei- und Gewerkschaftsschicht hohe Positionen in Betrieben gesichert und sehen ihr Unternehmen als Keimzelle für die neue Marktwirtschaft, d. h. sie versuchen gesellschaftlich innovativ zu wirken. Damit unterscheiden sie sich von jenen ihrer ehemaligen Kollegen, die sich hohe Positionen in den Unternehmen ausschließlich im Interesse ihrer persönlichen Bereicherung gesichert haben und so letztlich gesellschaftlich und ökonomisch destruktiv wirken.

Schließlich fallen unter den Typus des Markt-Managers auch eine Reihe von Seiteneinsteigern. Dies sind oft Wissenschaftler, die mit zum Teil großem Erfolg neue Unternehmen, häufig als Kooperativen und Joint-Ventures gründen. Sie entwickeln in der Phase des Umbruchs neue, vorher verdeckte Qualifikationen und Kompetenzen. Diese Seiteneinsteiger finden sich allerdings im industriellen Sektor eher selten und in der Großindustrie so gut wie gar nicht.

Im Gegensatz zum Markt-Manager lehnen die unter dem Typus des *traditionalistischen Managers* (Typ II) zu fassenden Manager nicht nur die Privatisierung, sondern auch die Einführung eines Marktsystems entschieden ab. Sie halten bewußt an den politischen und ökonomischen Traditionen fest, jedenfalls soweit dies in einer Phase des Übergangs möglich ist. Sie weisen Glasnost und Perestroika zurück und wünschen eine Rückkehr zu den alten Verhältnissen. Diese Manager verlängern mehr oder minder linear die Entwicklung bis zum Ende der Breschniew-Zeit Anfang der achtziger Jahre in die Zukunft, allerdings unter euphemistischer Unterschlagung jener gesellschaftlichen und ökonomischen Probleme, die ja erst zu Glasnost und Perestroika geführt haben. Solche Auffassungen waren oft in den privilegierten Betrieben aus der Rüstungsindustrie zu finden. Auf der individuellen Ebene streben die Traditionalisten in erster Linie eine Sicherung der eigenen Positionen und Privilegien an.

In unserem Sample war der Typus des Traditionalisten in erheblich geringerem Maße als der des Markt-Managers vertreten, dies schon allein deswegen, weil dem Gros der russischen Manager klar ist, daß eine Rückkehr zu den alten Verhältnissen kaum möglich erscheint. Inwieweit diese Erkenntnis bei manchem Manager allerdings weniger auf innerer Einsicht, sondern eher auf einer Anpassung an unvermeidbare Notwendigkeiten beruht, muß hier offen bleiben.

Kommen wir zu Typus III unseres Schemas, dem *Entrepreneur*. Er ist sowohl Befürworter der Marktwirtschaft als auch einer weitreichenden Privatisierung. Der Entrepreneur findet sich vorwiegend im Handels- und Dienstleistungssektor, meist in Klein-, allenfalls Mittelbetrieben. Er ist in der Regel eher an kurzfristigen Gewinnen, also schnellem Profit, interessiert und weniger an einem längerfristigen kontinuierlichen Strukturwandel hin zu einer sozialen Marktwirtschaft. Sozialpolitisch ist der Entrepreneur meist eifriger Verfechter manchester-liberaler Ideen, also letztlich eines Verzichts auf eine aktive Sozialpolitik, denn das kostet ihn am wenigsten. Soziologisch setzt sich der Entrepreneur noch aus weit mehr Gruppen zusammen als der Markt-Manager. Hier sind vom Mitglied der ehemaligen politischen und ökonomischen Nomenklatura über Wissenschaftler und Künstler auch alle möglichen weiteren Bevölkerungsgruppen vertreten.

In unserem Sample kam der Typus des Entrepreneurs nur sehr vereinzelt vor, was vornehmlich an unseren Auswahlkriterien lag. Da wir uns auf den Bereich der Industrie konzentrierten, der Entrepreneur in der Regel aber den Bereich von Handel, Banken und Dienstleistungen bevorzugt, erschien er weniger in unserem Blickfeld. Dafür spielt er ansonsten in der öffentlichen Diskussion eine weit wichtigere Rolle.

Insgesamt scheint uns allerdings, daß die neuen Entrepreneurs, insbesondere aus westlicher Sicht, in ihrer perspektivischen Bedeutung für den gesellschaftlichen und ökonomischen Wandel in Rußland nicht selten in schönfärberischer Weise überschätzt werden. Denn die Zukunft eines riesigen Landes wie Rußland kann wohl kaum einzig durch eine Legion von Kleinhändlern, persönlichen Dienstleistungbetrieben und Spekulanten gesichert werden. Zudem ist auch die meist kurzfristige Profitorientierung der Entrepreneurs möglicherweise eher Hemmnis denn Motor einer wirtschaftlichen Stabilisierung. Auf der anderen Seite ist aber der Entrepreneur keineswegs nur negativ einzuschätzen, wie es häufig in Rußland selbst geschieht. Denn er verkörpert eine neue, bis vor kurzem nicht vorgesehene soziale Rolle und Funktion, nämlich die des Unternehmers, welche für eine funktionierende Marktwirtschaft unerläßlich ist und die in Rußland erst noch eine allgemeine gesellschaftliche Akzeptanz gewinnen muß. Insofern läßt sich sagen, daß der Entrepreneur im gesellschaftlichen Bewußtsein den Gedanken der Marktwirtschaft am schnellsten vorantreiben kann. Dabei erweist sich allerdings als außerordentlich hinderlich, daß es bisweilen fließende

Übergänge vom Typus des Entrepreneurs zu unserem Typ IV, dem *Mafioso*, gibt. Die Mafiosi sind, ähnlich wie der Typus des Entrepreneurs, Befürworter der Privatisierung, weil diese grundlegende Voraussetzung für ihre persönliche Bereicherung ist. Im Unterschied zum Entrepreneur bedienen sie sich dabei krimineller Methoden. Sie stammen sowohl aus dem »traditionellen Milieu« als auch aus der staatlichen Bürokratie. Dagegen sind sie keineswegs Protagonisten einer funktionierenden Marktwirtschaft. Wir meinen jedenfalls, daß der Mafioso kein Ausdruck marktwirtschaftlichen Denkens und Handelns ist, sondern daß er das Nichtfunktionieren des Marktes geradezu zur Voraussetzung hat. Insofern ist seine ökonomische Rolle mehr die eines Raubritters oder Wegelagerers als die des marktwirtschaftlichen Unternehmers. Der Mafioso hat daher zwar auch kein Interesse an einer Rückkehr zu früheren zentralen Verwaltungswirtschaft, aber auch nicht an der Herstellung eines intakten Marktsystems mit seinem spezifischen Normengefüge. Denn in einem solchen wären Schwarzmarkt, Korruption und andere illegale Geschäftstätigkeiten, aus denen er seinen Nektar saugt, zwar nicht ausgeschlossen. aber doch nur eine Randerscheinung.

Über die Verbreitung des Mafioso in der russischen Gesellschaft lassen sich keine exakten Angaben machen. In unserem Sample kam er praktisch gar nicht vor, was zum einen an unseren Auswahlkriterien, zum anderen aber auch an unserer methodischen Vorgehensweise liegt, die eine soziologische und keine kriminalistische war.

Wir vermuten allerdings, daß die Bedeutung der Mafia in ihrer öffentlichen Darstellung eher größer erscheint als sie in der Praxis tatsächlich ist, sei es aus politischem Kalkül, aufgrund fehlender oder falscher Informationen oder auch aus purer Sensationshascherei. Gleichwohl ist festzuhalten, daß insbesondere die Korruption mit all ihren Implikationen den Übergang der russischen Ökonomie in eine funktionierende Marktwirtschaft in weitreichender Weise behindert. Und dies nicht nur, weil sie unmittelbar ökonomischen Schaden anrichtet, sondern auch – und dies dürfte auf längere Sicht zumindest ebenso gravierend sein – weil sie eine breite gesellschaftliche Akzeptanz und Durchsetzung eines marktwirtschaftlichen Normengefüges diskreditiert und damit unter Umständen unmöglich macht.

Vergegenwärtigt man sich noch einmal die von uns konstruierte Typologie, so werden auch hieran die großen Schwierigkeiten des Transformationsprozesses deutlich. Der Traditionalist und der Mafioso sind aus den erwähnten Gründen als Träger einer solchen Transformation nicht geeignet. Diese Rolle und Funktion kann nur von den Markt-Managern und den Entrepreneurs wahrgenommen werden. Aber auch diese Typen sind in sich sehr komplex und vor allem differenziert, so daß hier noch kein einheitliches Denk- und Handlungsgefüge einer gesellschaftlichen Gruppe von Unternehmern und Managern entstehen konnte. Wichtig erscheint uns dabei, daß nicht der Entrepreneur allein als Garant einer zukünftigen Marktwirtschaft angesehen werden darf, wie dies gerade aus dem Westen häufig getan wird. Vielmehr kommt hier nach unserer Auffassung gerade dem als Markt-Manager bezeichneten Typus eine entscheidende Rolle bei der Bewältigung der Probleme des Übergangs zu.

4. Fazit und Ausblick

Die Manager in Rußland müssen derzeit in einer Gesellschaft ihre eigene Situation verarbeiten, ihre Rolle definieren und Handlungskonzepte entwerfen, deren gegenwärtige Konturen in hohem Maße undurchschaubar und deren Zielsetzungen noch nicht hinreichend definiert sind.

Dabei wurde und wird vielfach von dem hartnäckigen Mißverständnis ausgegangen, daß Marktwirtschaften »ursprünglich« sind, daß sich deren Entwicklung also naturwüchsig vollzogen hätte. Wenn erst die rechtlichen Hindernisse, die der freien Betätigung der Wirtschaftssubjekte im Wege stünden, beseitigt wären, würde sich alles von allein regeln. Dieser Glaube – vielfach auch von westlichen, insbesondere amerikanischen Beratern genährt – hat sich als falsch erwiesen. Marktwirtschaft ist politisch gewollt und politisch durchgesetzt, sie muß auch politisch immer wieder reformiert werden. Denn Marktwirtschaft ist eine Kultur- und Zivilisationsleistung, die von den Wirtschaftssubjekten angeeignet und beherrscht werden muß.

Insofern ist die Durchsetzung der Marktwirtschaft auch eine Frage ihrer Legitimation und ihrer Akzeptanz durch die Bevölkerung. Und die ist zur Zeit gering: Gemäß einer von der Europäischen Union in Auftrag gegebenen Meinungsumfrage votierten 75 Prozent der befragten Russen gegen die Marktwirtschaft – so die Financial Times vom 8. März 1995.

Die Schwierigkeit, in der der Westen in diesem Prozeß steckt, ist die, daß

- weder die fatalistische Hoffnung, daß Abwarten alle Probleme von allein lösen würde,
- noch ein mit viel Geld verbundener Überbrückungsaktionismus, der entweder die negativen Strukturen und Institutionen künstlich am Leben erhält oder/und umstandslos aus der russischen Gesellschaft eine Kopie der westlichen bürgerlichen Demokratien machen möchte,

eine geeignete Strategie zur Bewältigung des gegenwärtigen Chaos ist. Denn das autokratische Erbe Rußlands verhindert jede vollständige Übernahme westlichen Gedankenguts.

Letztlich geht es also um Lernprozesse aller relevanten Gesellschaftsgruppen und der sich ihnen zugehörig fühlenden Individuen, um die Um- und Einstellungsprozesse mit dem Ziel, eine Marktfähigkeit und eine Marktbereitschaft im Sinne des individualistisch-liberalen Normgefüges bürgerlicher Gesellschaften auszubilden. Historische Erfahrungen sollten in diese Lernprozesse ebenso mit einfließen wie auch kulturell-geographische Besonderheiten, um dann tatsächlich eine Rechts- und Lebensform zu entwickeln, die auch legitim ist in den Augen der Bevölkerung.

Und schließlich ist die Lösung des Managementproblems eine notwendige Voraussetzung zur Überwindung der Krise und zur Bewältigung des Übergangs in Rußland. Es muß sich, wenn nicht eine neue Generation, so doch ein neuer Typus des Managers herausbilden. Diese Manager brauchen die Chancen, Risiken mit neuen Produkten und Verfahren einzugehen. Sie brauchen ferner einen verläßlichen rechtlichen Rahmen, innerhalb dessen sie ihr Managementhandeln einrichten und in gewisser Weise auch kalkulieren können. Dann könnte auch ein Austausch von Managern zwischen Ost und West und damit sowohl die Anwendnung westlicher Managementmethoden in Rußland als auch das Kennenlernen der russischen Verhältnisse durch westliche Manager weit mehr bewirken als bisher.

Vor dem Hintergrund unserer empirischen Befunde sind wir der Auffassung, daß das Potential eines solchen neuen Typus von Manager in Rußland durchaus vorhanden ist und zwar nicht nur (und auch nicht in erster Linie) in Gestalt des im Westen oft einseitig überhöhten Entrepreneurs, sondern auch und vielmehr in dem von uns so bezeichneten Markt-Manager. Dieser Typus scheint uns am ehesten geeignet, die wirtschaftliche Zukunft Rußlands zu bewältigen, eines räumlich riesigen und industriell entwickelten Landes, dessen ökonomische Existenz durch ein Heer von Kleinunternehmern des tertiären Sektors wohl kaum gewährleistet werden kann.

Literatur

Berliner, J.S., Factory and Manager in the USSR, Cambridge/Mass. 1957.
Eberwein, W., Tholen, J.; Managermentalität. Industrielle Unternehmensleitung als Beruf und Politik, Frankfurt/M. 1990.
Eberwein, W., Tholen, J., Euro-Manager or Splendid Isolation – An Anglo-German Comparison, Berlin/New York 1993.
Eberwein, W., Tholen, J., Zwischen Markt und Mafia. Russische Manager auf dem schwierigen Weg in eine offene Gesellschaft, Frankfurt/M. 1994.
Granick, D., Der rote Manager, Düsseldorf 1960.
Hentze, J., Lindert, K., Manager im Vergleich. Daten aus Deutschland und Osteuropa. Arbeitssituation, Anforderungen und Orientierungen, Bern und Stuttgart 1992.
Kuebart, F., School Reform, Technological Modernisation of the Economy and Vocational Training in the Soviet Union, in: J. Duncan (Hrsg.): Soviet Education under Scrutiny, Glasgow 1987, S. 70–87.
Linz, S., Perestroika and Production: Management's Response to Reform, Michigan State University, Soviet Interview Project (SIP), Working Paper No. 57, University of Illinois, March 1989.
Rutland, P., The Politics of Economic Stagnation in the USSR, Cambridge 1993.
Saslawaskaja, T., Zur Strategie der sozialen Steuerung der Perestroika, in: J. Afanasjew (Hg.): Es gibt keine Alternative zur Perestroika, Nördlingen 1988, S. 21–72.

Arbeitseinstellungen im Osten Europas – kulturell oder situativ bedingt?

Michael Schlese, Florian Schramm

Die Einstellungen, Orientierungen und Werte der Beschäftigten sind von zentraler Bedeutung für die Transformation der Betriebe im Osten Europas. Eine repräsentative Umfrage in elf Ländern gibt einen Einblick in das subjektive Verhältnis der Menschen dort zu ihrer Erwerbsarbeit: So sind Familie und Arbeit in allen Ländern gleichermaßen von höchster Bedeutung. Hinsichtlich der Arbeitsethik bestehen in jedem Land unterschiedliche Auffassungen. Die Wichtigkeit von einzelnen Aspekten der Berufstätigkeit läßt die zentrale Stellung des Einkommens erkennen, wobei andere Aspekte keineswegs vernachlässigt werden dürfen. Gesamtwirtschaftlich orientieren sich die Menschen in allen untersuchten Ländern an dem Modell einer Sozialen Marktwirtschaft. Der für Westdeutschland bekannte starke Einfluß wahrgenommener Freiräume auf die Arbeitszufriedenheit läßt sich in allen Ländern nachweisen. Insgesamt stützen die Ergebnisse die Auffassung, daß wesentliche Elemente des subjektiven Verhältnisses zur Arbeit situativ zu erklären sind, so daß man sich auf eine Erklärung des Arbeitnehmerverhaltens im Osten Europas mit kulturellen Eigenheiten allein nicht zurückziehen darf.

1. Zur Bedeutung der Arbeitseinstellungen

1.1 Vorbemerkungen

Management im Osten Europas bedeutet für deutsche Führungskräfte, sich in eine fremde Arbeitswelt zu begeben. Es liegt nahe, es dort mit »andersartigen« Menschen zu tun zu haben. Der Umgang mit diesen verlangt dann den Einsatz besonderer Führungsinstrumente, insbesondere, weil die Beschäftigten zentral für den erfolgreichen Umbau der Wirtschaft im Osten sind. Die Frage ist: In welchem Sinne unterscheiden sich diese Beschäftigten von den hiesigen? Wenn sie sich fremdartig verhalten, kann das der Ausdruck der individuellen Lagen sein, in denen sie sich befinden. In vergleichbaren Situationen würden deutsche

Beschäftigte dann ähnlich reagieren. Oder sind die Verhaltensunterschiede Ausdruck fremder Kulturen und somit nur schwer und eher langfristig zu ändern? Das sind Fragen, mit denen der Praktiker als Manager oder als Wirtschaftspartner konfrontiert ist. Wir wollen versuchen, darauf aus einer verhaltenswissenschaftlichen Perspektive (vgl. Staehle 1989) eine Antwort geben. Dabei bestimmen wir zuerst grundlegende Begriffe und erläutern die Relevanz unserer Themenstellung. Anschließend beschreiben wir die Orientierungen der Beschäftigten anhand einer empirischen Untersuchung. Der Zusammenhang von Einstellungen und Beschäftigungssituation wird am Beispiel der wahrgenommenen Freiräume am Arbeitsplatz vorgestellt und diskutiert.

1.2 Begriffsbestimmungen

Ein Schlüssel für das Verhalten der Beschäftigten ist die Analyse der Einstellungen, Orientierungen und Werte. Die *Arbeitseinstellungen* lassen sich als subjektive Komponenten der Persönlichkeit auffassen, die nicht direkt beobachtbar sind. Sie sind erlernt, zahlreich und können sich im Zeitablauf verändern. Sie bestehen aus drei Komponenten: Eine affektive Komponente, in der die Zuwendung oder Abwendung zum Einstellungsgegenstand zum Ausdruck kommt. Eine kognitive Komponente, die das Wissen um den Einstellungsgegenstand erfaßt. Schließlich eine Komponente der Verhaltensbereitschaft, das heißt die Bereitschaft auf den Einstellungsgegenstand entsprechend zu reagieren. Das *subjektive Verhältnis zur Arbeit* läßt sich mit diesem Einstellungsbegriff nicht vollständig erfassen. Hierzu gehören auch Werthaltungen. Diese sind ebenfalls Komponenten der Persönlichkeit, dabei wenig strukturiert, aber stabil. Sie sortieren Einstellungen und betonen vor allem das affektive Element. Ein Beispiel für eine Werthaltung ist die allgemeine und langfristige Wertschätzung, die die Erwerbsarbeit – etwa im Vergleich zur Freizeit – erfährt. Die Orientierungen – wie z. B. die erfragte, mittelfristige Wichtigkeit der Lebensbereiche »Arbeit« oder »Freizeit«, die wir unten darstellen – sind in dieser Systematik zwischen den Werthaltungen und kurzfristigen, konkret auf Objekte bezogenen Einstellungen anzusiedeln.

Arbeitseinstellungen, Werte und Orientierungen sind offensichtlich komplexe Gebilde: Sie bestehen aus zahlreichen Facetten, die keineswegs gleichartig sind. Diese Facetten stehen zudem in vielfältigen Beziehungen zueinander. Die Ausgestaltung der Facetten sowie die Intensität und Art der Beziehungen untereinander sind im Zeitverlauf veränderlich. Dies ist mitzubedenken, wenn im folgenden Aussagen über Arbeitseinstellungen ganzer Nationen gemacht werden. Hier erfolgt eine Aggregation einer Vielzahl von Aussagen, die unterschiedliche Haltungen repräsentieren. So findet sich auch in Deutschland nicht nur eine Arbeitseinstellung, selbst wenn es eventuell eine »typisch deutsche« Arbeitseinstellung gibt. Einstellungen, Orientierungen und Werte stehen einerseits in einem Zusammenhang mit der Unternehmenskultur, die wiederum mit der Landeskultur zusammenhängt. Unter der *Kultur des jeweiligen Landes* verstehen wir die Gesamtheit der Schöpfungen bzw. Artefakte, der Werte und der Weltbilder der Menschen eines bestimmten Territoriums (vgl. Staehle 1989, S. 466). Andererseits beeinflussen die sozialen Lagen (z.B. die Einkommensstruktur, Bildungs- und Aufstiegschancen sowie das Beschäftigungssystem) die Einstellungen, Werte und Orientierungen. Darüber hinaus sind als Einflußfaktoren betriebliche Aspekte (z. B. die Marktlage des Unternehmens, die Wahrnehmung dieser Lage durch das Management und das sich daraus ableitende Verhalten der Organisation) zu nennen.

All dies wirkt auf das Verhalten der Beschäftigten ein. Manager können nur in Grenzen mitgestalten. Insbesondere betrifft dies die Art und Weise, wie die betriebliche Situation den Beschäftigten vermittelt wird. Dabei spielen die Annahmen der Führungskräfte darüber eine Rolle, inwiefern die Kulturen eines Landes bzw. einer Beschäftigtengruppe, die gewachsene Unternehmenskultur und die Beschäftigungssituation das Verhalten der Beschäftigten beeinflussen. Solche Annahmen bedürfen einer Prüfung, wie sie mit der Analyse des subjektiven Verhältnisses zur Arbeit erfolgen kann.

1.3 Der Mensch als »Produktionsfaktor«

Unverzichtbarer Bestandteil des »Inputs« für die betriebliche Erstellung von Gütern und Dienstleistungen ist die Arbeitsleistung vom Hilfsarbeiter bis zum Top-Management. Der vom Mitarbeiter erbrachte Beitrag hängt neben den situativen Faktoren wesentlich von den Fähigkeiten (»Können«) und von der Bereitschaft (»Wollen«) ab. Bei den Fähigkeiten ist an erster Stelle an die erworbenen Qualifikationen zu denken. Diesen lassen sich Fähigkeiten wie die zur Kommunikation und zur Kooperation hinzurechnen, die nicht fachspezifischer Natur sind. Nicht weniger wichtig ist die Bereitschaft, Leistungsbeiträge zu erbringen. Ohne diese ist kaum ein hochwertiger Output zu erzeugen. Die tiefgehenden Transformationsprozesse der osteuropäischen Wirtschaft implizieren entsprechende Lernprozesse in den Belegschaften. Die Bereitschaft zum Wandel und zum Lernen – unterstützt durch personalpolitische Instrumente – ist für einen erfolgreichen Umbau der Betriebe wesentlich.

Bei der internationalen Zusammenarbeit wird die Unterschiedlichkeit von Arbeitseinstellungen besonders deutlich. Die Formen der Zusammenarbeit können dabei von einfachen Lieferbeziehungen bis hin zu Joint Ventures, Unternehmensübernahmen und Fusionen reichen. Stets müssen Beschäftigte aus verschiedenen Kulturen zusammenarbeiten, um betrieblich erfolgreich zu sein. Hier können die Einstellungen, Orientierungen und Werte der Betroffenen förderlich oder hinderlich sein (vgl. Hradil 1995). Die Frage nach dem Erfolg und nach den Risiken von Auslandsentsendungen berührt unsere Thematik. Bei zahlreichen Unternehmenskooperationen ist ein Austausch von Mitarbeitern, zumindest aber ein Entsenden westlicher Mitarbeiter notwendig und erwünscht. Diese stoßen auf eine Situation und auf Menschen, die ihnen nicht vertraut sind.

2. Arbeitseinstellungen im Osten: ein Überblick

2.1. Zur Methode

Hier ist kein Platz für eine Methodendiskussion. Dennoch sind einige Anmerkungen erforderlich. Die idealtypische Datengrundlage für die Fragestellung wäre eine internationale Umfrage mit gleichartigem Programm, welche auf einem hohen methodischen Niveau zeitnah durchgeführt wurde. Diese Daten gibt es nicht. Umfrageforschung war im »Ostblock« mit der Ausnahme von Ungarn bis vor einigen Jahren nicht im Umfang und vom Standard her mit westlichen Umfragen zu vergleichen. Internationale Umfragen sind ohnehin selten. Das Ausweichen auf nationale Ergebnisse (vgl. Gottlieb/Yuchtmann-Yaar/Strümpel 1994), um diese dann zu vergleichen, scheidet aus methodischen Gründen aus. Daher stellen wir im folgenden Daten aus einer 1989 bis 1993 durchgeführten Umfrage vor, die dem Idealtypus am nächsten kommt. Die Aussagekraft der in Anbetracht der Veränderungen im Osten Europas vergleichsweise alten Daten bleibt freilich beschränkt. Die Ergebnisse ermöglichen aber, die »Alltagstheorien« über die osteuropäischen Beschäftigten zu überdenken. Bei den verwendeten Daten handelt es sich um eine von Ronald Inglehart konzipierte Studie, bei der in 74 Ländern bzw. Regionen Umfragen zu Werthaltungen und Einstellungen durchgeführt wurden. In unserer Analyse sind die Daten von 8287 Personen in Vollzeitbeschäftigung aus elf Ländern im Osten Europas sowie zusätzlich aus der Region Moskau berücksichtigt. Die Anzahl der Befragten schwankt zwischen 368 Befragten in Litauen und 1350 Befragten in Rußland. Im Durchschnitt wurden knapp 700 Personen pro Land erfaßt. Der Befragungszeitraum lag zwischen 1989 in Polen und 1993 in Rumänien, der überwiegende Teil der Befragungen fand 1990 statt.

2.2 Orientierungen

Ein wichtiges Element der Orientierungen der Beschäftigten ist die *Wichtigkeit verschiedener Lebensbereiche (*vgl. Tabelle 1). Hier sind den Befragten sechs Lebensbereiche vorgestellt worden, die sie unterschiedlich stark in ihrer Bedeutung gewichten konnten. Für Osteuropa insgesamt läßt sich feststellen, daß der Lebensbereich der Familie am stärksten betont wird. So geben beispielsweise 91 Prozent der Ungarn an, daß die Familie eine »sehr hohe« Bedeutung für sie hat. In anderen Ländern ist ebenfalls eine hohe Bedeutung der Familie erkennbar, auch wenn – wie z.B. in Litauen – die entsprechenden Prozentzahlen deutlich niedriger liegen. Stets ist zu erkennen, daß die Familie relativ zu anderen Lebensbereichen am wichtigsten ist. Dieses Muster gilt auch in Deutschland (vgl. Landua u.a. 1993, S. 36ff.).

Nach der Familie rangiert die Arbeit stets an zweiter Stelle. So geben 74 Prozent der Slowenen und 33 Prozent der Esten an, daß der Lebensbereich Arbeit für sie »sehr wichtig« sei. Der relative Stellenwert – dieser ist zu interpretieren! – ist immer derselbe. Die folgenden Lebensbereiche werden deutlich seltener genannt. Auch ist ihre Reihenfolge nicht mehr in jedem Land dieselbe. Ein Vergleich mit Ostdeutschland 1990 (2886 Befragte in Vollzeitbeschäftigung[1] ergibt ein ähnliches Bild: In

---

[1] Quelle sind eigene Berechnungen auf der Grundlage des Sozioökonomischen Panels in Deutschland.

168 Übertragung von Management-Know-how

Tabelle 1: Die Wichtigkeit verschiedener Lebensbereiche nach Ländern

	Ungarn	Polen	Weißrußland	Tschechoslowakei	Slowenien	Bulgarien	Rumänien	Moskau	Litauen	Lettland	Estland	Rußland
Arbeit	62	69	57	56	74	56	67	50	45	36	33	48
Familie	91	90	77	86	81	73	86	78	65	73	67	79
Freunde	29	20	35	26	31	38	27	38	19	15	20	28
Freizeit	36	40	37	30	26	37	29	33	19	21	25	30
Politik	4	10	14	8	6	14	5	13	14	9	9	10
Religion	13	27	10	9	12	10	32	9	13	4	3	8

Fragen: Bitte sagen Sie für das folgende, wie wichtig es in Ihrem Leben ist. Antwortkategorien »sehr wichtig«, »wichtig«, »nicht sehr wichtig«, »unwichtig«. Dargestellt ist die Antwort »sehr wichtig« in Prozent der 8287 befragten Vollzeitbeschäftigten (über 30 Wochenstunden).

Ostdeutschland rangiert die Familie an erster Stelle (87 Prozent), die Arbeit mit 57 Prozent an zweiter Stelle, gefolgt von Freizeit (40 Prozent), Freunden (26 Prozent) und politischem Einfluß (11 Prozent). Da diese Einschätzungen von den Westdeutschen geteilt werden, ist davon auszugehen, daß im Osten Europas ähnliche Prioritäten – gemessen an der Wichtigkeit von Lebensbereichen – wie in Deutschland existieren. Bei differenzierter Betrachtung ist natürlich auf nationalspezifische Charakteristika hinzuweisen. In der Regel erfährt in den osteuropäischen Ländern die Freizeit eine relativ hohe Betonung. Ein ähnlicher Stellenwert kommt allerdings auch dem sozialen Umfeld zu. Charakteristische Unterschiede bestehen bezüglich des Stellenwertes der Religion. Erwartungsgemäß nimmt diese in Polen einen großen Raum ein, während ihr in den baltischen Staaten nur eine geringe Bedeutung zukommt.

Die relative Wichtigkeit von Lebensbereichen gibt keinen hinreichenden Aufschluß über das subjektive Verhältnis der Erwerbstätigen zu ihrer Arbeit, dazu ist sie viel zu allgemein. Daher werden im folgenden verschiedene Möglichkeiten, wie Erwerbsarbeit verstanden werden kann – wir nennen diese verkürzt »*Arbeitsethik*« – dargestellt (vgl. Tabelle 2). Hier sind im osteuropäischen Vergleich Unterschiede zu erkennen:

Tabelle 2: Die Arbeitsethik im Osten Europas

	Ungarn	Polen	Weißrußland	Tschechoslowakei	Slowenien	Bulgarien	Rumänien	Moskau	Litauen	Lettland	Estland	Rußland
Arbeit ist ein Geschäft	26	26	24	17	12	27	24	20	20	14	26	25
das Beste unabhängig von der Bezahlung leisten	36	29	22	41	32	16	16	20	33	21	21	35
Arbeit ist ein notwendiges Übel	26	9	26	12	16	28	23	25	20	23	25	32
Arbeit soll das übrige Leben nicht beeinträchtigen	29	36	27	21	18	19	26	28	28	31	25	25
Arbeit ist das Wichtigste im Leben	11	0	14	8	18	9	13	9	12	10	6	12

Frage: Hier sind verschiedene Aussagen über den Grund zu arbeiten. Unabhängig davon, ob sie erwerbstätig sind, welche Aussage kommt Ihrer eigenen Ansicht am nächsten?
Dargestellt sind Prozent der genannten Aussagen von 8287 befragten Vollzeitbeschäftigten (über 30 Wochenstunden).

So rangiert in Ungarn, der Tschechoslowakei, Slowenien, Litauen und Rußland eine Haltung, die mit »das Beste geben« umschrieben wurde, an erster Stelle. Eine extrem positive Haltung gegenüber der Arbeit, die durch das Statement »Arbeit ist das Wichtigste« erfaßt wurde, wird stets nur von kleineren Minderheiten genannt. Eine Arbeitsethik, die ein Gleichgewicht zwischen Arbeit und anderen Lebensbereichen sucht (»Arbeit soll das übrige Leben nicht beeinträchtigen«), ist dagegen in mehreren osteuropäischen Ländern verbreitet. In Polen, Weißrußland, Rumänien, Lettland sowie in der Region Moskau wird diese Haltung am häufigsten dokumentiert. Ein subjektives Verhältnis zur Erwerbsarbeit, welches als instrumentell bezeichnet werden kann (»Arbeit als Geschäft«), ist nur in Estland besonders oft genannt. Ein entfremdetes Verhältnis zur Erwerbsarbeit »als notwendiges Übel« wird in Bulgarien besonders oft dokumentiert.

Wie sind diese Ergebnisse zu interpretieren? Vor allem ist festzuhalten, daß die Arbeitsethik in jedem Land unterschiedlich ausgeprägt ist. Beispielsweise ordnen sich in Ungarn 36 Prozent der Befragten zu dem Statement »das Beste geben« zu, aber auch die anderen Aussagen wurden von relativ großen Minderheiten genannt. In Polen und in der Tschechoslowakei wurde das Verhältnis zur Arbeit anders als in den übrigen Ländern erfragt. In diesen beiden Ländern wurden die Befragten forciert, nur ein Statement auszuwählen. Im Ergebnis führt dies dazu, daß in der Tschechoslowakei »das Beste geben« mit weitem Abstand – mit 41 Prozent – am häufigsten genannt wird. In Polen dagegen ist das Statement »Arbeit soll das übrige Leben nicht beeinträchtigen« mit 36 Prozent am häufigsten genannt worden. Diese unterschiedlichen Angaben lassen auf ein unterschiedliches subjektives Verhältnis zur Erwerbsarbeit in Polen und in der Tschechoslowakei schließen. Bei den übrigen Ländern muß eine Interpretation zurückhaltender erfolgen. Sicher ist, daß sich in allen Ländern Menschen mit unterschiedlicher Arbeitsethik finden lassen. Allerdings ist auch dies nur eine sehr allgemeine Information über das Verhältnis zur Erwerbsarbeit.

Die konkreten Ansatzpunkte, im betrieblichen Kontext Motivation zu erzeugen, sind vielfältig. Aufschluß über ihre Potentiale gibt die Wichtigkeit verschiedener Aspekte der Arbeit – im Sinne verschiedener *»Motivatoren«* – wie sie in Tabelle 3 dargelegt sind. Die fünfzehn dort angesprochenen Aspekte des Arbeitsplatzes sind selbstverständlich keine vollständige Aufzählung möglicher Motivationspotentiale. Erwartungsgemäß wird angesichts der schwierigen ökonomischen Lagen im Osten den Existenz- und Sicherheitsbedürfnissen ein besonderer Stellenwert zugemessen. Das heißt aber nicht, daß andere Motive deswegen eine geringe Rolle spielen, wie am Beispiel Ungarn zu erkennen ist. Dort ist die Bezahlung von höchster Bedeutung (88 Prozent). An zweiter Stelle wird die Sicherheit des Arbeitsplatzes genannt (75 Prozent). Dies läßt auf eine sehr hohe Bedeutung der Existenz- und Sicherheitsbedürfnisse schließen. Gleichzeitig ist es aber mehr als der Hälfte der Befragten wichtig, mit »netten Kollegen« zusammenzuarbeiten, »schöne Stunden« am Arbeitsplatz zu verbringen, einen hinsichtlich der Qualifikation angemessenen Arbeitsplatz zu haben, sowie eine interessante und verantwortungsvolle Tätigkeit auszuüben. Auch wenn den Ungarn Aspekte des Arbeitsplatzes, die mit sozialer Interaktion, Wertschätzung und »Selbstverwirklichung« zusammenhängen, wichtig sind, heißt dies

Tabelle 3: Die Motivatoren im Osten Europas

	Ungarn	Polen	Weißrußland	Tschechoslowakei	Slowenien	Bulgarien	Rumänien	Moskau	Litauen	Lettland	Estland	Rußland
gute Bezahlung	88	47	89	85	84	91	81	82	80	69	86	85
nette Kollegen	65	9	84	83	86	65	64	74	74	55	76	74
kein Druck	47	0	61	57	53	34	39	50	36	18	31	20
hohe Arbeitsplatzsicherheit	75	6	37	72	80	61	49	26	35	22	40	40
Aufstiegschancen	44	2	22	29	65	36	32	19	14	8	12	17
hohe Anerkennung	15	5	43	32	60	60	52	30	26	33	39	40
schöne Stunden	61	0	60	57	39	57	38	57	53	34	57	49
Eigeninitiative	39	4	40	56	62	50	41	41	30	18	31	30
gesellschaftliche Nützlichkeit	48	8	58	63	64	54	49	51	46	34	37	48
viel Urlaub	38	0	54	39	33	33	39	47	38	30	71	54
Leute treffen	39	0	53	54	60	46	27	48	58	39	57	27
etwas leisten	60	0	42	49	76	44	64	42	47	25	43	28
Verantwortung	53	2	28	48	55	31	32	23	24	14	18	21
interessanter Arbeitsplatz	55	0	73	69	81	55	46	70	63	58	69	68
Qualifikationsangemessenheit	68	16	50	81	66	53	55	39	55	44	54	57

Frage: Hier sind einige Aspekte der Arbeit, von denen die Leute sagen, daß sie wichtig seien. Bitte schauen Sie sich diese an, und sagen Sie, welche Sie für wichtig halten. Mehrfachnennungen sind möglich (Ausnahme Polen).
Dargestellt sind Prozent der genannten Aussagen von 8287 befragten Vollzeitbeschäftigten (über 30 Wochenstunden).

nicht, daß diese Aspekte die wichtigsten Aspekte des Arbeitsplatzes darstellen.

Der Unterschied zwischen den Gewichten verschiedener Aspekte und der Auswahl des wichtigsten Aspektes ist besonders deutlich beim Vergleich der Daten von Polen mit denen der anderen Länder zu sehen. In Polen wurden die Befragten dazu angehalten, nur jeweils einen »Motivator« anzugeben. In den anderen Ländern konnten mehrere angegeben werden. Das Resultat ist, daß in Polen nahezu jeder Zweite die gute

Bezahlung als wichtigsten Aspekt nennt. Aufschlußreich ist, daß dennoch die übrigen Befragten ein anderes Kriterium als wichtigstes nennen. So ist 6 Prozent der Polen die Arbeitsplatzsicherheit wichtiger als die gute Bezahlung. Und immerhin 16 Prozent nennen einen angemessenen Arbeitsplatz als das entscheidende Kriterium.

Korrespondierend zu den Arbeitsorientierungen bestehen die gesamtwirtschaftlichen Orientierungen des »Wirtschaftsbürgers« (siehe Tabelle 4), die als ein System von Werten, Kognitionen und Dispositionen gegenüber der Gesamtwirtschaft zu verstehen sind (vgl. Strümpel 1990, S. 198). Diese Vorstellungen über die Funktionsweise der Wirtschaft und der Gesellschaft sind – ähnlich wie die Wichtigkeit von Lebensbereichen – nicht direkt ausschlaggebend für ein bestimmtes Arbeitsverhalten. Ihre Bedeutung besteht vielmehr – neben ihrer gesellschaftlichen Bedeutung bei Wahlen etc. – in ihrem systematisierenden Einfluß auf individuelle Orientierungen und Einstellungen.

Dargestellt sind die Mittelwerte der zehnstufigen Antwortskala bei 8003 befragten Vollzeitbeschäftigten (über 30 Wochenstunden). Der Wert »10« entspräche einer völligen Übereinstimmung mit der aufgelisteten Aussage, der Wert »1« entspräche einer völligen Ablehnung. Welche normativen Vorstellungen sind zu Beginn der neunziger Jahre in den Ländern im Osten Europas zu erwarten? Für normative Vorstellungen hinsichtlich der Gesamtwirtschaft, die sich nahe an sozialistischen Vorstellungen orientieren, spricht, daß die vorhergehende Sozialisation ihre Spuren hinterlassen müßte, zumal bei jenen, die sich von einem Erhalt alter Strukturen persönliche Vorteile versprechen können. Auch diejenigen, die Marktwirtschaft im wesentlichen als Entstehung mafiöser Strukturen und persönlicher Bereicherung erleben, dürften sozialistischen Vorstellungen eher zugeneigt sein. Für marktwirtschaftliche Normen, die zumindest im öffentlichen Diskurs klar bekundete Abkehr von planwirtschaftlichen Prinzipien zugunsten der Marktwirtschaft, dürfte die Einsicht in die Notwendigkeit eines Neubeginns sowie bei bestimmten Bevölkerungskreisen die Erwartung, Gewinner bei der Transformation zu sein, sprechen.

Die Daten belegen, daß die Bevölkerung im Osten Europas Ansichten äußert, die mit dem westdeutschen Modell der Sozialen Marktwirtschaft verträglich sind. Die Befragten geben sich leistungsorientiert und entlassen den Staat dabei nicht aus der Verantwortung für die soziale Sicherung. Staatlicher Besitz von Produktionsmitteln ist mehrheitlich

Tabelle 4: Gesamtwirtschaftliche Orientierungen in verschiedenen Ländern

	Ungarn	Polen	Weißrußland	Tschechoslowakei	Slowenien	Bulgarien	Rumänien	Moskau	Litauen	Lettland	Estland	Rußland
Einkommen nach individueller Leistung	6,4	7,7	7,4	7,7	5,9	6,8	6,7	7,8	7,3	7,4	7,9	7,1
Ausweitung des Staatseigentums	4,2	4,6	5,9	4,1	3,9	4,2	4,5	5,1	4,8	4,2	4,2	5,5
mehr staatliche Fürsorge	6,3	5,0	5,9	5,6	5,9	5,3	5,1	5,3	5,9	6,7	5,5	5,1
unzumutbare Arbeitsplätze sollten Arbeitslose zurückweisen können	5,3	5,4	5,5	5,6	3,2	6,7	5,8	6,2	5,9	7,4	6,8	5,6
Wettbewerb ist schädlich	3,3	3,1	3,4	2,6	3,2	2,7	2,5	3,1	3,1	2,7	2,8	3,2
beruflicher Erfolg beruht auf Glück und Beziehungen	4,5	5,8	4,4	4,2	4,1	3,8	3,6	4,7	5,5	5,2	4,2	4,2
Wohlstand muß nicht auf Kosten anderer wachsen	6,7	7,7	6,9	5,9	5,6	6,4	6,2	6,4	6,7	6,1	6,5	6,3

Frage: Ich möchte Sie bitten, Ihre Ansicht zu verschiedenen Themen zu schildern. Wie würden Sie Ihre Ansichten auf dieser Skala plazieren? Die »1« bedeutet, daß Sie vollständig der Aussage auf der linken Seite zustimmen, und die »10« bedeutet, daß Sie vollständig der auf der rechten Seite zustimmen. Oder Sie wählen eine Zahl dazwischen.

nicht erwünscht. Darüber hinaus wird der Glaube geäußert, daß Wettbewerb und Leistungswille dem ökonomischen Erfolg dienlich sind. Bei differenzierter Betrachtung werden Unterschiede ersichtlich: Beispielsweise ist der Glaube an die Erfolgsträchtigkeit eigener Anstrengungen in Slowenien niedriger als in Polen ausgeprägt. Auch wird in Slowenien dem Staat eine größere Rolle zugestanden. Die Gesamtschau zeigt aber – angesichts der vielfältigen Veränderungen in Osteuropa – erstaunlich homogene gesamtwirtschaftliche Orientierungen, die mit marktwirtschaftlichen Vorstellungen korrespondieren. Sie sind – und dies ist in diesem Kontext wichtig – eine gute Voraussetzung für die Entwicklung marktwirtschaftlich orientierter Wirtschaftssysteme.

2.3 Freiräume am Arbeitsplatz – ein Einflußfaktor der Arbeitseinstellungen

Die Lage der Beschäftigten im Osten ist durchweg schwierig. Viele sind entweder von Arbeitslosigkeit bedroht, oder das Einkommen aus der Erwerbsarbeit sichert ihnen keinen angemessenen Lebensstandard. Anhand der ostdeutschen Transformation ist einiges über die Reaktion der Beschäftigten auf wirtschaftliche Turbulenzen bekannt. Unsere Resultate in Deutschland (vgl. Schramm 1993) sprechen für einen ausgeprägten Zusammenhang zwischen der Verschlechterung der Situation und der Arbeitszufriedenheit. Insofern die Zufriedenheit einen Einfluß auf die Motivation der Beschäftigten hat, ist es wichtig, stabile Beschäftigungsbedingungen zu schaffen, damit die Bereitschaft der Beschäftigten, sich im Betrieb zu engagieren, nicht durch die Unzufriedenheit mit ihrer Arbeit leidet.

Neben der Arbeitsplatzunsicherheit als ein Indikator der Beschäftigungssituation spielt die Entscheidungsfreiheit am Arbeitsplatz für die Entwicklung von förderlichen Arbeitseinstellungen eine große Rolle. In Westdeutschland besteht ein enger Zusammenhang von Autonomie und Arbeitszufriedenheit (vgl. Nitschke 1988). Die Arbeitszufriedenheit wiederum ist für Betriebe wie Beschäftigte im Zusammenhang von individueller Wohlfahrt, Absentismus, Fluktuation und Leistungsverhalten förderlich (kritisch hierzu: Six/Kleinbeck 1989).

Die wahrgenommene Autonomie unterscheidet sich von Land zu Land in Maßen. In den baltischen Staaten werden vergleichsweise große Freiräume wahrgenommen, in Weißrußland dagegen sind diese offenbar gering (vgl. Tabelle 5). Auch die durchschnittliche Arbeitszufriedenheit unterscheidet sich im osteuropäischen Vergleich. Sie ist in Ungarn, Polen, der Tschechoslowakei und Estland vergleichsweise hoch; in Rußland, Weißrußland sowie Rumänien vergleichsweise niedrig. Innerhalb eines Landes besteht stets ein starker Zusammenhang zwischen der wahrgenommenen Autonomie und der Arbeitszufriedenheit, wie an den jeweiligen Korrelationskoeffizienten abzulesen ist. Die durchschnittliche Korrelation von Autonomie und Arbeitszufriedenheit liegt bei dem

Tabelle 5: Entscheidungsfreiheit, Arbeitszufriedenheit und deren Zusammenhang in verschiedenen Ländern

	Ungarn	Polen	Weißrußland	Tschechoslowakei	Slowenien	Bulgarien	Rumänien	Moskau	Litauen	Lettland	Estland	Rußland
Entscheidungsfreiheit	5,9	5,8	5,1	5,6	5,9	5,5	5,6	5,5	6,2	6,0	6,2	5,5
Arbeitszufriedenheit	7,3	7,2	6,1	6,7	7,1	6,2	6,2	6,1	6,9	6,5	6,7	6,3
Korrelation	0,33	0,34	0,37	0,36	0,32	0,54	0,56	0,41	0,34	0,42	0,47	0,40

Fragen: »Alles in allem, sind Sie zufrieden oder unzufrieden mit Ihrem Job?« Antwortkategorien von »1« (völlig unzufrieden) bis »10« (völlig zufrieden). »Wie frei sind Sie, Entscheidungen an Ihrem Arbeitsplatz zu treffen?« Antwortkategorien von »1« (keinerlei Freiheit) bis »10« (große Freiheit). Dargestellt sind die Mittelwerte der zehnstufigen Antwortskala bei 8097 (Entscheidungsfreiheit) bzw. 8177 (Arbeitszufriedenheit) befragten Vollzeitbeschäftigten (über 30 Wochenstunden).

hohen Wert von 0,4. Dies läßt auf die Bedeutung der Autonomie für die Arbeitszufriedenheit und vermutlich für deren Korrelate wie Fehlzeiten, Fluktuation und Arbeitsmotivation schließen. Auch im Vergleich der Länder besteht ein enger Zusammenhang von Autonomie und Arbeitszufriedenheit: In den Ländern, in denen eine relativ hohe Autonomie wahrgenommen wird, ist in der Regel auch die Arbeitszufriedenheit höher (die Korrelation liegt bei über 0,6).

3. Diskussion

Es existieren ähnliche Rangfolgen der Wichtigkeit von Lebensbereichen im Osten. Die Familie steht an erster, die Arbeit an zweiter Stelle. Es gibt keine homogene Arbeitsethik in einem osteuropäischen Land, geschweige denn im Osten Europas insgesamt. Eine genaue Betrachtung zeigt deutliche Unterschiede von Land zu Land. In Osteuropa können viele Aspekte des Arbeitsplatzes ein erhebliches Motivationspotential beinhalten. Hoher Bezahlung und einem sicheren Arbeitsplatz kommt in der Regel ein besonders hoher Stellenwert zu, aber auch andere Aspekte spielen eine Rolle.

Was folgt aus den Ergebnissen in personalpolitischer Hinsicht? Eine erste Konsequenz liegt darin, daß die Menschen in Osteuropa mit der ganzen Bandbreite personalpolitischer Instrumente angesprochen werden können. Die motivationale Wirkung von dem Ermöglichen von Eigeninitiative oder dem Vermitteln von Anerkennung ist genauso deutlich wie das hohe Interesse der Beschäftigten, einen interessanten und anspruchsvollen Arbeitsplatz inne zu haben. Auch hinsichtlich der Arbeitszeitgestaltung ist zu vermuten, daß unter gewissen Bedingungen ein Interesse an einem Arrangement der Arbeitszeit besteht, das von dem herrschenden abweicht, was durch die Wichtigkeit der Freizeit (vgl. Tabelle 1, S. 168) deutlich wird.

Selbstverständlich lassen sich in Tabelle 3 (S. 171) auch Hinweise dafür finden, daß in einem gewissen Maße Interessen der Arbeitnehmerschaft bestehen, die den Interessen des Managements entgegenstehen können: So wird vergleichsweise oft von den Beschäftigten als »Motivator« für die Arbeit angegeben, »keinem Druck« ausgesetzt zu sein oder aber »schöne Stunden« am Arbeitsplatz verbringen zu können. Hierbei muß es offen bleiben, ob diese Ansprüche mit den Interessen des Managements im Einklang stehen, oder aber das Interesse der Beschäftigten an einem Zurückhalten der Arbeitsleistung besteht. Die Ergebnisse zur Arbeitsethik (vgl. Tabelle 2, S. 169) zeigen, daß beide Varianten in allen betrachteten Ländern vorkommen dürften. So ist das Interesse eines Beschäftigten, eine »angenehme Zeit« am Arbeitsplatz zu verbringen, verschieden zu deuten. Das richtet sich danach, ob dieser Beschäftigte »das Beste unabhängig von der Bezahlung leisten« möchte oder aber die Arbeit als ein »notwendiges Übel« betrachtet.

Voraussetzung für eine moderne Personalpolitik wird allerdings die Sicherung eines Arbeitsplatzes mit einer hinreichenden Bezahlung darstellen. Letztlich der Bedürfnishierarchie Maslows folgend ist davon auszugehen, daß eine ungenügende Befriedigung von Existenz- und Sicherheitsbedürfnissen das Personal gegenüber elaborierteren Instrumenten gleichgültig bis mißtrauisch macht. Schlimmer noch, die mangelnde Befriedigung von Existenz- und Sicherheitsbedürfnissen wirkt offensichtlich kontraproduktiv (vgl. Schlese/Schramm 1994). Das »Bedrohen« der Beschäftigten durch den möglichen Verlust von Arbeit und Einkommen führt nur dann zu dem Betrieb förderlichen Verhaltensweisen, wenn die Beschäftigten den berechtigten Eindruck haben, durch vermehrte Anstrengungen, verringerte Fehlzeiten etc. ihren Arbeitsplatz im Unternehmen erhalten zu können. Andernfalls werden sie ihre Suche nach Alternativen verstärken oder mit innerem Rückzug von ihrer Tätigkeit reagieren. Abgesehen von der im Grunde zynischen Haltung, durch Bedrohung Leistung zu erzwingen, lassen sich auch ausgesprochen ineffiziente Reaktionen der Beschäftigten wie »Mobbing« oder Informationszurückhaltung festmachen. Diese negativen Konsequenzen der Bedrohung von Arbeit und Einkommen sind dramatisch, da es sich bei den hier betrachteten Ländern – bei allen Unterschieden – insgesamt um Gesellschaften mit einer hohen Erwerbsbeteiligung handelt, der Arbeit zudem eine hohe subjektive Bedeutung zugeschrieben wird, und die Einkommens- und Vermögenssituation ungünstig und unsicher ist.

In dieser Lage muß man sich vergegenwärtigen, daß bei der Vermittlung der betrieblichen Situation durch das Management Annahmen über Einflußfaktoren auf das Verhalten der Beschäftigen eine große Rolle spielen. Bei der Annahme eines starken kulturellen Einflusses auf das Verhalten kann nur mit langfristigen Verhaltensänderungen gerechnet werden. Die Führungsinstrumente müssen sich an die Menschen anpassen. Wird dagegen angenommen, daß das Verhalten stark situativ bedingt ist, eröffnen sich mit der Gestaltung der betrieblichen Situation Einflußmöglichkeiten des Managements. Die Menschen passen sich quasi den Instrumenten an. Wenn sich herausstellt, daß die Verhaltensweise der Menschen nicht eindeutig entweder von den Kulturen oder von den Situationen bestimmt sind, ist hypothetisch davon auszugehen, daß die Situation der Beschäftigten die Schlüsselrolle in deren Verhalten spielen. Daraus ergibt sich für die Manager mehr Handlungsfreiraum aufgrund der vermuteten und somit handlungsleitenden Idee der kurzfristigen Gestaltbarkeit der betrieblichen Situation. Außerdem können personalwirtschaftliche Instrumentarien des Westens möglicherweise auch übernommen werden.

Die Manager handeln nun in einer Situation unterschiedlicher Lagen und offensichtlicher Verhaltensunterschiede. In dieser Situation ist nicht entscheidbar, ob die Vermutung, daß »gleiche« Menschen oder »ungleiche« Menschen auf eine im Osten vorzufindende Situation reagieren, richtig ist, da aufgrund der noch vorhandenen Systemunterschiede zum Westen die Vergleichbarkeit des Verhaltens nicht gegeben ist. In dieser Situation sollte man die Theorie wählen, die mehr Handlungsfreiheit nahelegt. Diese Empfehlung erfolgt in Anlehnung an Popper (1995), der wie folgt argumentiert: In der Situation einer offenen Zukunft ist es besser, Optimist zu sein, weil der Optimist Handlungsmöglichkeiten ergreifen kann, die möglicherweise die Zukunft erfolgreich gestalten helfen. Dementsprechend ist an den Einfluß der Situation – als die bezüglich der Einflußmöglichkeiten optimistische Annahme – zu glauben. In diesem Glauben bestärken uns empirische Resultate. Der Schlüssel für Verhaltensänderungen liegt damit in erster Linie in der Gestaltung der betrieblichen Situation und erst in zweiter Linie in der Erwartung langfristiger kultureller Lernprozesse – freilich eine kühne These. Deren Konsequenzen seien illustriert:

1. Es gilt, in der Praxis der osteuropäischen Betriebe zu prüfen, welche Rolle das Arbeitsverhalten und die dem Arbeitsverhalten zugrundeliegenden Einstellungen und Orientierungen für die Erfüllung betrieblicher Aufgaben tatsächlich spielen. Je nachdem, wie die Antwort ausfällt, wird es sich lohnen, sich mit diesen Aspekten ausführlicher zu befassen.
2. Die Lage vor Ort ist sorgfältig zu diagnostizieren, indem man kritisch prüft, ob die wahrgenommen Differenzen im Vergleich zu den Gemeinsamkeiten groß oder klein sind. Zu prüfen ist auch, ob eine Erklärung durch situative Bedingungen ausreicht, um Unterschiede zwischen dem Bekannten und dem vorgefundenen Fremden zu verstehen.
3. In einem nächsten Schritt sind die Punkte herauszuarbeiten, bei denen die Kultur langfristig die Menschen formt, so daß die Situation nicht ausschlaggebend ist. Hier ist insbesondere darauf zu achten, daß auf kulturelle Differenzen rückgeschlossen wird, obgleich diese Facetten nicht direkt erfaßt werden. Überspitzt formuliert: Was nicht anders erklärbar ist, wird der Kultur zugerechnet. Danach ist zu prüfen, wie vorgefundene Differenzen aus einer betrieblichen Perspektive zu bewerten sind.
4. Schließlich können die vorgefundenen Unterschiede schlicht ohne betriebswirtschaftliche Relevanz sein oder gar positiv interpretiert werden. So ist es möglich, daß beispielsweise angenommene ostdeut-

sche Spezifika (gemeinschaftsbezogene Einstellungen, »Chaosqualifikationen«, regionale Identität sowie ökonomische, private und sozialpolitische Netzwerke) auch einen Wettbewerbsvorteil darstellen (vgl. Hradil 1995).

Wir vermuten, daß bei dieser Herangehensweise die *situative* Seite höher gewichtet werden wird als dies bislang der Fall ist. Diese Vermutung basiert auf der Erfahrung mit der Forschung über Ostdeutschland. Es mehren sich die empirischen Evidenzen, daß die Ähnlichkeiten der Ost- mit den Westdeutschen groß sind. Dies gilt insbesondere dann, wenn die situativen Faktoren mitbedacht werden. Die Lagen der Ost- und Westdeutschen erklären den überwiegenden Teil der wechselseitig zugeschriebenen Verhaltensunterschiede. Das Hineindenken in die Lage der Beschäftigten ist der Schlüssel zum Verständnis von deren Einstellungen und Verhaltensweisen. Dies findet seinen Niederschlag in einer Führung, die der spezifischen Situation der Transformation angemessen ist. Hierzu gehört – in Übereinstimmung mit der festgestellten Wichtigkeit von Einkommen und Autonomie – eine Entgeltdifferenzierung, die den Beschäftigten die Instrumentalität eigener Anstrengung für die Entlohnung vermittelt (vgl. Holtbrügge 1995). Die Betonung des Situativen bei der Erklärung und Beeinflussung von Arbeitnehmerverhalten im Osten Europas leugnet nicht transformationstypische Aufgaben für die Führungskräfte. Im Gegenteil bestehen Handlungsfelder im Training der ortsansässigen Manager, in deren Beratung und in dem Transfer von Wissen und Methoden (vgl. Sydow 1995). Wenn unsere Aussagen richtig sind, ist man dabei aber gut beraten, die Falle sich selbst bestätigender und kontraproduktiver Annahmen über kulturelle Schranken zu vermeiden, ohne die Traditionen einer Region zu ignorieren (siehe Marz 1993).

Literatur

Gottlieb, A./Yuchtmann-Yaar, E./Strümpel, B. (Hrsg.), Socioeconomic Change and Individual Adaption: Comparing East and West. JAI Press, Greenwich (Conn.), London 1994.

Holtbrügge, D., Die Gestaltung effizienter Entlohnungssyteme in Mittel- und Osteuropa – Ergebnisse einer empirischen Untersuchung, in: Zeitschrift für Personalforschung 1/95, S. 28–53.

Hradil, S., Die Modernisierung des Denkens. Zukunftspotentiale und »Altlasten« in Ostdeutschland, in: Aus Politik und Zeitgeschichte (Beilage zur Wochenzeitung Das Parlament), 20/95, S. 3–15.

Landua, D./Habich, R./Zapf, W./Spellerberg, A., »...im Westen noch beständig, im Osten etwas freundlicher« – Lebensbedingungen und subjektives Wohlbefinden drei Jahre nach der Wiedervereinigung. P93–108 vom Wissenschaftszentrum Berlin für Sozialforschung, 1993.

Marz, L., Die Erwartungsfalle. Zur Entstehung alltäglicher Entscheidungslasten beim »Aufbau Ost«, in: Steinle, C./Bruch, H. (Hrsg.): Führung und Qualifizierung, Frankfurter Allgemeine Zeitung, Frankfurt 1993, S. 71–92.

Nitschke, C., Autonomie in der Erwerbsarbeit, edition sigma, Berlin 1988.

Popper, K. R., Von der Notwendigkeit des Friedens, in: Alles Leben ist Problemlösen, Piper, München, Zürich 1995, S. 326.

Schlese, M./Schramm, F., Arbeitsmarkt und Wohlfahrt in Ostdeutschland: Wie erleben Beschäftigte den Niedergang und den Umbau der ostdeutschen Wirtschaft, in: Arbeit 1/94, S. 67–84.

Schlese, M./Schramm, F., Ost- und Westdeutsche. Gleiche Menschen in ungleichen Lagen, in: SWS Rundschau 3/95, S. 255–270.

Schramm, F., Arbeitsplatzunsicherheit. Ein zentrales Hemmnis der Transformation? in: Steinle, C./Bruch, H. (Hrsg.): Führung und Qualifizierung, Frankfurter Allgemeine Zeitung, Frankfurt 1993, S. 169–188.

Six, B./Kleinbeck, U., Arbeitsmotivation und Arbeitszufriedenheit, in: Roth, E. (Hrsg.): Organisationspsychologie, Hogrefe, Göttingen, Toronto, Zürich 1989, S. 348–398.

Staehle, W. H., Management, Vahlen, 4. Aufl., München 1989.

Strümpel, B., Macroeconomic Processes and Societal Psychology, in: Himmelweit, H. T./Gaskell, G. (Hrsg.): Societal Psychology. Sage, Newbury Park, London, New Delhi 1990, S. 193–211.

Sydow, J., Gaulhofer, M., Führung in der Transformation von planwirtschaftlichen zu marktwirtschaftlichen Systemen, in: Kieser, A./Reber, G./Wunderer, R. (Hrsg.): Handwörterbuch der Führung, Schäffer-Poeschel, 2. Auflage, Stuttgart 1995.

IV. Abschnitt
Managementtransfer für Mittel- und Osteuropa

Managementerfahrung bei der Restrukturierung eines Großunternehmens in Rußland – eine Fallstudie

Markus Herlinghaus, Manfred Stolzenburg

Die Autoren konstatieren eine besondere Managementsituation in Rußland, die eine Anpassung westlicher Managementtechniken erfordert. Sie stellen fest, daß den Managern selbst mangels Managementsystemen eine größere Bedeutung zukommt. Diese Orientierung an Persönlichkeiten spiegelt ihrer Meinung nach die aktuellen Markttrends in Rußland wider – das Entstehen von diversifizierten Mischkonzernen um eine Führungspersönlichkeit herum – sie argumentieren aber, diese Entwicklung sei nur ein Übergangsphänomen. Mit dem Einzug westlicher Konkurrenz, gemeinsamen Ventures und dem Vordringen russischer Unternehmen auf den Weltmarkt wird sich der »russische Managementstil« zusehends westlichen Techniken anpassen müssen. Dies erläutern sie anhand eines Beispiels.

1. Der Wandel der Managementmethoden in Rußland

1.1 *Früher:* Innerer und äußerer Aspekt unternehmensbezogenen Managements

Ähnlich wie in der volkswirtschaftlichen Debatte um Schocktherapie oder allmählichen Wandel, die seit Beendigung des Kalten Krieges die Gemüter erhitzt, stellt sich auch auf Unternehmen bezogen die Frage, ob westliches Management-Know-how ohne Anpassungen übertragen werden kann oder ob es eine spezifisch osteuropäische – in unserem Falle russische – Lösung geben muß. Dazu einige grundsätzliche Überlegungen.

Das Paradoxon der russischen Unternehmenswelt bestand darin, daß sie im Gegensatz zu ihrem westlichen Pendant stets in ein rigides äußeres Planungssystem eingebunden war: Inputs und Outputs waren vorgegeben, die Art der Güterstellung war aber grundsätzlich nicht geregelt. Den äußeren Planungszwängen stand eine große unternehmensinterne Freiheit gegenüber: Interne Planung und ein Berichtswesen waren nicht vorhanden, und aus der zu staatlichen Planungszwecken notwendigen detaillierten Buchführung waren keine Managementinformationen zu gewinnen. Ganz anders die westlichen Unternehmen: hier sind die internen Abläufe durch detaillierte Planung und Kontrollmechanismen festgelegt. Dafür ist aber die äußere Bewegungsfreiheit für die Unternehmungen maximal. Im Idealfall richten sie sich nach der Marktnachfrage aus – oder noch weitergehender – sie schaffen eine neue.

Aufgrund der Unterschiedlichkeit in der Art und Weise und in der Ausrichtung der jeweiligen Planungen ist es weitgehend unmöglich, das russische Planungs-Know-how betriebswirtschaftlich nutzbar zu machen. Zum einen saßen die Planungsverantwortlichen nicht in den Unternehmen, zum anderen handelte es sich um eine volkswirtschaftlich-zentrale Programmierung, nicht um eine dezentrale und gezielte Ausrichtung an vergleichsweise kleinen Teilmärkten oder an Kunden. Die Auswirkungen sind bekannt: kein Marketing, keine Vertriebsplanung, keine Managementinformationsysteme, kein Controlling, unflexible Ressourcenzuweisung.

1.2 Heute: Wenn Systeme fehlen, spielen Personen eine große Rolle

Die Folge eines solchen Fehlens von systematischen Managementwerkzeugen bewirkt aber eine starke Ausrichtung an den Managern selbst. Ähnlich wie im Amerika zu Beginn dieses Jahrhunderts bricht in Rußland eine Periode der großen Unternehmer an. Dies hat im Wesentlichen zwei Gründe: Zum einen bedarf es mangels objektiver Informationen aus den oben angesprochenen Managementwerkzeugen des entscheidungsfreudigen Unternehmers, der »aus dem Bauch heraus« Entscheidungen trifft. Zum anderen brauchen die Arbeitskräfte einer Firma – ganz ähnlich wie in der russischen Politik – eine zentrale Figur, um sich an ihr, wenn schon alle anderen Bezugspunkte verschwunden sind, orientieren zu können. Auch sind diese Persönlichkeiten zum Aufbau von Managementsystemen zwingend notwendig, denn sie allein können die für eine Installation notwendige Transparenz der jeweiligen Unternehmung herbeiführen, die wiederum das Arbeiten in Teams – und somit das spätere Abrücken von der Fixierung auf die starken Persönlichkeiten – ermöglicht.

Mit diesem Unternehmertyp bricht erneut eine Epoche des diversifizierten Mischkonzernes an. Die erfolgreichsten russischen Unternehmen engagieren sich gleichzeitig in verschiedensten Märkten. Ein St. Petersburger Konzern ist parallel in seinem angestammten Meerestechnikgeschäft, in der Hotellerie, im Gastgewerbe, im Ex- und Import, in der Verkehrstechnik, Beratung und im Immobiliendevelopment tätig, und ist nicht zuletzt deshalb so erfolgreich.

Offensichtlich stellt sich hier also eine Entwicklung dar, die der westlichen Besinnung auf Kernkompetenzen zuwiderläuft. Kernkompetenzen ergeben sich aus der Kombination und Koordination von Knowhow, Human-, Technologie- und Sachressourcen. Sie versetzen ein Unternehmen in die Lage, integrierte Prozesse besser auszuführen, als die Konkurrenz dies könnte und tragen in erheblichem Maße zur betrieblichen Wertschöpfung bei. In ihnen spiegelt sich die kumulierte, über die Zeit angesammelte Erfahrung einer Unternehmung wieder. Es gilt nun solche Geschäfte zu betreiben, in denen vorhandene Kompetenz maßgeblich zur Wertschöpfung und zur Erzielung von Wettbewerbsvorteilen beiträgt. Stufen der Wertschöpfung, in denen ein Unternehmen nicht zu den Klassenbesten gehört, sind an Dritte zu vergeben. Nun sind Outsourcing-Entscheidungen auf der einen Seite mit dem Risiko behaftet, daß wichtiges Terrain für immer verloren geht. Dies fordert eine hohe Flexibilität in der Organisation und eine richtige Positionierung innerhalb der Wertschöpfungskette, letztendlich eine hohe strategische Managementkompetenz. Auf der anderen Seite läuft die Ausrichtung an den Kernkompetenzen dem oben angedeuteten Ansatz des reinen Risikoausgleichs durch ein Engagement in möglichst verschiedenen, autonom agierenden Geschäften (Diversifikation) entgegen.

Auf Rußland bezogen kann dieses Konzept aus drei Gründen nicht unverändert übernommen werden: Zum einen werden sich nur schwerlich Bereiche finden lassen, in denen russische Industrieunternehmen der internationalen Konkurrenz wirklich überlegen sind, was – folgt man der Kernkompetenzen-Theorie – zu einer Schließung umfangreicher Unternehmensaktivitäten führen würde. Zweitens setzt Outsourcing voraus, daß es überhaupt und wenn ja bezahlbare Auslagerungsmöglichkeiten gibt. Weder sind aber die russischen Zulieferindustrien in der Lage, Vorprodukte in der richtigen Qualität und Menge zu liefern, noch sind im Allgemeinen Einkäufe auf dem Weltmarkt für russische Unternehmen erschwinglich. Nicht zuletzt aus diesen Gründen sahen sich die Unternehmungen häufig gezwungen, ihre Inputs selbst zu fertigen. Drittens setzt die Definition von Kernkompetenzen eine hohe Marktkenntnis und Managementqualifikation voraus, die im Moment vielfach noch nicht gegeben ist.

Gleiches gilt für das Business-Reengineering-Konzept. Hier geht es im wesentlichen um drei Dinge: um weniger Hierarchie, um Dezentralisierung und um den Wechsel vom Denken in Funktionen zum Denken in Prozessen. Es werden nicht mehr Unternehmensfunktionen oder -bereiche wie Vertrieb, Produktion oder Finanzen einzeln optimiert. Von nun an steht der Kunde und der Prozeß, der sein Anliegen zu befriedigen vermag, im Mittelpunkt: etwa die Auftragsbearbeitung vom Eingang der Bestellung bis zur endgültigen Auslieferung zum Kunden. Hierzu werden Mitarbeiter der im Gesamtprozeß berührten Unternehmensteile zu einem Prozeßteam zusammengenommen. Dadurch, daß jeder Mitarbeiter den Prozeß vor Augen hat, werden Fehler und Verzögerungen, die bei der Übergabe von Abteilung zu Abteilung entstehen, vermieden (vgl. Champy/Hammer 1994, S. 47ff.). Neben diesem Prozeßleitmotiv liegen dem Business Reengineering zwei weitere Motive zugrunde: die Triage, d. h. die Aufgliederung der Prozesse in komplexe Fälle, Fälle mit mittelmäßigem Schwierigkeitsgrad und Routinefälle, und die informationelle Vernetzung, also die Nutzbarmachung von Informationstechnologien für die Automatisierung und Optimierung, teilweise die Neuerfindung solcher Prozesse. Die Umstrukturierung des Unternehmens in Prozesse setzt zwingend einen Top-Down-Ansatz und damit eine starke Führung zumindest bei der Initiierung des Reengineerings voraus (vgl. Osterloh 1994, S. 10).

Das Business-Reengineering-Konzept hat damit zwei Schwachpunkte in bezug auf russische Unternehmungen: Nicht nur setzt es voraus, daß es einen reformwilligen und enorm qualifizierten Mann (oder mehrere) in der Unternehmensführung gibt, der die Dinge im Gesamtunternehmen visionär ins Rollen bringen kann. Auch impliziert die Prozeßoptimierung, daß Kunden vorhanden sind, die das Endprodukt des zu optimierenden Prozesses abzunehmen bereit sind, und daß die zu integrierenden Teilprozesse überhaupt beherrscht werden. Nur ist dies in Rußland keinesfalls a priori gegeben und eine Prozeßoptimierung ist daher in vielen Fällen mangels Nachfrage oder mangels genereller Prozeßbeherrschung überflüssig. Eine Marktevaluierung muß daher

Ausgangspunkt aller Optimierungsstrategien sein. Anders ausgedrückt: Zunächst müssen die optimierenswerten Unternehmungen oder Produkte ausgewählt werden, um dann im Sinne von Reengineering in die Prozeßoptimierung einzutreten.

Häufig werden russische Unternehmen als Sanierungsfälle bezeichnet. Gegen diese Aussage ist von der Tendenz her nichts einzuwenden, jedoch sind wiederum die damit einhergehenden Sanierungstools keineswegs eins zu eins auf Rußland zu übertragen: Beispielsweise sind westliche Sanierungsverfahren (wie Kapitalherabsetzung, Auflösung von Reserven, Zuführung neuer Mittel, Veränderung des Fremdkapitals) aufgrund anderer oder nicht bestehender aktienrechtlicher Voraussetzungen nicht anwendbar oder in der Praxis nicht durchsetzbar. Eher schon bieten sich Maßnahmen auf der Vermögensseite der Unternehmensbilanz an, wie z. B. die Eintreibung von Forderungsbeständen, der Verkauf von (unterbewerteten) und nicht betriebsnotwendigen Vermögensteilen oder der Lagerbestände.

Trotz der hier eingewandten Kritikpunkte bietet jede dieser Managementstrategien fruchtbare Ansätze für russische Unternehmen. Liegt eine kaufkräftige Nachfrage für die seit jeher produzierten Güter vor, oder weisen diese komparative Wettbewerbsvorteile auf, macht es durchaus Sinn, die Wertschöpfungsketten einer Kernkompetenzanalyse zu unterziehen und somit mögliche Marktsegmente herauszukristallisieren. Auch die Top-Down-Orientierung beim Reengineering widerspricht nicht den in der Praxis anzutreffenden Gegebenheiten bei der Beratung in Rußland: Ein Beratungsteam kann sich nur an eine kleine Anzahl von Ansprechpartnern wenden und wird diese sinnvollerweise innerhalb des Top-Managements suchen. Hier visionäre Vorreiter heranzubilden, die die Beratungsstrategie mit- und weitertragen, ist einer der wesentlichen Erfolgsfaktoren für Consulting in russischen Unternehmen. Die Ad-hoc-Maßnahmen aus der westlichen Sanierungstheorie schließlich können bei der kurzfristigen Sicherung des Überlebens einer Unternehmung entscheidend mithelfen.

Viele Teilbereiche westlicher Managementtechniken bieten also Ansatzpunkte für die Unternehmensführung in Rußland, ganz ähnlich wie bei Restrukturierungen im Westen, bei denen die »Anwendung des gesamten betriebswirtschaftlichen Instrumentariums unter Abwägung aller Chancen und Risiken für die Umsetzung« (Klein/Paarsch 1994, S. 178) angestrebt wird. Stellt sich nur noch die Frage, wohin die Bewegung des russischen Managements gehen wird: stärker zu international üblichen Managementstandards oder hin zu einem eigenen russischen Modell.

1.3 *Morgen:* Wird es auch in der Zukunft rußlandspezifische Managementmethoden geben?

De facto ist also eine besondere Managementsituation in Rußland zu verzeichnen. Die westlichen Managementphilosophien unreflektiert übertragen zu wollen, wäre nach obiger Argumentation falsch. Aber wird das so bleiben? Nach fünf Jahren der Transition in Osteuropa hat man immerhin auf die eingangs zitierte Fragestellung nach der angezeigten volkswirtschaftlichen Strategie eine Antwort gefunden: Die EBRD stellt in ihrem Transition Report im Oktober fest, daß Staaten mit radikalen Stabilisierungs- und Reformstrategien durch bessere Resultate belohnt werden (vgl. EBRD 1994, S. 3ff.), daß allerdings gewisse graduelle Elemente nicht nur empfehlens-, sondern sogar wünschenswert sind, um negative soziale Konsequenzen im Zaume zu halten. Daß die Marktkräfte in Rußland zu spielen beginnen, zeigen nicht zuletzt der starke Produktionsrückgang in der Industrie und das rasante Anwachsen des Dienstleistungsgewerbes. Unternehmungen, die der neuen Marktentwicklung zum Trotz weiterhin Güter herstellen, die nicht der Nachfrage entsprechen, zahlen langfristig für diese Marktwahrheit mit rückläufigen Absätzen. Die Marktkräfte machen vor den einzelnen Unternehmungen nicht Halt. Die Unternehmen können ihnen zwar einige Zeit lang ausweichen, auf Dauer neben ihnen her existieren können sie indessen nicht. Und in dem Maße, in dem solche Unternehmungen auf den Weltmarkt streben, werden sie auch die dort zum Standard zählenden Managementsysteme aufbauen müssen.

Westliche Managementtechniken werden notwendigerweise zunächst in Joint Ventures eingeführt, weil diese nur so in die jeweilige Konzernberichterstattung eingebunden werden können. Andere Unternehmen werden diesem Trend folgen müssen, denn sie werden sich entweder dem Wettbewerb auf den Weltmärkten stellen, oder er wird sie in ihrem Heimatmarkt einholen. Zwar sind noch viele russische Manager aus Unkenntnis der Wettbewerbslage und der spezifischen Fähigkeiten ihrer Konkurrenten der Meinung, »alles zu können« – und in gewisser Weise gibt ihnen die enorme Marktnachfrage zeitweilig recht. Jedoch bleibt dies ein Übergangsphänomen und der Shake-out kommt mit Sicherheit, wie sich bereits jetzt bei den Banken zeigt: Unsolide finanzierte und konzeptlose Geldinstitute schossen seit 1990 wie Pilze aus dem Boden. Dem folgt nun das langsame Massensterben (vgl. Financial Times Survey, 1995, S. 4). Es ist nicht denkbar, daß es in Zukunft einen separierten russischen Markt und damit ein abgegrenztes russisches Managementsystem geben wird. Die Strategie der Stunde lautet also noch: Fixierung auf solche Unternehmenspersönlichkeiten, die erkennbar in der Lage sind, sich westlichen Managementtechniken zu öffnen. Bald wird sie aber schon lauten: Orientierung am System-Know-how selbst. Am Beispiel eines St. Petersburger Großunternehmens sollen diese Vermutungen nun belegt werden.

2. Ein Fallbeispiel: AO Svetlana St. Petersburg

2.1 Wettbewerbsfähigkeit der AO Svetlana – die Situation zu Beginn des Jahres 1994

Im Jahre 1889 gegründet, war die Firma AO Svetlana einer der größten Hersteller für elektronische Komponenten der UdSSR. Sie stellte im Jahre 1956 den ersten Germanium-Transistor der Sowjetunion und im Jahre 1976 die ersten sowjetischen Datenverarbeitungsmaschinen her. In ihrer Blütezeit Ende der achtziger Jahre umfaßte die Produktionspalette elektronische Vakuum- und Röntgenröhren, Halbleiterbauelemente, integrierte Schaltkreise und auch Konsumgüter. Zu diesem Zeitpunkt beschäftigte das Unternehmen über 30 000 Mitarbeiter und galt als einer der prestigeträchtigsten Arbeitgeber in St. Petersburg. Anfang der neunziger Jahre erfolgte dann mit den allgemeinen politischen und wirtschaftlichen Turbulenzen eine drastische Verringerung der Produktion, die inflationsbereinigt von 1991 auf 1992 um 60, von 1992 auf 1993 um weitere 70 Prozent zurückging. 1993 wurde die Unternehmung im Rahmen der ersten Stufe der russischen Privatisierung in eine Aktiengesellschaft russischen Typs umgewandelt. Diese Umwandlung war zugleich Kernstück der parallel von der Gesellschaft angestrebten Konversionsstrategie.

Im Februar 1994 startete unser von der Europäischen Kommission finanziertes, auf sechs Monate angelegtes Beratungsprojekt mit dem Ziel, die AO Svetlana bei der Restrukturierung zu unterstützen: Die Wettbewerbsfähigkeit des Unternehmens sollte überprüft werden, eine neue Unternehmensstrategie sollte vorgeschlagen werden, neue Partner sollten gefunden und das Management trainiert werden.

Als das Beratungsteam am 1. Februar 1994 das Unternehmen erstmals betrat, stellte sich die Situation wie folgt dar: Als Aktiengesellschaft russischen Rechts hatte sich die von extremen Produktionseinbrüchen getroffene Gesellschaft selbst eine Holdingstruktur gegeben. Der ›Holding‹ (ein Sammelbegriff für sämtliche Zentralabteilungen und den Overhead) unterstanden sieben sogenannte Business-Units, die für die eigentliche Produktion zuständig waren. Zu der Gesellschaft gehörten noch drei Fertigungsbetriebe außerhalb des Werksgeländes in St. Petersburg. Diese waren jeder Kontrolle durch den Konzern entglitten. Zwar lieferte ihnen der Konzern im Gegenzug keine Ressourcen mehr, er erhielt aber ebensowenig wichtige Vorprodukte oder gar Marktdaten. Die umfangreichen sozialen Einrichtungen des Unternehmens (14 Kindergärten, 5 Kantinen, 1 Poliklinik etc.), einstmals vom Staate finanziert, lasteten zusätzlich auf der Unternehmung. Abbildung 1 zeigt das Organigramm der AO Svetlana.

Die Struktur der neuen *Holding* baut auf dem klassisch-sowjetischen Unternehmensorganigramm auf: Dem Generaldirektor sind mehrere »Holdingdirektoren« untergeordnet, die jeweils Stabsfunktionen wahrnehmen und teilweise über eine erhebliche Anzahl von Mitarbeitern verfügen. So sind dem Chefingenieur 2000 Mitarbeiter unterstellt, die Produktionshilfsdienste verrichten, nicht aber mit der eigentlichen Produktion betraut sind. Insgesamt beschäftigte die Holding zu Beginn des Jahres circa 3100 solcher Stabsmitarbeiter. Zu diesem Zeitpunkt war die Gesamtbelegschaft bereits auf 15000 Mitarbeiter geschrumpft, wobei der drastische Rückgang in der Beschäftigung zu Lasten der Produktion, also der Business Units ging. 15000 Mitarbeiter hatten demnach den Konzern bereits verlassen. Von diesen ehemaligen Mitarbeitern hatten 95 Prozent ihr Beschäftigungsverhältnis auf eigenen Wunsch aufgelöst (weil sie lukrativere Arbeitsmöglichkeiten in anderen Sektoren fanden) oder weil sie die Altersgrenze erreicht hatten. 2000 Spezialisten (unter ihnen die qualifiziertesten Designer, Entwickler, Fertigungsfachleute) hatten bei diesem Exodus der Unternehmung den Rücken gekehrt, dies zu einer Zeit, als die betriebsinterne Konversionsstrategie hätte in die Tat umgesetzt werden sollen.

Restrukturierung eines Großunternehmens in Rußland 191

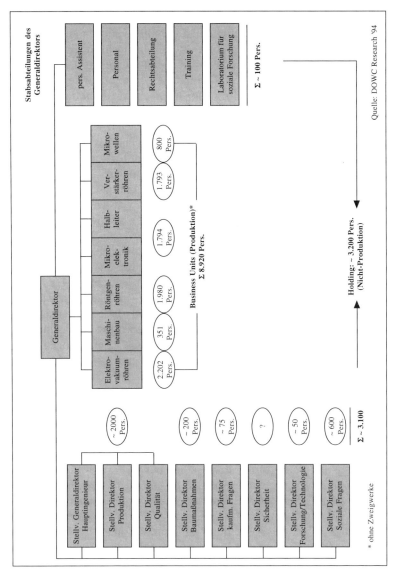

Abbildung 1: Die Unternehmensstruktur per 1. 1. 1994 spiegelt ein klassisch-sowjetisches Organigramm wider

Die sogenannten *Business Units* waren keine strategischen Geschäftseinheiten nach westlicher Definition: Sie stellten vielmehr ein Sammelsurium unterschiedlichster Produkte dar, die von hochspezifischen elektronischen Röhren über Glasteller bis zu Spielzeug reichten. Abbildung 2 zeigt den Aufbau einer Business Unit. Diese waren zwar de jure völlig selbständig und verfügten über dementsprechende Funktionen (kfm. Abteilungen), de facto allerdings waren ihnen durch die Holding die Hände gebunden, denn diese kontrollierte nicht nur weiterhin die Inputs, sie hatte auch die finanzielle Kontrolle, denn das unternehmensweite Kontensystem wurde vom Holdingdirektor für kommerzielle Fragen geführt. Für sämtliche äußeren Zahlungseingänge gab es ein zentrales Konto. Die Units rächten diese finanzielle Entmündigung dadurch, daß teilweise Waren gegen Cash direkt verkauft wurden und die Gelder vorbei an der zentralen Finanzabteilung gleich an die Beschäftigten weiterflossen.

Das *Produktionsequipment* der Business Units war zum Großteil mindestens 15 Jahre alt, in Einzelfällen wurde mit Maschinen aus der Demontage der Produktionslinien von Nachkriegsdeutschland gearbeitet. Der Handarbeitsanteil an der Fertigung betrug – je nach herzustellendem Gut – bis zu 90 Prozent. Die Kapazitätsauslastung schwankte zwischen 10 und 70 Prozent. Auf der anderen Seite verfügten einzelne Fertigungsbereiche über relativ moderne Anlagen aus der ehemaligen DDR (Spritzguß-Automaten), die – wie sich später herausstellte – die Lohnfertigung für westliche Unternehmungen möglich machten.

Die kurze Darstellung des Produktspektrums in Abbildung 3 macht deutlich, wie sehr im Zuge der Überlebensbemühungen der einzelnen Business Units der Wildwuchs um sich gegriffen hatte. Teilweise wurden baugleiche Vorprodukte parallel in verschiedenen Business Units oder Fertigungshallen gebaut. So konkurrierten die Units zum Teil eifersüchtig mit gleichgearteten Konsumprodukten.

Der *Inlandsvertrieb* wurde von den Business-Units für ihre jeweiligen Produkte selbst abgewickelt, die Auslandskontakte waren jedoch bei einer Zentralstelle der Holding gebündelt gewesen. Gemäß ihrer Zuständigkeit war diese Abteilung im Laufe der Jahre 1992 und 1993 von über 80 ausländischen Delegationen besucht worden, ohne daß sich daraus kommerzielle Erfolge ergeben hätten. Zwar verfügten einzelne Business Units aufgrund eigener Aktivitäten, die sie noch vor Beginn des Beratungsprojektes (Frühjahr 1994) gestartet hatten, mittlerweile

Restrukturierung eines Großunternehmens in Rußland 193

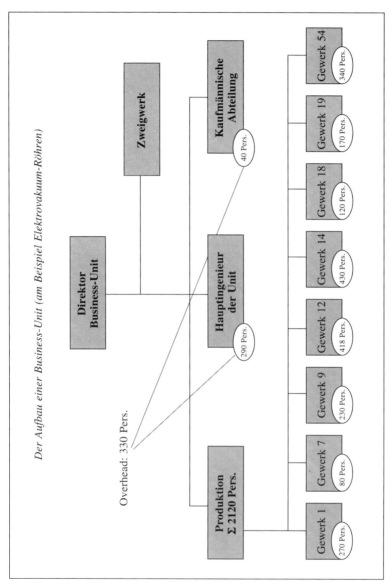

Abbildung 2: Die Business-Units stellen die eigentliche Produktion dar

194 *Managementtransfer für Mittel- und Osteuropa*

Die Produkte der Business-Units

Business-Unit / Produktgruppen	Elektro-vakuumröhren	Röntgenröhren	Halbleiter	Mikro-elektronik	Generatorröhren	Maschinenbau	Mikrowelle
Halbleiter	Empfängerröhren Modulatorröhren Verstärkerröhren	Röntgenröhren			– Generatorröhren – Übertragungsröhren		
Halbleiter	Thyristoren Solarkollektoren		Transistoren				Mikrowellen-oszillatoren Mikrowellen-röhren Klystrone
Mikropro-zessoren	IC's		IC's MOS-Schalter Analog-Schalter Multiplexer Linearempfänger		IC's Mikroprozessoren TV-Controller ROM/RAM Magnetplatten-Contr. 16-Bit-CPUs		
Verzögerer	ULZ	ULZ		Optische Speicher			ULZ
Andere Industrie-produkte						Inkubatoren Sterilisierungsequipm. Infrarotschalter	
Konsum-güter	Lichtsensor-Controller Gitarrensaiten Kristallgläser Gläser Kerzenleuchter Auto-Rückspiegel Spielzeug Taschenrechner	Kristallgläser Kerzenleuchter	Tochstone-Set			Holzprodukte (Möbel)	Antennen-schalter Empfänger Autospiegel mit Radar Dosimeter

Quelle: DOWC-Research 1994

Abbildung 3: Im Produktionsspektrum der Business Units hatte durch die Überlebensbemühungen der Wildwuchs um sich gegriffen

über Joint Venture-Vereinbarungen. Innerhalb dieser wurden jedoch aufgrund bis dato nicht vorhandener Erfahrungen auf diesem Gebiet willkürlich Lizenzverträge gebrochen. Gleiche Produkte wurden mangels zentraler Koordination, obwohl sie mit Exklusivverträgen belegt waren, mehreren Geschäftspartnern versprochen.

Am schlimmsten stellte sich das *Planungs- und Berichtswesen* dar: Anfänglich zeigte sich für das Beratungsteam die Sachlage so, als ob der zum Militärisch-Industriellen-Komplex gehörende Konzern aus Geheimhaltungsgründen bestimmte Vertriebs- und Produktionsdaten nicht hergeben könne. Am Ende des ersten Evaluierungsmonates war klar: Ein internes Berichtssystem war quasi nicht existent, die Leiter verschiedener Abteilungen wußten teilweise selbst nicht über ihre Verkaufs- und Produktionszahlen Bescheid. Letztere wurden so geplant, daß bei einem hypothetischen (und utopischen) Verkaufspreis die volle Belegschaft einer Abteilung beschäftigt werden konnte und am Ende der Planungsperiode ein »Gewinn« übrig blieb. Folgerichtig wurden die letztmals Anfang der neunziger Jahre festgelegten Produktpreise einfach in einer volkswirtschaftlichen Hochrechnung der Inflation angepaßt. Es gab nicht einmal ein rudimentäres Verständnis über die Kosten einzelner Produkte oder Abteilungen, Produktion und Overhead beschuldigten sich gegenseitig, das an sich profitable Geschäft durch zu hohe Kosten zu schädigen. Am wenigsten war die Holding selbst im Bilde über die ausufernden Aktivitäten ihrer zahlreichen Tochtergesellschaften. Kurz: Das Bild eines Unternehmens mit dringendem Restrukturierungsbedarf war gegeben.

Wie geht man nun vor, wenn man auf der einen Seite einen auf wenige Monate begrenzten Beratungsauftrag, auf der anderen Seite aber eine derart unklare Sachlage und zusätzlich eine unklare, mit Animositäten gespickte Trennlinie zwischen einzelnen Unternehmensteilen hat? Zunächst einmal kann man nicht alles gleichzeitig machen. In der oben dargestellten Situation galt es, die Kooperationsbereitschaft des russischen Managements so zu fördern, daß nicht nur die Vertreter einzelner Teilbereiche ihren Input zur Einschätzung der Unternehmenslage abzugeben bereit sein würden. Außerdem hätte es aufgrund der sich im Fluß befindenden Unternehmenslage und der sich daraus ergebenden Irrelevanz von Vergangenheitsdaten wenig Sinn gemacht, die nicht vorhandenen Kennzahlen aus dem Boden zu stampfen, die eine volle Unternehmensanalyse nötig gehabt hätte.

Hier sind wieder zwei der eingangs erwähnten Themenstellungen angesprochen: Zum einen kommt es auf die Zusammenarbeit mit Schlüsselpersonen an, die ein Projekt entscheidend fördern (oder auch behindern) können. Zum anderen ist es aufgrund der unbefriedigenden Datenlage unsinnig, mit rein kennzahlenorientierten Evaluierungsmethoden zu Werke zu gehen. In diesem konkreten Falle hieß dies: Man mußte eine vereinfachte Evaluierungsmethode anwenden, mit deren Hilfe eine Einschätzung der einzelnen Produkte möglich wurde. Diese Vereinfachung ließ sich nur über das Abfragen von Marktinformationen im Westen, in Rußland und in der Region St. Petersburg selbst erreichen. Über das Ausleuchten der Marktchancen in diesen unterschiedlichen Märkten konnten die Produktbereiche, die in keinem der Teilmärkte Zukunftschancen haben, ausgesiebt werden. Die Unfähigkeit des russischen Unternehmens zu einer solchen Datengenerierung diente dazu, den Managern klarzumachen, daß die vermeintlich gut ausgeprägten Marktantennen nicht vorhanden waren und ausgebaut werden mußten.

Außerdem konnte man sich so auf der einen Seite über die Befragung von westlichen Experten in den einzelnen Produktkategorien eine Vorstellung über die Wettbewerbsfähigkeit der russischen Produktion machen. Auf der anderen Seite würden diese Kontakte später dazu nützen, Kooperationen einzugehen oder neue Kundenbeziehungen zu knüpfen. Gleichzeitig mußte die Kooperationsbereitschaft des russischen Managements gestärkt werden: Ein Anfangserfolg mußte her.

2.2 Ergebnisse der Marktevaluierung der Produktpalette

Nach der Gewinnung einer generellen Produkt- und Organisationsübersicht wurde zunächst die Produktvielfalt, die innerhalb der AO Svetlana hergestellt wurde, nach technologischen Gesichtspunkten neu geordnet. Zuvor hatten viele der Produktionseinheiten artverwandte Produkte hergestellt, obwohl diese gar nicht per definitionem in das Produktspektrum der mit spezifischen Produktkategorien betrauten Business-Units paßten (z. B. Spielzeug in der Business Unit Elektrovakuum-Röhren). Mit der Neuordnung war hier bereits eine Bereinigung der diffusen Produktpalette der Business Units vollzogen worden, die die nachfolgende Marktevaluierung und parallel dazu durchgeführten Technologie-Audits für die einzelnen Produktgruppen entscheidend vereinfachte. Im Wesentlichen zu trennen sind hierbei die »neuen« sieben Hauptproduktgruppen, nämlich elektronische Röhren, Röntgenröhren, Halbleiter, integrierte Schaltungen, optische Speicher, Maschinenbau und Konsumgüter. Die Marktuntersuchung der gesamten Produktpalette wurde für den russischen Markt selektiv und für die Westmärkte vollumfänglich vorgenommen und führte in Zusammenhang mit den Ergebnissen der Technologie-Audits zu einer Einteilung der Produkte gemäß einer ABC-Analyse.

Bei einigen Produkten *(Kategorie A)* stellte sich die Marktlage so dar, daß nur wenige westliche Konzerne die Produktion aufrechterhielten, weil die Märkte gesättigt waren und sie sich der Reife zuneigten (wie beispielsweise bei den Sende- und Empfängerröhren, den Klystronen und bestimmten Magnetronen). Es handelte sich demnach um eine Restfertigung für Kunden mit Ersatzteilbedarf und nur in Ausnahmefällen, etwa im technologisch anspruchsvollen Hochfrequenzbereich, wurden noch Mittel in Forschung und Entwicklung investiert. In diesen Bereichen, die trotz vergleichsweise hoher Technologieintensität einen hohen Anteil an qualifizierter Handarbeit erforderten (weil etwa bestimmte Röhrentypen mundgeblasen werden) hatte Svetlana einiges Potential zu bieten. Die Option für eine Zusammenarbeit mit oder Lizenznahme für einen westlichen Konzern in diesen Segmenten war also theoretisch gegeben und es stellte sich bald heraus, daß dies von der westlichen Seite ebenfalls so gesehen wurde.

Bei weiteren Produkten dieser Kategorie hatte das russische Unternehmen nicht nur vergleichsweise gute Produktparameter zu bieten, es hatte auch einige im Westen unbekannte Produkte im Programm, die mit entsprechenden Vertriebsbemühungen ohne weiteres auch dort zu vermarkten waren. Dies galt z. B. für die Teile der Röntgenröhren (Glas) und für Schalter der CMOS-Technik. Letztere wurden teilweise spezifisch für den GUS-Markt gefertigt und entsprachen den dortigen Standards zur Gänze.

Aus den Untersuchungen ging desweiteren die Empfehlung hervor, bestimmte Produkte – wie 16-Bit-CPUs, ECL- und TTL-Schalter, Magnetrone etc. – vollständig aufzugeben, weil diese bei westlichen Konkurrenzunternehmungen in automatisierter Produktion schneller und kostengünstiger auf den Markt gebracht werden konnten *(Kategorie C)*. Zusätzlich – das hatte der Technologie-Audit ergeben – entsprachen diese russischen Produkte in keiner Weise dem Stand der Technik, und auch eine Evaluierung des Nachfrageverhaltens russischer Industriekunden hatte zum Ergebnis gehabt, daß allenfalls Komponenten aus westlicher Fertigung den Ansprüchen, die an sie gestellt wurden, genügen konnten. Es wurde von Ausschußquoten beim Kunden (!) von bis zu 50 Prozent berichtet. Deshalb, so die Argumentation, sei es am Ende billiger, die teureren westlichen Komponenten zu benutzen.

Ebenfalls wurde in dieser Kategorie die Aufgabe der Fertigung von Trinkgläsern und Spielzeug empfohlen. Erstere wurden aus den Glaskörpern von Röhren hergestellt und hatten ein dementsprechendes Design. Die Spielzeuge waren seit sieben Jahren in unveränderter Form auf den Markt gebracht worden und stammten aus der damals bereits veralteten Kopie chinesischer Produkte. Für sämtliche aufzugebenden Produkte bestanden weder Marktchancen im Westen, noch in Rußland oder in der Petersburger Region.

Selbstverständlich gab es auch Produkte, die den beiden zuvor genannten Gruppen nicht klar zuzuordnen waren *(Kategorie B)*. Transistoren etwa entsprachen zwar in keiner Weise den westlichen Qualitätsstandards (die westliche Konkurrenz mißt die Ausschußrate bei der Produktion in »parts per million«, bei Svetlana wird sie in Zehner-Prozentschritten gemessen und liegt nahe bei 50 Prozent), allerdings besteht die Möglichkeit, daß die russische Regierung im Sinne einer Local-content-Politik auf eine Fertigung im Lande besteht. In einem solchen Falle wäre Svetlana eines der wenigen kompetenten Unternehmen gewesen.

2.3 Eine neue Produktpalette – eine neue Strategie

Die Grundüberlegung bei der Neuorganisation der Gesellschaft war folgende: Da sich das Unternehmen bis dato als Komponentenhersteller etabliert hatte und in Teilbereichen über beachtliches Know-how verfügte, mußten die oben als aussichtsreich eingestuften Produkte in einen Geschäftsbereich »Komponenten« eingebracht werden. Die zugrundeliegende Vision war, Svetlana wieder als führenden Komponentenhersteller Rußlands zu etablieren, damit das Know-how der Gesellschaft vor dem Verfall zu bewahren und Arbeitsplätze in den Kernbereichen zu erhalten. Diesem Kerngeschäft boten sich verschiedene Perspektiven an: Partnerschaften mit westlichen Firmen, eine Fertigung für den GUS-Markt oder ein Spekulieren auf die Local-content-Politik der russischen Regierung. Dazu war ein intensives Lobbying bei Regierungsstellen und nahestehenden Banken vonnöten. Ein Auftreten auf dem Weltmarkt war nur über Partnerschaften möglich, die weiter unten noch erläutert werden. Die Produktpalette sollte alte, ohne Investitionen für den GUS-Markt zu gebrauchende, und neue Produkte enthalten. Bei den alten Produkten sollte in erster Linie eine Markterschließungsstrategie für Umsatz sorgen. In ausgewählten Bereichen sollten Partner gesucht werden. Hier war die Qualität zu verbessern und eine Abschottungsstrategie gegenüber Konkurrenzprodukten im gleichen Segment (China) zu fahren. Für die neuen, nach westlichen Standards abgeänderten Produkte kam der Partnersuche und der Generierung von Investitionsmitteln eine größere Rolle zu. Der klare Schwerpunkt lag hier allerdings auf der Erhöhung der Produktqualität.

Da Svetlana durch den extrem hohen Grad an Eigenfertigung über viele Komponenten zur Herstellung von Systemen selbst verfügte, war die zweite strategische Stoßrichtung, das Unternehmen in die Fertigung von Geräten und Systemlösungen weiterzuentwickeln. Unter anderem bestanden erste Erfahrungen im Bereich Kommunikationstechnik, weitere potentielle Betätigungsfelder ergaben sich in der Klimatechnik und Raumüberwachung. Auf diese Bereiche mußten sich nach exakter Produktdefinition Svetlanas Forschungs- und Entwicklungsaktivitäten konzentrieren. Hier mußte man versuchen, Anschluß an bestimmte Regierungsprogramme zu finden.

Als dritter erfolgversprechender Ansatz wurde ein Bereich »Dienstleistungen und Konsumgüter« definiert. Damit folgten die Berater den oben zitierten Erfolgsmustern diversifizierter russischer Konzerne, die – vereinfacht gesagt – dort aktiv werden, wo Geld zu verdienen ist. Svetlana verfügte über umfangreiche, nicht benutzte Werkhallen, über einen Werkschutz, über eine gesonderte Maschinenbauabteilung, die ohnehin bereits Einzelfertigungsaufträge abwickelte. Die F&E-Ressourcen waren nicht hinreichend ausgelastet und konnten somit angeboten werden. Zusätzlich bestand neben umfangreichen Restposten an Konsumgütern noch die Produktionen von solchen Konsumgütern, die durchaus auf dem lokalen Markt verkäuflich waren (etwa handgeschliffene, mundgeblasene Gläser oder Schmuckteller). Entsprechend war eine aggressive Verkaufsstrategie anzustreben.

Schließlich wurde noch der Militärbereich als Cost-Center definiert. Dieser aufgrund der Geheimhaltung unzugängige Bereich hatte demnach zumindest für seine eigene Kostendeckung zu sorgen. Die Strategie der Unternehmensführung sollte es sein, Militärlieferungen dann auszuführen, wenn konkrete Aufträge dafür bestanden und diese vom jeweiligen Kunden kostengerecht vergütet wurden. Dazu mußte ein Controlling installiert werden.

Neben diesen Bereichen gab es noch einen Unternehmensrumpf mit nicht mehr sinnvollen Produktionslinien, Werkhallen etc.. Diese mußten nach Möglichkeit verpachtet oder verkauft werden. Nicht verwertbare Vermögensgegenstände waren nach Abstimmung mit der Unternehmensleitung abzureißen und zu dekontaminieren.

Abbildung 4 gibt einen Überblick über die neue Produktstruktur, die innerhalb der oben genannten vier Bereiche noch detailliert untergliedert wurde.

Das Verhältnis der Holding zu den Business Units wurde so konzipiert, daß erstere als Management-Holding nur noch die strategische Führung der Konzernaktivitäten innehaben sollte. Die Konzernstrategie war von ihr festzulegen, Investitionsvohaben waren von ihr zu prüfen, der Kontakt zu den Aktionären war von ihr zu halten. Die Tochtergesellschaften sollten die für ihre Aktivitäten notwendigen Vermögensteile (Gebäude, Equipment etc.) übertragen bekommen und die volle Verantwortung für das operative Geschäft und über das von ihnen generierte Kapital erlangen. Mit der weitgehenden Verlagerung der finanziellen Verantwortung war theoretisch gesichert, daß sich mittelfristig die profitablen Tochtergesellschaften herauskristallisieren würden.

Damit diese strategische Leitlinie umgesetzt werden kann, bedarf es einer langfristigen Implementierungshilfe durch westliche Know-how-Träger, die im Rahmen des hier beschriebenen Projektes nicht zu leisten war. Sie müßte sich zunächst auf eine Tochtergesellschaft konzentrieren und die teilweise Übertragung der operativen Managementverantwortung auf im Projekt trainierte russische Manager unter Aufsicht der Berater beinhalten, um wiederum eine Erfolgsstory zu generieren, die dann in den anderen Gesellschaften kopiert werden kann. Einzuschließen wäre die Möglichkeit, nicht mehr benötigte Vermögensteile zu liquidieren und die Personalzahlen entsprechend dem Geschäftsgang anzupassen.

2.4 Partnersuche

Rußlandinteressierte Firmen im allgemeinen, aber auch die bei der Marktchancenbewertung herangezogenen externen Experten aus verschiedenen Unternehmungen boten sich als Zielgruppe für potentielle

Restrukturierung eines Großunternehmens in Rußland 201

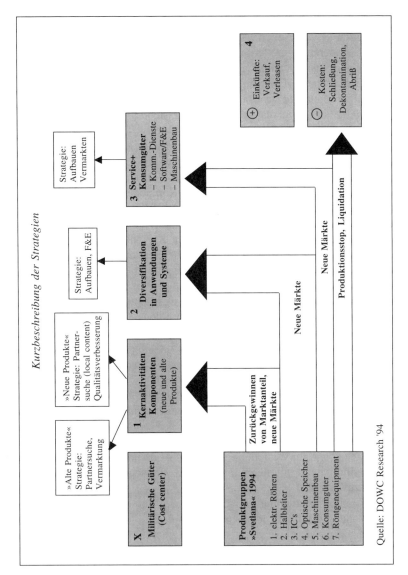

Abbildung 4: *Restruktierungsstrategie für die AO Svetlana: Etablierung als führender russischer Komponentenhersteller*

Kooperationsprojekte an. Nicht nur war wegen der EU-Finanzierung Neutralität gewahrt, auch erwägen viele Unternehmen im Westen langfristig Kooperationen oder Fremdbezüge in Rußland. Auf der einen Seite hat die russische Industrie zwar durch die niedrigen Löhne und auch durch den Rubelverfall komparative Preisvorteile. Allerdings sind ihre technologischen und qualitativen Parameter durch eine niedrige Automation der Fertigung, mangelnde Qualitätssicherungsmechanismen und insgesamt altes Produktionsequipment schlecht. Deshalb haben allenfalls solche russischen Fabrikate, die einen hohen Handarbeitsanteil und eine geringe Technologieintensität (Low-Technology-Bereich) aufweisen, einen Vorteil. Auf der anderen Seite können standardisierte Fertigungsverfahren, wie sie für die westliche Komponentenindustrie typisch sind, auch mit angelernten Operateuren und Hilfskräften in Gang gehalten werden. Sie sind damit weitgehend standortindifferent und lassen sich schnell und mit einem Minimum an Kosten an entfernteste Orte verlagern. Dieses Faktum ist für westliche Hersteller von strategischer Bedeutung. Können sie eine solche Verlagerung nutzen, erzielen sie einen erheblichen Wettbewerbsvorteil.

In den Produktlebensphasen, in denen westliche Konzerne bereits einen langsamen Rückzug planen (Low-Technology-Bereich), ist also ohne weiteres an eine Übernahme der Fertigung des Restbedarfes durch russische Unternehmungen zu denken. Aber auch die Verlagerung komplexerer Verfahren kann als langfristige Alternative angestrebt werden. Dazu muß das entsprechende russische Unternehmen allerdings erst seine Fähigkeiten im Low-Technology-Segment unter Beweis stellen. Wohl bemerkt: Es ging hier um das Überleben eines Unternehmens unter extremen Budgetrestriktionen. Darum waren große Investitionsprojekte und angestrebte High-Tech-Produktionen ohne ausländischen Partner utopisch. Ganz wie im Westen ging es zunächst darum, bei einer im freien Fall befindlichen Unternehmung »Rettungsfallschirme« aus- und Ballast abzuwerfen.

Westliche Unternehmen lassen sich nicht von (häufig ausdruckslosen) Produktbroschüren oder Musterexemplaren allein beeindrucken. Sie wollen sehen, wie die jeweiligen Produkte hergestellt werden, möchten ihre Gesprächspartner kennenlernen und sicher davon ausgehen können, daß diese Gesprächspartner morgen noch dieselben sein werden. Westliche Hilfsprojekte, so unsere Strategie, bieten dazu eine hervorragende Ausgangslage, da sie als Legitimationsbasis dienen können. Allen Parteien mußte daran gelegen sein, mit der jeweils anderen Seite ins Gespräch zu kommen: den Russen wegen potentieller Käufer, den westlichen Konzernen wegen möglicher Einkaufsquellen, den Beratern aus dem natürlichen Interesse heraus, dem Unternehmen Erfolge zu vermitteln.

Gemäß der oben aufgezeigten neuen Unternehmensstrategie wurden vor allem in den Bereichen Komponenten und Systeme westliche Kooperationspartner angesprochen. Auf diese Weise war es möglich, frühzeitig mehrere große Namen der internationalen Elektroindustrie nach Petersburg zu holen und ad hoc Verkaufsabsichtserklärungen in Höhe von circa einer Million US-Dollar für Svetlana zu generieren. Ein Unternehmen nahm die seit Monaten auf Eis liegenden Kooperationsverhandlungen nach Intervention der Berater wieder auf. Mehrere Konzerne nahmen Projekte zur Fertigungsverlagerung in Angriff, die bis zum heutigen Tage verfolgt werden. Unter anderem boten sich neben neuen Verkaufsmöglichkeiten solche der Lizenzfertigung und der Gründung von Joint-Venture-Betrieben an. Bester Nebeneffekt: Der anfangs reservierte russische Kunde begann zu begreifen, weshalb westliche Managementtechnik Sinn macht, daß, auch wenn sich die großen Erfolge häufig nur langfristig einstellen, durch Veränderung einiger kleiner Parameter entscheidende Veränderungsprozesse in Gang gebracht werden können. Das Managementverständnis in den Köpfen der russischen Unternehmensführer begann sich unter anderem deshalb langsam zu ändern, weil durch die Konfrontation mit neutralen Marktdaten (Messen) nicht der Eindruck einer Voreingenommenheit erweckt wurde.

Vor allem mußten sich diese Manager mit Preiskalkulations-, Präsentations- und Marketingfragen auseinandersetzen, denn die potentiellen Kunden verlangten konkrete technische und kaufmännische Informationen zu den sie interessierenden Produkten. Durch das implizite Kaufinteresse gerieten diese von den Beratern gesteuerten Lernprozesse aber nicht zur sterilen Klassenübung. Erste neue Managementtools wurden so wie selbstverständlich angenommen. Da die kurzfristige Fixierung auf die Manager gemäß unserer Argumentation mit der Zeit hinter die Werkzeuge zurücktreten muß, wurde so in dem Unternehmen ein erstes Eintreten in die »neue« russische Managementphase geschafft.

2.5 Training

Training ist eines der zentralen Themen bei Geschäftsaktivitäten in Rußland. Dabei geht es weniger um das Dozieren über jüngste westliche Managementtechniken, sondern vielmehr um die konkrete Anwendung solchen Wissens (vgl. Kennaway 1993, S. 10). Aus diesem Grund ist ein Trainingsansatz anzustreben, der es möglichst hochrangigen Angestellten des jeweiligen russischen Unternehmens ermöglicht, mit den Beratern zusammenzuarbeiten, ihnen sozusagen »über die Schulter zu schauen«. Diese Form der Ausbildung läßt sich bei einer begrenzten Zahl von Beratern natürlich nur mit einigen ausgesuchten Kandidaten praktizieren. Die Breite der Arbeitnehmerschaft (und sei es auch nur der jeweilig fachlich relevante Personenkreis) ist so nicht zu erreichen. Auch hier ist der mittelbare Effekt, der über sichtbare Erfolge erzielt wird, sehr wichtig, denn Erfolg spricht sich in den Unternehmungen schnell herum. Trainingsseminare sollten möglichst einfach strukturiert sein und sich auf für die Praxis Relevantes beschränken. Es ist sinnvoll, solche Seminare zunächst vor den vermeintlich besser ausgebildeten Führungskräften abzuhalten, um sie dann – mit Eröffnungsrede von denselben Führungskräften – auch vor den Mitarbeitern durchzuführen. Das sichert eine große Teilnahme. Noch besser ist es, Seminare nach entsprechend intensiver Einweisung gleich von einem russischen Manager halten zu lassen.

Wenn auch Auslandsreisen nicht ausschließlich zum Training gehören, sondern ebensoviel mit der Partnersuche zu tun haben, so sind doch die mittelbar von ihnen ausgehenden Trainingseffekte nicht zu unterschätzen. Im Falle Svetlanas wurden mehrere Male Manager der Gesellschaft nach Deutschland geholt, um sich westliche Unternehmen anzuschauen, um Intensivtrainings zu erfahren oder um Messen zu besuchen. Neben den hier angesprochenen fachlichen Weiterentwicklungen (in den Bereichen Marketing, Finanzmanagement, Strategieentwicklung etc.), war insbesondere das menschliche Sich-Näherkommen von entscheidender Bedeutung für den Projekterfolg. Die russischen Führungskräfte kamen häufig verschlossen und mit einer Abwehrhaltung versehen nach Deutschland und verließen uns mit einer deutlich anderen, offeneren und kooperativeren Einstellung, denn die Gewährung von Reisemöglichkeiten stellt für sie einen enormen Anreiz und somit ein machtvolles Mittel für den Projektfortgang dar. Die

Erklärung dafür ist denkbar einfach: Die russischen Manager sind ganz einfach froh, ihrer schwierigen Aufgabe daheim für ein paar Tage zu entkommen.

3. Empfehlungen für eine Kooperation mit russischen Großunternehmen

In den letzten fünf Jahren hat sich das Umfeld für die Unternehmen in Rußland rasant verändert. Dieser Entwicklung sind die Unternehmen in sehr unterschiedlichem Maß gefolgt. Man kann heute große regionale Unterschiede, aber auch große Unterschiede zwischen den Branchen beobachten, wobei erwartungsgemäß die Veränderungen um so deutlicher sind, je dichter die Unternehmen am Endabnehmer agieren und je direkter sie damit den Marktkräften unmittelbar ausgesetzt sind. Deshalb ist es schwer, generelle Empfehlungen für den Umgang mit russischen Unternehmen zu geben. Bei der AO Svetlana handelt es sich um einen teilweise in der Rüstung aktiven Großkonzern im Prozeß der Restrukturierung. Insofern sind einige der folgenden Empfehlungen sehr spezifischen Charakters.

1. Bemühen Sie sich frühzeitig um die Auswahl von Managementpersönlichkeiten, die Sie als Hauptzielgruppe für Ihr Projekt definieren sollten und bei denen erkennbar ist, daß sie westlichen Managementtechniken offen gegenüberstehen. Stellen Sie dabei in jedem Falle sicher, daß Sie die Unterstützung des Top-Managements haben, vernachlässigen Sie dabei aber weder die Manager der Sie interessierenden Produktsparten noch die Vertreter der Arbeitnehmerschaft.
2. Die scheinbar »starken Männer« in russischen Unternehmen haben nicht immer eine wirklich starke und stabile Position. Finden Sie deshalb heraus, wer hinter den Topleuten in der zweiten Ebene stark ist und bestehen Sie darauf, daß diese zweite Ebene in die Planung und Umsetzung einbezogen und für die gemeinsamen Aktivitäten motiviert wird.
3. Lassen Sie sich in Verhandlungen und vor allem bei einer mittel- bis langfristig angelegten Zusammenarbeit nicht auf allzu viele rußlandspezifische Regelungen ein, sondern bestehen Sie auf westlichen Anforderungen, wenn Sie sich ernstlich für ein Engagement interes-

sieren. Verlangen Sie Preiskalkulationen für die Güter, die für Sie interessant sind. Verlangen Sie Marktdaten über den russischen oder lokalen Markt. Winken reale Aufträge, geht die Datenbeschaffung plötzlich viel schneller als sonst. Geben Sie konkrete (und ruhig schwierige) Aufgaben vor, die Russen sind mit entsprechendem Training ohne weiteres in der Lage, diese zu lösen. Tenor: Bestehen Sie dabei im *Ergebnis* auf westliche Standards, (zunächst) nicht in der Form.

4. Soweit westliche Anforderungen kurzfristig nicht realisierbar sind, bieten Sie dem russischen Partner Hilfe an, die schrittweise auf die Einführung westlicher Standards hinführt. Fordern Sie konkrete Ergebnisse ab und zeigen Sie Ihren Partnern bei mangelhafter Beantwortung, wie es richtig zu gehen hat. Aus Unerfahrenheit kann das russische Management häufig seine Markt- und Verhandlungsposition nicht richtig einschätzen. Hier sollte man statt langer Pokerrunden konkrete Hilfestellung z. B. beim Factfinding in Westeuropa anbieten, dann aber die eigene Position klar formulieren und vertreten.

5. Investieren Sie ausreichend Zeit und Mittel in vertrauensbildende Maßnahmen (Reisen, Einladungen, Geschäftsessen), besonders zu Beginn Ihres Engagements. Sie eröffnen sich so den Zugang zu den Managern und den für Sie wichtigen Informationen.

6. Die Geschäftspolitik russischer Unternehmen ist häufig kurzfristig angelegt. Man versucht jede Chance mitzunehmen und geht dabei häufig auch schwer kalkulierbare Risiken ein. Stellen Sie deshalb sicher, daß Sie mit einer selbständigen und klar umrissenen Einheit (Tochtergesellschaft) zusammenarbeiten. Verlangen Sie die Gründung einer getrennten Joint-Venture-Gesellschaft mit eigener Rechnungsführung und einem von Ihnen gewählten Direktor. Übernehmen Sie eine bereits bestehende Tochtergesellschaft, wird es häufig unumgänglich sein, das Management neu zu besetzen (vgl. Economist 1995, S. 10). Auch droht bei der Zusammenarbeit mit nicht-ausgegliederten Konzernteilen der Zahlungs- und Buchungsverkehr im Wirrwarr der noch bestehenden Konzernaktivitäten unterzugehen.

7. Wichtig sind schrittweise Erfolge. Die Kooperationsbereitschaft läßt bei den russischen Führungskräften, die ja zumeist mit erheblichen Unternehmensproblemen zu kämpfen haben, nach kurzer Zeit nach. Hier werden kurzfristige Meilensteine und Anreize benötigt, um die Kontinuität der Zusammenarbeit sicherzustellen. Schließen Sie klei-

nere Kaufverträge ab und legen Sie die Meßlatte dafür (erforderliche Qualität) hoch. So können Sie am besten sehen, zu welchen Leistungen Ihr russischer Kooperationspartner in der Lage ist.

8. Bei der Kooperation mit Unternehmen aus dem Rüstungsbereich muß eine sehr klare Abgrenzung gegenüber den noch bestehenden militärtechnischen Aktivitäten vorgenommen werden. Die in diesen Bereichen nach wie vor bestehenden Managementstrukturen sind für kommerzielle Engagements ungeeignet. Eine Vermischung beider Aktivitäten stellt ein unkalkulierbares Risiko dar.

Literatur

Champy, M., Hammer, J. , Business Reengineering, Frankfurt/New York 1994.
EBRD: Transition Report, London, Oktober 1994.
Economist: A Survey of Russia's Emerging Market, 8. April 1995.
Financial Times Survey, Russia, 10. April 1995.
Kennaway, A., Rehabilitation of a Russian Military Factory, Conflict Studies Research Center, The Royal Military Academy Sandhurst, Dezember 1993.
Klein, W., Paarsch, A., Aufbau eines Restrukturierungskonzeptes, in: Betriebswirtschaftliche Forschung und Praxis, Mai/Juni 1994.
Osterloh, M., Tendenzen im Management der industriellen Produktion, in: Neue Zürcher Zeitung Fernausgabe, 5. Oktober 1994.

Management-Know-how-Transfer durch Entwicklungsprogramme für Manager

Peter Theiner

Weiterbildungsprogramme für Manager aus Mittel- und Osteuropa (MOE) haben die Phase des Aufbruchs zu Demokratie und Marktwirtschaft verlassen und sind in eine Phase der Konsolidierung und Professionalisierung eingetreten.

Die Partner in MOE erwarten praxisgesättigte und innovative Weiterbildungsdienstleistungen mit branchen-, funktions- oder betriebsorientiertem Zuschnitt.

Unter dem Stichwort der »Dualen Restrukturierung« setzt der Beitrag die nötigen Änderungen in der Angebotsstruktur westlicher Weiterbildungsorganisationen mit den Anstrengungen um die Sicherung der internationalen Wettbewerbsfähigkeit deutscher/westeuropäischer Unternehmen in ein Verhältnis, das die Verfolgung komplementärer Weiterbildungs- und Wirtschaftsförderungsinteressen erlaubt und ihre Verknüpfung ermöglicht.

Es gilt, einen länderübergreifenden Wertschöpfungsverbund mit MOE aufzubauen, der industrielle Interessen ebenso umschließt wie die Entfaltung einer anforderungsgerechten Weiterbildungslandschaft in MOE selbst.

Zentral bleibt, daß westliche Weiterbildungsanbieter dem Grundsatz der Lastenteilung verpflichtet sind und nicht abgenutzte Verfahren hergebrachter Entwicklungszusammenarbeit fortschreiben.

Am Anfang war Gorbatschow. – Wer die europäische Weiterbildungslandschaft von innen kennt, weiß, daß der Aufbruch zu beruflichen Trainingsangeboten für Führungskräfte der Wirtschaft aus Mittel- und Osteuropa (MOE) zunächst weitgehend im Zeichen der Faszination durch den Umbruch von Glasnost und Perestroika stand. Der deutsche Bundeskanzler engagierte sich spontan und persönlich für eine großzügige Geste im Sinne eines Hilfsangebots für den von Gorbatschow propagierten Neuanfang. Die von Gorbatschow ausgegebene Parole der Uskorenje griff als Beschleunigung auch auf die Durchführungsorganisationen selber über. Sie entwickelten gleichsam aus dem Stand Informationsprogramme mit Trainingsanteilen. Diese dienten osteuropäischen Managern bei Lichte betrachtet eigentlich zuerst nur der Besichtigung der marktwirtschaftlichen Ordnungen im Westen, der Betriebe und der Verbände, der staatlichen Organisationen und der Bildungsträger.

Es war dies gleichsam ein Aufbruch zur Gemeinsamkeit, der bei vielen Mitarbeitern der deutschen Weiterbildungseinrichtungen unter dem wörtlich verstandenen Gebot stand: »Wir müssen Gorbatschow helfen!« – und dies, um rasch eine große Zahl von Führungskräften der Wirtschaft aus MOE mit der Wirklichkeit der real existierenden sozialen Marktwirtschaft zu konfrontieren. Die Weiterbildung sollte, wenn nicht eine Revolution in den Köpfen, so doch zumindest eine Revolte des Staunens und der Nachdenklichkeit auslösen mit dem Ziel, Gorbatschows Weg letztlich unumkehrbar zu machen. Weiterbildung hatte insofern Initialfunktionen und war Stütze der politischen Umbrüche. Im deutschen Kontext diente sie insbesondere mittelbar auch der behutsamen Flankierung des Einigungsprozesses, denn für jeden Beobachter lag der Zusammenhang zwischen wirtschaftlicher Entwicklung und politischer Kooperationsbereitschaft bei unseren Partnern in MOE, insbesondere in der damaligen Sowjetunion auf der Hand.

Politische Prozesse haben es an sich, daß sie in der Regel rasch aus einer charismatischen Phase des Aufbruchs in Phasen der Entzauberung und der Formalisierung übergehen. Dies gilt auch für die Trainings- und Beratungsaktivitäten westlicher Organisationen bezüglich der neuen Partner in MOE. Bekanntlich hat die Beschäftigung mit den volkswirtschaftlichen Fakten und mit der betrieblichen Wirklichkeit in den neuen deutschen Bundesländern zu einer dramatischen Revision der ursprünglichen ökomischen Annahmen und zu einer Neudefinition der Zeitachsen geführt, auf denen eine Annäherung der volks- und betriebswirtschaftlichen Gegebenheiten an die Standards der alten Bundesländer erwartbar waren. Dieser Prozeß der Revision vollzog sich auch im Hinblick auf die Ökonomien der neuen Partner in MOE, wenngleich in der Feinstruktur mit sehr unterschiedlichen Einschätzungen der länderspezifischen Entwicklungsprognosen.

In der westeuropäischen Weiterbildungslandschaft hatte sich unterdessen die Einsicht durchgesetzt, daß den landes-, regionen-, branchen- und betriebsspezifischen Problemlagen im Rahmen der Anpassung an marktwirtschaftliche Ordnungsmodelle eine Differenzierung und Professionalisierung der Angebote und Strategien entsprechen müsse. Hinzu kam, daß Weiterbildungsangebote nun zunehmend in die Gesamtwahrnehmung der westeuropäischen Interessenlagen eingebettet wurden. Stand am Anfand die spontane Geste der Informations- und Schnupperprogramme, so wurde nun in den westeuropäischen Weiterbildungsorganisationen an Problemlösungsangeboten gearbeitet, die sich auch einpassen sollten in die wirtschaftliche Interessenlage der westeuropäischen Länder, Regionen und ihrer Firmen. Möglicherweise war es kein Zufall, sicherlich ist es aber eine Tatsache, daß die neue Begegnung der Staaten der EU, auch der Vereinigten Staaten von Amerika, mit dem Erbe des real existierenden Sozialismus zusammenfiel mit einer neuen betriebswirtschaftlichen Nachdenklichkeit im Zeichen stagnierender Märkte, überhöhter Kosten und dynamischer Wettbewerber, insbesondere aus den Industrie- und Schwellenländern des Fernen Ostens. Die neuen Märkte und Partner in MOE gewannen im Zeichen anhaltender Wachstumsschwäche in den westlichen Volkswirtschaften zunehmend Interesse im Sinne des Stichworts »Duale Restrukturierung«. Damit sind betriebswirtschaftliche Ansätze gemeint, die »eine optimale Struktur von zwei einander komplementär ergänzenden West- und Ost-Unternehmen« anstreben (Kröger et al., Seite 17). In langfristiger Perspektive geht es darum, auch mit den Ländern Mittel -und Osteuropas einen Wertschöpfungsverbund aufzubauen, in dem die westlichen Unternehmen sich stärker als bisher auf Dienstleistungen, Hochtechnologie-Produkte und Engineering konzentrieren. Während die eingangs skizzierte Weiterbildungsoffensive der Bundesregierung bis heute vor allem im Sinne einer breit angelegten Trainingshilfe zur Stabilisierung politischer Partnerschaft auf internationaler Ebene angelegt ist, konnten die Regierungen der Bundesländer wesentlich früher und gezielter darüber nachdenken, wie sich eigene Weiterbildungsangebote für Führungskräfte aus MOE mit den eigenen wirtschaftspolitischen Zielen verknüpfen lassen.

In Niedersachsen war das Ergebnis dieses politischen Planungsprozesses die Gründung der Deutschen Management Akademie Niedersachsen gemeinnützige GmbH (DMAN) im Jahr 1989. Schon die Rechtsform der neuen Organisation als gemeinnützige Firma sollte dem neuen Förderansatz von Anfang an ein ausreichendes Maß an unternehmerischer Flexibilität garantieren. Dem entsprach auch die gezielte Gestaltung des Gesellschafterkreises: Neben dem Land Niedersachsen als

Mehrheitsgesellschafter sorgen die Volkswagen AG, die PREUSSAG AG, die Industrie- und Handelskammern Hannover – Hildesheim und Lüneburg – Wolfsburg sowie schließlich das Bildungswerk der Niedersächsischen Wirtschaft und die Carl Duisberg Centren gemeinnützige Gesellschaft mbH dafür, daß der Akademie Erfahrung, Unterstützung und Know-how aus verschiedenen Perspektiven zufließen.

Das Leistungsangebot der DMAN richtet sich nahezu ausschließlich an Führungskräfte und Nachwuchsführungskräfte aus Betrieben in den Ländern Mittel- und Osteuropas. Durch qualifizierte Management-Trainings-Programme vermittelt die DMAN praxisgerecht aufbereitete betriebswirtschaftliche Kenntnisse sowie Führungstechniken und Führungsfähigkeiten. Die DMAN entwickelt und realisiert ihre Programme in enger Zusammenarbeit mit den Unternehmen Niedersachsens, die durch qualifizierte Betriebsbesichtigungen und durch die Bereitstellung von Trainern und Praktikantenplätzen die Arbeit der Akademie unterstützen und den Praxisbezug ihrer Weiterbildungsprodukte sichern. Bisher haben über 6000 Führungskräfte der Wirtschaft aus MOE an Management-Trainings-Programmen der Akademie teilgenommen:

Jahr	Anzahl der Programme	Teilnehmer	Teilnehmertage
1990	45	817	10 932
1991	38	752	11 724
1992	56	1076	16 707
1993	80	1368	17 728
1994	89	1692	22 881
Summe	**308**	**5705**	**79 972**

Entsprechend ihrem Auftrag, Weiterbildung im Sinne des Aufbaus von Demokratie und Marktwirtschaft in MOE mit Wirtschaftsförderung für das eigene Land zu verbinden, sucht die DMAN ihre Teilnehmer in den Sektoren Industrie, Handel, Kreditwirtschaft und Dienstleistungen. Darüber hinaus werden in speziellen Programmen auch Entscheidungsträger aus Politik und Verwaltung berücksichtigt, etwa auf den Gebieten Wasser- und Abwasserwirtschaft sowie Luftreinhaltung, ferner in Informations- und Trainingsprogrammen für kommunale Entscheidungsträger. Sicherlich ist die Entwicklung beider Sektoren, Wirtschaft einerseits, Politik/Verwaltung andererseits, gleichwertig zu sehen, und sie muß auch gleichzeitig vorangetrieben werden, sinnvollerweise aber grundsätzlich im Wege professioneller Arbeitsteilung zwischen unterschiedlich profilierten Anbietern.

Bei der Rekrutierung der Teilnehmer nach Altersgruppen und Hierarchieebenen hat sich die DMAN für eine ausgewogene Mischung entschieden: Alle betriebliche Erfahrung spricht dafür, daß die Einführung neuer Systeme nicht gegen die bisherigen Entscheidungsträger erfolgen kann. Umgekehrt wird bei den künftigen Entscheidungsträgern in den Unternehmen die Hauptlast der Umbauarbeit liegen. Insofern müssen beide Gruppen, Führungskräfte in Entscheidungspositionen wie auch Nachwuchsführungskräfte, mit geeigneten Programmen berücksichtigt werden.

General-Management-Trainings im Sinne einer umfassenden Einführung in die Technik und Praxis marktorientierter Unternehmensführung waren in der Startphase des Umbaus in MOE sicherlich ein geeignetes Instrument, um die neuen Partner für neue Aufgaben zu sensibilisieren und um Neugier und Aufgeschlossenheit zu erzeugen.

Das Wirtschaftsförderungsziel ließ sich freilich auf Dauer schwerlich mit branchenheterogenen Teilnehmergruppen erfüllen. Von daher war es naheliegend, die Trainingsarbeit frühzeitig auf Branchenpartnerschaften auszurichten. Die Branchenorientierung erlaubt, die einschlägigen deutschen Unternehmen und deren Zulieferer bei der Trainingsarbeit einzusetzen und damit die Grundlage für neue Unternehmensbeziehungen zu schaffen. Neben den branchenorientierten Intensivprogrammen bietet die DMAN funktionsorientierte Programme an, etwa in den Bereichen Fertigungswirtschaft, Personalwirtschaft und Qualitätsmanagement/Zertifizierung, wobei auch bei solchen hochspezialisierten Programmen die Konzentration auf eine Branche angestrebt und inzwischen auch weitgehend erreicht wird.

Die gezielte Weiterentwicklung einer eigenen Dienstleistungspalette bedeutet, daß das Stichwort »Duale Restrukturierung« auch westliche Weiterbildungsanbieter nicht verschont. Weder sind unsere östlichen Partner bereit, sich ausschließlich auf westliche Weiterbildungsanbieter zu verlassen, noch wäre eine solche »Einbahnstraße« wünschenswert. Insofern ist es folgerichtig, daß auch die DMAN durch Beiträge zum *Institution-Building* und durch *Train-the-Trainer*-Programme dafür sorgt, daß qualifizierte Schwesterakademien in MOE heranwachsen, die zunehmend mit eigenen Angeboten in eine komplementäre Leistungspartnerschaft mit westlichen Anbietern hineinwachsen. Im übrigen sorgt diese Strategie auch dafür, daß westliche Weiterbildungsanbieter sich stets dem Wettbewerb ausgesetzt sehen und innovativ bleiben. Zugleich fördert dies die Entwicklung von Partnerschaften »in Augenhöhe«: Nur Partner mit eigenem Leistungspotential auch im Weiterbildungsmarkt werden langfristig auch verläßliche und selbstbewußte Partner im Leistungsaustausch von Unternehmen zu Unternehmen sein.

Die DMAN setzt sich dafür ein, daß die Entscheidung zum Durchführungsstandort von berufsbezogenen Weiterbildungsangeboten – in Deutschland oder in den Partnerländern selbst – mit Augenmaß getroffen wird. Die Vermittlung erfolgreicher Managementtechniken ist nicht ablösbar von der konkreten Umgebung, in der funktionierende Unternehmen angesiedelt sind. Insofern ist es erforderlich, daß die Schlüsselgruppen, die »Manager des Wandels« in die Kontrastkultur zumindest begrenzt »eintauchen« können. Diese Grundorientierung bei der Standortwahl spricht nicht dagegen, in einem kreativen Mix Vorbereitungsmaßnahmen und Nachbereitungsmodule in den Zielländern selbst durchzuführen.

Im übrigen bedarf die erfolgreiche Realisierung von Weiterbildungsprogrammen der konstruktiven Mitwirkung deutscher Unternehmen. Dies wiederum ist bei ausschließlicher Realisierung von Programmen in MOE selbst nicht ohne weiteres zu haben. Wirtschaftsförderung, die Anbahnung von Beziehungen von Unternehmen zu Unternehmen durch das Medium von Trainingsprogrammen setzt voraus, daß die Partner aus MOE die westlichen Unternehmen auch kennenlernen. Dies kann schwerlich allein durch die Entsendung von Dozenten in die gesamte Fläche des Wirtschaftsraums von Westpolen bis in den russischen Fernen Osten erreicht werden. Auch zeigt die Erfahrung, daß professionelle Management-Trainings-Programme und vor allem die disziplinierte Mitarbeit aller Teilnehmer durch temporäre Ablösung vom eigenen Betriebsalltag eher zu erreichen sind. Schließlich folgt die DMAN dem Grundsatz, daß eingesetzte öffentliche Mittel wiederum Steuermittel erzeugen sollten. Insofern besteht auch ein systematischer Zusammenhang zwischen der Frage des Durchführungsstandorts und der Akzeptanz, die öffentliche Zuwendungen für internationale berufliche Weiterbildung in der Bevölkerung finden.

Jede staatlich initiierte bi- oder multilaterale Weiterbildungspartnerschaft, gleichviel ob sie mit Wirtschaftsförderungszielen verknüpft ist oder nicht, steht vor der Grundsatzfrage einer angemessenen Lastenteilung. Gerade die neu einsetzende Kooperation mit den östlichen Nachbarn bot und bietet die Chance, hergebrachte Prozeduren der Finanzierung in der zwischenstaatlichen Trainings- und Beratungshilfe konstruktiv zu überdenken. Die DMAN hat diese Chance genutzt, um auch mit dem Modell der Kofinanzierung einen eigenen innovativen Weg zu gehen. Die Partner der Akademie in MOE tragen bereits heute nahezu die Hälfte der Kosten der Management-Trainings-Programme selbst. Auch bei der Bewerbung um Mittel des Bundes und der EU wird dieses Modell der Mischfinanzierung (Hartwährungsbeiträge!) verfolgt. Diese Förderpolitik führt zu einer Streckung der ohnehin nicht unerschöpflichen öffentlichen Mittel, ergänzt die Ressourcen des eigenen Bundeslandes und sichert einen qualifizierten Volumen- und Umsatzausbau, im Interesse einer kritischen Masse, auf die ein hochspezialisiertes Dienstleistungsunternehmen, wenn es Wirkung erzeugen will, angewiesen ist. Vor allem aber ordnet diese Strategie die Weiterbildungs- und Wirtschaftsförderaktivitäten nach Wettbewerbsgesichtspunkten. Denn unter ordnungspolitischen Gesichtspunkten ist es wenig überzeugend, Management-Trainings-Programme von Organisationen durchführen zu lassen, die sich nicht auch selbst dem Wettbewerb aussetzen. Wer sich zu Lean-Management und zur schlanken Verwaltung bekennt, muß auch ertragen, daß die Akzeptanz der eigenen Leistungen von ausländischen Partnern im Lichte von Preisen anderer Anbieter bewertet wird, mögen diese Preise einstweilen auch noch mit guten Gründen durch anteilige staatliche Mittel der jeweiligen Leistungsfähigkeit der Nachfrager aus MOE angepaßt bleiben. Zugleich dient die finanzielle Lastenteilung dem Ziel, den Interessenten aus MOE das Selbstbewußtsein und die Würde kritischer Kunden zu lassen. Nur als solche können sie auch den westlichen Partnern ihr Vertrauen geben – und entziehen, nicht aber als Empfänger einseitiger Entwicklungshilfeleistungen im herkömmlichen Sinne.

Management-Trainings-Programme einer in Deutschland regional verankerten Organisation können sich nicht unspezifisch auf den gesamten früheren RGW-Raum beziehen. Deshalb muß der angestrebte Know-how-Transfer und seine Verknüpfung mit Wirtschaftsförderungszielen im Sinne regionaler Fokussierung erfolgen. Dies begünstigt die Entstehung von »Inseln der Hoffnung«, von vorzeigbaren Projekten, die den mühsamen Weg der Reformen positiv erlebbar machen. Umgekehrt entspricht der regionalen Fokussierung die Bündelung von Aktivitäten unterschiedlicher Träger und Institutionen auf unterschiedlichen Ebenen des Umstellungsprozesses. Die DMAN versteht sich insofern als Promotor einer Vernetzung einschlägiger Aktivitäten von Regierung, Hochschulen, Unternehmen und Kommunen. Nur diese Bündelung im Sinne konzertierter Aktionen wird auf Dauer zu einer erfolgsorientierten regionen- und länderspezifischen Projektpolitik führen, die ein Versickern der vielfältigen, inzwischen sogar unübersichtlichen Mittelströme vermeidet. Management-Trainings-Programme bedürfen der Ergänzung durch Nachbereitung, Nachbetreuung und Beratung. Deshalb wird für die DMAN die Kooperation mit Beratungsunternehmen, Finanzdienstleistern und Handelsunternehmen noch weiter an Bedeutung gewinnen. Auf der Ebene des Wirtschaftsförderungsgedankens ermöglicht dies die legitime Verfolgung seriöser firmenspezifischer Interessen deutscherseits ebenso, wie es den Erwartungen der Partner in MOE entgegenkommt, seriösen Rat für die Lösung der eigenen firmenspezifischen Probleme zu finden.

Die Strategie der Verknüpfung von Beratung und Training kann Anlaß zu einer weiteren Grundsatzüberlegung bieten: Kein Personalentwickler käme auf den Gedanken, ein inländisches Unternehmen, das vor dem Zusammenbruch steht, vornehmlich und zuerst mit Trainings-Programmen für seine Mitarbeiter unmittelbar vor dem Sturz in den Abgrund retten zu wollen. Allenfalls könnten gezielte Personalentwicklungsmaßnahmen im nachgeordneten und informierten Verbund mit Beratungsinterventionen, so die realistische Erfahrung, das in schwere See geratene Unternehmen retten. Diese an sich triviale Überlegung findet indes in den meisten nationalen und multinationalen Angeboten an die Adresse der Partner in MOE wenige Verbündete, und damit besteht die Gefahr, daß eine gleichsam um sich selbst kreisende europäische Weiterbildungsindustrie zwar ihren Auftragsbestand mit staatlichen Mitteln einstweilen sichert, nicht aber direkt die Interessen der Unternehmen in MOE befriedigt. Vor allem langfristig angelegte multinationale Programme der Staaten der Europäischen Union zielen vorrangig auf einen grundlegenden Strukturwandel in ausgewählten Sektoren, suchen die Zusammenarbeit mit osteuropäischen Weiterbildungsorganisationen, Behörden, Akademien und Instituten, bewegen sich aber eher selten auf dem Feld unternehmensbezogener Krisenintervention.

Wer sich die Zeit nimmt, Unternehmern aus MOE aufmerksam zuzuhören, weiß, daß diese Fehlsteuerung vieler westeuropäischer Weiterbildungsangebote inzwischen einen schleichenden Akzeptanzverlust ausgelöst hat, der die wirtschaftliche Zusammenarbeit insbesondere mit russischen Partnern mittelfristig sogar in der Substanz beschädigen kann. Ein weithin unkoordiniertes Nebeneinander von Trainings- und Beratungsaktivitäten führt insofern auch zu einem Legitimationsverlust des Modells Soziale Marktwirtschaft selbst. Insofern kommt auch auf diesem Feld flexiblen Organisationen mit hinreichendem Potential zur Selbstkorrektur strategische Bedeutung zu, um die systembedingte Fehlsteuerung von gut gemeinten Großprogrammen auf nationaler und europäischer Ebene auszubalancieren.

Auch im Lichte dieser Beobachtungen kann der erwünschte Management-Know-how-Transfer Anlaß bieten, ein umfassendes Reengineering bei westlichen Weiterbildungsanbietern im Interesse der Verschränkung von Beratung und Training zu starten.

Mit mehreren Dienstleistungsprodukten wendet sich die DMAN an ihre Partner in MOE, um den Verbund von Training, Beratung und Wirtschaftsförderung zu ermöglichen:

- In einem pyramidal aufgebauten branchenorientierten Intensivtraining erreicht die DMAN heutige Entscheidungsträger. Im Vorfeld von Verhandlungen haben deutsche Unternehmen Gelegenheit, ihre Partner und ihre Mitarbeiter mit praxisgefestigten Referenten in genau abgestimmten Seminar-Modulen zu konfrontieren. Deutsche Unternehmen erhalten damit Zugang zu potentiellen Kunden und Lieferanten. Die osteuropäischen Manager haben umgekehrt Gelegenheit, auf neutralem Boden neben dem Einstieg in fachliche Seminar-Module Geschäftsbeziehungen mit westeuropäischen Partnern abzuwägen. Deutsche Unternehmen, etwa im Anlagengeschäft, erkennen zunehmend, daß Weiterbildung für Schlüsselmanager als zusätzliche Dienstleistung ihnen ermöglicht, sich von Wettbewerbsangeboten aus Ländern mit notorischen Preisunterbietern abzusetzen.
- In einem trichterförmig aufgebauten Langzeit-Qualifizierungsprogramm erreicht die DMAN Nachwuchsführungskräfte. Diese zukünftigen Entscheidungsträger aus MOE durchlaufen nach einer Phase der Vorbereitung im Heimatland ein Intensiv-Trainingsprogramm in Deutschland, sodann einen Sprachkurs im Heimatland, um dann ein mit Seminarmodulen kombiniertes Firmenpraktikum in Deutschland

anzutreten. Die Teilnehmer sind als mehrfach ausgewählte Leistungsträger ein strategisches Ansprechpotential für westeuropäische Unternehmen. Für die Transformationsaufgaben in MOE kommt ihnen eine Schlüsselfunktion ebenso zu wie für den Aufbau von west-östlichen Geschäftspartnerschaften.
- In einem stufenförmigen Consultancy-Programm begleitet die DMAN den Markteinstieg deutscher Unternehmen in MOE. Führungskräfte und Nachwuchsführungskräfte erarbeiten unter Ernstfallbedingungen in mehreren Stufen eine Entscheidungsvorlage für ein deutsches Unternehmen. Diese Strategievorlage gibt Auskunft über das Marktpotential einer ausgewählten Region in MOE für ein ausgewähltes deutsches Unternehmen. Dieses Dienstleistungsprodukt vereinigt insofern Training on the Job mit einem realen Ergebnis für ein deutsches Unternehmen, das sich der Herausforderung der dualen Restrukturierung stellen will.
- In einem weiteren Programm erschließt die DMAN Warenströme und nutzt Trainingsprogramme zur Identifizierung von Zulieferern deutscher Betriebe. Dieses Modell hilft beim Beschaffungsmarketing, erzeugt umgekehrt Deviseneinnahmen für MOE, und es kann auch eine Personalbeschaffungsfunktion erfüllen.
- Für Entscheidungsträger aus Wirtschaft und Politik in MOE bietet die DMAN »Inseln der Nachdenklichkeit« im Sinne einer Beratungsplattform mit deutschen Entscheidungsträgern. Solche Gesprächskreise fernab vom gewohnten betrieblichen Trubel können ein Marketinginstrument für deutsche Unternehmen sein. Sie bieten sich aber auch für Führungskräfte aus MOE an, um im Dialog mit Unternehmern, Spitzenbeamten, Wissenschaftlern und Politikern eigene Strategien zu formulieren.

Der Aufbau von Demokratie und Marktwirtschaft in MOE wird mit unterschiedlichen Geschwindigkeiten ein breites Spektrum von Eigenwegen hervorbringen. Es gibt eine stattliche Zahl von Szenarios über den je eigenen Weg unserer zahlreichen östlichen Nachbarn: Sie reichen vom Beitritt zur EU innerhalb einer überschaubaren Frist im günstigsten Fall bis zum Abgleiten in politisches Chaos, ökologische Katastrophen und wirtschaftliche Dauermisere im ungünstigsten Falle. Mit Recht wird darauf hingewiesen, daß insbesondere im Hinblick auf Rußland neoklassische Ordnungsvorstellungen ausgedient haben und daß Nationalökonomie und Betriebswirtschaftslehre gut beraten sind, den *kulturellen Einflußgrößen* jenseits der Bilanzen mehr Beachtung zu schenken, um zu tragfähigen Entwicklungprognosen zu kommen, im übrigen die späte Wiederaufnahme längst dokumentierter Einsichten der älteren nationalökonomischen Tradition. Für die Bewältigung der Transformationskrise der Betriebe in MOE liegt Max Webers Bild von den dicken Brettern nahe, die es mit Leidenschaft und Augenmaß gleichermaßen zu bohren gilt. Dieser Aufgabe kann Know-how-Transfer durch Entwicklungsprogramme für Manager dienen, mit Erfolg jedoch nur dann, wenn seine Träger gemäß einer bewährten Tugend der Führungskräfte ihre eigenen Grenzen beachten, das legitime Interesse des eigenen Landes glaubwürdig einbringen und sich davor hüten, die spezifischen deutschen und westeuropäischen Systembedingungen und Erfahrungen im Sinne exklusiver Vorbildlichkeit zu präsentieren. Vielmehr gilt es, die Erfahrungen und Erwartungen unserer Partner ebenso zu respektieren wie ihren Anspruch, einen eigenen, ihrem Lande und ihren Betrieben gemäßen Weg zu Demokratie und Marktwirtschaft zu finden.

Professionell entwickelte interkulturelle Sensibilität kann, so gesehen, mehr noch als hochqualifizierte Trainingsmodule und brillante Beratungsangebote, auf einem gewiß begrenzten Feld der Wirtschaftspolitik dazu beitragen, die gefährliche Entwicklung eines robusten Neonationalismus in MOE zu dämpfen. Denn wenig wirkt glaubwürdiger im Dialog mit unseren Nachbarn in MOE als konzeptionelle Demut und das spürbar gemachte Wissen um die eigenen Grenzen.

Literatur

Ahrens, J., Der russische Systemwandel. Reform und Transformationen des (post-) sowjetischen Wirtschaftssystems, Frankfurt am Main 1994.
Beyme, K. v., Systemwechsel in Osteuropa, Frankfurt am Main 1994.
Eberwein, W., Tholen, J., Zwischen Markt und Mafia. Russische Manager auf dem schwierigen Weg in eine offene Gesellschaft, Frankfurt am Main 1994.
Kröger, W. et al., Duale Restrukturierung. Wettbewerbsfähig durch westöstliche Arbeitsteilung, Stuttgart 1994.
Landsberg, G. v., Weiss, R. (Hrsg.), Bildungs-Controlling, Stuttgart 1992.
North, D., »Viel dazu gelernt«. Über die Schwächen der neoklassischen

Schule und die Reformen in Osteuropa, Wirtschaftswoche Nr. 10, 4. 3. 1994, S. 39–42.
Pieper, R., Managementtraining in Osteuropa, Wiesbaden 1993.
Theiner, P., Qualifizierungsprogramme für Osteuropa, in: Jahrbuch Weiterbildung 1993, S. 74–76.
Weidenfeld, W., (Hrsg.), Demokratie und Marktwirtschaft in Osteuropa, Gütersloh 1995.

Anforderungen des Transformationsprozesses an den Know-how-Transfer aus russischer Sicht[1]

Friedhelm Meißner, A. Lissansky

Die Transformation der russischen Gesellschaft erfordert neben internationaler materieller und finanzieller Unterstützung im weitaus breiteren Umfange ein auf die Erarbeitung strategischer Entwicklungskonzepte ausgerichtetes Consulting bei gleichberechtigter Beteiligung und Einflußnahme russischer Experten und ein darauf aufbauendes System des Know-how-Transfers im Rahmen der Fortbildung, Umschulung und qualifizierten Ausbildung junger Fach- und Führungskräfte.

Der Transformationsprozeß ist für die ihn gestaltenden Menschen eine große Herausforderung. Marktwirtschaftliche Strukturen aufzubauen heißt, in Wirtschaft und Verwaltung ein Management zu profilieren, das von der Komplexität von Führungsprozessen ausgehend Ziele, Inhalte, Instrumente und Rahmenbedingungen der konsequenten, schrittweisen Gestaltung marktwirtschaftlicher Strukturen definiert und umsetzt. Damit haben Fortbildung, Umschulung, aber auch die Ausbildung von Fach- und Führungskräften eine Schlüsselfunktion in diesem Prozeß. Internationale Kooperation ist dabei eine entscheidende Voraussetzung für einen differenzierten, auf die Bedürfnisse der Empfängerländer ausgerichteten Know-how-Transfer. Für die Lösung dieser Aufgaben gibt es keine Modelle.

Die Diagnose des Zustandes, die Entwicklung strategischer Konzeptionen, die Definition von Rahmenbedingungen sowie von Instrumenten ihrer Umsetzung erfordern Kreativität der nationalen Fach- und Führungskräfte ebenso wie gezielte internationale Kooperation.

Gefordert ist ein konstruktiver Dialog, verbunden mit einer qualifizierten, für alle Beteiligten effizienten Kooperation sowohl bei der Aus- und Fortbildung von Fach- und Führungskräften, beim Auf- und Aus-

---

1 Der Beitrag ist Teil einer Analyse russischer und deutscher Spezialisten, die an der Programmierung und Realisierung von Projekten des Know-how-Transfers in den Jahren 1992–1994 beteiligt waren. Er wurde von Dr. Friedhelm Meißner, WFB gGmbH Berlin zusammengestellt.

bau von Dienstleistungskapazitäten im weitesten Sinne als auch bei der Restrukturierung und Profilierung der Produktionskapazitäten im industriellen und Agrarbereich.

Die politischen, ökonomischen und sozialen Veränderungen in der russischen Föderation basieren in ihrer Dynamik, Komplexität und Differenziertheit nicht auf einem strategischen Gesamtkonzept für die Transformation der Gesellschaft und ihrer Wirtschaft. Sie sind nur bedingt aufeinander abgestimmt und bilanziert. Erhebliche Disproportionen in der Volkswirtschaft, in und zwischen den Regionen sind ebenso typisch wie das Entstehen sozialer Widersprüche und das Fehlen notwendiger rechtlicher Regelungen, z. B. zur Abgrenzung der Verantwortung exekutiver und legislativer Organe in den einzelnen Ebenen der Verwaltung.

So treffen wir auf Wirtschaftsbereiche wie den Energie- und Brennstoffkomplex, der sehr schnell marktwirtschaftlich bestimmte Unternehmensstrukturen aufbaute, die die Chancen internationaler Verflechtung ebenso wie die Schwäche staatlicher Übergangsregelungen nutzten und sich auch international als marktwirtschaftlich organisierte und agierende Unternehmen bewährten. Hier haben zentrale Verwaltungsstrukturen bereits heute Probleme, aus politischen und gesamt-volkswirtschaftlichen Entwicklungszielstellungen resultierende Anforderungen an diesen Bereich, etwa im Rahmen der Finanz- und Steuerpolitik durchzusetzen.

Andere Zweige wie die Nahrungsmittelindustrie sind in ihren wesentlichen Bestandteilen noch in einer sehr frühen Phase marktwirtschaftlicher Umstrukturierung. Sie können Defizite ihrer Struktur und Leistungsfähigkeit nur begrenzt über marktwirtschaftliche Mechanismen beseitigen und bedürfen sicherlich noch längerfristig Regelungen planwirtschaftlichen Typs, vor allem aber materieller und finanzieller Unterstützung des Staates. Hierzu können auch Maßnahmen gehören, die einen zeitweiligen Schutz vor ausländischen Anbietern auf dem russichen Markt beinhalten.

Andere Bereiche wie die Grundlagen- und die angewandte Forschung werden einerseits noch zentral, d. h. staatlich finanziert und gesteuert, lösen sich zum Teil aber auch schon auf. So bildeten sich z. B. leistungsfähige, marktwirtschaftlich strukturierte und zum Teil international kooperierende Forschungsstrukturen heraus. Daneben treffen wir eine Vielzahl finanziell und materiell schlecht ausgestatteter, kaum noch arbeitsfähiger Einrichtungen an, die mehr oder weniger steuerlos ihren Überlebenskampf führen. Zu ihnen gehören teilweise auch ehemalige Industrieforschungseinrichtungen, die bei der Umstrukturierung der Industrie, der Landwirtschaft etc. ausgegliedert wurden und noch keine neuen Perspektiven für ihre Entwicklung sehen. (Zum ausschließlich militärisch orientierten Forschungskomplex ist in Deutschland ausführlich informiert worden; er kann hier vernachlässigt werden.)

Die Regionen beginnen ihre neue Rolle in einem föderalen Staatssystem bewußt wahrzunehmen und schöpfen ihre Rechte vor allem dort voll aus, wo finanzielle Einnahmen aus der eigenen Wirtschaftskraft regionale Entwicklungen und Strukturveränderungen auch unabhängig von Zuschüssen aus dem zentralen Budget ermöglichen.

Sehr schnell sind so reiche und arme Regionen entstanden. Bei einem noch nicht funktionierenden regionalen Finanzausgleich rufen diese Entwicklungen wachsende Spannungen hervor. Tatsache ist: Die Regionen sind heute eine eigenständige politische und ökonomische Macht, was in jüngster Zeit unter anderem auch durch spezifische Auslegungen der Privatisierungsgesetze verdeutlicht wurde.

Aus dem Gesagten resultiert die Erkenntnis: Die Transformation der russischen Gesellschaft erfordert neben internationaler materieller und finanzieller Unterstützung im weitaus breiteren Umfange eine auf die Erarbeitung strategischer Entwicklungskonzepte ausgerichtete Beratung bei gleichberechtigter Beteiligung und Einflußnahme russischer Experten und ein darauf aufbauendes System des Know-how-Transfers im Rahmen der Fortbildung, Umschulung und qualifizierten Ausbildung junger Fach- und Führungskräfte.

Der Transformationsprozeß ist für die ihn gestaltenden Menschen eine große Herausforderung. Marktwirtschaftliche Strukturen aufzubauen heißt, in Wirtschaft und Verwaltung ein Management zu profilieren, das von der Komplexität des Prozesses ausgehend Ziele, Inhalte, Instrumente und Rahmenbedingungen der konsequenten, schrittweisen Gestaltung marktwirtschaftlicher Strukturen definiert und umsetzt. Fortbildung, Umschulung aber auch die Ausbildung von Fach- und Führungskräften haben eine Schlüsselfunktion in diesem Prozeß. Die Lösung dieser Aufgaben erfordert eine breitgefächerte internationale Kooperation als entscheidende Voraussetzung für einen differenzierten, auf die Bedürfnisse der Empfängerländer ausgerichteten Know-how-Transfer.

Für die Lösung dieser Aufgaben gibt es keine Modelle. Die Diagnose des Zustandes, die Entwicklung strategischer Konzeptionen, die Definition von Rahmenbedingungen sowie von Instrumenten ihrer Umsetzung erfordern Kreativität der nationalen Fach- und Führungskräfte ebenso wie gezielte internationale Kooperation.

Gefordert ist ein konstruktiver Dialog, verbunden mit einer qualifizierten, für alle Beteiligten effizienten Kooperation bei der Aus- und Fortbildung von Fach- und Führungskräften, beim Auf- und Ausbau von Dienstleistungskapazitäten im weitesten Sinne sowie bei der Restrukturierung und Profilierung der Produktionskapazitäten im industriellen und im Agrarbereich.

Die Diskussion mit russischen Partnern zu diesem Thema ist intensiv, widerspruchsvoll, kritisch und konstruktiv. Festzustellen ist: es gibt nicht *die russische Sicht*. Es wurden sehr vielfältige Erfahrungen gesammelt. Sie sind abhängig vom Herangehen, der Kooperationsbereitschaft sowie der Bereitschaft des deutschen Partners, sich den spezifischen Bedingungen des Unternehmens, des Zweiges, der Region und des Prozesses zu stellen. Sie sind auch abhängig vom Typ der Maßnahme, die den Transfer von Managementwissen und von -erfahrungen vermitteln soll, den Spezifika des Bereiches, in dem man Manager ist oder werden will.

So wie diese Prozesse auch in den Unternehmen der Bundesrepublik Deutschland nicht widerspruchsfrei verlaufen, ist der Ost-West-Transfer gegenwärtig noch mehr Herausforderung als schon erfolgreich bewältigtes Programm.

Natürlich sind die Aufgaben definiert; nationale, europäische, aber auch weltweit entwickelte Programme wurden formuliert, finanziert und zum Teil auch realisiert, leider sehr selten auch evaluiert.

Aber inwieweit die aus ihnen finanzierten Maßnahmen den aus vorhandenen Defiziten resultierenden Erwartungen der russischen Partner entsprechen, muß nachhaltig hinterfragt werden. Hierfür mag es viele Ursachen geben. Wir müssen sie aber analysieren, soll der Know-how-Transfer im Managementbereich erfolgreich, das heißt vertrauensbildend und produktiv in dem Sinne sein, daß sich aus ihm eine leistungsfähige Kooperation mit russischen Partnern zumindest aus strategischer Sicht ergibt.

Vertieft man diesen Gedanken, so heißt das bereits aus heutiger Sicht:

Als Partner wünscht sich der russische Manager den Praktiker aus Deutschland, Frankreich, Italien, Großbritannien oder den USA und nicht so sehr den an Lehrbuch und Universitätsbetrieb gewöhnten Hochschullehrer, Dozenten der Managementakademien etc.

Hier verkennen deutsche Partner allzu häufig: Auch in der damaligen Sowjetunion gab es seit dem Ende der siebziger Jahre leistungsfähige Managementtrainingszentren, wurden effiziente Kooperationen im industriellen Bereich mit dem damals westlichen Ausland auch mit einem Austausch von Managern verbunden. Russische Ausbildungsstätten hatten nicht nur Gastdozenten, sondern auch ein breit gefächertes Spektrum von Literatur, nicht nur aus der früheren BRD, sondern auch aus England, Frankreich, Italien, den USA und Japan zur Verfügung.

Dieser Kooperationsprozeß vertiefte sich Ende der achtziger Jahre nahezu explosiv, so daß wir seit den neunziger Jahren leistungsfähige Ausbildungsstätten für den im ökonomischen und technischen Bereich tätigen Manager haben.

Dieser Wissensvorlauf, die Kenntnis marktwirtschaftlicher Wirtschaftsstrukturen, das eigene, wenn auch begrenzte Wirken im weltwirtschaftlichen Maßstab waren letztlich eine entscheidende Voraussetzung für den Druck von Reformkräften auf eine umfassende Transformation des politischen, wirtschaftlichen und sozialen Systems in der UdSSR.

Erinnert sei stellvertretend an die Russische Wirtschaftsakademie Plechanov in Moskau, die Akademie für Management und Markt, aber auch an international anerkannte technische Ausbildungsstätten, wie die Energetische Hochschule Moskau, die Hochschule für elektronischen Maschinenbau etc.

Mit der Restrukturierung der russischen Wirtschaft im Prozeß der Transformation wuchsen die Anforderungen an die akademische Ausbildung von Fach- und Führungskräften in der Wirtschaft, insbesondere der Industrie, aber auch an deren berufsbegleitende Fortbildung bzw. Umschulung.

Natürlich mußten mit der Intensivierung des Transformationsprozesses auch Ausbildungsrichtungen mit internationaler Hilfe neu aufgebaut werden. Dazu gehören die Ausbildung von Spezialisten für das Bank- und Versicherungswesen, die Ausbildung von Experten für das internationale Marketing und die neu aufzubauenden Ausbildungsrichtungen für Experten im Steuer- und Zollwesen.

Mit dem fortschreitenden Transformationsprozeß in der Russischen

Föderation und den »Neuen Unabhängigen Staaten« intensivierte und qualifizierte sich sowohl die akademische Ausbildung als auch die Fortbildung und Umschulung von Fach- und Führungskräften an den Hochschulen selbst und in den, in ihrer unmittelbaren Nachbarschaft entstandenen Aus- und Fortbildungsinstitutionen für in der Praxis tätige Manager und sich auf die Selbständigkeit vorbereitende Existenzgründer. Gerade viele Existenzgründer – auch solche, die zu den Gründern der 2 600 Banken in der Russischen Föderation gehören – erhielten so ein qualifiziertes erstes Rüstzeug für ihre unternehmerische Tätigkeit.

Dabei profilierten sich auch traditionell in diesem Bereich tätige Institutionen neu und erforschten die neuen spezifischen Anforderungen an den Manager im Transformationsprozeß und im Prozeß der Globalisierung ihrer wirtschaftlichen Kooperation. Stellvertretend hierfür sollen das Internationale Institut für Management in Moskau, die Akademie für Fragen der Leitung, die Internationale Universität, aber auch die russisch-amerikanische Universität genannt werden.

Diesen Prozessen gemeinsam ist

- ein starker Transfer von Hochschullehrern, Managementtrainern, Ausbildungsmodellen, von Hard- und Software aus den USA, aus Frankreich, Italien, Großbritannien und Japan, aber auch aus der Bundesrepublik Deutschland,
- ein sich intensivierender Austausch von Hochschullehrern und Ausbildern der Aus- und Fortbildungsinstitutionen,
- die direkte Beteiligung von ausländischen Partnern an der Errichtung von Ausbildungsstätten für die Aus- und Fortbildung von Führungskräften und für den Aufbau von Managertrainingszentren.

Aus russischer Sicht hervorzuheben sind in diesem Zusammenhang z. B. die Kooperation der Körber-Stiftung u. a. mit der Russischen Wirtschaftsakademie Plechanov, die Deutsche Managementakademie Niedersachsen und auch die Aktivitäten der deutschen Banken, des Bundesministeriums für Finanzen, und von weiteren Organisationen und Verbänden der Wirtschaft.

Das positive Fazit dieses Abschnittes internationaler Kooperation bei der Aus- und Fortbildung von Fach- und Führungskräften zeigt sich in folgenden Merkmalen:

- Es hat sich eine qualifizierte Infrastruktur in diesem Bereich transformationsrelevanter Entwicklung herausgebildet.
- Es bestehen mehr oder weniger stabile Auslandsbeziehungen von Studenten, Hochschullehrern und Managementtrainern.
- Es findet ein intensiver Austausch von Lehrern und Lernenden, von Hard- und Software statt.

Kritisch hinterfragt werden muß der deutsche Anteil an den oben genannten Entwicklungen und die durch Evaluierung aus russischer Sicht objektiv beurteilte Effizienz der Kapazitäten und Maßnahmen.

Im Bereich der Hochschulaus- und Fortbildung z. B. werden die Erwartungen der russischen Partner keineswegs befriedigt. Kooperationen auf der Basis langfristig vertraglich vereinbarter Programme sind die Ausnahme. Auch aus Gründen der Finanzsituation an deutschen Hoch- sowie Fachhochschulen können viele Erwartungen oder auch vereinbarte Projekte nicht erfüllt werden.

So bestehen etwa in Berlin Kooperationsbeziehungen Berliner Universitäten mit russischen Partnern, Kooperationsvereinbarungen der Fachhochschule für Technik und Wirtschaft mit Moskauer und Petersburger Hochschulen, Austauschprogramme des DAAD etc. Ihre Effizienz ist jedoch auch eingeschränkt, weil ihnen nur bedingt strategische Konzepte der Zusammenarbeit zugrunde liegen, die den konkreten Bedürfnissen und Kooperationsvorstellungen der russischen Partner entsprechen. Das betrifft auch die Inhalte der Kooperation. Der Austausch von Studenten, Hochschullehrern, Lern- und Lehrmitteln ist sicher eine sehr wertvolle Hilfe sowohl beim Ausbau der Kooperationsbeziehungen als vor allem auch bei der Qualifizierung der Hochschullehrer, der Ausbildungsprozesse und damit auch der Absolventen. Dieser Entwicklung qualifizierter akademischer Aus- und Fortbildungsprozesse strategisch angepaßter wären jedoch

- die Ausarbeitung von Anforderungen an internationale Austauschprozesse entsprechenden Curricula für traditionelle und innovative Studiengänge (z. B. Schaffung von Grundlagen für Europäische Studiengänge),
- der Aufbau ausbildungsintegrierter internationaler Informations- und Kommunikationssysteme,
- die innovative Gestaltung der Ausbildungsprozesse in enger Verbin-

dung mit einer kontinuierlichen Analyse der mittel- und langfristigen Anforderungen des Transformationsprozesses im Bereich der Wirtschaft, der ökologischen, technischen und sozialen Entwicklung,
– der Aufbau stabiler Beziehungen zur Vorbereitung von Praktika und postgradualen Aus- und Fortbildungsprozessen in Unternehmen und Verbänden der deutschen Wirtschaft etc..

Die Erhöhung des Praxisbezuges der internationalen Abschnitte akademischer Ausbildung ist eine der vorrangigen Aufgaben und Erwartungen deutsch-russischer Kooperation im Prozeß des Know-how-Transfers im akademischen Bereich.

Sowohl im Bereich der akademischen Ausbildung als auch der Aus- und Fortbildung bereits tätiger Fach- und Führungskräfte könnte z. B. darüber hinaus der Ausbau eines Systems von Übungsfirmen, wie es sich in Deutschland bereits bewährt hat, einer Intensivierung der Praxisrelevanz jeder Aus- und Fortbildung dienen.

Sicher kann man über die Art und Weise der Integration virtueller Elemente in die Ausbildungsprozesse auf akademischer Ebene, aber auch im Bereich der praxisorientierten Aus- und Fortbildung von Führungskräften trefflich streiten. Es ist jedoch eine Tatsache, daß in Deutschland dieser Prozeß sehr wesentlich zur Erhöhung der Praxisbezogenheit der Ausbildung beigetragen hat und im Prozeß der Ausbildung ökonomischer und technischer Führungskräfte Defizite beseitigt worden sind.

Geht man davon aus, daß der Aufbau von Übungsfirmen in der Russischen Föderation und den »Neuen Unabhängigen Staaten« verbunden werden könnte mit dem System der Übungsfirmen in Deutschland, so können gezielt auch internationale Prozesse der wirtschaftlichen Kooperation simuliert und praxisbezogen in den Aus- und Fortbildungsprozeß integriert werden. Der Ausbau transeuropäischer Netze im Kommunikationsbereich ist hierbei eine sehr wertvolle Unterstützung. Bereits bestehende Projekte der Europäischen Union über die Vernetzung von Hochschulen im Rahmen des Aufbaus europäischer Informationsnetze und die Schaffung von Informationsstellen z. B. für die Inanspruchnahme der europäischen Förderprogramme für den Ost-West-Kooperationsprozeß bzw. Know-how-Transfer sollten in diesen Entwicklungsprozeß integriert werden.

Die Erfahrungen bei der Umschulung von Offizieren im Rahmen der von der EU finanzierten Konversions-Programme sollten überprüft und soweit verallgemeinerungsfähig genutzt werden. Jedoch muß diese Evaluierung vor allem mit den Betroffenen im Rahmen neutraler russischer Partnerstrukturen erfolgen. Es hat wenig Sinn, wenn die bisherigen deutschen und russischen Partner quasi eine Selbstevaluierung vornehmen. Der Wille bisher europäisch geförderter russischer Institutionen zur Beibehaltung ihres bisherigen Status korrespondiert oft nicht – und das ist durchaus nachzuvollziehen – mit den generellen, aus dem Transformationsprozeß resultierenden Erfordernissen an Beratung, Aus- und Fortbildung. Das schließt den in diesem Rahmen begonnenen Aufbau von Übungsfirmen ein.

Geht man von den Erwartungen der russischen Partner in diesem Bereich aus, so sei es gestattet, auch auf Bereiche außerhalb der Wirtschaft einzugehen, die in viel stärkeren Umfange vom Transformationsprozeß betroffen werden und für die in einem zum Teil noch nicht definierten Umfang neue Ausbildungsrichtungen geschaffen werden müssen. Stellvertretend seien hier genannt der Aufbau von Studiengängen für die Ausbildung von Fachkräften der öffentlichen Verwaltung, des regionalen und kommunalen Managements, des Ausbaus leistungsfähiger öffentlicher und privater Dienstleistungssysteme, der Ausbildung von Fachkräften im sozial- und arbeitsmarktpolitischen Bereich etc. Gerade die Schaffung der staatlichen Infrastruktur und der Aufbau leistungsfähiger Verwaltungen auf allen Ebenen sowie die Förderung der Kooperation zwischen ihnen, durch entsprechend qualifizierte Fachleute, ist eine der vorrangigen Aufgaben bei der Bewältigung des Transformationsprozesses.

Gerade hier hat Deutschland gute Voraussetzungen und eine besondere Verantwortung, gehen wir allein von den Erfahrungen aus, die Herr Prof. Dr. Kartte beim Aufbau leistungsfähiger Verwaltungs- und Wirtschaftsstrukturen in einer Region des Moskauer Gebietes gesammelt hat.

Die Diskussionen mit Experten regionaler und kommunaler Verwaltungen, aber auch der für sie verantwortlichen zentralen staatlichen Organe in der Russischen Föderation, zeigen sehr deutlich den Erwartungsdruck, dem sich Deutschland hier ausgesetzt sehen muß. Die deutsche föderale Struktur und die Funktionsweise föderaler, regionaler und kommunaler Verwaltungen – bei all ihrer Problematik und vorhandener Defizite – ist ein Modell, aus dessen Funktionsweise Anregungen und Schlußfolgerungen für die Entwicklung in Rußland gezogen werden könnten. Eine den russischen Spezifika und Erfordernissen angepaßte föderale Struktur und Wirkungsweise exekutiver und legislativer Organe verlangt sowohl eine qualifizierte Ausbildung von Nachwuchskräften als auch ein qualifiziertes System von Bildungseinrichtungen, die bereits in den Verwaltungen tätige Mitarbeiter in Rußland fortbilden bzw. umschulen, aber in Deutschland in Form von Praktika mit der Realität der Prozesse, mit ihren Problemen und auch Widersprüchen vertraut machen.

Dieser Bereich der Aus- und Fortbildung von Führungskräften ist jedoch in besonders krasser Weise mit einer speziellen Problematik deutsch-russischer Kooperation, wie überhaupt der Kooperation zwischen russischen und ausländischen Partnern verbunden. Auf zwei dieser Probleme soll hier nachfolgend etwas näher eingegangen werden: die Definition von Ausbildungsfeldern unter Berücksichtigung der konkreten Situation in der Russischen Föderation und die eindeutige Definition von Defiziten in der bisherigen Funktionsweise von Unternehmen und Verwaltungen sowie von Defiziten im Wissen der in ihnen tätigen Fach- und Führungskräfte. Erst darauf aufbauend ist eine gemeinsame Definition des Ausbildungsbedarfs, der Ausbildungsschwerpunkte etc. möglich. Hierbei handelt es sich um eine entscheidende, allen Kooperationsbeziehungen vorgelagerte bzw. sie einleitende Aufgabenstellung.

Wir kommen damit zur Verflechtung von Beratung, Aus- und Fortbildung sowie den dazu gemeinsam zu schaffenden Grundlagen durch die Definition der Ausgangsbedingungen und der langfristig zu erreichenden Entwicklungen.

Im Prozeß des Aufbaus leistungsfähiger Unternehmens- und Managementstrukturen ist die unternehmens- bzw. aufgabenspezifische Entwicklung von Know-how, insbesondere auch in der deutsch-russischen Kooperation von elementarer Bedeutung. Die im Rahmen des Transformationsprozesses zu lösende Aufgabe der Umstellung der unter planwirtschaftlichen Aspekten weitestgehend auch unter dem Verteidigungsaspekt organisierten Wirtschafts-, insbesondere Industriestrukturen, erfordert eine intensive Beratung und Qualifizierung des Managements beim Aufbau effizienter, marktorientierter Unternehmens- und Managementstrukturen. Die Neugliederung großer Industriebereiche erfordert die Herauslösung und Verselbständigung von Unternehmensbereichen und ihre marktwirtschaftlich-orientierte Strukturierung. Dabei ist als Schwerpunktaufgabe die Verschlankung der Produktionsstrukturen bei hinreichender sozialer Absicherung der in andere Aufgabenbereiche zu überführenden Arbeitskräfte zu gewährleisten. Das kann auch eine vorübergehende Arbeitslosigkeit, vor allem aber die Umschulung der freigesetzten Arbeitskräfte für neue Tätigkeitsbereiche einschließen. An dieser spezifischen Aufgabenstellung wird deutlich, wie eng der Knowhow-Transfer beim Aufbau von leistungsfähigen Unternehmens- und Managementstrukturen verbunden werden muß mit der Formierung eines regionalen und kommunalen Verwaltungsmanagements zur Lösung der komplizierten ökonomischen, ökologischen und sozialen Prozesse in den jeweiligen Regionen bzw. Städten.

Hieraus ergeben sich hohe Anforderungen an die Komplexität der Begleitung dieser Entwicklungen durch Beratung und Know-how-Transfer, auch unter Berücksichtigung der in den neuen Bundesländern gewonnenen Erfahrungen. Obwohl ein direkter Vergleich beider Prozesse sich verbietet, ergeben sich jedoch auch hier Ansätze für eine prozeßbezogene Qualifizierung von Fachkräften zur Bewältigung sozialer und arbeitsmarktpolitischer Aufgaben, wie

- der Erfassung der Struktur und Ausgangsbedingungen der freigesetzten Arbeitskräfte,
- dem Aufbau von Aus- und Fortbildungskapazitäten entsprechend den aus einer regionalen Arbeitmarktkonzeption sich ergebenden potentiellen Einsatzgebieten der Arbeitskräfte,
- dem Aufbau leistungsfähiger Consultingstrukturen zur Begleitung z. B. von Existenzgründungen in der gewerblichen Wirtschaft und im Dienstleistungswesen sowohl für die Industrie als auch für den privaten Bedarf,
- der Erarbeitung von Förderkonzepten und Qualifizierung von Personen zu ihrer Umsetzung bei intensiver Ausschöpfung der internationalen Unterstützungsprogramme auf diesem Gebiet (Europäische Union, BRD, Weltbank).

Die Lösung dieser Aufgaben erfordert die Schaffung neuer administrativer Infrastrukturbereiche und die Ausbildung von Fachkräften. Sie müssen ökonomische, technische, psychologische und sozialpädagogische Qualifikationen besitzen und in der Lage sein, entsprechende staatliche Programme auf nationaler, regionaler und kommunaler Ebene auszuarbeiten und umzusetzen.

Ein zweiter Schwerpunkt ist die Stabilisierung der neugeschaffenen Unternehmensstrukturen und eine möglichst intensive Begleitung und Beschleunigung ihrer Integration in den Markt. Hieraus ergeben sich gezielte Anforderungen an den unternehmensbezogenen Know-how-Transfer u. a. in solchen Bereichen wie

- der Strukturierung marktorientierter effizienter Unternehmensstrukturen und ihrer Untergliederungen,
- dem Produktmanagement (vor allem: Beschleunigung der Entwicklung marktfähiger Produkte und Leistungen),
- dem Kosten- und Preismanagement,
- dem Controlling,
- dem Aufbau schlanker Managementstrukturen und -hierarchien,
- einer rationellen und effizienten Organisation des Forschungs- und Entwicklungsbereiches zur Beschleunigung der Entwicklung innovativer Produkte und Produktionstechnologien von hoher Marktreife und Effizienz,
- die beschleunigte Entwicklung nationaler und internationaler Marketingstrategien einschließlich des Trainings der Experten und die Entwicklung leistungsfähiger Marketing-Technologien,
- dem Vertragsmanagement.

Die kritische Betrachtung bisheriger Konzepte und Entwicklungen im Bereich des Management-Know-how-Transfers resultiert insbesondere daraus, daß die derzeitig von deutschen Anbietern offerierten Beratungs- und Ausbildungsprogramme weniger nachfrage-, sondern vor allem angebotsorientiert sind. Sie gehen im wesentlichen von den Vorstellungen aus, die deutsche, aber auch andere ausländische Anbieter von der Qualität und Leistungsfähigkeit des nationalen russischen Managements und bestehender Beratungs-, Aus- und Weiterbildungsstrukturen haben. Diese Angebote entsprechen sehr häufig nicht der Realität russischer Wirtschaftsentwicklung und den tatsächlichen Erwartungen an die Effizienz und Praxisbezogenheit – man kann auch sagen Unternehmensbezogenheit – des Know-how-Transfers.

Unter diesem Aspekt haben sich einerseits die Strukturen des Know-how-Transfers als effizient erwiesen, die im Rahmen der Bildung gemeinsamer Unternehmen bzw. des Aufbaus von Betrieben durch deutsche Unternehmen geschaffen wurden. Hier erfolgt unternehmensbezogen und unternehmensintegriert die entsprechende Qualifizierung der Fachkräfte auch durch Einbeziehung der nationalen Kapazitäten in Deutschland in den Ausbildungs- und Trainee-Prozeß. Jedoch läßt andererseits die geringe Zahl dieser Unternehmensstrukturen erkennen, daß damit nur ein sehr begrenzter Teil des Bedarfs in der Russischen Föderation und den übrigen »Neuen Unabhängigen Staaten« abgedeckt wird. Auch wirken diese Strukturen nur sehr eingeschränkt als Multiplikatoren.

Ein zweites Beispiel ist der Aufbau zweigbezogener Aus- und Fortbildungsprogramme, wie er u. a. von der Ost-West-Wirtschafts-Akademie Berlin gemeinsam mit der Deutschen Energie-, Gas- und Erdölwirtschaft praktiziert wird. Gemeinsam wurde von deutschen und russischen Experten in Zusammenarbeit mit dem russischen Ministerium für die Entwicklung des Brennstoffkomplexes sowie den russischen Konzernen dieses Bereiches ein langfristiges Beratungs-, Aus- und Fortbildungsprogramm entwickelt, das auf einer gemeinsamen Analyse der Defizite und der konkreten Anforderungen an ein solches Kooperations- und Ausbildungsprogramm aufbaut. Zweig- und unternehmensspezifisch werden hier im Rahmen eines längerfristigen Programms mit integrierten Ausbildungsabschnitten und Praktika in deutschen Unternehmen sowohl Erfahrungen vermittelt als auch zum Beispiel Trainee-Programme absolviert. Sie umfassen konkrete Problemsituationen – z. B. Havarietraining – ebenso wie ein Training zu einer optimalen Reaktion auf die Anforderungen internationaler Kooperationen mit dem Ziel, für das eigene Unternehmen den höchsten Effekt z. B. bei der Realisierung von Investitionsprogrammen sowie dem Absatz der Produkte zu erzielen.

Analoge komplexe Programme für die Beratung, Aus- und Fortbildung von Fach- und Führungskräften werden gegenwärtig für wichtige Infrastrukturbereiche vorbereitet. Sie sind Voraussetzung für die Beseitigung von Defiziten sowohl im Bereich der kommunalen und regionalen als auch der administrativen Infrastruktur der Russischen Föderation. Auch hier muß mit den für die Entwicklung verantwortlichen Führungsstrukturen auf nationaler, regionaler und kommunaler Ebene sowie den kommunalen Unternehmen gemeinsam beraten werden, welche Anforderungen die Strategien der Entwicklung an die spezifische Struktur der Qualifizierung von Führungskräften stellen.

Hierzu muß auch auf deutscher Seite sehr sorgfältig an der Auswahl und Zusammenführung von Partnern und den Aufbau leistungsfähiger strategischer Kooperationsstrukturen gearbeitet werden. Solche Programme sind zugleich eine wesentliche Voraussetzung für den konzentrierten Einsatz der finanziellen, personellen und materiellen Ressourcen zur Gestaltung des Ost-West-Know-how-Transfers bei der Ausbildung von Managern.

In diesem Zusammenhang offenbaren die Diskussionen mit den russischen Partnern ähnliche Defizite beim Management der Hochschulstrukturen, der qualifizierten Gestaltung ihrer Verflechtungen mit der Industrie und anderen Bereichen der gesellschaftlichen Entwicklung einschließlich eines auch finanziell effizienten Know-how-Transfers zwischen Hochschule und Praxis. Insbesondere die Förderung strategischer Allianzen zwischen Industrie, Hochschule und dem sich ebenfalls restrukturierenden, noch zentral finanzierten Grundlagen- und angewandten Forschungsbereich sollten im Mittelpunkt des Aufbaus weiterer Managementprogramme im Rahmen des Know-how-Transfers stehen und umgehend konzipiert werden. Gerade die Reorganisation der Forschungskapazitäten verlangt leistungsfähige Managementstrukturen, die in der Lage sind, ohne Gefährdung der Innovationsfähigkeit der russischen Wirtschaft, Reorganisations- und Konzentrationsprozesse im Bereich der bisher staatlich finanzierten als auch der aus den Unternehmen ausgegliederten Forschungskapazitäten zu realisieren.

Einem in einzelnen Instituten oft sehr effizienten Forschungsmanagement steht eine weitestgehend ungesteuerte Entwicklung der Forschungskapazitäten insgesamt gegenüber, so daß ein Schwerpunkt der zukünftigen Kooperation – auch im Interesse leistungsfähiger deutsch-russischer Forschungskooperationen – die Unterstützung der Reorganisation des Forschungspotentials sein sollte.

In diesem Zusammenhang sei auf ein aus russischer Sicht besonders effizientes Programm der Kooperation im Beratungs-, Aus- und Fortbildungsbereich verwiesen: die Zusammenarbeit der Finanzorgane beider Länder, sowohl auf der Ebene der Ministerien als auch ihnen nachgeordneter Einrichtungen. Einer sehr sorgfältigen differenzierten gemeinsamen Analyse der Ausgangssituationen beider Länder folgte eine Definition der Ziele, Schwerpunkte und Prioritäten der Zusammenarbeit. Dabei wurden sensible Bereiche wie Steuern, Zölle und regionaler/kommunaler Finanzausgleich ebenso einbezogen wie die zu schaffenden legislativen, instrumentellen, institutionellen und personellen Voraussetzungen. Wesentliche Voraussetzung für den Erfolg dieser Kooperation waren Partnerschaftlichkeit, Offenheit – auch selbstkritisch – sowie die Ableitung der Ziele der Zusammenarbeit aus den jeweiligen national bestimmten Notwendigkeiten und Rahmenbedingungen.

Ein analoges Vorgehen ist in einem Schlüsselbereich infrastruktureller Entwicklung in Vorbereitung und liegt als Konzept den zuständigen deutschen Koordinierungsstellen als gemeinsames Konzept russischer und deutscher Partner auf nationaler, regionaler, kommunaler und betrieblicher Ebene vor. Es unterliegt in Deutschland aufgrund seiner Komplexität und langfristigen Orientierung einer gewissen konstruktiven Skepsis. Insbesondere die Verflechtung ökologischer, ökonomischer, institutioneller, legislativer aber auch industrieller Aspekte der Zusammenarbeit stößt bei einem sehr ressortbezogen organisierten Kooperationsprozess auf Schwierigkeiten. Sie sollten aber im Interesse der Erwartungen der russischen Partner überwindbar sein.

Konstruktive Dialoge und Evaluierungen zu bereits bewährten, gemeinsam entwickelten Programmen sollten zielstrebig der weiteren Entwicklung des Know-how-Transfers und der Einbeziehung eines breiteren Kreises vor allem auch deutscher Partner dienen.

Literatur

Autorenkollektiv, Konzeption der Strukturpolitik der Russischen Föderation für die Jahre 1995–1997, Moskau 1995.

Autorenkollektiv – Wirtschaftsforschung Berlin gGmbH, Studien zur Errichtung eines Zentrums für Ost/West-Technologie- und Know-how-Transfer.

Lissansky, A., Meißner, F., Studie zum Aufbau sektoraler Programme zur Beratung, Aus- und Weiterbildung von Fach- und Führungskräften in der Russischen Föderation, Moskau 1994.

Meißner, F., Aufbau eines deutschen Managementzentrums in Moskau.

Starodubrowskie, Die Entwicklung des Marktes in Rußland und Alternativen für den Ausweg des Landes aus der ökonomischen Krise, Moskau 1995.

Wirtschaftsforschung Berlin gGmbH, Computergestützte Auswertung der Befragung von ehemaligen Angehörigen der russischen Streitkräfte, insbesondere der Westgruppe, zu Problemen der Reintegration in den russischen Arbeitsmarkt, 1994 (Manuskript).

Die Zusammenarbeit von deutschen und russischen kleinen und mittleren Unternehmen

Rückblick und Vorausschau: Erfahrungen, Probleme und Lösungsansätze aus einer Projektarbeit[1]

Thomas Kühn

Kooperationen zwischen kleinen und mittleren Unternehmen (KMU) aus Ostdeutschland und den GUS-Staaten bzw. den Staaten Mittel- und Osteuropas (MOE) sind für beide Seiten sinnvoll. Sie führen im Ergebnis zum beschleunigten Markteintritt für die Beteiligten, vereinigen Potenzen der jeweiligen Partner im Interesse einer gemeinsamen Strategie. Von einer guten Kooperation profitieren beide Seiten. Weitere Synergieeffekte werden sich in jedem Falle einstellen.

Durch die früheren Aktivitäten auf östlichen Märkten sowie durch eine gewisse räumliche Nähe zum Partner, haben ostdeutsche KMU unbestreitbare Vorteile bei der Anbahnung von Kooperationen. Auch die jeweiligen GUS- und MOE-Partner arbeiten in der Regel gern mit ostdeutschen Unternehmen zusammen. Man kann in diesem Zusammenhang sagen, daß gerade bei ostdeutschen KMU der Gedanke einer Partnerschaft auf der Basis der Gleichberechtigung (noch) stärker entwickelt ist, als bei vergleichbaren Unternehmen aus anderen Ländern.

Die Zusammenarbeit von KMU unterstützt in den meisten Fällen zugleich die Entwicklung mittelständischer Strukturen beim östlichen Partner. Bereits hier findet ein Know-how-Transfer statt, der über die konkreten Unternehmensbeziehungen hinaus auch der Wirtschaftsregion zugute kommt.

Kooperationen im KMU-Bereich bedürfen (noch) der Unterstützung

---

1 Das Thema orientiert sich an Erfahrungen und Problemen aus der Sicht der Zusammenführung von KMU aus Brandenburg und der Stadt Moskau (Moskauer Gebiet). Wertungen erfolgen ausschließlich aus der Sicht des Autors. Es kann nicht Absicht sein, über - im wesentlichen subjektive – persönliche Wertungen hinaus zu allgemeingültigen Schlußfolgerungen zu gelangen. Ein derartiger Anspruch kann – schon aufgrund fehlender repräsentativer Daten – nicht erhoben werden.

von externen staatlichen und privaten Organisationen. Diese Notwendigkeit ergibt sich nicht allein aus der technischen Ebene des Problems – Sicherstellung der Logistik –, sondern gleichermaßen aus der zeitaufwendigen und kostspieligen Vorbereitungsphase. Die Bündelung entsprechender Partnerinteressen sowie die Nutzung des Consulting stellen in der Gegenwart – zumindest bis zur Installation und Arbeitsfähigkeit entsprechender Beratungsorgane (Kammern, Verbände etc.) auch beim osteuropäischen Partner – eine nicht zu unterschätzende Unterstützung beim Zustandekommen von Kooperationen dar.

1. Einleitung: Beiderseitiges Interesse bei mageren Ergebnissen in der wirtschaftlichen Zusammenarbeit

Die Fahrten vom Flughafen Scheremetjewo in das Stadtzentrum nach Moskau führen an einer Reihe großformatiger Aufsteller links und rechts der Fahrbahn vorbei. Spätestens beim zweiten Vorbeifahren beginnt man sich zu interessieren, was auf den Aufstellern steht, und stellt fest, daß sich hier keine – oder doch nur sehr wenige – deutschen Unternehmen präsentieren. Und man beginnt darüber nachzudenken, warum das wohl so ist. Liegt es am Unwillen oder Unvermögen der Deutschen, mit den russischen Unternehmen Kontakte aufzunehmen, ist es umgekehrt, oder gibt es dafür andere – nicht bekannte – Gründe?

Den ersten hier genannten Grund kann man so sicher nicht aufrechterhalten. Es gibt ein nicht zu unterschätzendes Interesse seitens deutscher Unternehmen, den Kontakt zu russischen Firmen zu suchen. Die sehr allgemeine These kann man – so bestätigen es eigene Erfahrungen der Zusammenarbeit mit Brandenburger kleinen und mittleren Unternehmen – nachfolgend KMU genannt – gelten lassen. Die überwiegende Anzahl darauf angesprochener Partner ist erst einmal prinzipiell an Kontakten mit Partnern allgemein aus den GUS-Staaten und natürlich insbesondere der Russischen Föderation und Moskau interessiert. Hier wirkt bei ostdeutschen Partnern die Erinnerung an einstmals gute Beziehungen ihres Betriebes zu einem sowjetischen Betrieb nach. Man kann es auf eine einfache Formel bringen: Was zu DDR-Zeiten gut funktionierte, müßte prinzipiell auch in der jetzigen Zeit funktionieren. In einer Vielzahl von Gesprächen mit Vertretern Brandenburger Betriebe spielte diese Auffassung zumindest unterschwellig eine starke Rolle.

Zusammenarbeit von deutschen und russischen Unternehmen 237

Ganz ähnlich sind die Erfahrungen mit Vertretern russischer Betriebe, zumindest soweit es sich um Moskau oder das Moskauer Gebiet handelt. Auch hier kann grundsätzlich von einem guten Willen gesprochen werden, mit deutschen – auch und insbesondere mit ostdeutschen Partnern – (wieder) ins Geschäft zu kommen.

Man mag sagen, daß dieser Widerspruch – beiderseitiges Interesse und demgegenüber zumindest magere Ergebnisse in der wirtschaftlichen Zusammenarbeit von Unternehmen – nicht das Problem in seiner umfassenden Form aufzeigt. Es besteht allerdings auch nicht die Absicht, dieses zu tun. Es ist die Absicht, aus der Sicht einer mehr als vierjährigen Projektarbeit im Firmenkontaktbereich zumindest punktuell einige Überlegungen zum Stand der Zusammenarbeit zwischen Brandenburger und Moskauer Unternehmen anzustellen.

2. Hintergründe: Partnerschaftsinteresse und -fähigkeit

Sicherlich muß man den eingangs genannten Widerspruch zwischen Interesse und Ergebnis weitgehend relativieren. Es gibt in der Zwischenzeit vielfältige Aktivitäten zur Förderung von Kontakten zwischen deutschen und GUS-Unternehmen. Es wächst die Anzahl der Messen, Kontaktbörsen und anderen Formen der Begegnung von potentiellen Wirtschafts- und Handelspartnern. Zunehmend erfreuen sich Partner der Unterstützung ihres Projekts durch die Bereitstellung entsprechender Fördermittel seitens der Europäischen Union (EU) sowie der Bundesregierung und der Landesregierungen. Entsprechende Programme sind weitgehend fest installiert und hinreichend ausgestattet.

Bei aller Bereitschaft, diese positive Entwicklung anzuerkennen, ist damit noch keine Antwort auf die uns interessierende Zielgruppe – die KMU in Brandenburg und Moskau – gegeben. Sicherlich ist diese etwas willkürliche Zusammenstellung nicht ganz zutreffend. Brandenburger KMU – wie Unternehmen generell – reflektieren natürlich nicht ausschließlich auf Moskau, ebensowenig wie das Moskauer Unternehmen in bezug auf Brandenburg tun.

Man ist sicherlich gehalten, hier von Möglichkeiten der Zusammenarbeit ostdeutscher KMU mit Partnern aus den GUS- und MOE-Staaten zu sprechen. Selbst die Begriffswahl »ostdeutsche KMU« ist in bezug auf Brandenburg irreführend. Eine Reduktion auf Brandenburg läßt den

Wirtschaftsraum Berlin außen vor und ignoriert damit eine Entwicklung zwischen den Wirtschaften beider Bundesländer, die zunehmend durch eine Verflechtung untereinander gekennzeichnet ist. Zweitens ist es gerade unter Beachtung der wirtschaftlichen Entwicklung von Berlin und Brandenburg im Kontext betrachtet falsch, unter »ostdeutsche KMU« nur solche zu subsumieren, die aus ehemaligen Betrieben der DDR hervorgegangen sind.

Dieser Gedankengang – folgerichtig weitergeführt – definiert »ostdeutsche KMU« für Berlin und Brandenburg als die Gesamtheit der erwerbswirtschaftlich tätigen kleinen und mittleren Unternehmen in beiden Bundesländern. Von dieser Zielgruppe soll nachfolgend die Rede sein. Kann man dieser Zielgruppe Interesse an wirtschaftlicher Kooperation mit Moskauer Unternehmen unterstellen? Ich denke, man kann dieses Interesse bejahen. Allerdings ist auch hier eine Richtigstellung notwendig. Eine Reduktion auf Moskau ist sicherlich genau so einseitig wie o. a. eine entsprechende Einengung auf Brandenburg. Man kann sicherlich mit Fug und Recht unterstellen, daß das Kooperationsinteresse ostdeutscher KMU die Gesamtheit der GUS- und MOE-Staaten umfaßt. Es wird hierbei nicht bestritten, daß Moskau und das Moskauer Gebiet in diesem Kontext unverändert eine gewisse Priorität in der Interessenlage genießen dürften. Das hat sicherlich hauptsächlich historische Gründe. Moskau war die Hauptstadt der UdSSR und ist die Hauptstadt der wirtschaftlich größten GUS-Republik. In Moskau konzentrieren sich nicht nur die wichtigsten Regierungsstellen der Russischen Föderation, hier haben auch Vertretungen der Westeuropäischen Union und ihrer Mitgliedsstaaten ihren Sitz. Moskau und das Moskauer Gebiet verfügen mit ihrem Wirtschaftspotential, der im Vergleich mit anderen Regionen gut entwickelten Infrastruktur sowie der für Westeuropa akzeptablen Entfernung zu den Hauptstädten der Mitgliedsstaaten der Europäischen Union – um nur einige Vorteile zu nennen – über sehr günstige Bedingungen für eine schnellere wirtschaftliche Entwicklung (vergleichbar noch mit der Wyborger Region und der Stadt Sankt Petersburg) und sollten damit für Wirtschaftskontakte unverändert interessant sein.

Diese Tatsache verhindert aber keinesfalls, daß für KMU die nähergelegenen GUS- und MOE-Staaten nicht von zunehmendem Interesse sein dürften. Insbesondere Polen als direkter östlicher Nachbar von Brandenburg und sinngemäß auch von Berlin ist seit längerer Zeit verstärkt ein Ziel von Aktivitäten der KMU, wenn es um Kooperationsanbahnungen geht. Entsprechende Aktivitäten werden auch zunehmend mit Fördermitteln der beiden Länder abgestützt (INTERREG).

Es liegt also nahe, im Interesse einer möglichst genauen Erfassung der Interessenlage von KMU – insbesondere wenn es sich um Berliner und Brandenburger KMU handelt – Moskau und dem Moskauer Gebiet einen prioritären, aber sicherlich nicht elitären Platz in der Liste der für KMU interessanten Wirtschaftsregionen der GUS- und MOE-Staaten zuzuweisen.

Sind KMU sachlich und technisch in der Lage, aktiv Kooperationen mit GUS- und MOE-Partnern anzubahnen und auszugestalten? Oder – anders gefragt – sind Kooperationen mit den oben genannten Partnern sinnvoll?

Wenn wir bislang über die Kooperationswilligkeit von KMU gesprochen haben, geht es jetzt um die Kooperationsfähigkeit von KMU. Darunter wäre im folgenden die Fähigkeit zu verstehen, selbständig als Unternehmen Wirtschaftskontakte mit einem oder mehreren GUS- und/oder MOE-Partnern anzubahnen, zu entwickeln und im folgenden im Rahmen wirtschaftlicher Aktivitäten weiter auszugestalten.

Ich denke, daß diese Frage zu komplex ist, als daß man sie mit einem einfachen Ja oder Nein beantworten kann.

Sicherlich muß man hier eine fast fünfjährige Entwicklung beachten, die auch in diesem Bereich Zahl und Struktur der potentiellen Partner verändert hat. Größe und betriebliche Situation des Unternehmens, Kapitalausstattung, Innovativität des oder der Produkte, der Branchen und sicher noch eine Reihe weiterer Faktoren führten und führen zu Veränderungen in der Interessenlage auch ostdeutscher KMU in bezug auf Kooperation mit osteuropäischen Partnern. Insofern wäre es bei Beachtung des Zusammenhanges zwischen Kooperationsinteresse und -vermögen meines Erachtens falsch, von einem abnehmenden Interesse ostdeutscher KMU sprechen zu wollen. Das Interesse ist dort nicht mehr vorhanden, wo im Ergebnis vorliegender Erfahrungen eine Diskrepanz zwischen dem Interesse und dem realen Vermögen offenkundig wurde, also die reale Ausgestaltung einer Kooperation das Vermögen des entsprechenden KMU überstieg. Gleichzeitig führten sicherlich die stärkere Orientierung auf westeuropäische Märkte – verbunden mit erfolgreichem Markteintritt – zu nachlassendem Interesse bei durchaus kooperationsfähigen ostdeutschen KMU. Man darf in diesem Zusammenhang natürlich auch nicht vergessen, daß konkrete Kooperationserfahrungen mit Partnern aus den GUS- und MOE-Staaten zu einem Abbruch seitens der ostdeutschen KMU führten, wie sicherlich auch umgekehrt. Die Annahme ist berechtigt, daß sich sowohl KMU aus Berlin und Brandenburg als auch solche aus Moskau und dem Moskauer Gebiet in diesen Kontext einordnen.

Das führt zu der Annahme, daß im Kreis der prinzipiell kooperationsinteressierten ostdeutschen KMU sich zunehmend solche befinden werden, die über die technischen Voraussetzungen für eine weitgehend eigenständige Anbahnung und Durchführung von Kooperationen verfügen.

Bisher blieb die Betrachtung des betreffenden GUS- und MOE-Partners weitgehend unbeachtet. Dies führt uns zu der Frage, inwieweit Partner aus dem Bereich der GUS- und MOE-Staaten interessiert und fähig sind, Partnerschaften mit ostdeutschen KMU einzugehen. Eine Frage, die zu beantworten genau so schwer sein dürfte. Maßstab ist hier sicherlich das Vorhandensein einer weitgehend angenäherten Wirtschaftsstruktur auf beiden Seiten. Während die Entwicklung wirtschaftlicher Strukturen in Ostdeutschland die KMU als wesentlichen Bestandteil von vornherein umfaßte und es gelang – bei allen Problemen – das KMU als Wirtschaftsfaktor zu entwickeln, gestaltet sich dieser Prozeß in den GUS- und MOE-Staaten wesentlich langsamer. Das Hauptproblem für diesen Entwicklungsverlauf dürfte vor allem die Schaffung dieser für die GUS- und einen Teil der MOE- Staaten absolut neuen Wirtschaftsstruktur sein.

Es soll damit in keiner Weise das zukünftige und zum Teil bereits gegenwärtig vorhandene Potential negiert werden, welches KMU aus den GUS- und MOE-Staaten zu gefragten Wirtschaftspartnern werden läßt. Das Problem ist, diese Potentiale in für westeuropäische, einschließlich ostdeutsche Partner, handhabbare Strukturen zu überführen.

3. Erfahrungen und Probleme: Kommunikation und Qualifizierung im Mittelpunkt

Es konnte herausgearbeitet werden, daß – bei Beachtung gegenseitiger Abhängigkeiten – die Kooperation auch von ostdeutschen und GUS- und/bzw. MOE-Partnern zu die nationale Wirtschaftsentwicklung positiv beeinflussenden Ergebnissen führt. Es ist ein Prozeß, der – gerade für KMU – langwierig und schwierig, mit eine Reihe von Risiken und Unwägbarkeiten verbunden und vom Ergebnis her unsicher ist.

Es ist jedoch der einzig mögliche Weg, um im Interesse des späteren Markteintrittes wirtschaftliche Beziehungen mit Partnern anzuknüpfen. Er führt auf Dauer zu einem gewollten Nebeneffekt, der Unterstützung der GUS- und MOE-Partner beim Aufbau eigener adäquater Wirtschaftsstrukturen im KMU-Bereich. Sicherlich ist diese Entwicklung in erster Linie von den eigenen nationalen Potenzen und weniger – und schon gar nicht ausschließlich – von der Unterstützung durch westeuropäische Partnerstrukturen abhängig, ihre Hilfe sollte aber nicht unterschätzt werden. Insbesondere durch Vorleistungen im Bereich Kommunikation und Qualifizierung können wesentliche Voraussetzungen für spätere Kooperationen im KMU-Bereich geschaffen werden.

Damit sind zwei Bereiche benannt, die für das Zustandekommen von Kooperationsbeziehungen von außerordentlicher Bedeutung sind: Kommunikation im Sinne der umfassenden Information der späteren Partner und Qualifizierung im Sinne der Vorbereitung der Partner auf zu beachtende Rahmenbedingungen bei der Kooperationsaufnahme.

Kommunikation impliziert die Schaffung der notwendigen mentalen und technischen Voraussetzungen für die Zusammenarbeit der Partner. Sie beschränkt sich mithin nicht auf das Beseitigen der Probleme, die mit der Überwindung der Sprachbarrieren verbunden sind; ein mittlerweile auch für ostdeutsche KMU nicht zu unterschätzendes Problem. Beide Seiten benötigen genaue Informationen über den Partner, einschließlich des staatlichen und wirtschaftlichen Umfeldes, um den Sinn einer möglichen Kooperation, insbesondere die Ziele und die Felder der Partnerschaft möglichst genau im Vorfeld bestimmen zu können.

Information im Vorfeld hat mögliche Vorbehalte in bezug auf die Zusammenarbeit zu minimieren. Ein westeuropäisches Überlegenheitsdenken in bezug auf den GUS- bzw. MOE-Partner wie umgekehrt auch Vorstellungen, Potentiale des westeuropäischen Partners im eigenen Interesse ausnutzen zu können, erschweren das Zustandekommen von Kooperationen. Gerade die gegenseitige Vermittlung von Sachinformationen erhöht die Kompetenz und führt zu Sachlichkeit im Umgang miteinander.

Erfahrungen belegen, daß der westeuropäische Partner gut beraten ist, wenn er bereits im Vorfeld möglicher Kooperationen eine gleichberechtigte Rolle des GUS/MOE-Partners zugrundelegt. Das gilt in gleicher Weise auch für das Herangehen ostdeutscher KMU an Kooperationsfragen.

Eine ganz andere Frage ist es, wie der GUS/MOE-Partner seine aktive Rolle, seine Gleichberechtigung in der Kooperation subjektiv ausgestalten kann. Diesbezügliche Erfahrungen belegen eine im Durchschnitt höhere Kompetenz des Westeuropäers, auch des Ostdeutschen; hier kommt ganz einfach ein Effekt der schnelleren Angleichung an westeuropäische Normen zum Tragen. Gerade ostdeutsche KMU hatten hier im Interesse der Sicherung ihrer Existenz seit 1990 in einem relativ kurzen Zeitraum einen wesentlich tiefgreifenderen Lern- und Angleichungsprozeß zu durchlaufen als vergleichbare Strukturen in den GUS- und MOE-Staaten. Es darf nicht verschwiegen werden, daß dieser Prozeß durch staatliche Förderinstrumentarien umfassend stimuliert wurde. Dies ist eine Entwicklung, die in den GUS- und MOE-Staaten wesentlich später einsetzte.

Tatsache ist jedoch, daß eine erfolgreiche und langfristige Kooperation zwischen Westeuropäischen KMU und solchen aus den GUS- und MOE-Staaten ein vergleichbares Niveau in der Qualität des Managements zwingend voraussetzt.

An dieser Stelle verdienen die Probleme der Qualifizierung bei der Entwicklung von Partnerstrukturen wesentliche Beachtung. Man kann sagen, daß Kooperationsprojekte, die Qualifizierungsaktivitäten für das GUS- und osteuropäische Management nicht als integralen Bestandteil der Projektphilosophie enthalten, mit wesentlich höherer Wahrscheinlichkeit scheitern, als solche, die durch gezielte Qualifizierung eine Anhebung des Niveaus des östlichen Partners anstreben.

Die Qualifizierung hat dabei konkreten Anforderungen zu genügen, die sich aus der Struktur des Projekts ergeben. Das gibt der Qualifizierung eine sehr konkrete Zielfunktion, die in der Regel auf bereits spezialisiertes Managementwissen ausgerichtet sein sollte. Zeitlich gesehen her werden kurze Managementseminare (eine Woche) wahrscheinlich den günstigsten Rahmen bilden.

Aus dem bisher Gesagten ergibt sich ein relativ großer Zeitumfang im Vorfeld von Kooperationsanbahnungen, der vor allem der Information der Partner wie auch konkreten Qualifizierungsaktivitäten vorbehalten sein sollte. Ein bis zwei Vorbereitungsseminare – möglicherweise bereits in jedem der beiden Partnerländer – sollten wesentlicher Bestandteil des Vorbereitungsprogrammes sein.

Man muß beachten, daß gerade die gezielte Auswahl notwendiger Qualifizierungsaktivitäten wie auch die Sicherung des unmittelbaren

Kennenlernens der späteren Partner im Rahmen der Seminare die Qualität der Vorbereitung zum wesentlichen Kriterium für das spätere Gelingen des Seminars macht. Gerade die GUS- und osteuropäischen Partner erwarten gezielte Informationen, die ihnen bei der Ausgestaltung der konkreten Kooperationsbeziehungen helfen. Eine relativ undifferenzierte Übermittlung von Sachthemen dürfte also dem Seminarerfolg in keiner Weise dienlich sein.

Neben der Auswahl der Themen spielen sowohl die Anzahl der Teilnehmer als auch die Bestimmung des zeitlichen Rahmens für das Seminar eine wesentliche Rolle. Wenn man die konkrete Aufgabe der Seminare beachtet, wenn man die Möglichkeit zur Gestaltung von Dialogen berücksichtigt, sollte die Anzahl der Teilnehmer zehn Personen nicht überschreiten. Als hinreichender Zeitrahmen für das Seminar können drei bis fünf Tage gelten. Daß das Seminar durch ein auch den Teilnehmer persönlich ansprechendes Programm ergänzt werden sollte, versteht sich von selbst.

Die Evaluierung des Seminarerfolges spielt für beide Seiten eine wesentliche Rolle. Zweckmäßigerweise sollten entsprechende Aktivitäten mit allen Partnern durchgeführt werden. Die Durchführung der Evaluierung circa zwei Wochen nach der Beendigung des Seminars sichert die notwendige Objektivität zu den Ergebnissen des Seminars. Damit wird zugleich die Vorbereitungsphase für die Partner abgeschlossen.

Erfahrungen besagen, daß die abschließende Zusammenführung der Partner in einem mehrtägigen Seminar in jedem Fall den Verlauf der weiteren Aktivitäten positiv beeinflußt. Die Frage, inwieweit eine derartige Veranstaltung notwendig ist, wird sicherlich neben der konkreten Zielsetzung der Kooperation auch von den vorhandenen zeitlichen und finanziellen Möglichkeiten bestimmt.

4. Zusammenfassung:
Kooperationen sind für beide Seiten sinnvoll

Legt man die bisherigen Erfahrungen zugrunde, so kann man weitgehend gesichert sagen, daß Kooperationen zwischen ostdeutschen und GUS-MOE-KMU für beide Seiten sinnvoll sind. Sie führen im Ergebnis zum beschleunigten Markteintritt für die Beteiligten, vereinigen Potenzen der jeweiligen Partner im Interesse einer gemeinsamen Strategie.

Von einer guten Kooperation profitieren also beide Seiten. Weitere Synergieeffekte werden sich in jedem Falle einstellen. Aufgrund ihrer früheren Aktivitäten auf östlichen Märkten sowie einer gewissen räumlichen Nähe zum Partner haben ostdeutsche KMU unbestreitbare Vorteile bei der Anbahnung von Kooperationen. Auch die jeweiligen GUS- und MOE-Partner arbeiten in der Regel gern mit ostdeutschen Unternehmen zusammen. Man kann in diesem Zusammenhang sagen, daß gerade bei ostdeutschen KMU der Gedanke einer Partnerschaft auf der Basis der Gleichberechtigung (noch) stärker entwikkelt ist, als bei vergleichbaren Unternehmen aus anderen Ländern.

Die Zusammenarbeit von KMU unterstützt in den meisten Fällen zugleich die Entwicklung mittelständischerer Strukturen beim östlichen Partner. Bereits hier findet ein Know-how-Transfer statt, der über die konkreten Unternehmensbeziehungen hinaus auch der Wirtschaftsregion zugute kommt.

Kooperationen im KMU-Bereich bedürfen (noch) der Unterstützung durch staatliche und private Organisationen. Diese Notwendigkeit ergibt sich nicht allein aus der technischen Ebene des Problems – Sicherstellung der Logistik –, sondern gleichermaßen durch die zeitaufwendige und kostspielige Vorbereitungsphase. Die Bündelung entsprechender Partnerinteressen sowie die Nutzung des Consulting stellen in der Gegenwart – zumindest bis zur Installation und Arbeitsfähigkeit entsprechender Beratungsorgane (Kammern, Verbände etc.) auch beim osteuropäischen Partner – eine nicht zu unterschätzende Unterstützung beim Zustandekommen von Kooperationen dar.

V. Abschnitt
Managementpraxis in Mittel- und Osteuropa

Erfahrungen im Management eines deutsch-tschechischen Joint-Ventures

Hennings W. Straubel

Seit dem 5. März 1990 fanden deutsch-tschechische Verhandlungen statt zur Herstellung eines Joint-Ventures zwischen einem westdeutdschen und einem tschechischen Autohersteller, der unter der alten RGW-Ordnung mit einer Produktion von circa 180000 modernen Kleinwagen pro Jahr verhältnismäßig erfolgreich gewesen war. Mit dem betroffenen Unternehmen in Jungbunzlau wurden Pläne erarbeitet, sodaß schon frühzeitig eine gute Zusammenarbeit entstand und die dortige Belegschaft für unser Unternehmen votierte.

Das neue Unternehmen nahm seine Arbeit am 16. April 1991 auf. Die tschechische Regierung brachte drei Werke und das laufende Produktprogramm ein, der westdeutsche Hersteller eine Kapitaleinlage und das Management-, Entwicklungs-, Produktions- und Marketing-Knowhow.

Entscheidend für das erfolgreiche Bestehen unter den neuen marktwirtschaftlichen Herausforderungen war die Zusammenarbeit der deutschen und tschechischen Führungskräfte sowie die Motivation der Belegschaft. Mit der Einrichtung von »Tandems«, also der vorübergehenden Besetzung einer Strukturstelle mit einer lokalen und einer westeuropäischen Führungskraft, wurde ein erfolgreiches Mittel des Knowhow-Transfers eingesetzt, ebenso mit Schulungen der lokalen Mitarbeiter am Sitz der Konzernzentrale und in Jungbunzlau.

Der völlige Umbau der Absatzorganisation war die größte Herausforderung, wobei die Abhängigkeit von den ehemaligen staatlichen Verteilerorganisationen kurzfristig beseitigt werden mußte. Es gab Reibungsverluste, aber Zielstrebigkeit führte auch hierbei zum Erfolg.

Ende 1995 kam die freie Konvertierbarkeit der tschechischen Währung. Durch strenge Budgetdisziplin ist es gelungen, die Inflation vergleichsweise niedrig zu halten. Steigender Wohlstand in Tschechien wird über steigende Produktivität erreicht. Die Menschen hier wissen, daß sie den Anschluß an Westeuropa nur aus eigener Leistung erreichen können. Die Zusammenarbeit mit ausländischen Fachleuten, Firmen und

Organisationen haben einen partnerschaftlichen, gleichberechtigten Charakter. Die historisch bedingte Bindung zu Europa findet mit dem beabsichtigten Beitritt in die Europäische Union ihre logische Weiterentwicklung.

Am 9. November1989 verfolgte ich wie viele den Fall der Berliner Mauer im Fernsehen, und ich erlebte den folgenden Tag in Helmstedt, als Tausende unserer Landsleute aus der damaligen »DDR« zu uns in den Westen kamen, nach teilweise 15stündiger Fahrt aus Magdeburg, Quedlinburg, Halle und vielen anderen mitteldeutschen Städten und Dörfern. Die folgenden Wochen brachten uns die unglaubliche Geschichte vom Zerfall des sozialistischen Machtblocks, die Hoffnung auf ein Leben in Freiheit für die Menschen in Mitteleuropa, ihre ersten Versuche in der ungewohnten *neuen Ordnung.*

Damals war ich schon fast 35 Jahre in dem großen norddeutschen Automobilkonzern, ich hatte einmal als kaufmännischer Lehrling dort angefangen, war danach in die Herstellkostenrechnung als Sachbearbeiter gekommen. Von dort aus habe ich mich orientiert, weitergebildet und später für eine Führungsaufgabe qualifiziert. 1989 war ich Hauptabteilungsleiter im Bereich »Controlling Leistungsverwertung« und Prokurist. Ich hatte einige Erfahrung mit Projekten im Ausland und bei Joint-Ventures mit anderen großen Automobil-Herstellern gesammelt. Wir arbeiteten z.B. in der Zeit noch an einem gemeinsamen Getriebe-Projekt mit einem großen französischen Unternehmen. So kam es, daß ich sehr schnell auch in die Kontakte mit dem Kombinat »IFA« aus Chemnitz als Team-Mitglied für die Finanz integriert wurde. Wir erarbeiten zusammen mit den ostdeutschen Kollegen in der ersten Hälfte des Jahres 1990 ein Projekt in der Nähe von Zwickau, ohne daß wir damals genau wußten, wie sich die Dinge in der DDR weiterentwickeln würden.

Am 5. März 1990 machte ich meinen ersten Besuch in der damaligen ČSSR; wir brauchten zu der Zeit noch ein Visum und unser Charter-Jet mußte auf dem Weg nach Prag wegen der Grenzkontrollen einen Zwischenstop in Nürnberg machen. Damals lernte ich *Mladá Boleslav* (Jungbunzlau) und die Firma kennen, in der ich dann vom 16. 4. 1991 an für drei Jahre Finanzleiter werden sollte. Im März 1990 war daran noch kein Gedanke.

Diesem ersten Besuch folgten sehr viele in dem Jahr. Unsere Firma gründete ein Projekt-Team, zunächst »ČSSR«, dann »ČSFR« und wir befaßten uns mit der *Feasibility-Study* für ein vorgeschlagenes Projekt in Mladá Boleslav, aber auch noch für ein Gemeinschaftsunternehmen in der damaligen Teilrepublik Slowakei, nämlich in Bratislava. Außerdem lief die Arbeit im Projekt-Team »DDR« weiter. Hier hatten wir intern schon am 22. Februar 1990 als Prämisse den Beitritt zum Wirtschaftsraum der Bundesrepublik unterstellt. Entsprechend richteten wir uns organisatorisch ein, ein Kollege aus dem Rechnungswesen übernahm dort den Finanzteil, ich konnte mich auf die tschechische Automarke sowie auf das Werk in der Slowakei konzentrieren. Meine Aufgaben als Hauptabteilungsleiter in meiner Firma übernahmen zunächst meine Kollegen, später dann ein Nachfolger.

Zusammen mit unseren tschechischen und slowakischen Freunden erarbeiteten wir die sogenannten *Feasibility-Studies* für beide Vorhaben, dazugehörige Szenarien und dann die entsprechenden Projektangebote an die Regierungen der Teilrepubliken. Ich möchte mich im folgenden auf das Automobil-Joint-Venture in Mladá Boleslav konzentrieren.

Im Bratislava Projekt wurde die Verhandlungsphase mit dem Vertragsabschluß am 12. März 1991 im Palais Eszterhazy in Bratislava beendet, damit war auch meine Aufgabe in dem Projekt-Team erledigt und ich verfolgte das wechselnde, bisher sehr erfolgreiche Geschehen dort aus der Sicht des interessierten Kollegen.

Unser Unternehmen war nicht das einzige, das ein Joint-Venture in Böhmen mit den Jungbunzlauern anstrebte. Es kristallisierte sich vor allem ein französisches Angebot als harte Konkurrenz heraus. Wir hatten einen entscheidenden Vorteil: Wir wollten den Traditionsnamen des tschechischen Unternehmens zusammen mit einer eigenen Produktpalette im Rahmen des vorgeschlagenen Joint-Venture weiterführen; unsere französische Konkurrenz hatte das zunächst nicht in ihrem Angebot. Dazu kam das von Anfang an sehr gute Zusammenwirken mit der tschechischen Mannschaft und natürlich die viel engeren kulturellen Verbindungen, die auf der langen Geschichte unserer Länder beruhen; einer oft problembeladenen Zusammenarbeit, besonders in der jüngeren Vergangenheit, aber doch einer gemeinsamen.

Im Laufe der Verhandlungen des Jahres 1990 kam es zu einer Abstimmung der Belegschaft in Mladá Boleslav und den dazugehörenden Werken Vrchlabi und Kwasini, aus der die Kooperation mit unserem Unternehmen als Favorit hervorging. Natürlich spielte die Erkenntnis eine Rolle, daß gerade bei uns die Belegschaftsbelange sehr im Vordergund stehen. Auch die räumliche Nähe machte es möglich, daß einige der Belegschaftsmitglieder persönliche Erkenntnisse über die Situation in unserem niedersächsischen Stammwerk gewinnen konnten und die Berichte weitergaben. Überhaupt ist es bemerkenswert, wie sehr sich die Menschen hier für wirtschaftliche Dinge interessieren. Man nimmt Nachrichten schnell auf, informiert sich gründlich über die Zusammenhänge. Es gibt viele Zeitungen mit relativ hoher Auflage, die Nachrichtensendungen im Fernsehen einschließlich des Wirtschafts- und Börsenteils sind ein wichtiger Bestandteil des täglichen Lebens. Aber die persönliche Weitergabe von Nachrichten, die in jahrelanger Herrschaft des Zensors überlebensnotwendig war, hat auch heute noch ihren Stellenwert. Jedenfalls wußten die Kollegen in Jungbunzlau ziemlich genau, mit wem sie es da aus Deutschland zu tun hatten. Der französische Konkurrent hingegen war eher unbekannt.

Die *Ausgangslage* für das Werk in Mladá Boleslav und seine Zweigwerke war so, wie es für die mitteleuropäischen sozialistischen Diktaturen typisch genannt werden kann: die Anlagen waren heruntergewirtschaftet, die Arbeitsstrukturen wiesen große Produktivitätsdefizite auf, Initiative der Mitarbeiter wurde unterdrückt, es herrschte ein Trend zum Improvisieren anstatt zur Professionalität. Das Unternehmen hatte weder ein funktionstüchtiges Buchhaltungssystem noch ein Controlling, es gab keinen Einkauf, der selbständig im freien Markt arbeiten konnte, und keinen Vertrieb. In der Firma waren nur gewisse Anschlußstrukturen dieser Gebiete für die Tätigkeit der übergeordneten Behörden vorhanden. Es war ein »N. P.«, ein *nationaler Betrieb* aus der planwirtschaftlichen Ordnung. Die Vertriebsfunktion wurde von staatlichen Absatzorganisationen wahrgenommen, im Export sogar bis zur Zahlungsabwicklung und der Export-Debitoren-Buchhaltung. Ein richtiges Marketing fand nicht statt.

Die technische Entwicklung hatte gerade mit einem neuen Modell, das 1988 in den Märkten eingeführt wurde, eine für die damaligen Verhältnisse große Leistung gezeigt, aber auch hier war für eine ständige Weiterentwicklung und Modellnachfolge, geschweige denn für eine zusätzliche Produktentwicklung keine qualitativen oder quantitativen

Management eines deutsch-tschechischen Joint-Ventures 251

Voraussetzungen gegeben. In den freien Wettbewerb konnten die Jungbunzlauer mit solchen Voraussetzungen nicht entlassen werden. Schon damals hat die tschechische Regierung, und noch mehr die spätere Regierungspartei ODS unter Václav Klaus, nicht darauf vertraut, daß etwa der Staat die Unternehmen für den Weltmarkt umstrukturieren könnte, sondern auf die Initiative von Privateigentum gesetzt. Insofern war die Zusammenarbeit mit einem großen internationalen Konzern, dessen Aktien möglichst im Streubesitz waren, quasi vorprogrammiert.

Nach vielen Verhandlungen, vor allem mit Beauftragten der Ministerien und der mit dem Sponsoring beauftragten Investični Banka, kam es am 21. Dezember 1990 in Prag zur Unterschrift der gemeinsamen *Absichtserklärung* unseres Unternehmens und der Regierung der tschechischen Teilrepublik. Danach waren bis Ende März 1991 die endgültigen Verträge abzuschließen. Die wichtigsten Fragen waren geklärt: die Bewertung des vorhandenen Unternehmens, die Produkpalette, Produktionsvolumen und Investitionsplanung – daraus abgeleitet die notwendige Kapitaleinlage von deutscher Seite und schließlich die Beteiligungsverhältnisse. Dabei mußten wir einige Kompromisse machen, aber im Kern haben sich die Vorstellungen beider Partner ideal ergänzt.

Die Bewertung der vorhandenen Anlagen erfolgte streng nach dem Substanzwertprinzip. Da das bisherige Staatsunternehmen nicht weitergeführt werden konnte, mußten wir eine Bewertung nach Ertragsprinzip ablehnen; es wäre ja auch auf einen Rumpfbetrieb ohne Vertieb, Einkauf, Controlling etc. nicht anwendbar. Das Ergebnis war für die tschechische Seite zunächst enttäuschend, aber ein »Goodwill«-Zuschlag für Marktvorsprung schaffte dann ein erträgliches Bild.

Dennoch entschieden wir gemeinsam, den *Aktienanteil* des deutschen Unternehmens am Joint-Venture zunächst nur mit 31 Prozent anzugeben mit einem Aufbau auf 70 Prozent über zwei Kapital-Erhöhungen bis 1995, obwohl der richtige Anteil damals schon 47,7 Prozent gewesen wäre. Wir brachten das Kunststück fertig, indem wir Stamm- und Vorzugsaktien einführten. Nur bei den Stammaktien war der deutsche Anteil 31 Prozent, die Differenz zum richtigen Beteiligungsverhältnis wurde über stimmrechtslose Vorzugsaktien hergestellt. Das Stimmrecht spielte sowieso keine große Rolle, weil man sich in den Zielen einig war. Dem deutschen Partner wurde von Anfang an eine führende Rolle in der Geschäftsleitung zugewiesen.

In der Öffentlichkeit enstand später der Eindruck, daß die deutsche

Seite damals eine günstige Verhandlungsposition genutzt hat und dabei die Unerfahrenheit der tschechischen Seite bessere Ergebnisse für die Regierung verhindert hätte. Dies ist bestimmt nicht der Fall gewesen: Die Beauftragten der tschechischen Regierung waren eine große New-Yorker Anwaltskanzlei sowie die Beratungsabteilung einer bedeutenden internationalen Bank. Beide Institutionen hatten hervorragende Vertreter delegiert.

Die fachliche Qualifikation, Verhandlungserfahrung und -Technik entsprachen sich durchaus. Das war selbstverständlich verbunden mit harten sachlichen Auseinandersetzungen und deutlichen Zielvorstellungen sowie einer klaren Interessenvertretung beider Seiten, durchaus schwierig und zeitaufwendig. Wenn wir aber auf der anderen Seite keine Experten gehabt hätten, wäre es wohl noch zeitaufwendiger und anstrengender gewesen. Das Ergebnis war für beide Partner gerecht und ausgewogen. Auch die oft zitierte Flexibilität bei den Investitionsentscheidungen ist in Ordnung. Ein Unternehmen muß die Freiheit haben, sich an geänderte Marktverhältnisse anzupassen, und es muß seine Investitionen immer wieder im Laufe der Planung optimieren. Die absolute Höhe der Investitionen ist keine Garantie für den Erfolg. Wir haben oft gesehen, wie sich Unternehmen übernommen haben und später nicht wußten, wie sie die Fixkosten absorbieren sollten.

Der feierliche Augenblick der *Vertragsunterzeichnung* fand am *28. März 1991* in Mladá Boleslav statt, und drei Wochen später, am *16. April,* erfolgte die Vertragserfüllung in Prag mit der Einsetzung des neuen Vorstands, der Übertragung der Sachwerte aus dem Staatsunternehmen in die neue Firma sowie die Erfüllung der Kapitaleinlage durch unser Konzern-Mutterunternehmen. Am nächsten Tag bezog ich mein Büro in Mladá Boleslav, versammelte am Vormittag die bisherigen Führungskräfte meines Bereichs und erläuterte ihnen die neuen Strukturen – die sie natürlich schon einige Zeit kannten, weil wir sie gemeinsam erarbeitet hatten. Am Nachmittag fand bei mir die erste Sitzung des neuen Führungskreises Finanz statt. Viele von den früheren Führungskräften waren auch bei dieser Sitzung wieder dabei, aber nicht alle. Wir mußten mit weniger Stellen auskommen. Es waren auch weniger, wenn die neuen ausländischen Manager mitgezählt wurden, auf deren Einsatz wir wegen der fehlenden Funktionen und Kenntnisse aus dem früheren Unternehmen nicht verzichten konnten.

Die neue Führungsmannschaft von »Controlling und Finanz«, wie mein Bereich nun hieß, kannte sich schon aus der Zeit der Verhandlungen und der Zusammenarbeit bei der *Feasibility Study*. Wir hatten also schon die finanziellen Planungen für die neue Firma gemeinsam fertiggestellt, soweit uns damals die Erkenntnisse reichten. Im Laufe der Zeit stellten sich natürlich viele neue Faktoren heraus und die Arbeit an Planungen wurde ein fortlaufender Prozeß mit immer neuen Anpassungen an Markt und Möglichkeiten. Das Verständnis dafür war bei unseren lokalen Managern schon entwickelt, als wir im April 1991 begannen.

Der »Führungskreis Controlling und Finanz«, also die Führungskräfte meines Bereichs, kannte sich aber auch schon aus gemeinsamen Seminaren, mit denen wir 1990 begonnen hatten. Schon vor der Vertragsunterschrift, sogar schon, bevor überhaupt klar war, daß unser Konzern von der tschechischen Regierung als Partner ausgewählt ist, begann der Know-how-Transfer. Das beschränkte sich keineswegs auf den Finanzbereich. Insbesondere die Qualitätssicherung begann frühzeitig, eine Know-how-Brücke zwischen Deutschland und Böhmen zu bauen. Darin wurden auch Lieferanten einbezogen, die ja so wichtig sind für die Qualität und damit für den Erfolg der Produkte.

Für einen erfolgreichen Start war aber eine andere Sache entscheidend: das gegenseitige *Vertrauen*. Wir wissen, daß Vertrauen immer ein Vorschuß ist. Deshalb konnte es ohne die Zusammenarbeit vor dem Start des Joint-Ventures auch nicht entstehen. Stellen Sie sich dieses neue Unternehmen vor, das nicht Rechtsnachfolger der bisherigen unternehmerischen Einheit ist, aber dennoch von einem auf den anderen Tag anfängt, bei laufender Produktion, mit neuem Vorstand, neuer Führungsmannschaft, unter gänzlich veränderten Rahmenbedingungen. Es mußte doch auf der bisherigen Arbeit aufbauen, bereits angenomme Aufträge erfüllen, alle wichtigen Verträge von der alten Einheit auf die neue transferieren, die Beschäftigungsverhältnisse aufrechterhalten und die Kasse – ausschließlich mit dem Inhalt der Kapitaleinlage der Konzernmutter – mit allen laufenden Ein- und Ausgaben weiterführen. Ohne Vertrauen wäre es nicht gegangen, die Erfahrung hat das Vertrauen nachträglich gerechtfertigt. Aber der Augenblick des Starts am 17. April 1991 war schon aufregend.

Es gab an diesem Tag auch sofort eine Vorstandssitzung: Die neuen organisatorischen Strukturen mußten verabschiedet werden, Vollmachten erteilt und erste Zielvorstellungen einschließlich der Anfangsbudgets freigegeben werden. Vertraglich war festgelegt, und so war es auch in gegenseitiger Absprache zwischen den Partnern mit den betroffenen Managern vereinbart, daß zwei Vorstandsmitglieder von der tschechischen Regierung eingesetzt werden, darunter der Vorsitzende des Vorstands. Drei Vorstandsmitglieder, darunter der Stellvertreter des Vorsitzenden, waren von der Konzernmutter delegiert. Die Sprache im Vorstand war tschechisch und deutsch mit Übersetzung, die bereits nach einigen Wochen simultan verlief, so daß daraus kein zusätzlicher Zeitaufwand entstand.

Für meinen Bereich war ich in der glücklichen Lage, mit Dr. Sofr einen der besten Dolmetscher Böhmens zu haben. Er hatte ein mehrsprachiges Elternhaus und seine Jugend im Ausland verbracht und war praktisch dreisprachig, nämlich Tschechisch, Deutsch und Englisch. Diese drei Sprachen dolmetschte er konsekutiv und simultan, er hatte in Schule und Universität beste Voraussetzungen dafür erworben. Darüber hinaus beherrschte er die verwandten slawischen Sprachen, allen voran slowakisch und polnisch, und war auch in den gängigen westeuropäischen Sprachen zu Hause. Wir ersetzten in unserem Führungskreis ebenfalls sehr schnell das konsekutive Dolmetschen durch simultanes. Die Disziplin, die dafür notwendig ist, nämlich deutlich und in der richtigen Reihenfolge anstatt durcheinander zu sprechen, ließ manchmal zu wünschen übrig. Dr. Sofr mußte dann zur Ordnung rufen, und es fielen auch schon mal sehr deutliche Worte. Wir wußten aber, daß er Recht hatte mit seiner Kritik, und gewöhnten uns schließlich die Hauptfehler ab.

Unsere tschechischen Kollegen sprachen teilweise Deutsch und vervollkommneten Ihre Kenntnisse durch intensives Sprachstudium in der Firma. Ich habe am Sitz unserer Konzern-Muttergesellschaft eine kleine Organisation mit einem dortigen Bildungsträger aufgebaut, um tschechischen Mitarbeitern mit einem gewissen Stand an Vorkenntnissen ein jeweils zwei- bis dreiwöchiges Sprachstudium im Ausland zu ermöglichen. Sie wohnen dann bei Gastfamilien, haben am Vormittag Schulunterricht und sind am Nachmittag in der Firma zum Praktikum auf ihrem jeweiligen Gebiet. So lernen sie ihre deutschen Kollegen kennen, aber machen auch Bekanntschaften und schließen oft sogar Freundschaften in der Stadt der Konzernzentrale. Sie sind an zwei bis drei Wochenden dort und unternehmen Besichtigungen und viele andere weiterbildende Aktionen, besuchen Vereine und sind gern gesehene Freunde. Dieses Programm wurde schnell sehr beliebt. Andere Bereiche nahmen es genauso für ihre Führungskräfte und qualifizierten Mitarbeiter in Anspruch.

Rund 300 tschechische Mitarbeiter haben inzwischen daran teilgenommen. Das Programm ist ein richtiger Motivationsmotor geworden. Aber auch die Sprachkurse in der Firma waren von Anfang an ausgebucht. Unser Ausbildungsbereich unterrichtet pro Woche rund 440 Deutschstunden mit rund 1200 Schülern, dazu kommen Intensivkurse in deutschen Sprachschulen. In Mladá Boleslav dürften inzwischen 30 bis 35 Prozent der Belegschaft über Deutschkenntnisse verfügen – beneidenswert aus der Sicht der ausländischen Fachleute.

Auch Englisch ist sehr verbreitet, und man kommt als Ausländer mit Deutsch oder Englisch in Böhmen schon sehr weit. Ich habe es aber dennoch sehr bedauert, daß das tägliche Geschäft mich sofort voll in Anspruch nahm und damit eine Intensivausbildung in der tschechischen Sprache als Start ein Wunschtraum blieb. Natürlich ist die tschechische Sprache für Westeuropäer sehr schwer, einige von uns haben es aber ganz gut bewältigt. Es ist eine sehr präzise Sprache mit einer sehr genauen Aussprache der Schrift. Ich möchte das Studium dieser Sprache allen meinen jungen Freunden empfehlen, die sich für einen Einsatz in Tschechien interessieren. Es ist außerdem ein Tor zum großen slawischen Sprachraum.

Ein besonderes Mittel des Know-how-Transfers war die Einrichtung von sogenannten »Tandems«, das ist die Besetzung von Führungspositionen mit einem ausländischen Experten und einem lokalen Manager. Wir hatten auch im Controlling und in der Bankabteilung dieses Prinzip eingeführt. Leider ergab es sich nicht so im Rechnungswesen. Die frühere Buchhaltungs-Chefin kam nicht in das Joint-Venture, was ich sehr bedauerte. Gerade auf diesem Gebiet gab und gibt es nur sehr wenige Fachkräfte. Auch kamen hier aus der Umstellung auf marktwirtschaftliche Strukturen größte Anforderungen auf die Mitarbeiter zu. Ich sage es ja nicht gerne, aber eine normale Stelle in der Buchhaltung galt im Sozialismus nicht viel, entsprechend schlecht war die Bezahlung und entsprechend schlecht auch der Zulauf guter Schulabgänger. Inzwischen hat sich das gründlich gewandelt. Gut ausgebildete Fachkräfte auf dem Sektor Rechnungswesen sind überall gefragt, die Bezahlung ist eher überdurchschittlich, mit WP-Examen stehen sie sogar mit an der Spitze der Gehälterskala.

Als wir starteten, war das *Rechnungswesen* nur ein Kontrollinstrument der Planwirtschaft, lieferte die Zahlen für die Ministerien und für Prämiensysteme. Dazu mußte eine Unmenge von innerbetrieblichen

Materialbuchungen durchgeführt werden, immer wenn Teile die Kostenstelle im Bearbeitungsprozeß wechselten. Für die Übersicht der Leistungen je Kostenstelle, wie sie die Planwirtschaft vorsah, war das sicher effizient, für ein modernes Controlling leider nicht. Aber was noch schlimmer war, es reichte auch nicht zur Verfolgung der Forderungen und zum pünktlichen Ausgleich der Lieferantenrechnungen. Der Staatsbetrieb hatte da ganz andere Instrumente: es gab nur zwei Kunden, nämlich die staatlichen Organisationen für Inland und für Export. Was die zahlten, wurde als richtig hingenommen. Andere staatliche Stellen einschließlich der Banken kontrollierten das. Die Lieferanten buchten einfach ihre Forderungen von den Konten des Empfängers ab, auch wieder unter Kontrolle der Banken. Wir mußten das alles neu ordnen, und zwar im laufenden Betrieb. Das lief nicht reibungslos, wir hatten noch sehr lange Zeit Differenzen zu klären. Entsprechende Risiken entstanden zwangsläufig.

Auch für unsere Konzernmeldungen reichte das Rechnungswesen nicht aus. So mußten wir uns gleich zu Anfang entscheiden, ein völlig *neues Buchhaltungssystem* einzuführen. Im Grunde bin ich kein Freund von solchen großen Systemumstellungen, lieber versuche ich, vorhandene Systeme innerhalb ihrer Leistungsfähigkeit auszubauen. Aber hier blieb nichts anderes übrig. Zusammen mit allen anderen Änderungen gab das eine so große Belastung für unsere Mitarbeiter, Führungskräfte und die Mitarbeiter der deutschen Softwarefirma, daß wir noch drei Jahre lang das Verständnis unserer Freunde in der Konzernzentrale strapazieren mußten. Interne Controllingdaten zur wirtschaftlichen Steuerung des Betriebes für die direkte Zukunft waren aber sehr schnell und auch relativ sicher verfügbar, auch die Mittelfristplanungen wurden mit Hilfe der mitgebrachten Systeme zuverlässig erstellt. Unsere Mitarbeiter im neu aufgebauten Controlling arbeiteten nach kurzer Zeit damit wie die anderen Konzernbereiche auch.

Die *Liquiditätsplanung* nahm in den ersten zwei Jahren einen ganz wichtigen Platz in der täglichen Arbeit ein. Wir hatten die DM-Kapitaleinlage der Konzernmutter, soweit also kein Problem. Aber den Mut, alles schon Anfang 1991 in Kronen zu wechseln, hatten wir damals noch nicht. Zu unsicher waren noch die Aussichten. Also haben wir kurzfristig erst einmal eine lokale Kronen-Kreditlinie verhandeln müssen. Im Bankwesen gab es damals noch nicht die Möglichkeiten von heute, entsprechend schwierig gestaltete sich dieser Prozeß. Dazu kam die Mentalität,

Management eines deutsch-tschechischen Joint-Ventures 257

wie sie damals in bezug auf flüssige Mittel in den Staatsbetrieben herrschte: War Geld da, wurde es auch ausgegeben. Die Steuerung der Planwirtschaft lief nämlich weniger über die Fünfjahrespläne, sondern im Tagesgeschäft über die Zuteilung von Mitteln. So wurden, bei allen Defiziten in dringenden Reparaturen und Ratio-Investitionen, häufig überflüssige Anlagen angeschafft. Noch heute können Sie auf tschechischen Straßen die vielen konvertierten Panzerabschleppwagen sehen, die vielleicht anstelle eines eigentlich notwendigen Fahrrades gekauft wurden, weil Geld und Produktion da waren. Unter diesem Gesichtspunkt sollte man die Absatzzahlen aus Planwirtschaftstagen auch ansehen.

Wir mußten jedenfalls von Anfang an eine funktionierende *Investitionsplanung* aufbauen, ausschließlich an betrieblichen Notwendigkeiten und der Wirtschaftlichkeit orientiert.

Wenn liquide Mittel über das normale Maß hinaus vorhanden waren, fuhren wir die Beanspruchung der Kreditlinien wieder herunter. Anfangs sahen mich meine Mitarbeiter und die Bankleute ganz ungläubig an, als ich Geld zurückgab, um die Zinslast zu senken. Das war neu. Wir hatten eben Vertrauen in die Sicherheit von Bankzusagen und Kreditlinien. Das Bankwesen in Tschechien ist seitdem einen weiten Weg gegangen. Heute steht es der Wirtschaft mit allen modernen Dienstleistungen zur Verfügung.

In den ersten Tagen unserer gemeinsamen Arbeit im Joint-Venture waren die neuen Vorstellungen über Betriebsführung, das dazu notwendige Rechnungswesen und Controlling sowie die Steuerung der Finanzmittel für alle meine lokalen Mitarbeiter noch neu und fremdartig. Aber schon damals setzte man große Hoffnungen in uns. Wenige Tage nach dem Start des Joint-Ventures, Ende April 1990 kamen alle Mitarbeiter meines Bereichs im großen Versammlungsraum des Kuturhauses von Mladá Boleslav zusammen. Der bisherige Leiter Finanzplanung und Buchhaltung des Staatsbetriebs und ich erläuterten die neuen Strukturen, Konzernverflechtungen und Zielsetzungen. Die Atmosphäre war noch nicht so aufgelockert wie bei den späteren Zusammenkünften. Aber ich möchte festhalten, daß die *Akzeptanz der ausländischen Experten* uneingeschränkt da war. Auch die neue Führung und die Konzerneinbindung wurden ganz überwiegend begrüßt.

Es gab damals und es gibt auch heute nach meiner Erfahrung keine solchen Vorbehalte, die als »Furcht vor Germanisierung« Schlagzeilen machten. Wenn von interessierter Seite ab und zu solche Einschätzungen in Interviews und Kommentaren in die deutsche Presse kommen, vermute ich dahinter eher die Furcht vor einer Abwanderung von Arbeitsplätzen. Die tschechische Konkurrenz wird demnach gefürchtet – ohne Grund, wie ich meine. Die tschechische *Handelsbilanz* weist ja keinen Aktiv-Bestand auf, der ernsthafte Besorgnis auslösen könnte. Im Gegenteil, die Tschechen bevorzugen deutsche und westeuropäische Waren sehr stark, hier ist ein neuer, zusätzlicher Markt für Westeuropa zum Vorteil der Beschäftigung auch in Deutschland entstanden. Oft sprechen Laien von »Lohn-Dumping«, ohne zu wissen, was Dumping eigentlich ist. Es wäre unfair, wenn Exportprodukte preislich zu Lasten des Inlandsabsatzes gefördert würden. Das ist aber in Tschechien nicht der Fall. Gerade in unserer Branche wurde gezeigt, daß wir keinen Wettbewerb scheuen. Es gibt in Tschechien keinen Schutz gegen Importe über Quoten, sondern lediglich den Zoll, und der ist für Autos auch nicht wesentlich höher als der EU-Außenzoll. Der völlige Abbau ist vorprogrammiert.

Und damit komme ich nun zu dem wirtschaftlichen Umfeld unseres Joint-Ventures damals und heute. Der *KFZ-Markt* erlebte 1991 einen Einbruch durch den massiven Import von Gebrauchtwagen aus Westeuropa. Wir konnten das glücklicherweise ausgleichen mit Exporten, hauptsächlich nach Jugoslawien. Die Kosten und Erträge hielten sich im Rahmen der Planungen, aber diese Marktverschiebungen machten uns Sorgen. Wie wenig die ehemaligen Staatsunternehmen für den Absatz noch funktionierten, wurde uns sehr schnell bewußt. Es drohte daraus ein völliger Fehlschlag des Vorhabens, wenn wir nicht alles daran setzten, neue Vertriebswege zu eröffnen. Das wurde bisher erfolgreich geschafft.

Im Inland mußte ein neues *Händlernetz* aufgebaut werden. Die staatlichen Verteilerstellen waren in der bisherigen Form nicht zu gebrauchen. Dennoch waren wir sehr daran interessiert, einen Teil der über das Land verstreuten Niederlassungen zu kaufen, um sie an neu gegründete »operative Betriebsgesellschaften« als Händlerplätze zu vermieten. Das gelang uns mit Hilfe eines Vertrages, den wir mit der noch gut und seriös funktionierenden Leitung des staatlichen Autohandelsbetriebes für das Inland aushandelten, und mit einer Regelung, die uns die Republik als Ausnahme von den Privatisierungsbestimmungen gewährte. Zusätzlich ernannten wir eine Reihe von neuen Händlern. Alles war neu, Erfahrungen gab es nicht. Das Bankensystem wies große Probleme allein schon bei den Überweisungen für Warenlieferungen auf. Das für unseren Absatz so wichtige Instrument des Leasing war noch nicht vorhanden. Unser Konzern verhandelte zwar mit einer Reihe von Banken und anderen Finanzdienstleistern, aber wir mußten noch über ein Jahr warten, bis eine Konzernniederlassung dieses Geschäft in Tschechien aufnehmen konnte. Also blieb uns nichts anderes übrig, als unsere neuen, unerfahrenen Händler über Zahlungsziele selbst zu finanzieren, mit den entsprechenden Risiken. Als wir dafür Rückstellungen zum Jahresende in der Bilanz ausweisen wollten, stießen wir auf große Schwierigkeiten und Unverständnis bei den Finanzbehörden – doch davon später.

Im Export sah es noch schwieriger aus. Auch hier gab es eine staatliche Verteilerfirma, die bereits 1991 eine »AG« im Staatsbesitz war. Ganz unerwartet wurden wir hier in Konfrontationen verwickelt. Unverständnis, Zukunftsangst des Managements einer nicht überlebensfähigen Organisation und wohl auch Unfähigkeit schlugen uns hier entgegen. Dabei hatten wir nicht einmal eine Exportabwicklung, auch keine funktionierende Export-Debitorenbuchhaltung oder eine Akkreditivabwicklung in unserer Organisation. Das alles mußte erst geschaffen werden, wodurch wir zur Zusammenarbeit mit der Staatsfirma gezwungen waren. Lange und unerfreuliche Auseinandersetzungen waren die Folge, auch wirtschaftlicher Schaden konnte nur nach langer Zeit wieder kompensiert werden. Auch hier mußten wir hohe Risiken über Rückstellungen sichern.

Die wirtschaftliche Entwicklung der Republik war zunächst vom Übergang zur Marktwirtschaft mit den schwierigen Anpassungsprozessen geprägt. Die föderale Regierung hat auf Drängen des damaligen Finanzministers Klaus bereits im Januar 1991 eine große Abwertung vorgenommen und die »interne Konvertibilität« eingeführt. Die Inflation betrug vom April 1991, also dem Startmonat unseres Joint-Ventures, bis zum Jahresende 8,8 Prozent, bis heute 60,6 Prozent kumulativ. In dieser ganzen Zeit sind die Kurse fast stabil geblieben: Am 16. 4. 1990 erhielt man für 1 DM 17,66 tschechische Kronen, heute 18,78.

Die hiesigen *Löhne* sind in den ersten Jahren um nicht viel mehr als die Inflation gestiegen, erst in letzter Zeit hat sich die Einkommenssituation deutlich gebessert. Natürlich sind die Löhne viel niedriger als in Westeuropa, leider aber auch noch immer die Produktivität. Aber auf diesem Gebiet sind nun schon große Fortschritte deutlich sichtbar. Auch die Arbeitsqualität, früher stark vom Hang zur Improvisation geprägt, ist nun professionell gut.

Die Quelle der Inflation, und das scheint mir interessant, ist übrigens nicht das Budgetdefizit des Staates. Der *Staatshaushalt* ist mehr oder weniger ausgeglichen, allerdings muß man großzügigerweise die Erlöse aus der Privatisierung mitrechnen. Das scheint mir jedoch gerechtfertigt, denn es ist schon eine Ausnahmesituation, wenn eine ganze Wirtschaft neu aufgebaut werden muß, die so stark durch den Sozialismus mit seiner fast unglaublichen Ausbeutung vorhandener Ressourcen, einschließlich der Umwelt, ruiniert war.

Nein, dies ist nicht inflationsfördernd, der Staat ist auf dem Markt für Anleihen praktisch nicht präsent. Vielmehr spielt der ungebrochene Finanzzufluß aus dem Ausland diese Rolle. Hier kommen viele Gelder herein, von Privatanlegern, vor allem aber von ausländischen Fonds, die an dem schon sichtbaren und weiter erwarteten Aufschwung partizipieren wollen. Es stehen dem leider noch nicht genügend gute Projekte gegenüber, die das ausgleichen könnten und damit insgesamt die wirtschaftliche Entwicklung vorantreiben. Die Regierung der bürgerlichen Parteien ist auch nicht gerade ein Freund des überstürzten Aufbaus und der risikoreichen Neugründungen, zu recht, wie ich meine.

In Zuge der *Privatisierung* der Wirtschaft war die Form unseres Joint-Ventures eine Ausnahme, gerechtfertigt durch die Bedeutung des Unternehmens und die Risiken, die bei anderen Privatisierungsformen entstanden wären. Im allgemeinen wurden die kleinen Unternehmen versteigert und die großen der Koupon-Privatisierung unterworfen. Diese Form ist in Tschechien vorangetrieben worden und bisher ein großer Erfolg. Einzelne Fälle der Korruption blieben die Ausnahme, haben aber doch großes öffentliches Interesse gefunden. Der Nationale Vermögensfonds, über den die Privatisierungen laufen, hat sich häufig selbst Anteile vorbehalten, um noch weiter gestaltend beim Aufbau mitzuwirken und um Entschädigungsansprüche erfüllen zu können. Auch die Restitution von Immobilien an die Alteigentümer ist ein Erfolg, natürlich nicht unumstritten und auch mit langwierigen Auseinandersetzungen verbunden. Aber der Privatbesitz hat sich zum wichtigen Motor des wirtschaftlichen Aufbaus und Wachstums entwickelt.

Die Trennung der Republiken Tschechien und Slowakei am 1. 1. 1993 sowie die dann anschließende Trennung der Währungen hatten nachhaltige Auswirkungen. Die Rivalitäten waren schon immer groß, wir konnten uns aber zunächst nicht vorstellen, daß es wirklich ernst wird. Erst als wir sahen, wie im Herbst 1992 alle Gesetzesvorhaben zur Wirtschaftsmodernisierung im föderalen Parlament steckenblieben, war auch uns klar, daß die Trennung unvermeidbar geworden war. Die Slowakei ist für uns seit dem ein etwas problematischer Markt, aber er entwickelt sich nun doch verhältnismäßig gut weiter. Überhaupt scheint es so, daß die Slowakei sich wesentlich besser entwickelt, als vorhergesagt wurde. Vielleicht ist es aufgrund der Trennung erst möglich geworden, daß wirtschaftliche Umstellungsprozesse vorankommen, indem die Menschen dieser Republik nunmehr die Entwicklung von Tschechien von außen beobachten und die Erfolge der Nachbarn erkennen. Ich selbst bin sehr froh, daß sich die pessimistischen Voraussagen für die Menschen doch so nicht erfüllt haben.

Für die *Währungstrennung* hatten wir rechtzeitig vorgesorgt. Als sie sich Anfang Februar 1993 abzeichnete, handelte ich mit den Behörden und der Staatbank in Bratislava ein Abkommen aus, das einen gewissen Modellcharakter für vergleichbare Fälle hatte. Danach hatten wir in einer Import-/Export-Firma unsere Exporte aus der Slowakei mit den Importen in die Slowakei zu verrechnen und die Differenz einmal jährlich in harter Währung auszugleichen, ein privates Clearing sozusagen. Wir waren damit flexibler und schneller als mit dem vorgesehenen Clearing der Nationalbanken und sahen das auch als einen Schutz für den Fall, daß die wirtschaftlichen Verhältnisse die Slowakei zwingen würde, harte Importrestriktionen einzuführen. Das ist zum Glück bis heute noch nicht nötig geworden.

Im wirtschaftlichen Umfeld dieser Jahre entwickelte sich das Joint-Venture und setzte wichtige Meilensteine im industriellen Geschehen der Republik. Wir wiesen für 1991 ein etwa ausgeglichenes Ergebnis aus, mußten aber erhebliche Rückstellungen anmelden. Als ich das Ergebnis und die Bilanz 1991, wie vom Wirtschaftsprüfer testiert, auf dem Wege eines Interviews mit der »Mlada Fronta« der Öffentlichkeit vorgestellt hatte, erntete ich einen heftigen Widerspruch von Seiten des Finanzamtes, aber auch von Seiten der übrigen Presse. Es gab eine große öffentliche Diskussion über das Thema »Rückstellungen«. Das war ein neues Gebiet, die Gesetzgebung wies hier große Lücken auf. Wir waren allerdings vertraglich verpflichtet, nach den Regeln der EG Rechnung zu führen, weil eben das tschechische Recht noch nicht angepaßt war. Dennoch wurden wir schließlich vom Finanzamt gezwungen, diese Rückstellungen in 1992 wieder aufzulösen, damit einen hohen Scheingewinn auszuweisen, den wir dann 1993 wieder korrigieren konnten.

Das war durch die Gesetzgebung möglich geworden, die ab 1993 die westlichen Standards übernahm. Über die drei Jahre, in denen ich im Joint-Venture tätig war, erreichten wir kumulativ ein etwa ausgeglichenes Ergebnis. Ich hatte das am Beginn meiner Arbeit in Tschechien für diese Transformationsphase nicht erwartet, auch unsere Planungen waren pessimistischer. Deshalb sehe ich diese drei Pionierjahre auch unter dem Gesichtspunkt der Jahresabschlüsse als gelungen an.

Auch das *Produktangebot* unseres Joint-Ventures hat sich erheblich verbessert. Zunächst einmal arbeiten unsere Techniker zusammen mit dem Einkauf an entscheidenden Qualitätsverbesserungen; ein großer Erfolg konnte schon Mitte 1991 gemeldet werden. Es gab auch frische, neue Farben anstelle der abgelegten Ostblock-Tristesse. Zur gleichen Zeit wurden in unseren Gesellschafts- und Konzerngremien die nächsten Produktschritte verabschiedet. Das Auto erhielt ein neues Innendesign zu Beginn des Jahres 1993, zum Herbst 1994 wurde ein Nachfolgemodell entwickelt. Dieses Nachfolgemodell basierte immer noch auf dem Produkt, das von tschechischer Seite in das Joint-Venture eingebracht wurde, anders hätten die lokalen Zulieferungen und auch die eigene Produktion nicht beibehalten werden können. Wir hätten zuviel importieren müssen. Aber in Design und Qualität ist es jetzt westeuropäisch. Bei der Markteinführung war es in Tschechien, der Slowakei und auch auf vielen Exportmärkten eine Sensation. Unsere Kapazität ist völlig ausgebucht.

Zusätzliche Produkte sind in der Vorbereitung. Die Vorleistungen dafür sind in den Jahren bis zur Markteinführung eingeplant. Die Stückzahlen der Basismodelle zusammen mit ihren Derivaten werden in Zukunft eine Größenordnung haben, wie sie für eine wirtschaftliche Fertigung nötig ist. Dann werden auch die zukünftigen Neu- und Weiterentwicklungen leichter zu verkraften sein. Alle diese Entwicklungen werden in enger Zusammenarbeit mit dem Konzern und seinen anderen Markengesellschaften durchgeführt. Das Joint Venture nimmt eine wichtige, verantwortliche Funktion in dieser gemeinschaftlichen Leistung war. Seine Entwicklungskapazität wird laufend ausgebaut. Unsere Mitarbeiter gehören wie selbstverständlich nun zum Konzern, sie dürfen Stolz sein auf die gemeinsamen Leistungen und auf den Teil, den sie dazu einbringen.

Überhaupt ist die *Zusammenarbeit mit dem Konzern* ein wesentlicher Bestandteil des Erfolgs und der Zukunftssicherung. In dieser Branche

Management eines deutsch-tschechischen Joint-Ventures 263

wäre ein lokales Unternehmen zu klein, um den Konkurrenzkampf zu wagen. Hier sind große Entwicklungskapazitäten nötig, eine weltweite Einkaufspolitik und -logistik, ein globales Marketing. Das erfordert gute Kommunikationswege innerhalb des Konzerns. Wichtig ist deshalb, daß sich die Führungskräfte verstehen, daß sie sich sehen und über unser E-mail-System ständig miteinander in Kontakt treten können. Leider hinkt die tschechische Telekom noch der Entwicklung hinterher, und wir sind froh, daß wir über Sattelitenverbindungen zusätzliche Möglichkeiten nutzen können. Auch die Dienstreisen können mit Hilfe der ständigen Charterflüge nach Flugplan zwischen Prag und Braunschweig mit dem kleinstmöglichen Zeitaufwand absolviert werden.

Anfangs bin ich mit diesem Service für die Wochenenden nach Deutschland gependelt, aber schon 1991 habe ich mich auch privat in Tschechien eingerichtet bis mein Vertrag auslief. Ende April 1994 dann wurde ich von meinem Führungskreis und dem Vorstand verabschiedet. Das geschah im Rahmen des jährlichen Seminars, wie wir es für die Führungskräfte meines Bereichs eingerichtet hatten. Das erste fand 1992 in Trautenau statt, da ging es noch im wesentlichen darum, sich kennenzulernen. Im folgenden Jahr waren wir in Spindlermühle zusammen, und nun im Parkhotel von Bad Bilina. Ja, nun war die Zeit zum Abschied schon gekommen, drei erlebnisreiche Jahre lagen dazwischen. Es waren schöne Jahre des Aufbaus, die neuen Führungskräfte waren gute Manager geworden. Auch heute noch bin ich häufig zu Gast in der Runde, von meinen Erfahrungen wollen noch einige profitieren, und es macht mir Spaß, die positiven Seiten der Entwicklung mitzuerleben.

Wie wird es nun weitergehen mit der tschechischen Wirtschaft? Den Menschen hier wurde der Übergang in die selbstbestimmte Freiheit nicht einfach gemacht, es gab keinen wohlhabenden Verwandten, der die Rechnung bezahlte. Sicher, es gab und gibt für viele große Chancen, die sie nutzen, auch im Zuge der Restitution ist ein wohlhabender Bevölkerungsteil entstanden. Auf der anderen Seite stehen die Rentner, die an dem Zuwachs noch nicht teilhaben. Aber ein realistischer, verhaltener *Optimismus* ist überall zu spüren. Es muß alles aus eigener Kraft geleistet werden, und das prägt die Menschen. Sie werden wohl bald selbständige, verläßliche Partner in Europa sein, mit dem berechtigten Selbstbewußtsen, das durch eigene Leistung entsteht. Natürlich sind sie auch eine Konkurrenz im besten positiven Sinn. Ende dieses Jahres wird die freie Konvertibilität der tschechischen Währung kommen, dann muß wieder eine Probe der wirtschaftlichen Stärke bestanden werden. Auch wenn zunächst noch Kontrollmechanismen bleiben, die den völlig freien Transfer privater Mittel in das Ausland regeln, bedeutet dieser Schritt wieder mehr freien Wettbewerb. Ich bin sicher, daß Tschechien auch diesen Schritt gut bewältigt und sich damit dem *Ziel der Europäischen Union* weiter annähert.

Erschließung osteuropäischer Märkte

Ein Finanzierungsproblem

Albert Jugel

Osteuropa ist ein Wachstumsmarkt. Einem riesigen Bedarf an Produkten, Dienstleistungen und Investitionen steht ein dramatischer Geldmangel entgegen. Geschäfte in Osteuropa bedürfen daher kreativer Finanzierungsmodelle. Den Chancen (Bedarf, Niedrigkostenstandort) stehen Risiken (z. B. Rechtsunsicherheit) gegenüber, so daß eine überdurchschnittliche Renditeerwartung (»Risikozuschlag«) bei Geschäften in Osteuropa erwartet wird. Finanzierungen haben dies zu berücksichtigen und müssen nationale und regionale Besonderheiten und Möglichkeiten ausloten, um schnell (Zeitfaktor) und sicher (Risikominimierung) den Gewinn und seine Verfügbarkeit entsprechend der Geschäftsstrategie zu ermöglichen. Dafür gibt es im inhomogenen Raum Osteuropa kein Pauschalkonzept. Finanzierungsmodelle wie Cash, Barter, Produktrücklieferung, Indirekte Bezahlung (Dreiecksgeschäfte), Fördermittel etc. sind an Geschäftsstrategie und nationale und regionale Bedingungen anzupassen. Erfolg hängt dabei mehr von kreativen Ideen als von »Regelkenntnissen« ab.

1. Umgestaltung, Finanzierung, Geld

Mit mehr als 100 Milliarden DM pro Jahr finanziert Deutschland den »Aufbau Ost«, und das wird noch einige Jahre weitergehen. Dieses Geld ist und bleibt Gegenstand öffentlicher Diskussionen und politischer Auseinandersetzungen. Aber es wird aufgebracht und gezahlt, um den »Transformationsprozeß« in den »Neuen Fünf Bundesländern« (NFB) – das ist eine Fläche von circa 108 000 km^2 mit 16 Millionen Einwohnern – sozial abzusichern und wirtschaftlich voran zu bringen.

In den Reformstaaten Mittel- und Osteuropas, inklusive Rußland, sind es circa 410 Millionen Menschen auf einer Fläche von mehr als 20 Millionen km^2 (davon Rußland mit seinem asiatischen Teil circa 17,1 Millionen km^2 und 147 Millionen Einwohner). In diesen Staaten, Ungarn, Tschechische Republik, Polen, Ukraine, Slowenien usw., vollzieht sich die gesellschaftliche und staatliche Umgestaltung in gleicher Richtung wie auf dem Gebiet der ehemaligen DDR – von Marx zum Markt. Die finanzielle Situation aber ist in diesen Ländern grundsätzlich anderer Natur als in den NFB:

- keine Währungsunion, sondern schwache, inflationsgefährdete, nicht konvertierbare nationale Währungen,
- eine noch unterentwickelte, marktwirtschaftlichen Verhältnissen nicht angepaßte Geldwirtschaft und ein sich erst in Entwicklung befindliches Bankensystem,
- eine Geldpolitik, die permanent einen Balanceakt zwischen Befriedigung von Zwängen (mehr Einkommen für Bevölkerung, soziale Hilfen, Subventionen etc.) durch Geldmengenvermehrung (Inflation) und »Geldknapphalten«, d. h. Befriedigung der Zwänge durch Produktionssteigerung, vollführt und damit unberechenbar wird,
- keine kapitalstarke »Mutter«, die mit ihrer Wirtschaftskraft eine angemessene, zeitweise finanzielle Hilfe »von außen« sichern könnte (den Transfer in die NFB hochzurechnen auf die Reformstaaten ergäbe unvorstellbare und unbezahlbare Summen).

Was vergleichbar ist, ist der Kapitalbedarf für die wirtschaftliche Umgestaltung (Infrastruktur, Investitionen, Restrukturierung etc.) und deren soziale Absicherung. Um diesen Kapitalbedarf zu decken, gehen die Staaten Mittel- und Osteuropas unterschiedliche Wege, z. B. was die Geldpolitik betrifft. Doch eines ist ihnen allen gemeinsam: Der Aufbau marktwirtschaftlicher Ordnungen mit dem Schwerpunkt Privatisierung *und* die Öffnung für ausländisches Kapital. Kapital, Geld aus dem Westen für Investitionen zur Restrukturierung, man kann sagen zum Neuaufbau einer global wettbewerbsfähigen Wirtschaft, ist unabdingbar. Der Wettbewerb um dieses Geld, also um internationales Kapital, mit allen anderen Staaten und Regionen der Welt hat begonnen und zeigt erste Erfolge. Die Tschechische Republik, Ungarn, Slowenien, Polen sind mittlerweile begehrte Investitionsstandorte. Geld fließt und fließt zurück. Westliche Unternehmen sondieren ihre Chancen und Risiken in den Geschäftsbeziehungen zu den Reformstaaten. Der Bedarf in diesen Staaten ist auf allen Gebieten riesig. Es fehlt an allem, man könnte nahezu alles liefern. Das Problem ist nur: Die Bezahlung, die Finanzierung, d. h. der drastische Kapitalmangel sowohl im staatlichen als auch im privaten Bereich. Unternehmer, die für sich Chancen in Osteuropa sehen, sind daher gezwungen, neben der »technischen« Realisierung von Geschäften, kreativ nach Wegen der Finanzierung zu suchen. Dafür gibt es keine Patentrezepte. Erfahrungen zu Geschäfts- bzw. Projektfinanzierungen, wie sie zwischen Partnern in entwickelten westlichen Industriestaaten üblich sind, sind nur bedingt oder gar nicht übertragbar. *Schlußfolgerung:* Neben einem klaren Geschäftskonzept sind für Geschäfte im osteuropäischen Markt

– alternative Finanzierungsmodelle,
– angepaßt an die spezifische regionale politische und wirtschaftliche Situation
– und dazu umfangreiche Detailkenntnisse der aktuellen Lage und voraussichtlichen Entwicklung notwendig und wie die Praxis zeigt, auch machbar.

2. Osteuropäische Märkte: Chancen und Risiken

Chancen für westliche Unternehmen und »Unternehmer« in osteuropäische Märkten resultieren im wesentlichen aus dem immensen unbefriedigten Bedarf an Investitions- und Konsumgütern sowie Dienstleistungen zur gesellschaftlichen, wirtschaftlichen und sozialen Umgestaltung. Rechtsanwälte, Unternehmens-, Steuer- und andere Berater, Versicherungsagenten, Supermärkte, Gebrauchtwagenhändler und Baufirmen waren die Ersten in den NFB nach der Währungsunion und befinden sich bezüglich der Anzahl heute schon im Sättigungsbereich. Die Reformstaaten Osteuropas haben:

– Nachholbedarf an Modernisierung und Restrukturierung der gesamten Wirtschaft,
– Nachholbedarf an Konsum (siehe Abbildung 1, Wohlstandsindikator Auto),
– Nachholbedarf im gesamten Infrastrukturbereich (Straßen, Telekommunikation, Eisenbahn, Luftverkehr), der zum Teil öffentlich finanziert wird,
– Mangel an »marktwirtschaftlichem« Know-how im Dienstleistungssektor (tertiärer Bereich).

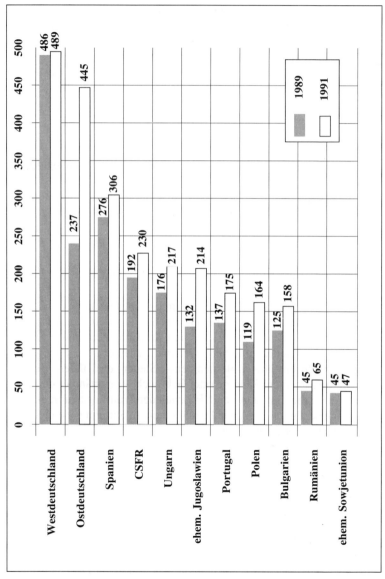

Abbildung 1: Wohlstandsindikator Pkw-Dichte: Pkw je 1.000 Einwohner

Dieser Mangel impliziert einen Bedarf, der durch die nationale Industrie und Dienstleister nicht gedeckt werden kann. Abbildung 1 zeigt z. B. am Wohlstandsindikator Auto, welcher Konsumschub in den Reformstaaten von 1989 bis 1991 stattfand und welches Marktpotential im Vergleich zur bereits erreichten PKW-Dichte in westlichen Ländern noch vorhanden ist und beschleunigt ausgeschöpft wird (Ostdeutschland von 1989 zu 1991 eine Steigerung auf 188 Prozent). Ein anderes Beispiel: Rußland »plant« bis zum Jahr 2005 circa 100 Millionen neue Telefonanschlüsse, bei 1000 Dollar Investition pro Anschluß ergibt sich ein »Marktpotential« von 100 Milliarden US-Dollar, das sind 10 Milliarden Dollar pro Jahr. Diese Beispiele sollen zwei Dinge verdeutlichen:

- Die Deckung des aufgestauten Bedarfs in Osteuropa ist durch Selbstfinanzierung (öffentlich oder privat) nicht möglich.
- Die Chancen, strategisch orientiert Marktpositionen zu erschließen und zu besetzen, sind außerordentlich breit gefächert.

Ein weiterer positiver Aspekt und damit eine Chance in und für Osteuropa ist der Arbeitsmarkt der Reformstaaten. So kostet die Stunde Arbeitszeit in Deutschland heute zwischen 40 DM und 50 DM, in Ungarn zwischen 6 DM und 10 DM also circa 15 bis 20 Prozent. Ähnlich ist es in Polen und der Tschechischen Republik. Hinzu kommt, daß in diesen drei Staaten eine hohe Qualifikation und eine ausgebaute Infrastruktur zur Verfügung stehen. Nimmt man beide Chancenpotentiale zusammen:

- den Bedarfsstau in einem Verbrauchermarkt von 460 Millionen Menschen und den immensen sozialen und politischen Druck, diesen Stau schnell abzubauen,
- die Möglichkeit, in diesem Markt kostengünstig mit gut qualifiziertem Personal zu produzieren,

dann ergeben sich folgende mögliche Geschäftsstrategien für ausländische Unternehmer (es sind sicher noch Mischformen denkbar):

- Export von Waren und Dienstleistungen über neu zu schaffende eigene Vertriebsorganisationen (Problem: Vorfinanzierung) und/oder über existierende Vertriebsorganisationen und Partner in den Ländern selbst,

- Produktion von Waren für die osteuropäischen Märkte in den Ländern selbst und dazu Kapital- und Know-how-Transfer als Beteiligung oder für Greenfield-Investitionen (Problem: Kapitalrückfluß z. B. über Gewinntransfer nur eingeschränkt möglich),
- Aufbau von Produktionskapazitäten als Low-cost-Lieferanten für das Finalprodukt oder den eigenen Markt (Problem: Finanzierung des operativen Kapitalbedarfs z. B. des Materials bei Materialimporten).

Entscheidet man sich für eine Osteuropa-Strategie, heißt es die Risiken zu kennen und zu minimieren. Wesentliche Risiken für Geschäfte in Osteuropa sind:

- eine oft unklare und sich schnell ändernde Rechtssituation, gepaart mit noch ungenügenden Durchsetzungsmöglichkeiten des bestehenden Rechts,
- das Währungsrisiko,
- instabile soziale und politische Verhältnisse mit einer teilweise hohen Gewaltbereitschaft,
- eine sich in der Umgestaltung befindliche Administration mit hoher Entscheidungsunsicherheit und Unberechenbarkeit,
- eine noch nicht westlichen Verhältnissen entsprechende Infrastruktur.

Das wohl schwerwiegendste Risiko ist die *Rechtsunsicherheit* und dabei aus der Sicht westlicher Geschäftsleute das ungenügende Vertrauen in die *Verläßlichkeit* der *Eigentumsrechte*. In Forderungen ausgedrückt betrifft das folgende Punkte, die vor jedem Engagement in osteuropäischen Märkten geprüft werden sollten:

- Absicherung des investierten Kapitals gegen Enteignung und im Falle der Enteignung *Sicherstellung* einer ausreichenden Entschädigung,
- das Recht des Investors, über den Einsatz seines Kapitals, inklusive das Recht, die Beteiligungshöhe selbst entscheiden zu können,
- das Recht, nach Abzug der gesetzlich geltenden Steuern und Abgaben über die Verwendung, inklusive den Transfer der Erträge, frei zu entscheiden,
- das Recht, zum freien Verkauf, zur Liquidation und zum Transfer der Erlöse aus solchen Ereignissen.

Der Grad der Gewährung dieser Rechte ist gleichzeitig der Maßstab für die Höhe des Risikos eines Engagements.

Zusammengefaßt zu Chancen und Risiken ist festzustellen, daß Geschäfte in osteuropäischen Märkten aus der Sicht der Kapitalgeber mindestens einen Gewinn (Rendite) ermöglichen müssen, der mit anderen Standorten vergleichbar ist. Osteuropa ist ein Wachstumsmarkt (Bedarfsstau) mit noch erheblichen Risiken, so daß eine überdurchschnittliche Gewinnerwartung gerechtfertigt ist (»Risikoaufschlag«). Jedes geschäftliche Engagement in Osteuropa, jeder Kapitaleinsatz erfordert heute noch einen nicht zu unterschätzenden gleichzeitigen Know-how-Transfer, der effektiv nur durch personelle Präsenz zu verwirklichen ist. Was Osteuropa braucht, ist Kapital *und* Know-how. Was Osteuropa bietet, sind Marktwachstum und zunehmende Standortvorteile.

3. Finanzierung von Geschäften in Osteuropa – ein Problem?

Finanzierung von Geschäften, inkl. Investitionen, in den osteuropäischen Reformstaaten durch »Westliche Unternehmer« setzt voraus, daß

- die Rechtsbasis für einen freien Kapitalverkehr existiert,
- ein funktionierendes zweistufiges Bankensystem arbeitsfähig ist,
- westliche »Hausbanken« ihre gewohnten Dienstleistungen entweder direkt über Filialen oder mittels einer kooperierenden »Vor-Ort-Bank« anbieten.

Diese Voraussetzungen werden zunehmend erfüllt. Problematisch sind dagegen die lokalen und regionalen Bedingungen und Modalitäten für Finanztransaktionen wie z. B.:

- Zinsniveau für kurz- und langfristige Kredite,
- Zahlungsmoral und Bonität der Partner,
- Zahlungsmodalitäten und Zahlungsfristen,
- Solidität von Bankbürgschaften,
- Finanzierungsrestriktionen der heimischen Banken,
- kurzfristige, unvorhersehbare Wechselkursänderungen,
- kompliziert zu handhabende Steuer- und Zollbestimmungen und Finanzierung von Zöllen und Steuern,

- nicht vorhersehbare, teilweise sprunghafte Gesetzgebung mit z. B. einer für Deutschland unmöglichen Rückdatierung der Wirksamkeit der Gesetze (betrifft Zölle und Steuern z. B. in Rußland),
- oft fehlende Möglichkeit, Bonitätsauskünfte über Partner einzuholen.

Diese Aufzählung ist eine Checkliste für potentielle ausländische Investoren. Über diese Dinge braucht man Informationen und Kenntnisse bei der Abwicklung von Geschäften. Im Vergleich zu früher, als der »Ostblock« noch eine »wirtschaftliche Einheit« war, sind heute diese Bedingungen nicht nur national, sondern oft auch *regional verschieden* (vor allem in Rußland), so daß eine kostenintensive regionalspezifische Betreuung durch Consultants bei Geschäften in Osteuropa zu empfehlen ist.

Zur Verdeutlichung ein Beispiel: Bei der Versorgung einer Produktionslinie in Ungarn (Joint Venture) mit Material sind folgende Finanzierungsbedingungen zu beachten:

- inländische Lieferanten und Dienstleister fordern Zahlungen innerhalb von zehnTagen; Lieferantenkredite werden nicht gegeben,
- Bankfinanzierung für Material ist in Ungarn nicht möglich; Materialeinkauf teilweise nur mit Vorkasse,
- bei Materialeinfuhr sind Zoll, Zollgebühren und Einfuhrumsatzsteuer vorzufinanzieren,
- Hermes Kreditversicherung ist zur Zeit (November 1995) nicht möglich,
- Wechselkursänderung (z. B. 1994 durch Orientierung des ungarischen Forint am Dollar) führten 1994 zu 26 Prozent Wechselkursverlust,
- 8 Prozent Zollerhöhung (ohne Vorankündigung) im März 1995.

Schon diese wenigen Punkte einer konkreten Finanzierung von Material für ein Joint-Venture in Ungarn zeigen, daß nur abhängig von *solchen Bedingungskomplexen Finanzierungen zu gestalten sind und man demzufolge kaum Pauschallösungen anbieten kann.* Im Falle des deutschungarischen Joint Ventures wurde das Basismaterial von der deutschen Seite eingekauft und dem Joint Venture »zur Verfügung gestellt«. Die Einsparungen an Zeit und Geld sind erheblich.

Das Problem der Geschäftsfinanzierung in osteuropäischen Märkten ist nur insofern ein spezifisches Problem, wie die oben genannten Bedingungen spezifisch sind. Ansonsten gilt der Grundsatz: »Gewinnmaximierung und Risikominimierung« genauso wie bei Finanzierungen im Westen.

Eine Besonderheit bei Finanzierungen in Osteuropa muß noch extra erwähnt werden; die ungenügende Chance heimischer Partner, Sicherheiten für Kredite zu stellen (Grund: Kapital- bzw. Vermögenswertmangel). Damit bleiben als Sicherheit für viele Geschäfte und vor allem für Investitionen nur die Rentabilität und die *Geschäftsidee und ihre Umsetzungschancen durch qualifiziertes Personal.* Schlußfolgerung: Rentabilitätsprüfung bei Geschäften in Osteuropa haben höchste Priorität und sollten unabhängig von mindestens zwei verschiedenen Partnern, auf alle Fälle aber von einer Bank des Vertrauens gründlichst durchgeführt werden. Die Rendite für das eingesetzte Kapital muß dabei dem Risiko des Marktes bzw. Standortes adäquat in zeitlicher Realisierung und Höhe sein.

Die zögerliche Haltung westlicher Geschäftsbanken bei Finanzierungen osteuropäischer Unternehmungen liegt im hohen Risiko, so daß zur Zeit Kredite erfahrungsgemäß durch Vermögenswerte der ausländischen (westlichen) Partner abzusichern sind. Die finanzielle Situation der Länder Osteuropas spielt sicher auch eine Rolle. So weist die Institutional-Investor-Rangliste bezüglich der Länderbonität der Tschechischen Republik den 42., Ungarn den 43., Polen den 67., Rußland den 87. und Kroatien den 106. Rang zu, während die Schweiz Rang 1 und Deutschland Rang 3 belegen. In der Hermes Einstufung liegen auf gleichem Niveau (Angaben Dresdner Bank): Tschechische Republik und Australien, Ungarn und China, Slowakische Republik und Indien, Polen und Paraguay, Rußland und Nigeria.

Dieser Vergleich zeigt zumindest, daß bei Bankfinanzierung durch westliche Geschäftsbanken kein hohes Vertrauen in die Zahlungsfähigkeit vorausgestzt werden kann und somit der Großteil der Sicherheiten vom westlichen Partner zu stellen ist, was z. B. bei der Finanzierung von Umlaufmitteln in Joint Ventures eine erhebliche Belastung darstellen kann.

Zusammengefaßt kann man sagen: Jede Finanzierung ist ein Problem, die Finanzierung von Geschäften in osteuropäischen Märkten ist ein besonders schwieriges und erfordert daher kreative Lösungen.

4. Möglichkeiten und Beispiele für Finanzierungen in West-Ost-Geschäften

Möglichkeiten, Waren und Leistungen nahezu aller Art in osteuropäischen Märkten abzusetzen, gibt es genügend. Ein Geschäft wird daraus erst, wenn Waren und Leistungen bezahlt werden, wenn mit der Finanzierung des Geschäftes der Gewinn gesichert wird. Pauschale Lösungen können dabei nicht als Modellfälle angegeben werden, da die Bedingungen dafür zu stark national und regional schwanken. Im folgenden sollen einige Möglichkeiten, Geschäfte zu machen, d. h. Geld zu verdienen, exemplarisch angerissen werden. Damit sollen Anstöße gegeben werden, nach den kreativen Lösungen zu suchen, die den eigenen Vorhaben angepaßt werden, diese zu finden und umzusetzen.

4.1 Cash

Cash ist noch immer die einfachste Art der Finanzierung. Geld ist in Osteuropa vorhanden, wenn auch die Kaufkraft gering ist. Das Geschäft in Marktnischen (z. B. Luxusgüter für Neureiche) verspricht gute Gewinne. Internationale Kaufhausketten sind längst in Osteuropa präsent. Clevere Händler verkaufen Produkte, angefangen von »wertgeminderter« Ware über »Second-Hand-Ausrüstungen« bis zu teuersten Spitzenprodukten. Das Finanzierungsproblem besteht hier in einer richtigen Analyse des Kaufverhaltens und dem Finden der Akzeptanzschwellen für Preise sowie in einem geschickten (sprich: billigen), dem erzielbaren Preis angepaßten Einkauf.

Schwieriger wird die Sache bei der Finanzierung von Investitionsgütern, vor allem dann, wenn man es mit Gesellschaften, z. B. mit Betrieben, zu tun hat. Unklare Eigentums- und Vermögensverhältnisse, geringe flüssige Mittel und das Bestreben, Produkte und Leistungen durch Gegenleistungen oder erst nach Erfolgseintritt (also mittel- oder langfristig) zu bezahlen, sind Risiken, die nicht akzeptabel sind. Die Zahlungssicherheit ist bei solchen Geschäften nahe Null und beigebrachte Bürgschaften sind oft nichts wert. Eine Lösung liegt hier in einer für das Geschäft notwendigen Recherche (bzw. Offenlegung) von Auslandsguthaben der Geschäftspartner (Betriebe) bei westlichen Banken und die Recherche über die Verfügbarkeit dieser Guthaben. Zum Beispiel hat eine Untersuchung von 1600 Betrieben in Rußland ergeben, daß davon

692 (44 Prozent) frei verfügbare, nicht unwesentliche Auslandsguthaben besitzen. Die folgende Aufstellung zeigt die Verteilung solcher »Devisen besitzender« Unternehmen auf Branchen:

- Maschinenbau 153,
- Chemie/Pharmazie 110,
- Lebensmittelindustrie 109,
- Zellulose- und Papiermittelindustrie 95,
- Fahrzeugbau 83,
- Baustoffindustrie 41,
- Elektroindustrie 33,
- Öl verarbeitende Industrie 29,
- Leichtindustrie 26,
- Hüttenindustrie 12.

Geld ist also offenbar vorhanden. Das Problem ist, an dieses Geld heranzukommen, den Partner dazu zu bringen, es einzusetzen. Viele der Betriebe (d. h. die Manager) betrachten solche Guthaben als »Notgroschen«. Die Mobilisierung solcher sofort verfügbaren Cash-Potentiale erfordert Fingerspitzengefühl in den Verhandlungen. Man sollte dabei folgendes beachten:

- vertrauensbildende solide Beratung und »transparent machen« des beiderseitigen Vorteils des Geschäftes,
- wenn machbar, Aufzeigen von Möglichkeiten des Wiederverdienens ausgegebener Mittel z. B. über Produktlieferungen bei Erreichen von Qualitätsbedingungen und angemessenen Preisen (angemessen = Überwindung der Markteintrittsschwelle),
- Eingehen auf Vorschläge zur Teilfinanzierung über Auslandsguthaben (Cash) gemixt mit anderen Finanzierungsformen (Risiko beachten),
- Sichtbarmachen von Preisvorteilen bei Cash-Finanzierung gegenüber risikobehafteter Finanzierung z. B. über Barter.

Diese Art der Cash-Finanzierung mittels frei verfügbarer Finanzmittel (möglichst bei westlichen Banken deponiert) ist besonders dann zu empfehlen, wenn die wirtschaftliche und gesellschaftsrechtliche Situation des Partners unklar ist und damit jede andere Art der Finanzierung z. B.

über zukünftige Erträge ein nicht akzeptables Risiko darstellt oder wenn durch astronomische Inflationsraten das Währungsrisiko zu hoch wird.

4.2 Barter

Barterfinanzierung, d. h. Bezahlung von Produkten und Leistungen durch Gegenlieferungen von am heimischen Markt verfügbaren und akquirierbaren Produkten (z. B. Baumwolle, Holz, Buntmetallschrott, Kaviar, etc., etc.) deckt etwa 10 Prozent der Exportfinanzierung von den EG-Staaten nach Osteuropa ab. Eine solche Finanzierung ist nur dann empfehlenswert, wenn

- möglichst die zur Bezahlung angebotenen Produktmengen vorab geprüft und bereitgestellt werden, z. B. in Zollagern westlicher Speditionen oder Häfen,
- deren Weiterverkauf von spezialisierten Zwischenhändlern professionell betrieben wird (Kostenfaktor!),
- möglicher Preisverfall für diese Produkte durch Mengengarantien kompensiert wird.

Barterfinanzierung setzt Erfahrung mit dieser Art Geschäft voraus und sollte immer mit einem darauf spezialisierten Handelshaus abgewickelt werden.

4.3 Rücklieferung, Produktionsverlagerung

Kapitaldienst und Refinanzierung von vorfinanzierten Leistungen über Rücklieferung von Produkten ist eine der günstigsten Finanzierungsmodelle. Dieses Modell ist vor allem dann sinnvoll, wenn es mit einer langfristigen Strategie

- zur Produktionsverlagerung,
- zum Aufbau von Niedrig-Preis-Lieferanten für die eigene Finalproduktion oder
- zur Penetration osteuropäischer Märkte durch Produktion vor Ort

verbunden ist. Die Kostenvorteile osteuropäischer Standorte spielen dabei eine entscheidende Rolle. Die Tabelle 1 zeigt am Beispiel die unterschiedlichen Kostenstrukturen zweier Produktionsstätten in Deutschland und Ungarn, die beide das selbe Produkt herstellen (Produktionsverlagerung 1993 durchgeführt).

	Werk in Deutschland	Werk in Ungarn
Umsatz	100,00 %	100,00 %
Materialkosten	48,14 %	50,41 %
Personalkostenanteil	**32,18 %**	**17,46 %**
– Löhne	17,19 %	8,39 %
– Gehälter	9,72 %	8,44 %
– Sonstige PK	5,27 %	0,62 %
Abschreibungen	5,04 %	5,14 %
Sonst. betriebl. Aufwendungen	10,80 %	8,01 %
Zinsen	1,79 %	–
Steuern	0,33 %	0,88 %
Profit	1,72 %	18,10 %

Tabelle 1: Kostenanteile bezogen auf den Umsatz (100 %) vergleichbarer Produktion in Deutschland und Ungarn

Bei einer Gewinnspanne von 18,1 Prozent ergeben sich Möglichkeiten, über

– Produktpreisgestaltung bei Lieferungen des Produktes über den deutschen Partner als Zwischenhändler (Handelsspanne),
– Gewinntransfer,
– Einkaufspreisgestaltung für durch den deutschen Partner zur erbringende Leistung, z. B. Materialbereitstellung,

eine Refinanzierung von Aufwendungen z. B. für Umlaufmittel, Vorfinanzierung von Maschinen, Ausrüstungen und Personalleistungen etc. sehr flexibel und sicher zu gestalten.

Produktionsverlagerung nach Osteuropa findet heute im großen Stil statt und bietet neben sicheren Refinanzierungen die Möglichkeit, in die jeweiligen regionalen Märkte einzudringen und Marktpositionen aufzubauen. Das VW-Engagement in der Tschechischen Republik zusammen mit Skoda ist dafür nur ein Beispiel.

4.4 Indirekte Finanzierung – Dreiecksgeschäfte

Diese Art der Finanzierung erfordert ein hohes Maß an Koordination und basiert auf der Idee, dritte Nutznießer (indirekte Nutznießer) eines Geschäftes auch an dessen Finanzierung zu beteiligen, falls diese über die notwendigen »Devisen« verfügen und es sich für sie rechnet. Um das Prinzip zu erklären ein Beispiel (die Struktur ist in Abbildung 2 dargestellt)

Das Beispiel:
Ein Dienstleister (Partner 1) repariert Anlagen (z. B. Schiffe) eines anderen Partners und braucht dafür von einem westlichen Partner Ersatzteile (z. B. Ersatzteile für Schiffsmotoren), kann diese aber nicht bezahlen, da er nur über einheimische (»unsichere«) Währung (z. B. Rubel)

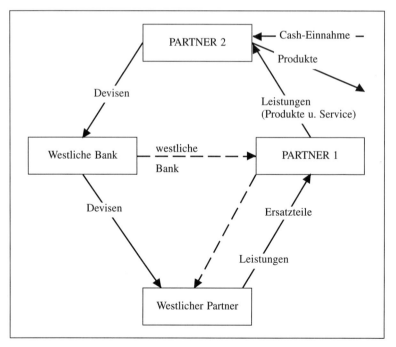

Abbildung 2: Indirekte Finanzierung (»Dreiecksgeschäft«)

verfügt. Damit ist Partner 2 gezwungen, seine Anlagen im Ausland reparieren und instandhalten zu lassen und dies direkt über seine Devisenerlöse z. B. aus Transportleistungen für ausländische Unternehmen (Seetransport) zu bezahlen. Er bezahlt damit Ersatzteile plus Arbeitskosten, die z. B. in Amsterdam viel höher sind als in St. Petersburg. Partner 1 und sein westlicher Partner bieten dem Partner 2 folgendes Geschäft an: Reparatur und Instandsetzung in heimischen Werften mit einer Bezahlung

- der Ersatzteile durch Partner 2 an den westlichen Lieferanten durch Devisenguthaben auf westlichen Banken direkt durch die westliche Bank nach Bereitstellung der Ersatzteile,
- Bezahlung der Arbeitskosten auf der Basis *heimischer Kostensätze* zu 80 Prozent in heimischer Währung und zu 20 Prozent in Devisen mit der Restriktion, daß Partner 1 die 20 Prozent Devisen zur Investition in Arbeitsmittel z. B. Elektrowerkzeuge für die Qualitätsverbesserung und Kostensenkung der Dienstleistung verwenden muß.

Effekt dieser Finanzierung:

- westlicher Lieferant: gesicherte Bezahlung der Lieferungen durch vertraglich geregelte Zahlungsmodalitäten mit der westlichen Bank,
- Partner 2: Kosteneinsparung durch niedrigere Arbeitskosten für die Dienstleistung und Einsparung von Devisen (dies war in diesem konkreten Fall eine Einsparung von 48 Prozent bei vergleichbaren Instandhaltungsleistungen),
- Partner 1: Existenzsicherung durch Auftragssicherung und Möglichkeit der Reinvestition zur Leistungsverbesserung; Verbesserung der Marktposition.

So »umwegig« diese Finanzierung auch sein mag, sie wird angewendet und ist außerordentlich erfolgreich, erfordert aber einen hohen Vorbereitungs- und Koordinationsaufwand.

4.5 Joint-Venture-Finanzierung

Die Probleme bei der Finanzierung von Joint Ventures z. B. durch Bankfinanzierung osteuropäischer heimischer Banken sind bereits erwähnt worden. Bei einer Finanzierung über Kredite westlicher Banken muß meist der westliche Partner die Sicherheiten stellen. Hierzu noch einige Hinweise zu Möglichkeiten der Aufnahme von Beteiligungen ohne direkten Finanzeinsatz, also ohne direkten Geldfluß. Die Situation vieler Unternehmen in Osteuropa ist kritisch, da die osteuropäischen Marktstrukturen der »Vorwendezeit« zusammengebrochen sind und sie keinen Markt mehr haben. Trotz verhältnismäßig guter Ausrüstungen und ausreichender Mitarbeiterqualifikation sind Unternehmen konkursbedroht, weil

- keine ausreichenden kostendeckenden Aufträge mehr da sind (kein Markt),
- das Management nicht in der Lage ist, marktorientiert zu arbeiten (Einkauf, Vertrieb, Kostensenkung, Qualitätssicherung),
- oft auch geringfügige Investitionen, die notwendig sind, nicht finanziert werden können.

In solchen Fällen besteht die Möglichkeit, eine Beteiligung zu erwerben mit einem symbolischen Preis, wenn der westliche Partner

- die Auslastung durch Auftragsverlagerung sicherstellen kann und damit das Überleben sichert,
- Managementunterstützung einbringt,
- Sacheinlagen z. B. auch mit gebrauchten Anlagen durchführt.

Wird dadurch ein vom Konkurs bedrohtes Unternehmen gerettet, kann man in den meisten Fällen noch mit Fördermitteln rechnen. Diesen Weg sollten westliche Partner nur beschreiten, wenn sie

- ein mittel- bzw. langfristiges Geschäftskonzept für und mit diesem Standort haben,
- das notwendige qualifizierte Personal für den Know-how-Transfer bereitstellen können,
- gegebenenfalls Zwischenfinanzierungen von Umlaufmitteln (Material) durchführen,
- die Refinanzierung eingesetzter Mittel kurz- und mittelfristig über Produktrücklieferung sichern können.

Entscheidend für den »1 DM«-Erwerb ist ein strategisches Konzept für den ausgesuchten osteuropäischen Standort.

4.6 Fördermittel

Finanzierung mit Hilfe von Fördermitteln sollte bei Osteuropa-Geschäften grundsätzlich untersucht und als Risikominimierung und vor allem bei Investitionen als echter Investitions- bzw. Standortvorteil genutzt werden. Fördermittel werden über unterschiedlichste Programme und Institutionen vergeben. Zu unterscheiden sind dabei

- regional gebundene Förderprogramme, z. B. zur Förderung von Technologieinvestitionen oder zur Eigenkapitalbildung, spezielle zinsgünstige Kreditlinien etc.,
- Förderprogramme der Europäischen Gemeinschaft für unterschiedlichste Zielgruppen, z. B. für die Förderung des Transfers und der Anwendung wissenschaftlich- technischer Innovationen für die Förderung bei der Vorbereitung von Joint-Venture-Gründungen etc.,
- nationale Förderprogramme, z. B. für die Förderung der überregionalen/internationalen Forschungskooperation in Verbundprojekten etc.,
- indirekte Fördermöglichkeiten, wie z. B. die Bereitstellung von Pachtrechten für Grundstücke mit besonders niedrigen Pachtgebühren, die Übernahme der Kosten für Erschließungsarbeiten, Sonderkonditionen für Zoll- und Steuer etc..

Die Fördermöglichkeiten sind so vielschichtig, daß dazu eine Konsultation mit Spezialisten zu empfehlen ist. Bewährt hat sich dabei die Konsultation mit regionalen Wirtschaftsfördergesellschaften und Industrie- und Handelskammern sowie mit dafür zuständigen Abteilungen der Wirtschaftsministerien. Förderungen können bei Investitionen 10 bis 70 Prozent der Kosten abdecken. Eine Fördermittelstrategie für Geschäfte lohnt sich auf jeden Fall. Die Vielzahl der Programme erlaubt es nicht, auf Einzelheiten einzugehen. Wesentlich bleibt folgendes:

- Fördermittel für ein Projekt können aus unterschiedlichen Programmen und »Töpfen« kommen,

- Beratung einzuholen lohnt sich,
- Die Vergabe der Fördermittel hängt häufig von der politischen Akzeptanz des Projektes ab und vom Geschick, die Priorität des Projektes bezüglich nationaler/regionaler Entwicklungsstrategien darzustellen,
- der Erfolg hängt auch vom persönlichen Einsatz des Unternehmers für sein Projekt auf den richtigen Entscheidungsebenen ab (die Lobby zu kennen ist nicht unwichtig).

Die Nutzung von Fördermitteln deckt einen nicht unbeträchtlichen Teil des Risikos, vor allem bei Projektvorbereitung und Projektorganisation und ist ein Beitrag sowohl der osteuropäischen Staaten als auch der EG zur strategischen Entwicklung der osteuropäischen Märkte.

5. Finanzierung von Osteuropageschäften – eine kreative Leistung

Folgende Fragen sind bei jedem Geschäft zu beantworten.

- Woher bekomme ich Geld zu günstigen Konditionen, um mein Geschäft zu finanzieren?
- Wie rendiert sich mein eingesetztes Kapital?
- Wie bekomme ich die Rendite sicher in die Hand?

Die letzte Frage spielt bei Geschäften in osteuropäischen Märkten eine besondere Rolle. Sie wird damit wichtiger Bestandteil der Finanzierungsstrategie. Patentlösungen dafür gibt es nicht. Ob über Margen bei Produktrücklieferungen, durch Bartergeschäfte, Gewinntransfer oder Reinvestition und Vermögensbildung am osteuropäischen Standort, das entscheidet sich letztlich am konkreten Fall und wird abgeleitet aus der Geschäftsstrategie des Unternehmers.

Wer in osteuropäischen Märkten tätig sein will, die Wachstumspotentiale dort als Chance begreift, sollte auch daran denken, daß es noch eine geraume Zeit (noch Jahre; von Land zu Land unterschiedlich) dauern wird, bis dort das Umfeld für Geschäfte westlichen Marktwirtschaftssystemen adäquat ist (Banken, Dienstleister, Rechtssicherheit, Infrastruktur, Berechenbarkeit und Funktionalität der Administration). In Osteuropa ist daher die Kreativität des Unternehmers stark gefordert.

Für Geschäftskonstruktionen, deren Durchführung, Organisation und Finanzierung sind andere und neue Wege zu finden, vielleicht auch adäquatere als in überorganisierten westlichen Strukturen. In jedem Fall gilt für Unternehmer die dieses Neuland bearbeiten:

>>*Das elektrische Licht wurde nicht durch die Verbesserung der Kerze erfunden.*«

Übernahme eines Produktionsbetriebes in Polen und Anpassung der Managementinstrumente an die Erfordernisse der Muttergesellschaft

Bernd Schwarz

Die bereits vorhandene Vertriebsaktivität ist mit lokaler Produktion zu stützen, um mit der Marke am polnischen Markt zu einem bedeutenden Marktteilnehmer zu wachsen. Der Kauf eines bestehenden Unternehmens hat den Vorteil, eine vorhandene Produktionsstruktur zu nutzen und einen Zeitvorsprung gegenüber den westlichen Konkurrenten zu erzielen.

Mit dem Instrument des Projektmanagements wird die Integration in die Muttergesellschaft begleitet. Das polnische Management bleibt in verantwortlicher Position. Ein Coach wird je Geschäftsbereich dem Management zur Seite gestellt, um als Bindeglied und Know-how-Transfer-Träger zu wirken.

Das vorgefundene Reporting ist von den Vorgaben der staatlichen Kontrollbehörden bestimmt. Die Führungsstruktur ist zentralistisch aufgebaut, das mittlere Management besitzt wenig eigene Entscheidungsspielräume. Die Betriebswirtschaft findet nur in der ökonomischen Abteilung statt.

Das Konzept der Einführung von Managementinstrumenten ist in ein Vier-Phasen-Modell untergliedert: Konzeption, Sofortmaßnahmen, Integration, Übergabe in die Linienfunktion. Für den Finanz-, Controllingbereich wird hierfür ein Zwei-Jahres-Zeitraum erwartet.

Der Coach nutzt die Instrumente der Gruppenschulungen und Einzelbesprechungen ebenso wie die konkrete Mitarbeit beim operativen Tagesgeschäft, um die Philosophie des Reportings der Muttergesellschaft zu vermitteln. Durch Delegation von Aufgaben an das mittlere Management wird dessen Bedeutung akzentuiert. Ein direktes Feedback der gebrachten Leistungen erfolgt durch den Coach.

Fazit: Der geplante Zeitraum von zwei Jahren ist nicht eingehalten worden, da der Einsatz geeigneter Software verzögert erfolgte und der Prozeß des Aufbaus von Managementqualitäten in den einzelnen Hierarchiestufen langsamer als geplant abgelaufen ist.

1. Aufbau des polnischen Marktes

Am 18. 6. 1993 hat die BAHLSEN KG 80 Prozent der Aktien des Gebäck- und Inkakaffeeherstellers »Koncentraty Spozywcze w Skawinie« S.A. (im folgenden kurz Skawina genannt), vom polnischen Ministerium für Privatisierung übernommen. Die garantierte Investitionssumme beträgt 15,9 Millionen Dollar. Das Unternehmen beschäftigt rund 1100 Mitarbeiter und liegt in Südpolen, circa 20 km von Krakow entfernt. Mit dem Kauf von Skawina wurde eine seit 1991 bestehende Zusammenarbeit beider Gesellschaften auf eine zukunftsorientierte Basis gestellt.

Hinter dieser Mitteilung steht ein weiterer Eckpfeiler der strategischen Bearbeitung in den sich öffnenden Ostmärkten für die Bahlsen-Gruppe. Nachdem bereits eine Vertriebsgesellschaft im polnischen Markt tätig ist, bedeutet der Aufbau lokaler Produktion der Markenprodukte die Voraussetzung zur Etablierung am Markt. Die hohen Zollschranken lassen die Eroberung einer bedeutenden Marktposition mit Importware allein nicht zu. Skawina bietet die Möglichkeit, sich schneller als die Konkurrenz mit einer intakten Produktionsstruktur und Produktions-Know-how (Management und Mitarbeiter) im Markengeschäft den Markt aufzubauen.

Skawina wird zum zentralen Werk für die Ostmärke. Es ist das Standbein *im Osten für* den Osten.

Vor dem Kauf von Skawina gab es bereits eine lose Zusammenarbeit auf technologischem Gebiet. Produktqualität und Produktionsabläufe konnten mit einfachen Mitteln signifikant verbessert werden. Dem Management von Skawina hat dies gezeigt, mit Bahlsen einen guten Partner für die Zukunft gefunden zu haben. Andererseits konnte sich auch Bahlsen von der Qualität und Verläßlichkeit des Skawina-Managements überzeugen, so daß eine enge Beziehung entstand, die die Verkaufsentscheidung des polnischen Privatisierungsministeriums zugunsten von Bahlsen beeinflußte.

Um nicht der Zeit hinterherzulaufen, wurde bereits vor Abschluß des Kaufvertrages in der Muttergesellschaft ein Projektteam gegründet, das interdisziplinär zusammengesetzt war und ausschließlich für das Projekt arbeitete. Die Situation in Polen ist der deutschen vor rund 30 Jahren sehr ähnlich, so daß bewußt erfahrene Mitarbeiter dem Team zugeordnet wurden. Das Ziel des Projektteams bestand zunächst in der Erarbeitung konzeptioneller Ansätze, um sofort nach dem Erwerb die Zusammenarbeit mit dem polnischen Management aufnehmen zu können. Die wenig vorhandenen Sprachkenntnisse beeinträchtigten das Projektteam erheblich. Der notwendige Einsatz von Dolmetschern erhöht den Zeitbedarf beim Wissenstransfer um bis zu 50 Prozent und birgt die Gefahr von Mißverständnissen. Ein hohes Maß an Verständnis, Toleranz und Geduld ist daher von beiden Seiten erfoderlich, um Erfolg zu haben.

Das Projektteam hat wesentliche »To-do's« formuliert, um seine Projektarbeit zielgerichtet durchführen zu können:

- Wie organisiert man die Integration in den bestehenden Unternehmensverbund?
- Wie werden die Produktionsaktivitäten beeinflußt?
- Wie werden die Investitionen abgewickelt?
- Wie wird der Know-how-Transfer in allen Unternehmensbereichen sichergestellt?
- Wie erfolgt die strategische Marktausrichtung im Vertrieb?
- Wie sind die Einflüsse der Inflation zu fassen?
- Wie decken wir den Finanzbedarf? (1992/93 Polen = hohes Länderrisiko)
- Wie gehen wir mit der polnische Mentalität um?

Der Projektverlauf wurde in mehrere Phasen untergliedert:

Erste Phase: Konzeptionen, Strategien und Sofortmaßnahmen entwickeln,
Zweite Phase: Einleitung der Sofortmaßnahmen,
Dritte Phase: Abwicklung der Investitionsverpflichtungen aus dem Kaufvertrag und beginnende Integration in den Unternehmensverbund,
Vierte Phase (fließend zu Phase Drei): Übergang aller Aktivitäten in die Verantwortung des Skawina-Managements.

Die Übernahme eines bestehenden Unternehmens ist eine hochkomplexe Situation, die eine Benutzung grober Planungsstrukturen im Projektmanagement vorteilhaft macht. Durch selbst gegebenen Zeitdruck sind einzelne Projektphasen auch simultan zu bearbeiten. Das Projektteam organisiert sich selbst. Korrekturen werden aus dem Ablauf des Projektes abgeleitet (z. B. können äußere oder innere Einflüsse Prioritätsveränderungen mit sich bringen). Bewußt wird die Akzeptanz und Unterstützung der Mitarbeiter in den Linienfunktionen gesucht, sowohl bei der Mutter- als auch bei der Tochtergesellschaft. Mit dieser Einstellung hat sich das Projektteam in die Zusammenarbeit mit Skawina begeben.

2. Was charakterisiert ein polnisches Staatsunternehmen?

Die ersten Kontakte haben bereits gezeigt, daß Skawina Strukturen besitzt, die westlichen Strukturen nicht unähnlich sind. Aber die Ausgestaltung steuerungsrelevanter Kennzahlen und die Denkstrukturen im Management waren geprägt von der Planwirtschaft.

Erste Priorität hatten die Belange der Produktion, Absatzprobleme waren unbekannt oder nicht relevant. Vertriebs- und Marketingaktivitäten westlicher Prägung waren nur in Ansätzen vorhanden. Heute muß das Management sein Handeln nach seinen Kunden und den Konsumentenbedürfnissen ausrichten.

Die für die Bereitstellung betriebswirtschaftlicher Daten verantwortliche ökonomische Abteilung erfaßt eine Vielzahl von Informationen und Daten. Kapazitätsauslastungen der Produktionslinien, Personalbedarfspläne und Arbeitspläne für die Gebäcklinienbesetzung werden ebenso festgehalten wie die Anzahl der Mineralwasserflaschen, die je Abteilung täglich verteilt werden.

Das Unternehmensergebnis wurde durch eine Gesamtkostenkalkulation auf Artikelbasis (Schlüsselung von Produktionsgemeinkosten und Fixkosten je Tonne Fertigware) mit Gewinnaufschlag gesteuert. Die Artikelkalkulation wurde aufgrund der hohen Inflation monatlich aktualisiert.

Ein ausgeklügelter Papierbelegfluß hatte sich im Laufe der Jahre etabliert. Neben wichtigen Daten wurde auch »ein Wald voller Analysen« entwickelt, der Ressourcen bindet und gleichzeitig keine befriedigenden Antworten auf die neuen Fragestellungen der Muttergesellschaft zuließ.

Das Reporting in den polnischen Staatsbetrieben ist von den Vorgaben der staatlichen Planungs- und Kontrollbehörden bestimmt. Die Kennzahlen sind in einem Pflichtenheft definiert und werden den Aufsichtsbehörden in einem Jahresbericht berichtet. Das Reporting zeichnet sich aus durch

- Gesamtkostenverfahren mit Segmentergebnisrechnung,
- viele Kontrollroutinen,
- einen Kontenrahmenplan,
- Sonderfonds (gesellschaftspolitische Funktionen wie Finanzierung von Kinderferiencamps etc.),
- Kostenartenstruktur,
- einfach gegliederte Kostenstellenstruktur.

Das hohe Maß an Flexibilität der Datenauswertung, die sich beim ersten Blick zeigt, bestätigt sich bei konkretem Analysieren nicht immer. Originärzahlen werden mittels diverser Schlüsselungen z. B. auf Kostenstellen verteilt. Die so dargestellten *Profits* von Geschäftsbereichen sind daher durch die Schlüsselungswillkür beeinflußt. Folgendes Beispiel soll dies verdeutlichen:

Die Abteilung Transport ist eine Serviceabteilung für das Unternehmen mit der Aufgabe, alle innerbetrieblichen Transporte (LKW be-/entladen, Rohstoff-, Fertigwarentransporte von/zum Lager) und Außentransporte abzuwickeln. Die je Auftrag erfaßten Leistungsdaten sind sehr detailliert und werden in der Abteilung nach verschiedenen Kriterien ausgewertet. Aber die Kosten der Transportabteilung werden durch das transportierte Gewicht geteilt und den Leistungsempfängern monatlich weiterbelastet.

Es werden keine steuerungsrelevanten Kennziffern ermittelt und die Verantwortlichen der anderen Abteilungen erhalten keine Informationen über die Höhe der Kostenbelastung. Eine fehlerhafte Ressourcenallokation ist so nicht erkennbar.

Im Umkehrschluß gilt nicht, daß bewußt verschwenderisch mit den zur Verfügung stehenden Mittel umgegangen wird. Die Vernichtung von Vermögenswerten war durch die Nichtanerkennung als Aufwandsposition behördlicherseits untersagt. Aber der Druck, bestehende Abläufe in Frage zu stellen und zu optimieren, wurde nicht mit den betriebswirtschaftlichen Daten erzeugt.

Ein weiteres »Schlüsselproblem« ist die Behebung einer Störung an einer Produktionslinie. Der verantwortliche Hauptmechaniker wird vom

Produktionsleiter über die Störung informiert und schaut sich die Störung an (circa 20–30 Minuten). Die Reparatur erfordert Ersatzteile, die in einem der vielen Teileläger deponiert sind. Der zuständige Lagerleiter ist samt Schlüssel irgendwo auf dem Werksgelände (eine Störung in der Nachtschicht ist nicht erlaubt, da dann kein Schlüssel=Lagerleiter vorhanden ist). Nach circa zwei Stunden sind die Ersatzteile schließlich für die Reparatur herbeigeschafft. Das Personal an der Produktionslinie ist in der Zwischenzeit unproduktiv. Da der Produktions- bzw. Schichtleiter nicht direkt an den Produktivitätskennzahlen gemessen wird, besteht kein Druck zur Beschleunigung der Reparaturzeit. Hier muß ein leistungsorientiertes Bewußtsein aufgebaut werden.

Dieses Beispiel soll die Optimierungspotentiale im Produktionsbereich zeigen, die durch Umorganisation der Abläufe erreicht werden können. Ausdrücklich muß hier erwähnt werden, daß die Leistungsbereitschaft der Mitarbeiter sehr ausgeprägt ist. Durch simples Vormachen (Vorbildfunktion) kann der Einsatzwille zum eigenen Handeln gefördert und die Eigeninitiative gestärkt werden. Und die problematische Beschaffungssituation hat auch ein hohes Maß an Flexibilität und Improvisationskunst etabliert, die in westlichen Unternehmen durch Rationalisierungs- und Kostendruck verlorengegangen sind.

Das Beschäftigtenverhältnis des produzierenden Bereiches zu allen anderen Bereichen von knapp 1,5:1 ist suboptimal. Veränderungen dieses Verhältnisses müssen in der Umsetzungsphase bei der Integration Skawinas vom Management mit Hilfe von Organisationsprojekten bewirkt werden.

Der Verwaltungsapparat ist durch hohen Papierbelegfluß und formelle Regularien gelähmt (z. B. wird die gesamte eingehende Post erst dem Vorstandsvorsitzenden vorgelegt, bevor sie in die Abteilungen gelangt).

Die Führungsstruktur war zentralistisch aufgebaut. Mittlere und untere Führungsebenen mit Eigenverantwortlichkeiten waren wenig ausgeprägt.

Last but not least müssen »Wessies« etwas Wesentliches und zugleich Banales in den Ostmärkten lernen. Dokumente jeglicher Art sind nur durch eigenhändige Unterschrift(-en) und Firmenstempel offizielle Papiere. Dieser Formalismus galt auch für die innerbetrieblichen Belege.

3. Unser Konzept zur Umgestaltung

Das gebildete Projektteam besteht aus sieben Personen der Bereiche Produktion/Technik, Verkauf, Personal, Finanzen/Controlling und Projektmanagement. Die Projektmitglieder müssen flexibel handeln, unkonventionell denken, bei allem Fachwissen auch Generalisten sein, Kooperationswillen mitbringen und auch aufgabenfremde Arbeiten unbürokratisch erledigen. Diese Zusammensetzung, gekoppelt mit der persönlichen Einstellung des Einzelnen, stellt die Voraussetzung für den Erfolg des Projektteams dar. Die optimale Teambesetzung ist gegeben, wenn polnische Sprachkenntnisse ebenfalls vorhanden sind. Diese sind zwingend erforderlich, falls die polnischen Partner eine geringe Kooperationsbereitschaft zeigen.

Konzeptionelle Vorarbeiten sind bereits bei Erstellung des Kaufangebotes geleistet worden, die mit Beginn der Kaufverhandlungen mit dem Privatisierungsministerium begonnen wurde. Zunächst sind die kurzfristigen Maßnahmen zu erarbeiten:

- Festlegung der Sortiments- und Verkaufsstrategie,
- Festlegung der ersten Investitionen, um Markenprodukte herzustellen,
- Optimierung der Produktqualität, der Produktionsabläufe des bestehenden Sortiments,
- Ergebnisdarstellung nach Vorgabe der Muttergesellschaft,
- Aufbau von Kommunikationswegen,
- rechtliche Themen.

Die mittel- und langfristigen Überlegungen sind:

- Optimierung der Produktionsabläufe,
- Einbindung in das PPS-System der Gruppe,
- Generalbebauungs- und Investitionsplan,
- Herstellkostenkalkulation nach Gruppenrichtlinie,
- Betriebsabrechnung umgestalten,
- Kostenarten- und -stellensystem anpassen,
- Schulung der Managementfunktionen, Schulung moderner Produktionstechnik,
- Optimierung der Organisationsstruktur,

– Aufbau von Vertriebsstrukturen und Vertriebs-Know-how,
– Ausbau der bestehenden lokalen Marke.

Um die Vielzahl der Veränderungen und Informationen zu kanalisieren, wird in Skawina ein Team gebildet, das direkter Ansprechpartner der deutschen Seite ist. Der deutsche Partner ist als Coach für die polnischen Kollegen zu sehen. Das deutsche Projektteam hat die Aufgabe, mit dem verantwortlichen polnischen Management die erarbeiteten Konzepte umzusetzten, ohne die operative Verantwortung zu tragen, gleichzeitig aber auch Weisungsbefugnisse auszuüben, falls das Projektziel gefährdet würde. Das Konzept des Coaching setzt ein hohes Maß an Zeitaufwand voraus, da eine häufige Präsenz des Coaches vor Ort gewährleistet sein muß.

Da in kurzer Zeit sehr viele Informationen weitergegeben werden müssen, entscheiden wir uns für das »Train the trainer«-Konzept, um einen schnellen Multiplikator des Wissens zu erzielen.

Zum Konzept Generalbebauungs- und Investitionsplan:
Die Vorgabe ist durch die Sortimentsstrategie und die lokalen Rahmenbedingungen in der Produktion definiert. Die erkennbaren Bedarfe werden in Produktionslinienkonzepte umgesetzt und über eine im Team definierte Prioritätenliste in ein Gesamtkonzept eingebracht. Ziel ist es, das Werk in fünf Jahren an den Unternehmensstandard angepaßt zu haben und die Kapazitäten signifikant zu erhöhen. Neuinvestitionen werden nach westlichen Maßstäben konzipiert. Die damit verbunden Einbringung moderner Elektronik schafft einen Ausbildungsbedarf in der Belegschaft. Die Skawina-Mitarbeiter werden in deutschen Werken und durch Schulungen vor Ort an das High-tech-Zeitalter herangeführt. Eine frühzeitige und intensive Schulung (z. B. SPS-Steuerung) ist notwendig.

Zum Personalkonzept:
In erster Linie wollen wir die Leistungsorientierung bei den Lohn- und Gehaltszahlungen einführen. Dies erfordert ein klares, einfaches, für den Mitarbeiter nachvollziehbares Tarifkonzept. Mitarbeiter mit Leitungspotential (in allen Unternehmensbereichen) sind gezielt zu fördern. Leistungsanreize bargeldloser Art werden etabliert. Deutsche Sprachkurse werden für alle leitenden Angestellten verbindlich vereinbart.

Wesentlicher Bestandteil des Know-how-Transfers ist das unterstützende Coaching beim learning-by-doing.

Zum Konzept Finanzen:
Der Zeitraum für die oben definierten 4 Phasen wird mit circa zwei Jahren veranschlagt. Die Einführung der Managementinstrumente sollte dann abgeschlossen sein. Analog dem 4-Phasenvorgehen sind die ersten Schritte konzipiert in:

- dem Erfassen des polnischen Ergebnissystems,
- dem Vermitteln der Managementintrumente der Bahlsen-Gruppe,
- der Einbindung in den anstehenden Budgetprozeß,
- dem Einführen erster monatlicher Reports,
- der Erfassung der vorhandenen technischen Hilfsmittel

Der zeitliche Rahmen für Phase 2 war aufgrund des Abgabetermins des Jahresbudgets und des Ziels, ein Budget nach Maßgabe der Gruppenrichtlinien zu erstellen, von der Unternehmensleitung vorgegeben. Um steuernd in den Budgetprozeß eingreifen zu können, werden zusätzliche Planungsmeetings mit der Muttergesellschaft während der Budgetphase eingeplant. Ein direktes Feedback für das polnische Management wird dadurch erreicht und hilft, Fehler in der Budgeterstellung zu vermeiden.

Die vorhandenen Daten werden in die Berichtsstruktur der Muttergesellschaft überführt. Damit erreichen wir die Gewöhnung an das neue Reportingsystem. Schrittweise werden dann in Phase 3 die Inhalte analysiert und den Richtlinien der Muttergesellschaft angepaßt. Gleichzeitig wird ein Kostenstellenberichtswesen für das mittlere Management eingeführt, um deren Verantwortungs- und Führungskompetenzen aufzubauen.

4. Anpassung der Managementinstrumente am Beispiel Finanzen/Controlling

Der Zeitaufwand für die Mitarbeiter des Ressorts ist in der Anfangsphase erheblich, da neue und alte Berichte zunächst noch parallel erstellt werden. Zu Beginn der Zusammenarbeit wird eine Bestandsaufnahme der vorhandenen Berichte und Analysen durchgeführt. Ein Finanzteam wird mit dem Coach gebildet, das sich regelmäßig zu Besprechungen trifft. Daneben werden viele Einzelgespräche geführt, um die Inhalte der Reportingstruktur der Muttergesellschaft zu vermitteln. Der Coach erstellt gemeinsam mit den Linienverantwortlichen die von der Muttergesellschaft geforderten Monats- und Tagesberichte, wie Tagesumsatz- und -produktionsmeldungen, ein Monatsergebnis und Debitorenverfolgung. Diese Berichte werden zunächst nachrichtlich erstellt, da inhaltliche Abstimmungen erst sukzessive möglich sind. Die Richtlinien werden in die Landessprache übersetzt.

Ein fachlicher Schwerpunkt der Zusammenarbeit liegt in der Umstellung des Gesamtkostenverfahrens mit Ist-Kosten auf ein Deckungsbeitragsverfahren mit Standardkosten, sowie in der Abstimmung unterschiedlicher Kostendarstellungen, wie beispielsweise die Behandlung der Abschreibungen in der Kalkulation.

Funktional ist die Führungsverantwortung des Mittelmanagements aufzubauen mittels Delegation von Aufgaben über den Coach und das Skawina-Management. Die Mitarbeiter erhalten ein direktes Feedback ihrer Leistungen durch den Coach, wobei das Herausheben gelungener Arbeiten sehr motivationsfördernd wirkt und Kritik eher durch Verbesserungsvorschläge auszudrücken ist.

Bereits bei den ersten Kontakten kristallisierte sich eine Erwartungshaltung an die Muttergesellschaft heraus. Es wurde erwartet, daß alles »von oben«, daß heißt von der Muttergesellschaft, vordefiniert und exakt vorgegeben würde. Die Vorgaben sind selbstverständlich für bestimmte Bereiche in formeller und inhaltlicher Form vorhanden. Neu war jedoch die Forderung, z. B. aus eigenen Absatzüberlegungen, gepaart mit internem Kostenmanagement, ein Jahresbudget zu erstellen und nicht auf eine Tonnagevorgabe der Muttergesellschaft zu warten.

Durch intensive Betreuung bei der Erstellung des Budgets für das erste vollständige Geschäftsjahr als privatisiertes Unternehmen konnte die Produktionsplanung mit der Herstellkostenkalkulation anhand der vorhandenen Datenbasis, die mit dem Coach überarbeitet wurde, in groben Zügen nach den Richtlinien der Muttergesellschaft erstellt werden, ebenso die Ergebnisrechnung. Die Gewöhnung des Managements an die neue Form der Ergebnisdarstellung und an den Produktionsbericht ist dagegen deutlich langsamer verlaufen. Gleiches gilt für die Einführung von PC-Programmen als Hilfsmittel zur Erstellung der Berichte. Hier fehlte entsprechendes Know-how.

Im Rahmen regelmäßiger Besprechungen der Monatsdaten wurde die Notwendigkeit der Berichte mit den daraus ableitbaren Schlußfolgerungen immer wieder geschult. Meldungen an die Muttergesellschaft wurden nur in der »neuen« Form akzeptiert. Dadurch ergab sich ein permanenter Druck zur Befassung mit den neuen Berichtsstrukturen und dem Gewöhnen an den Informationsbedarf der Muttergesellschaft. Letztlich dauerte es ein volles Jahr, bis das Management die neuen Informationen zur Steuerung verwendete und das »Alte« beiseitegelegt hat.

Die in Phase 3 vorgesehene organisatorische Neuorientierung hat wegen befürchteter personeller Konsequenzen zunächst Unsicherheiten in der Belegschaft erzeugt. Die Muttergesellschaft hat daher einen Auftrag mit dem Ziel, das Unternehmen auf die Bedürfnisse des Jahres 2000 anzupassen, erteilt und mit der Hoffnung verknüpft, diese Aufgabe als Herausforderung anzusehen. Skawina war damit gezwungen, über Funktionen, Arbeitsaufgaben in Arbeitsgruppen, mit Beteiligung des Coaches und des mittleren Managements nachzudenken.

Diese Arbeitsform, mit offenen Diskussionen und gemeinsamen Erarbeiten von Vorschlägen zu Strukturveränderungen, war ungewohnt und die Hemmschwellen bei einigen Beteiligten deutlich zu spüren. Mit dem Instrument der Arbeitsgruppe wird jedoch die Akzeptanz der Ergebnisse gefördert und das Verantwortungsbewußtsein im mittleren Management verbessert. Auch andere Fragestellungen (z. B. Wertanalysen) können mit diesem Instrument probat gelöst werden.

Mit dem geplanten Einsatz von Softwareprogrammen wird der Aufbau der Steuerungsinstrumente weiter verfeinert. Das mittlere Management wird Planungs- und Kostenverantwortung für seinen Verantwortungsbereich übernehmen müssen. In der Produktion wird ein PPS-System die Gestaltungsmöglichkeiten der Abläufe weiter verbessern.

5. Fazit: Erfolgreiche Umsetzung des Integrationskonzepts

Die Produktion eines Markenartikels konnte sieben Monate nach dem Kaufdatum realisiert werden. Das Management ist weiterhin überwiegend mit Polen besetzt. Das laufende Reporting wird eigenständig erledigt, die Kommunikation erfolgt weitgehend zwischen den Linienfunktionen bei Mutter- und Tochtergesellschaft.

Defizite bestehen noch in der Ausübung der Leitungsfunktionen im Mittelmanagement und der damit verbundenen Optimierung der Betriebsabläufe. Hier zeigt die Erfahrung, daß der zwei-Jahreszeitraum noch nicht für den Umschulungsprozeß ausgereicht hat. Letztlich ist es aber auch eine Kostenfrage, die einen Einfluß auf den Integrationsprozeß und den benötigten Zeitbedarf hat. Schulungsmaßnahmen in jeder Form können mit dem entsprechenden Kostenaufwand schon beschleunigend wirken. Dies sollte zwingend dann als Instrument genutzt werden, wenn eine risikosteigernde Zielverletzung im Integrationsprozeß festgestellt würde.

Das Integrationskonzept ist trotz der (unkritischen) Zeitverzögerung erfolgreich umgesetzt worden, was nicht zuletzt auch dem Einsatz der polnischen Mitarbeiter zu verdanken ist. Natürlich ist jede Firmenübernahme ein Einzelfall und die Erfahrungen dieses Beispiels sind nicht direkt auf jede andere Situation übertragbar. Aber ich meine, daß mit dem gewählten Ansatz des Projektmanagements und der richtigen Auswahl in der Teamzusammensetzung die Basis für den Erfolg zu sehen ist.

VI. Abschnitt
Ausblick

Managementperspektiven in und für Mittel- und Osteuropa

Claus Steinle, Heike Bruch

Managementprozesse in Mittel- und Osteuropa zeigen in Abhängigkeit vom Unternehmungskontext differenzierte Ausprägungsformen, so daß sich der Betrachter einer heterogenen Führungslandkarte gegenübersieht. Dennoch lassen sich einige markante Gemeinsamkeiten identifizieren, die spezifische Managementpraktiken im und für den Transformationsprozeß nahelegen. Die mangelhafte Anpassungsfähigkeit struktureller Steuerung weist auf die turbulenzbedingte Eignung kreativer, personengerichteter Strategien hin, deren tragendes Element Transferaktivitäten kommunikativer und qualifizierender Natur bilden. Als bedeutsam erweist sich hierbei die Erkenntnis einer tendenziell wechselseitigen Veränderungs- und Lernnotwendigkeit in Managementdenk- und -handlungsmustern. Diese stellen die Grundlage einer gemeinsamen Entwicklung dar, über deren inhaltliche Ausgestaltung aufgrund der hohen Unsicherheit der gesamtsystemischen Transformation gegenwärtig nur skizzenhafte Empfehlungen möglich erscheinen.

1. Ein heterogenes Untersuchungsgebiet – Grenzen der Erkenntnis

Spezifische Aspekte des Managements in der transformierenden Wirtschaft Mittel- und Osteuropas wurden in den vorangegangenen Beiträgen aus verschiedenen Perspektiven beleuchtet. Sie bilden in ihrer *Gesamtheit* recht heterogene Problembausteine. Diese sollen im folgenden zu einer integrativen Skizze praktischer und theoretischer, »westlicher« und »östlicher« Handlungsweisen zusammengefügt werden, um die Gesamtzusammenhänge des Transformationsprozesses und die damit verbundenen Implikationen für das Management sichtbar zu machen. Ziel wird es hierbei nicht sein, alle in Frage kommenden Aspekte umfassend anzusprechen, sondern vielmehr eine akzentuierte Erörterung ausgewählter Sachverhalte vorzunehmen.

Hinsichtlich der Übertragbarkeit der darzulegenden Erkenntnisse ist vorab einschränkend zu bemerken, daß die Resultate der praktischen Umsetzungen unter spezifischen Transformationsbedingungen entstanden sind und mit hoher Wahrscheinlichkeit an anderer Stelle nie in gleicher Ausprägung wieder vorzufinden sein werden. Bei der Anwendungsprüfung der Ergebnisse und Handlungsperspektiven muß daher der situative Kontext einer exakten Analyse unterzogen und häufig eine Modifikation der Hinweise vorgenommem werden, um deren Adäquanz zu sichern.

Unterstützt wird diese Vorgehensempfehlung dadurch, daß sich »Mittel- und Osteuropa« als »Untersuchungsgegenstand« für das Management in der Transformation nicht als homogenes Gebilde zeigt, sondern aus vielen Ländern und Regionen besteht, die individuelle Entwicklungslinien durchlaufen. Rußland kommt dabei eine ganz besondere Rolle zu, da es bereits aufgrund seiner historischen Eigenschaft als ehemaliges Machtzentrum der zentralverwaltungswirtschaftlich gelenkten Länder, seiner Größe und potentiellen Wirtschaftskraft sowie ferner wegen einer möglichen krisenhaften Entwicklung eine herausragende Position einnimmt.

2. Rahmenbedingungen und makrokulturelle Faktoren der transformierenden Länder

Die Managementprozesse in Unternehmungen transformierender Länder verlaufen ebensowenig frei von äußeren Einflüssen wie in den Staaten und Wirtschaften westlicher Prägung. Sie sehen sich vielmehr einer Vielzahl makrokultureller Faktoren gegenüber, die es in ihren Wirkungen im Sinne eines komplexen, dynamischen Um-Systems zu beachten gilt, wobei hier insbesondere politisch-rechtliche, ökonomische und soziale *Kontingenzfaktoren* als maßgeblich erachtet werden (vgl. hierzu auch den Rahmen im ersten Abschnitt; Steinle/Lawa, S. 18/19).

Das *politisch-rechtliche Umfeld,* in dem sich das Management bewegt, ist auch nach mehreren Jahren der Umstellung und Anpassung an westliche Systeme vor allem in Rußland noch von erheblicher Unsicherheit geprägt. Kennzeichnend sind vor allem Auseinandersetzungen um Positionen in politischen Gremien. Diese dienen nach GUTNIK nicht in erster Linie der Durchsetzung eines wirtschaftspolitischen Konzepts, sondern – geleitet von Individualinteressen – dem Erhalt und der Ausweitung des persönlichen Einflusses im politischen System. Der Wert dieser Macht ist allerdings fraglich, da mit EBERWEIN/THOLEN von einer Durchsetzungsschwäche der Institutionen und einer erhöhten Bedeutung der handelnden Personen – insbesondere auch der Managementpersönlichkeiten – auszugehen ist.

In Rußland vollzieht sich darüber hinaus eine territoriale Machtverlagerung in die Provinzen, weg von der Zentralinstanz, die ihre Kontrollfunktion nicht mehr wie zuvor wahrnimmt. Von der Krise stärker betroffene – »resignativ-destruktivistische« – Bevölkerungsgruppen erhalten dadurch zunehmenden Einfluß und es besteht die Gefahr, daß sie das politische Denken mit »nostalgischem Konservatismus und Radikalismus« prägen (GUTNIK). Mit dem Transformationsprozeß geht ferner ein dramatischer Anstieg der Kriminalität einher, der zu einer weiteren Verschärfung der Unsicherheit bzw. zu einem zusätzlichen Hemmnis privatwirtschaftlicher Betätigung beiträgt (EGGERS/EICKHOFF/DIMANT).

Der *rechtliche Rahmen,* den das Management zu beachten hat, wird von EBERWEIN/THOLEN für Rußland als Situation gekennzeichnet, in der Regellosigkeit die Regel ist. Dies kann als Ergebnis der – vornehmlich um Stabilisierungspolitik bemühten – Politik der ersten Transformationsjahre gesehen werden, bei der die Ordnungspolitik stark vernachlässigt wurde (GUTNIK). Folglich fehlen ein Großteil der rechtlichen Rahmenbedingungen – die Voraussetzung für eine »geordnete« Einführung und das Funktionieren eines marktwirtschaftlichen Systems. Vor allem die Unsicherheit bezüglich des Eigentumsrechts betrachtet JUGEL als das wohl schwerwiegendste Risiko eines wirtschaftlichen Engagements im Transformationsprozeß Rußlands.

Der bisherige Verlauf der *wirtschaftlichen Entwicklung* und die jetzige gesamtwirtschaftliche Situation anderer Länder weisen deutliche Parallelen auf. Beobachtbare Differenzen können darauf zurückgeführt werden, daß die einzelnen Staaten Mittel- und Osteuropas zu unterschiedlichen Zeitpunkten mit der Transformation begonnen haben und sich folglich aktuell in unterschiedlichen Prozeßphasen befinden und derzeit heterogene Transformationsstadien aufweisen.

Alle Länder mußten in den letzten Jahren einen erheblichen Produktionsrückgang hinnehmen, so daß sich ihre Sozialproduktgrößen durchweg unter dem Stand bewegen, der vor Beginn der Systemtransformation erreicht wurde. Die Abnahme verlangsamt sich allerdings, und in einigen Ländern, z. B. Polen, sind wieder Zuwachsraten zu verzeichnen (BRENDEL/BRUDER).

Eines der wichtigsten Probleme bleibt für alle Staaten die Inflation, denn auch wenn in fast allen Ländern ein Rückgang der Inflationsraten registriert wurde, bewegen sie sich mit Werten zwischen 19 Prozent in Ungarn und 300 Prozent in Rußland noch immer auf sehr hohem Niveau. Ein zentraler Mechanismus der Marktwirtschaft – der Preis – ist damit als Steuerungsinstrument auf den Märkten noch nicht hinreichend installiert, und den Unternehmungen fehlen zentrale – und im Zeitablauf relativ beständige – Informationsgrundlagen für ihre Planungen. Vor allem die Länder, die eine Mitgliedschaft in der EU anstreben, sind bemüht, dieses Problem zu bewältigen.

Als kritisch ist ferner der drastische Rückgang des Investitionsvolumens in den meisten Ländern zu betrachten. Die dringend erforderliche langfristige Untermauerung der wirtschaftlichen Entwicklung wird damit in Frage gestellt.

Auffällig ist weiter, daß sich trotz der starken und zum Teil andauernden Krise die Zahl der Arbeitslosen noch in einer akzeptablen Relation hält. Eine faktisch sichtbare Massenarbeitslosigkeit ist bisher nicht zu erkennen, da die Unternehmungen paradoxerweise den größten Anteil der Beschäftigten aus betrieblichen Gründen nicht entbehren können. Als beispielhafter Grund sei eine Produktionsstruktur genannt, die selbst bei geringem Fertigungsvolumen nicht auf Maschinen- oder/und Mitarbeiterkapazität verzichten kann (GUTNIK). Der wirtschaftlichen Realität wird eine Einschätzung also eher gerecht, entgegen offiziellen Quoten, nicht von einer geringen Arbeitslosigkeit zu sprechen, sondern die in den Unternehmungen »untergebrachte«, verdeckte Arbeitslosigkeit mitzubedenken (EGGERS/EICKHOFF/DIMANT).

Eine zusätzliche Bürde für Unternehmen besteht in *sozialen Aufgaben,* die sie noch heute, während der Systemtransformation, erfüllen sollen und überwiegend auch erfüllen. Der Staat allein kann diese, eigentlich ihm obliegenden Verpflichtungen nicht sicherstellen, da das Sozialversicherungs- und -versorgungssystem für die zu bewältigenden Probleme noch zu schwach ausgebildet ist. GUTNIK spricht von einem »zerstörten« Sozialsystem. Selbst wenn sich die Funktionen, die von Unternehmungen wahrgenommen werden, auf die Sicherung von Arbeitsplätzen und Löhnen beschränken, wird ihre Sanierungsfähigkeit im Hinblick auf eine Effektivitätssteigerung und vor allem hinsichtlich der

Wettbewerbsfähigkeit der Unternehmen dadurch erheblich geschwächt. Finanzmittel werden hier für – im westlichen Verständnis – unternehmungsfremde Aufgaben verwendet.

Bei diesem grundlegend krisendominierten Bild dürfen jedoch die Transformationsimpulse für Entwicklungen, die sich zunehmend positiv auf das Umfeld auswirken, dem sich das Management gegenüber sieht, nicht vernachlässigt werden. Entscheidend ist vor allem die deutliche Verstärkung der marktwirtschaftlichen Faktoren (GUTNIK): Viele Produzentenmonopole sind durch die teilweise Öffnung der Märkte für ausländische Waren aufgebrochen worden. Freie Produktwahl verleiht Konsumenten erstmals eine Souveränität, die in Rußland völlig unbekannt war und auch in anderen mittel- und osteuropäischen Ländern jahrzehntelang durch die Planwirtschaft unterdrückt wurde. Auf eine positive Wende verweisen auch HERLINGHAUS/STOLZENBURG, indem sie eine abnehmende Industrieproduktion bei einem Zuwachs an Dienstleistungstätigkeiten konstatieren und dies als Indikator eines einsetzenden Marktmechanismus identifizieren.

Diese strukturellen Verschiebungen lassen sich als notwendige Anpassungsreaktionen von Unternehmungen interpretieren, die einer marktlichen Auseinandersetzung in ihrem Produktbereich nicht mehr/noch nicht gewachsen sind, sich dem aktuellen Marktdruck jedoch nicht entziehen können.

3. Transferverhalten für Transformationen

In einer länder- oder kulturübergreifenden Arbeitssituation – sei es durch eine betriebliche Kooperation oder im Zusammenhang mit der Aus- und Weiterbildung von Personen – besteht das Erfordernis, den außergewöhnlichen Anforderungen mit einem spezifischen Verhalten im persönlichen aber auch im strategisch-managementbezogenen Bereich der Unternehmung zu begegnen.

Um der Vielfalt an Zielen und Erwartungen, die die diversen Organisationen und Personen an ihr Engagement in den transformierenden Ländern Mittel- und Osteuropas knüpfen, gerecht zu werden, ist der Blickwinkel der Betrachtung auch im täglichen Verhalten über wirtschaftliche oder effizienzorientierte Aspekte hinaus zu weiten. So verlangt die Komplexität der länderspezifischen Situation den Einbezug politischer

Aspekte, aber auch fremdkultureller, »persönlicher« Lagen etc., um einen Erfolg auf dem gewählten Handlungsfeld zu erlangen. Dazu gehört auch das Eingeständnis, daß pauschale Strategien angesichts der aktuellen – nicht »pauschalisierbaren« – Komplexität Mittel- und Osteuropas notgedrungen schnell an die Grenzen ihrer Leistungsfähigkeit geraten und daher ungeeignet sind (BAYER). Anschaulich illustriert JUGEL am Beispiel der Finanzierungsproblematik, wie Pauschallösungen zugunsten unkonventioneller, kreativer Strategien abgelöst werden müssen und können. Offenheit für die Kontexte und die jeweiligen Gegenüber sowie die Bereitschaft und die Umsetzung gegenseitigen Lernens ist daher auf »beiden Seiten« der Transferanstrengungen in der gegnwärtigen Extremsituation geboten. Alarmierend erscheint hinsichtlich der Offenheit demgegenüber das von EBERWEIN/THOLEN angeführte Umfrageergebnis, wonach 75 Prozent der befragten Russen die Marktwirtschaft als Wirtschaftssystem ablehnen. Dies illustriert beispielhaft die Diskrepanz der Transformationsbemühungen: Die Notwendigkeit unvoreingenommen aufeinander zu- und einzugehen einerseits gegenüber verbreiteten Berührungsängsten und ausgeprägten Vorbehalten andererseits. Charakteristisches Kennzeichen des tiefgreifenden Wandels selbst bzw. der Transferprozesse vom westlichen Ausland sind erhebliche Spannungen, die ernsthaft den Erfolg gefährden.

Deutschland kommt im Hinblick auf die Problembewältigung insofern eine besondere Position zu, als bereits Aktivitäten annähernd vergleichbarer Natur zur Angleichung der Strukturen und Prozesse in Ostdeutschland vorgenommen wurden und noch werden (JUGEL). In einer erweiterten Sicht, die auch weitere gesellschaftliche, politische und kulturelle Aspekte und Anforderungen aufnimmt und integriert, können die erworbenen Kenntnisse und Erfahrungen in modifizierter Weise in den mittel- und osteuropäischen Ländern genutzt werden.

Nach Einschätzung der Autoren kommt hierbei ein besonderer Wert einer »Transferbeziehung« zu, die sich trotz unterschiedlichem Qualifikations- und Wissensstand durch gegenseitiges Vertrauen auszeichnen muß. Dies erfordert, daß den östlichen Partnern – trotz der geringeren wirtschaftlichen Erfolge, die sie aufgrund des lange Zeit auferlegten Wirtschaftssystems erzielen konnten – Akzeptanz bzw. eine Achtung ihres Selbstwertgefühls und ihrer Leistungen entgegengebracht wird. Beispielhaft wird dies in dem von STRAUBEL vorgestellten Praxisfall verdeutlicht, wo die Beibehaltung der ursprünglichen Produktpalette sowie des Produktnamens – als Symbol der Anerkennung ihrer Leistung – zu einem mitentscheidenden Vorteil bei der Vergabe der Kaufrechte geführt hat.

Weitere *vertrauensbildende Maßnahmen*, die im Vorfeld der Zusammenarbeit ergriffen werden sollten, sind in Schritten zu sehen, die dem intensiven gegenseitigen Kennenlernen der später in einem engen Arbeitszusammenhang stehenden ausländischen und inländischen Fachkräfte dienen. Dabei können unspektakuläre Mittel, wie Auslandsreisen zum Kooperationspartner mit Kontakt zur Familie des Fachkollegen erhebliche Wirkungen auf Vertrauen, Motivation und Einsatzbereitschaft auslösen (HERLINGHAUS/STOLZENBURG).

Zu den ersten und intensivsten Bemühungen innerhalb von Transformationsanstrengungen sollte die Überwindung der Sprachbarriere zählen. Verständnisschwierigkeiten, die aus Problemen des Dolmetschens entstehen, können einerseits negative Folgen für den Zeitplan haben und andererseits das Arbeitsklima belasten. Die Ausweitung der Sprachkenntnisse kann und sollte in beide Richtungen erfolgen. Die Aufnahme und Beeinflussung der Situation vor Ort erfordert die Beherrschung der Landessprache durch die ausländischen Partner (SCHWARZ). Für die volle Integration einer mittel-und osteuropäischen Unternehmung in einen Konzernverbund ist es beispielsweise ferner notwendig, daß weite Teile der Unternehmung die Konzernsprache beherrschen (STRAUBEL). Auch hier zeigt sich, daß von einem einseitigen Transfer durchweg abgeraten wird, sondern bei einem ernsthaft intendierten langfristigen Engagement in Mittel- und Osteuropa nur eine schrittweise Annäherung mit beiderseitigen Lern- und Veränderungsprozessen und ein entsprechender Umgang mit fremdkulturellen Anforderungen erfolgreiche Ergebnisse verspricht.

4. Die Managementpersönlichkeit als Ansatzpunkt für Transformations- und Transferprozesse

Für den westlichen Beobachter ist es wichtig, ein Verständnis für Abläufe und Triebkräfte des Transformationsprozesses in den mittel- und osteuropäischen Ländern aufzubauen. Dieses nicht nur aus reinem Erkenntnisinteresse, sondern vielmehr, um Punkte herauszukristallisieren, an denen eine Unterstützung bzw. die aktive Einflußnahme auf das

Transformationsgeschehen ansetzen kann, z. B. als Transfer von Managementwissen oder auch über Kooperationen mit lokalen Unternehmungen.

Auffällig ist die übereinstimmende Einschätzung, daß in der frühen Phase der Entwicklung in Richtung auf eine Gesellschaft und ein Wirtschaftssystem westlicher Prägung den »Akteuren und Akteursgruppen« (EBERWEIN/THOLEN) in den transformierenden Ländern eine Schlüsselposition zukommt. In einer Situation mit den aufgezeigten Merkmalen »Unsicherheit der Rahmenbedingungen« und »fehlendes Durchsetzungsvermögen der gesellschaftlichen Institutionen« erhalten sie ein besonders prägendes Gewicht für die politische und wirtschaftliche Konzeptionierung. Hinzu tritt bei Bürgern und Mitarbeitern ein Bedürfnis nach Orientierung vermittelnden Leitfiguren, da »das System« (inzwischen) hinsichtlich seiner steuernden Funktion versagt (HERLINGHAUS/STOLZENBURG).

Wegen der zentralen Stellung, die *Führungskräfte* im Transformationsprozeß einnehmen, ist es sinnvoll, einige – ausgewählte und stark aggregierte – Charakteristika dieser Personengruppe vorzustellen.

Bezogen auf Ungarn, Polen und Tschechien weist BAYER darauf hin, daß dort bereits in gewissem Umfang ein »westliches Management« gebildet wurde (vgl. auch BRENDEL/BRUDER). In Rußland und den anderen mittel- und osteuropäischen Staaten ist diese Entwicklung allerdings noch deutlich weniger weit fortgeschritten. Vor allem in Rußland zeigt sich ein markant abweichendes Bild: Führungskräfte rekrutieren sich fast ausschließlich aus Ingenieuren (EBERWEIN/THOLEN). Dies erklärt sich vor dem Hintergrund der traditionellen Aufgabe der betrieblichen Entscheidungsträger, die vorrangig das »Organisieren« der Produktion beinhaltete – bei garantierter Abnahme der Waren durch staatliche Stellen. Marktgerichtete Aktivitäten waren in dieser Logik nicht erforderlich. Vielmehr standen die Beeinflussungsprozesse staatlicher Planungsinstanzen im Vordergrund externer Leistungsfunktionen (YUDANOV), so daß es derzeit bei vielen »alten Leitern« als »neuen Managern« zu einer erheblichen Überforderung kommt.

Neben den Qualifikationen zur Bewältigung marktwirtschaftlicher Probleme mangelt es russischen Führungskräften häufig an der Bereitschaft, »sich auf ein neues Wirtschaftssystem einzulassen« (EBERWEIN/THOLEN), da die Auswirkungen als sehr negativ eingeschätzt werden. Gerade die Älteren sehen die Unternehmung nicht vorrangig als Marktakteur, sondern ordnen ihr weiterhin auch eine gesellschaftliche Funktion zu (BAYER). Dies deckt sich mit den Erwartungen der Führungskräfte über die zukünftige Gestalt des Wirtschaftssystems. Der Studie von EBERWEIN/THOLEN zufolge sehen zwei Drittel der Manager für Rußland einen Mittelweg zwischen einer kapitalistisch und einer sozialistisch orientierten Wirtschaft. Hingewiesen wird insbesondere auf die weiterhin bedeutende Rolle des Staates sowie staatlicher Betriebe in diesem zukünftigen Wirtschaftssystem.

Bedeutsam ist jedoch, daß ein Teil der Führungskräfte – auch wenn sie von EBERWEIN/THOLEN als Minderheit gekennzeichnet werden – marktwirtschaftliche Strukturen für sich als positive Veränderung begreifen, da die restriktiven zentralverwaltungswirtschaftlichen »Kommandokorsetts« weitgehend aufgehoben sind und sie sich somit einem deutlich vergrößerten Gestaltungs- und Beeinflussungsspielraum im Sinne der »neuen« Manangementrolle gegenüber sehen.

Steht das Management im Mittelpunkt der Transferbemühungen, so stellt sich die Frage, auf welchen *Personenkreis* diese ausgerichtet werden sollten. Zunächst bieten sich die maßgeblichen Entscheidungsträger als relevante Zielgruppe von Managementtransfer an –, besonders insofern, als es sich bei ihnen zu großen Teilen um die »alten Führungskräfte« handelt. Ferner ist den Führungsnachwuchskräften Beachtung zu schenken, da wesentliche Impulse für langfristige zukünftige Entwicklungspfade von ihnen gesetzt werden können. Aus praktischer Sicht heraus empfehlen HERLINGHAUS/STOLZENBURG, die Manager der »2. Ebene« mit einzubeziehen, da sich diese Führungsschicht in einer instabilen Situation behaupten muß, in der auch personelle Veränderungen und ihr Aufrücken in die Leitungsrolle schnell eintreten können.

Grundsätzlich werden nach dem Kriterium der Einstellung die hoffnungsvoll in die Zukunft blickenden Führungskräfte, aber auch jene Manager, die den Herausforderungen zögerlich und pessimistisch gegenüberstehen, als Ziel von Transfermaßnahmen im Sinne von Aus- und Fortbildung gelten. Da die Vermittlung von Know-how jedoch darauf gerichtet ist, Führungskräfte gezielt für ein »Krisenmanagement« zu qualifizieren, erachtet BAYER eine bewußt an das Kriterium »Motivation« geknüpfte Auswahl für angezeigt. Darunter subsumiert er die Bereitschaft des Managements, physisch und psychisch Leistungen zu erbringen, die erheblich über das normale Maß hinausgehen. Darüber hinaus faßt er darunter die Fähigkeit, dauerhaft sich selbst sowie die

Mitarbeiter zu motivieren. Zum Tragen kommen diese Kriterien jedoch nur dann, wenn man sich einer Auswahlentscheidung gegenübersieht, was bei der Übernahme einer Unternehmung mit festem Personalbestand oftmals nicht gegeben ist.

Die *Durchführung* dieses personenorientierten Wissenstransfers kann größtenteils durch westliche Weiterbildungsorganisationen erfolgen. Übereinstimmend wird die Auffassung geäußert, daß die Aus- und Weiterbildungsangebote der westlichen Managementschulen häufig nicht den Erwartungen der Zielgruppe entsprechen. Dieser Umstand erklärt sich daraus, daß die Programme zumeist angebotsorientiert – im Hinblick auf die Möglichkeiten der jeweiligen Organisation – aufgestellt werden. Besonders pikant ist hierbei, daß den »östlichen« Teilnehmern vermittelt wird, daß sie sich zukünftig, um den Unternehmungen das Überleben sichern zu können, an den Kundenbedürfnissen ausrichten müssen (BAYER).

Ein Umdenken in der »Aus- und Weiterbildungslandschaft« sollte unter dieser Leitidee vollzogen werden – soweit dies noch nicht stattgefunden hat. Hierbei ist zu berücksichtigen, daß es auch in der Sowjetunion bereits gewisse Managementschulungen gab (EBERWEIN/THOLEN). Dies impliziert, daß in den Vordergrund zunächst eine Diagnose der aktuellen Defizite im Managementwissen gestellt werden muß, um diese anschließend bedarfsgerecht zu beheben (MEISSNER/LISSANSKY). Als einen wesentlichen Aspekt der Generierung des Curriculums stellen MEISSNER/LISSANSKY die Evaluierung der durchgeführten Programme in Zusammenarbeit mit den Empfängern heraus, um auf diese Weise langfristig die Adäquanz der Transferaktivitäten zu gewährleisten. Den Erwartungen russischer Manager entsprechend, sollte hierbei einer praxisorientierten Übertragung der fehlenden Kenntnisse eine hohe Priorität zukommen.

Für die *inhaltliche Ausgestaltung* sollen hier nur einige wenige Aspekte angesprochen werden, da diese situationsabhängig stark variiert. Der Darstellung von BAYER folgend, gilt es, einerseits die betriebswirtschaftlichen Techniken zu vermitteln, andererseits jedoch auch Wertvorstellungen, ethische Prinzipien, sowie Unternehmenskultur und -philosophie der marktlichen Gesellschaft zu thematisieren. Eine Grundausrichtung sollte dabei sein, dem neuen Management ein Verständnis für die zentrale Bedeutung von Marketingfragen zu vermitteln. Damit würde eine Abkehr von der in der planwirtschaftlichen Realität dominierenden Ausrichtung auf die Beschaffungsseite erreicht, da bislang die »Umschiffung« von Lieferengpässen das bedeutendste Problem der Leitungsaktivitäten darstellte.

Mögliche Transferformen zeigen sich facettenreich und sollen hier nur auswahlhaft skizziert werden: Schulungen und Seminare können vor Ort in den mittel- und osteuropäischen Ländern durchgeführt werden. Alternativ erscheint die Unterrichtung der Teilnehmer in marktwirtschaftlich »intakter« Umgebung sinnvoll. THEINER sieht hierin den Vorteil, daß die Manager einerseits aus den erheblichen operativen Belastungen (kurzfristig) vollständig herausgelöst werden und andererseits einen Einblick in nach marktwirtschaftlichen Regeln funktionierende Unternehmungen und deren Umfeld gewinnen können.

Für eine zügige Verbreitung des westlichen Managementwissens bietet sich die Möglichkeit an, ein *Train-the-Trainer*-System zu konzipieren, in dem die geschulten Kräfte ihrerseits als Multiplikatoren des transferierten Know-how fungieren (BAYER). Auf diese Weise können die »Betroffenen« nicht nur zu Beteiligten »gemacht« werden, sondern aktiv ihre Potentiale als Aktoren des Wandels in den Transformationsprozeß einbringen.

5. Unternehmungen in der Transformation – Erfahrungen sowie Handlungshinweise für Unternehmungspolitik, Management- und Funktionsbereichsprozesse

Um Zugang zu den Problemen und Herausforderungen zu gewinnen, die sich aus der Auseinandersetzung mit den Unternehmungen in der transformierenden Wirtschaft ergeben, ist zunächst davon auszugehen, daß die in der Zentralverwaltungswirtschaft dominierende Betriebsform die in staatlichem Eigentum befindliche Großunternehmung war (YUDANOV). Trotz ihrer Größe entwickelte diese nur einen Bruchteil der Managementprozeß- und -funktionselemente vergleichbarer Organisationen in der Marktwirtschaft. HERLINGHAUS/STOLZENBURG kennzeichnen die damaligen Managementbedingungen als Paradoxon, da einerseits Beschaffung und Absatz extern von staatlichen Planungsbehörden strikt determiniert waren, innerhalb der Unternehmung dagegen aufgrund fehlender Planungs- und Kontrollinstrumente eine enorme Freiheit bestand. Inzwischen sind zwar auch in Rußland die Staatsbetriebe überwiegend privatisiert, nicht abschließend geklärt ist im Kräftedreieck »Management, Belegschaft, Eigentümer« jedoch die Frage, wer die Richtung der grundlegenden Unternehmungspolitik und die Basisstrategie vorgibt und damit seine Interessen durchsetzt (YUDANOV).

Neben den privatisierten Großbetrieben hat sich im Zuge der Transformation eine hohe Zahl kleiner Privatunternehmungen gebildet, deren primäres Geschäftsfeld der bisher vernachlässigte Bereich der Dienstleistungen und des Handels ist.

Eine Analyse der *Unternehmenspolitik, -philosophie und -kultur* der Institutionen transformierender Ländern zeigt, daß Visionen oder verwandte Phänomene zur Bestimmung der Grundziele und der Basisstrategie auffallend selten thematisiert werden. Plausibel wird dies vor dem Hintergrund der andauernden, tiefgreifenden Krise, in der sämtliche Aktivitäten beim überwiegenden Teil der Unternehmungen von einem dominierenden Ziel gekennzeichnet sind: der Existenzsicherung.

Darüber hinaus lassen sich nach YUDANOV zwei konträre Unternehmensphilosophien herauskristallisieren, die für Rußland in der Praxis dominierend sind: Paternalismus auf der einen und eine »Schwarzgeld-Philosophie« auf der anderen Seite.

In der ersten Ausprägung schlägt sich die ehemals in der Sowjetunion durch den Betrieb wahrgenommene gesellschaftliche Funktion nieder. Das Management ist weiter bemüht, soziale Einrichtungen für die Belegschaft aufrecht zu erhalten und somit sozialen Anforderungen und einer erweiterten Verantwortung gegenüber der Belegschaft gerecht zu werden.

Das andere Extrem findet sich zumeist unter den neugegründeten Privatunternehmungen, in denen sich das Management der kurzfristigen Gewinnerzielung verschreibt, bei der es die Unternehmungsaufgabe, Kunden- und Mitarbeiterbeziehungen ausschließlich als Instrumente der primär monetär gerichteten Zielerreichung begreift. Die Grenze zu Aktivitäten im kriminellen Bereich kann dabei leicht überschritten werden (YUDANOV).

Auf der *Strategieebene* zeigt sich ein differenziertes Bild partiell bereits erfolgreich implementierter Ansätze, die anhand einiger markanter Aspekte nur grob umrissen werden können. Eine unveränderte Übernahme westlicher Strategien kommt in der Phase des Übergangs bislang nicht in Frage, wobei HERLINGHAUS/STOLZENBURG für die »weite« Zukunft mittel- und osteuropäischer Unternehmungen nicht von der Herausbildung eines spezifischen Managementsystems ausgehen. Diese Einschätzung beruht auf dem Gedanken, daß die Unternehmungen gezwungen sein werden, sich dem Wettbewerb auf internationalen Märkten zu stellen und dort nur bestehen können, wenn sie sich mit international »üblichen« Basisstrategien konform zeigen oder diese weiterentwickeln.

Priorität kommt in einem ersten strategischen Schritt der Identifikation des Kerngeschäftes der ehemaligen staatlichen Großunternehmungen zu, um geschäftszweckfremde Nebenaktivitäten, die ihnen aufgrund ihrer sozialen Funktionen traditionell zugeordnet waren, konsequent einzustellen. In engem Bezug hierzu steht die kritische Überprüfung bzw. die Reduzierung der vertikalen Integration von Funktionen, die in der ehemaligen Planwirtschaft aufgrund der extremen Lieferprobleme unabdingbar eine starke Ausprägung auswies (YUDANOV).

Als Erfolgsfaktor lassen sich bei einigen Unternehmungen Kernkompetenzen in Form eines nicht unerheblichen technischen Know-how feststellen, die eine Chance bieten, sich durch den Aufbau langfristiger Lieferbeziehungen als Komponentenhersteller zu etablieren und zu profilieren.

Als Strategie einer Identifikation erfolgsbezogener Aktivitäten und zum Aufbau entsprechender Geschäftsfelder stellen HERLINGHAUS/STOLZENBURG zum einen die Möglichkeit vor, die einzelnen Geschäftsfelder innerhalb einer Holdingstruktur selbständig wirtschaften zu lassen, wobei sich evolutionär die lebensfähigen Leistungseinheiten herauskristallisieren. HERLINGHAUS/STOLZENBURG gehen davon aus, daß auf diese Weise chancenreiche Produktbereiche für künftig erfolgversprechende Marktaktivitäten ermittelt werden können, wobei hier auf deutliche Einschränkungen der Erfolgsaussichten in bezug auf die strategische Erfolgssicherung hinzuweisen ist. Eine weitere Möglichkeit, die sie empfehlen, ist die »Marktevaluierung« der vorhandenen Produkte und Marktleistungen, die beispielsweise eine Möglichkeit eröffnet, diese in Kooperationen mit innovationsgeneigten Unternehmungen in eine gemeinsame Fertigung einzubringen, um auf diese Weise den Einstieg in internationale Märkte zu schaffen.

Vor allem die Aufnahme von Kooperationen mit marktwirtschaftlich erfahrenen – kooperationsfähigen – Unternehmungen (KÜHN) westlicher Prägung verspricht als Strategie Erfolg. Hierbei können die unterschiedlichen strategischen Ausrichtungen der West- und Ostunternehmungen zum beiderseitigem Vorteil zusammengeführt werden. Dabei steht für Unternehmungen aus Mittel- und Osteuropa zumeist die Überlebenssicherung im Vordergrund, während dem Engagement der jeweiligen westlichen Partner unterschiedliche Motive zugrunde liegen. THEINER hebt diesbezüglich auf die synchron mit den mittel- und osteuropäischen Umwälzungen auftretende Schwächung der internationalen Wettbewerbsposition westeuropäischer Unternehmungen durch die »neue« Konkurrenz aus Fernost ab. Dieses zeitliche Zusammenfallen läßt eine »Duale Restrukturierung« von Ost- und Westunternehmungen möglich und sinnvoll erscheinen, bei dem westliche Unternehmungen von den kostengünstigeren Produktionsbedingungen Nutzen ziehen (BRENDEL/ BRUDER), während östliche Partner durch die Zusammenarbeit von einem »lebenswichtigen« Wissenstransfer profitieren. Eine interessante Konzeption wird in diesem Zusammenhang von THEINER vorgestellt, der die Herausforderung einer prozeßpromovierenden Aus- und Weiterbildung des mittel- und osteuropäischen Management mit der Idee der staatlichen Wirtschaftsförderung für die in einem Bundesland befindlichen Betriebe verbindet.

Eine zweite strategische Intention westlicher Aktivitäten in Mittel- und Osteuropa macht Kooperationen als Weg der Markterschließung interessant (SCHWARZ). Hohe Zölle beeinträchtigen die Konkurrenzfähigkeit von Importwaren erheblich, so daß der Schritt einer Etablierung der Produktion vor Ort als »vorgelagerter Schritt« eines erfolgreichen Marketing sich in einigen Fällen als angebracht erweist. SCHWARZ weist in diesem Zusammenhang auf die Bedeutung des Zeitfaktors hin, wobei ein frühes Vordringen in Produktion und Markt einen entscheidenden Vorteil bedeuten kann und deshalb von strategischer Bedeutung ist. Insbesondere in dem Bewußtsein, daß es voraussichtlich noch eine geraume Zeit dauern wird – von Land zu Land unterschiedlich – bis die marktliche Infrastruktur ein mit westlicher Marktwirtschaft vergleichbare Struktur aufweist (JUGEL), erscheint dieser Aspekt von hoher Bedeutung.

Bei der Betrachtung des Managementprozesses in den »Transformationsunternehmungen« läßt sich die Bedeutung der Personalsphäre und dort insbesondere der Aus- und Weiterbildung – durch Managementakademien oder durch zwischenbetriebliches Kooperieren und Lernen – besonders herausstellen. Aufgrund des rudimentären Zustandes des Großteils der Managementteilprozesse sozialistischer Betriebe kann nur begrenzt auf den Ausbau oder die Entwicklung bestehender Systeme im Bereich von strategischer Planung, Kontrolle, Organisation und Führung gesetzt werden. Ferner liegen unzureichende Fähigkeiten der Unternehmung hinsichtlich der Bewältigung geplanter Wandlungsprozesse vor, was YUDANOV als fehlende Entwicklung zu einem »selbstlernenden System« umschreibt. Daher steht im Zentrum der erforderlichen Managementleistungen derzeit der Aufbau und die Installation eines Managementsystems, wobei HERLINGHAUS/STOLZENBURG von der Notwendigkeit einer intensiven und langfristig begleitenden Unterstützung auf diesem Gebiet ausgehen.

Auch der Bereich *Controlling* im westlichen Sinne ist in den mittel- und osteuropäischen Unternehmungen praktisch nicht existent. Vielmehr wurde das Rechnungswesen als reines Kontrollorgan konzipiert, das keine steuerungsrelevanten Daten, sondern eher eine Überlast »nachrechnender«, aber nicht zukunftsgerichteter Informationen generiert (STRAUBEL). Zum dringend erforderlichen Abbau des Informationsvakuums kann es erforderlich sein, wie STRAUBEL berichtet, eine vollständige Systemeinführung im Rechnungswesen vorzunehmen. Das Berichtswesen sollte grundsätzlich möglichst umgehend auf westliche Standards umgestellt werden, wobei der Zeit- und Personalaufwand hierbei nicht unterschätzt werden darf (SCHWARZ).

Auch hinsichtlich der Prozesse und Systeme in den *Funktionsbereichen* lassen sich Charakteristika identifizieren und einige wesentliche, aus umgesetzten Projekten generierte Handlungshinweise ableiten.

Ein zentraler Ansatzpunkt für Veränderungen, der eng mit der generellen Managementausrichtung verbunden ist, liegt auf dem Gebiet des *Marketing*. Der fehlende Kontakt mit Marketingdenk- und -handlungsweisen in Mangelwirtschaften erfordert einen Wandel, der bei der Verdeutlichung eines marktorientierten Grundverständnisses beginnt und die traditionelle »Kundenignoranz« überwindet (BAYER). Über das Erkennen der Bedeutung des Abnehmers für die Sicherung der langfristigen Unternehmungszukunft hinaus müssen Instrumentarien entwickelt werden, die geeignet sind, die besonderen Strukturen transformierender Märkte hinsichtlich der Kundenbedürfnisse und der Konkurrenzanbieter zu analysieren. HERLINGHAUS/STOLZENBURG berichten in diesem Zusammenhang beispielhaft von einer durchgeführten Marktevaluierung zur Eruierung des Bedürfnisbefriedigungspotentials der Produkte einer russischen Unternehmung auf dem internationalen Markt.

Parallel zu Marktforschungsaktivitäten müssen die zu beschreitenden Marktwege festgelegt, in den meisten Fällen jedoch neu entwickelt oder aufgebaut werden, da der Absatz über staatliche Abnahmestellen traditionell überwog und daher nicht auf vorhandene Vertriebsstrukturen aufgebaut werden kann.

Ein weiterer Unternehmungsbereich, wo ein erheblicher Veränderungsdruck besteht, ist die *Produktion*. SCHWARZ sieht aus der Erfahrung in einem polnischen Produktionsbetrieb enorme Optimierungspotentiale, die sich anhand der Stichworte »veralteter Maschinenpark«, »ineffiziente Produktionsabläufe« und »großer Personalüberhang« erschließen lassen. Hinsichtlich der grundlegenden gedanklichen Herangehensweise des Produktionsmanagement ist das Phänomen »Qualität« stark zu betonen, da ein entsprechendes Bewußtsein in der Defizitwirtschaft verkümmert war oder nicht ausreichend ausgebildet worden ist. Der Gedanke, eine bestimmte Qualität als unabdingbare Eigenschaft der gefertigten Produkte zu begreifen, ist bislang neu, sollte jedoch unbedingt gestärkt und gemeinsam mit dem Aufzeigen von Wegen der »Qualitätsproduktion« zum inhärenten Element einer Produktionstransformation erklärt werden (BAYER).

Das Hauptproblem auf dem Gebiet der *Forschung und Entwicklung* besteht darin, daß Innovationen aufgrund der planwirtschaftlichen Mechanismen in den Betrieben wenig anerkannt waren. Auch Prozeßinnovationen, deren Resultat sich in Produktionsverbesserungen und Outputerhöhungen zeigten, wurden nur begrenzt begrüßt, da sie eine Anhebung der Sollplanzahlen nach sich zogen, was einem Erschwernis bei der Erlangung zusätzlicher Gratifikationen für Planübererfüllungen gleichkommt (GUTNIK). Es verwundert daher wenig, wenn YUDANOV von »schleppendem Fortschritt« spricht. Trotzdem sieht er für Unternehmungen, die sich stark in diesem Bereich engagieren, in der Zukunft – nach einigen Jahren des Aufbaus – Chancen eines erfolgreichen Innovationsengagements. Pro-aktiv-innovative Unternehmungen werden zumeist von ehemaligen Wissenschaftlern geführt, wobei aus der engen Kopplung von Wissenschaft und Ökonomie ein erhebliches Chancenpotential erwächst. Um hieraus nennenswerte Effekte in größerem Umfang realisieren zu können, ist allerdings eine umfangreichere als die bislang erfolgte Integration zentralistischer, extern aufgebauter Forschungsinstitutionen in Unternehmungszusammenhänge erforderlich.

Auf der *Beschaffungsseite* lag in der Zentralverwaltungswirtschaft der größte Engpaß und damit die Hauptaktivität der Betriebe, die entsprechend der mittelfristig stark reduzierten Ressourcenversorgungsbrisanz stark eingeschränkt bzw. in anderer Qualität ausgestaltet werden können. Durch systematische »Make or buy«-Erwägungen (BAYER) und den Aufbau langfristiger Lieferantenbeziehungen kann nicht nur die Effektivität der Beschaffung erheblich erhöhen, sondern auch eine Entflechtung und Verschlankung der übrigen Unternehmungsprozesse herbeigeführt werden.

Neben den möglichen Umgestaltungen in der materiell-sachtechnologischen »Produktionssphäre« und entsprechenden Funktionsfeldern mittel- und osteuropäischer Unternehmungen besteht im Bereich der *Personalsphäre/Personalführung* ein erhebliches Potential für Veränderungen im Hinblick auf marktwirtschaftliche Verfahrens- und Verhaltensweisen. Personalfragen können als entscheidender Erfolgsfaktor für eine gelungene Transformation der bisher planwirtschaftlich ausgerichteten Wirtschaften gelten (SCHLESE/SCHRAMM). Als gravierendes Problem sehen HERLINGHAUS/STOLZENBURG hierbei die Abwanderung der Experten und Spezialisten aus den ehemals staatlichen Großunternehmungen bzw. den damit verbundenen Verlust des vorhandenen Know-how.

Das vorherrschende Führungsverhalten, in mittel- und osteuropäischen Betrieben war von zentralistischen Entscheidungsmustern gekennzeichnet. Initiative, Kreativität, Individualität und unternehmerisches Handeln wurden in der »Kommandowirtschaft« systembedingt unterdrückt (EGGERS/EICKHOFF/DIMANT). Dies schlägt sich auch in der aktuellen Transformation noch in der Erwartung nieder, daß erforderliche Aktivitäten und Maßnahmen »von oben« vorgegeben werden (SCHWARZ). Die Bewältigung des Umbruchs verlangt demgegenüber gerade diesen häufig verkümmerten Improvisations- und Aktionsgeist der Mitarbeiter. Eine erfolgreiche Umgestaltung setzt daher stark auf die Sensibilisierungs- und Bewußtseinsprozesse, die den Führungskräften die Bedeutung ihrer Motivationsverantwortung aufzeigen. Insbesondere im mittleren Management muß Transparenz über die eigene Rolle, Aufgaben, Kompetenzen und Verantwortung sowie die Möglichkeiten der Führung im Transformationsprozeß geschaffen werden. Um ihnen Ansatzpunkte für die zielgerechte Beeinflussung des Mitarbeiterverhaltens aufzuzeigen und die »Hebel« offenzulegen, mit denen gearbeitet werden kann, um Mitarbeiter als Träger des Wandels zu gewinnen, ist es erforderlich, die Determinanten des Leistungsverhaltens zu bestimmen. Grundsätzlich lassen sich zwei Gruppen von Bestimmungsgründen differenzieren, an denen die Führung ansetzen kann: Zum einen kulturelle Faktoren als langfristige, länderspezifische Normen und Denkweisen sowie zum anderen prägende Faktoren der jeweiligen, individuellen Situation.

SCHLESE/SCHRAMM zeigen in ihrer Untersuchung auf, daß die kulturellen Gegebenheiten das Arbeitsverhalten als Rahmenbedingungen durchaus beeinflussen und deshalb zu berücksichtigen sind. Entscheidende Wirkung auf die Arbeitsbereitschaft geht ihrer Analyse zufolge jedoch von den Elementen der spezifischen situativen Konstellation am Arbeitsplatz aus: So bestimmen die Motivatoren »Bezahlung«, »Arbeitsplatzsicherheit« und »Arbeitszufriedenheit« als Ergebnis des Autonomiegrades der Beschäftigung die Arbeitseinstellungen der Belegschaft in den mittel- und osteuropäischen Ländern in nahezu übereinstimmender Weise. Der durch Parallelforschung begründete Sachverhalt, daß dieselben Bestimmungsgründe auch in den neuen Bundesländern Gültigkeit besitzen, läßt folgern, daß das Mitarbeiterverhalten primär von Arbeitsplatzmerkmalen determiniert ist, während kulturelle Bedingungen zunächst in den Hintergrund treten. SCHLESE/SCHRAMM interpretieren dies als begründeten Vorteil, da den »westlichen« personalpolitischen Instrumenten auch ein hohes Eignungspotential für den Einsatz in den »östlichen« Ländern zugesprochen werden kann. Ferner wird der Handlungsspielraum des Managements erweitert, indem sich erfolgversprechende Optionen einer kurzfristigeren und flexibleren Einflußnahme bieten. Ein Maßnahmenkatalog zur Beeinflussung kultureller Faktoren könnte dies nicht bieten. Für die Praxis erscheint es deshalb auch relativ kurzfristig möglich, Mitarbeitern ein leistungsorientiertes Denken und Verhalten über ein daraufhin ausgerichtetes Lohn- und Gehaltssystem zu vermitteln (SCHWARZ).

Über die Beeinflussung der Arbeitsbereitschaft erfordert das Personalkonzept die Berücksichtigung der Leistungsfähigkeit, da qualifikatorische Mängel sich mitunter als bedeutende Transformationsbarriere oder -restriktion herausstellen können. Aus der Praxis der Kooperationen von »West- und Ostunternehmungen« oder Übernahmen lokaler Organisationen lassen sich einige Vorgehensmodelle zitieren, die sich zur Erreichung von Qualifizierungs- und Integrationszielen bewährt haben. Hierzu kann ein Coaching-Modell eingesetzt werden, bei dem für jede Abteilung der transformierenden Unternehmung ein ausländischer Spezialist als Ansprechpartner, Ratgeber und Mitarbeiter zur Verfügung steht

(SCHWARZ). Zur Entwicklung von Normen des Verhaltens und des Umgangs miteinander hat sich die Arbeit in Gruppen bewährt, die vor allem dem mittleren Management die neuen Entscheidungs- und Einflußmöglichkeiten aufzeigt.

Ferner eignet sich zum Transfer von Managementwissen die Bildung von »Tandems« – bestehend aus einem Experten der »westlichen« Unternehmung und dem jeweiligen Führungsverantwortlichen des »östlichen« Partners. Recht kurzfristig stellen sich hier durch die gemeinsame Erledigung von Aufgaben Learning-by-doing-Effekte ein (STRAUBEL).

Auch im Wissenstransfer von Unternehmung zu Unternehmung ist es sinnvoll, ein Train-the-Trainer-Konzept zu implementieren, um zu einer schnellen, breit angelegten Hebung des Qualifikationsniveaus in der gesamten Belegschaft zu kommen (SCHWARZ).

6. Beiderseitige Vorteile als Leitidee des Transfers im Transformationsprozeß

Die weiterhin andauernden Transfers finanzieller und intellektueller Ressourcen in die Länder Mittel- und Osteuropas haben einen Beitrag zu ihrer marktwirtschaftlichen Neuorientierung geleistet. Dennoch bestehen weiterhin deutliche Diskrepanzen, die auch als Handlungsaufforderung für westliche Wandlungspromotoren verstanden werden können.

Die fortwährende umfassende Krise in allen Ländern der angesprochenen Region – eine abnehmende, stagnierende oder nur schwach wachsende Wirtschaftskraft, der weitreichende Zusammenbruch des Sozialsystems, die ungefestigte politische Ausrichtung und ein lückenhafter rechtlicher Rahmen – erfordern eine ebenso umfassende Sicht der Unterstützungsmaßnahmen. Der Beitrag des Managementtransfers ist hierbei als wesentlich anzusehen. Dieser entfaltet seine Wirkung allerdings nur bei einem harmonischen Zusammenwirken mit anderen Elementen eines ganzheitlichen Konzeptes der Transformation.

Für Rußland ist bis heute weder aus gesamtgesellschaftlicher Sicht noch im Bereich der Managementsysteme ein umfassendes, geschlossenes Modell vorhanden (EBERWEIN/THOLEN). Eine Stärkung dieser Konzeptlücke geht von den Erwartungen des russischen Management aus, ein eigenes Managementsystem zu entwickeln, verschärft durch eine

Bevölkerung, die eine marktwirtschaftliche Lösung zu drei Vierteln ablehnt und die verhärtende Gegenposition eines westlichen Wirtschaftsberaters, der ausschließlich westlichen Managementsystemen eine Konkurrenzfähigkeit sichernde Eigenschaft zuerkennt. Das breit gefächerte Spannungsfeld konfliktuöser Standpunkte macht gesicherte Prognosen über die wahrscheinlichen Entwicklungspfade von und in Mittel- und Osteuropa fast unmöglich.

Positive Signale für Aktivitätsfelder, in denen sich die mittel- und osteuropäischen Unternehmungen langfristig erfolgreich hervorheben könnten, sehen die Autoren im Bereich der *innovationsgestützten Produktion*. Die Ausrichtung der Denkgewohnheiten auf eine langfristige Perspektive und die Durchdringung der Privatbetriebe mit Wissenschaftlern, die sich eigeninitiativ gestaltend einbringen, können den Ausgangspunkt für »strategische Allianzen« aus Wirtschaft und Hochschule bedeuten, die eine Grundlage für einen wettbewerbsfähigen Industriebereich bilden können.

Hinsichtlich der *Transferanstrengungen* ist ein Umdenken von einer angebots- zugunsten einer bedarfs- oder nachfrageorientierten Unterstützung der »Transformierenden« geboten. Wesentlich ist in diesem Zusammenhang allerdings, daß sich der Transfer nicht auf eine Knowhow-Vermittlung in Schulungsform beschränken, sondern eine problembewältigungsgerichtete Beratung mit einschließen sollte. Diese kann für das kurzfristige Überleben der Unternehmungen ausschlaggebend sein. Ein integratives nachfrageorientiertes Schulungs- und Beratungsmodell der Transformation ist ein zukunftgerichtetes Konzept, in dem (Kooperations-)Unternehmungen, Beratungs- und Weiterbildungsinstitute sich gemeinsam auf ein abgestimmtes Vorgehen verständigen. Ziel jeglicher Transferbemühungen wird sinnvollerweise in einem *langfristigen beiderseitigen Erfolg bestehen*. Realistisch ist ein positives Echo kooperativer Bemühungen in Form von beiderseitigen Lernprozessen, bei dem die »östlichen« Partnerunternehmungen sich westliches Management-Know-how aneignen und die marktlichen und unternehmungsinternen Praktiken situationsadäquat modifiziert übernehmen, während der »westliche Part« landeskulturelle Anforderungen – Normen, Verhaltensmuster bei Verhandlungen, Konsumgewohnheiten, spezielle Werthaltungen und Bedürfnisse etc. – erwirbt und sich einen einfacheren Einstieg in die neuen, zukunftsträchtigen Absatzmärkte verschafft. Ziel muß es dabei nach EGGERS/EICKHOFF/DIMANT sein, sich der Unterschiede bewußt zu werden; nicht, um neue Mauern aufzubauen, sondern Barrieren zu erkennen, um sie gezielt abbauen zu können. Demnach lassen sich zwei wesentliche Voraussetzungen für das Zustandekommen erfolgsgerichteter Kooperationsbeziehungen unterscheiden: Kommunikationsprozesse – umfassende Informationen über den Partner, seine möglichen Ziele und mögliche Felder der Zusammenarbeit – sowie eine Qualifizierungsphilosophie, die eine Angleichung des »Niveaus bzw. die Schaffung einer Plattform für die Verständigung in der Kooperation vorsieht« (KÜHN).

Zentral erscheint hierbei die Erkenntnis, daß auf »beiden Seiten« Prozesse angestoßen werden, was das Bild eines einseitigen Transfers in Richtung einer tendenziell *interaktiven Transformations- und Transfervorstellung* relativiert.

Die Autorinnen und Autoren

Lothar Bayer, Dr. (geb. 1940), Berufsausbildung als Handelskaufmann, Hochschulstudium in Berlin zum Diplom-Außenhandelsökonom, langjährige Erfahrung im Exportgeschäft eines Thüringer Großbetriebes der Büromaschinenindustrie, v. a. nach Osteuropa. Wissenschaftliche Arbeiten über Absatz- und Exporttätigkeit sowie Rohstoffökonomie, Publikationen in Verlagen der DDR, der Sowjetunion und der Slowakei in außenhandels- und rohstoffökonomischen Fragen. Berufliche Position: Leiter Weiterbildung im Bildungszentrum am Müggelsee, zuständig für die berufliche Weiterbildung vornehmlich deutscher Fach- und Führungskräfte sowie von Fach- und Führungskräften aus Osteuropa und Asien einschließlich Chinas und beteiligt an der Übertragung von Management–Know-how aus eigenem Erleben und wissenschaftlichem Begleiten des Transformationsprozesses in den neuen Bundesländern.

Gerhard Brendel, Prof. Dr. sc. (geb. 1937), Studium der Wirtschaftswissenschaften (Fachrichtung Außenwirtschaft) an der Hochschule für Außenhandel Berlin-Staaken und der Hochschule für Ökonomie Berlin 1955–1959, Diplom-Ökonom. Seit 1960 tätig in Lehre und Forschung auf dem Gebiet der internationalen Wirtschaftsbeziehungen. Leiter von Forschungsprojekten zur Außenhandelsentwicklung der Entwicklungsländer, der Wirtschaftszusammenarbeit osteuropäischer Länder. Weiterbildung von Managern aus Industrie- und Außenhandelsunternehmen. Seit 1991 Projektkoordinator des Bereiches »Internationale Wirtschaftskooperation« der Wirtschaftsforschungs gGmbH. Empirische Wirtschaftsforschung zu den Transformationsprozessen in Osteuropa, den Beziehungen der EU zu den Ländern Mittel- und Osteuropas und den Außenhandelsbeziehungen der neuen Bundesländer, Beratungstätigleit für Abgeordnete des Europäischen Parlaments 1991–1994.

Heike Bruch, Dipl.-Kauffrau (geb. 1966), studierte 1987–1991 an der Freien Universität Berlin Betriebswirtschaftslehre. 1989–1991 Vorstandsassistentin des Bundesverbandes Junger Unternehmer in Berlin. Seit 1991 ist sie wissenschaftliche Mitarbeiterin der Abteilung für Unternehmensführung und Organisation an der Universität Hannover bei Prof. Dr. Claus Steinle. Lehrtätigkeit in der Erwachsenenbildung zu den Themengebieten

Personalführung und -Controlling, Moderation und Projektmanagement und Lean Manangement. Ihre Forschungsschwerpunkte liegen auf dem Gebiet dezentraler Managementkonzeptionen.

Hans Bruder, Prof., Dr. (geb. 1934), Studium der Wirtschaftswissenschaften in Halle und Berlin 1953–1958, Diplom-Ökonom, acht Jahre praktische Tätigkeit im Management in Industrie- und Außenhandelsunternehmen, seit 25 Jahren tätig in Forschung und Lehre, u. a. als Leiter von Forschungsprojekten zur Entwicklung der Volkswirtschaften und des Außenhandels der Länder Osteuropas, Weiterbildung von Managern aus Industrie- und Außenhandelsunternehmen, Forschungsprojektleiter in der Wirtschaftsforschungs gGmbH Berlin auf dem Gebiet der Wirtschaftsbeziehungen der mittel- und osteuropäischen Länder, insbesondere mit der Europäischen Union, Lehr- und Vortragstätigkeit vor Managern aus Rußland und den GUS-Staaten, Field-Studies in osteuropäischen Ländern, Teilnahme an internationalen Kongressen, Konferenzen, Symposien etc., Untersuchungen zu den Transformationsprozessen sowie zu Geschäftstätigkeiten und Außenhandel in Osteuropa, zu internationalen Förderprogrammen, Unternehmensberatung für KMU.

Leonid Dimant (geb. 1958 in Tschernovtsi/Ukraine, moldavische Staatsangehörigkeit). Von 1975–1980 Studium der Wirtschaftswissenschaften an der Finanzhochschule in Moskau mit den Schwerpunkten Finanzwesen und Kredit. Anschließend langjährige Tätigkeit als Kontrolleur-Revisor und später als Oberkontroll-Revisor im Finanzministerium der Moldavischen SSR sowie als Hauptrevisor und später Sektorleiter der Interamtskontrollverwaltung im Ministerium für Gesundheitsschutz. Darauf folgte eine Tätigkeit als Wirtschaftsprüfer und stellvertretender Direktor der Audit Ltd. verbunden mit einer Mitgliedschaft im konsultativen Rat für Unternehmensfragen beim Präsidenten der Republik Moldavien. Seit September 1994 ist er bei der Bertelsmann AG, Gütersloh, tätig, zunächst in der Konzernrevision und jetzt in der Zentralen Bilanzabteilung mit Schwerpunkt internationales Konzernbilanzwesen.

Wilhelm Eberwein, Dr., Privatdozent (geb. 1947), Studium der Wirtschafts- und Sozialwissenschaften in Hamburg und Bremen, war von 1979 bis 1991 wissenschaftlicher Mitarbeiter der Zentralen Wissenschaftlichen Einrichtung »Arbeit und Betrieb« der Universität Bremen und ist seit 1991 Hochschuldozent der Akademie für Arbeit und Politik an der Universität Bremen. Veröffentlichungen mit J. Tholen u. a. zur Industriegeschichte, zur Arbeitsmarktpolitik, zur Geschichte und Soziologie der Betriebsverfassung und zum Management auf nationaler und internationaler Ebene.

Bernd Eggers, Dr. rer. pol. (geb. 1961), studierte nach einer Ausbildung zum Industriekaufmann Wirtschaftswissenschaften mit dem Abschluß Diplom-Ökonom an der Universität Hannover. Dort war er 1989–1994 als wissenschaftlicher Mitarbeiter und Akademischer Rat bei Prof. Dr. Claus Steinle tätig. Seit Oktober 1994 ist er Referent im Vorstandsstab Personal der Bertelsmann AG. Er ist Lehrbeauftragter an verschiedenen Universitäten und Autor zahlreicher Veröffentlichungen. Außerdem hat er Beratungsprojekte durchgeführt, Strategieworkshops moderiert und hält regelmäßig Vorträge im In- und Ausland.

Martin Eickhoff, Dipl.-Ökonom, nach dem Abitur 1989 Aufnahme des Studiums der Wirtschaftswissenschaften an der Universität Hannover, Abschluß des Studiums im Sommer 1995. Seit Herbst 1995 wissenschaftlicher Mitarbeiter der Abteilung Unternehmensführung und Organisation an der Universität Hannover bei Prof. Dr. Claus Steinle. Während des Studiums Mitarbeit bei der AIESEC-Hannover, Mitbegründer und Vorstandsmitglied der studentischen Unternehmensberatung JANUS. Studienbegleitende Tätigkeit in namhaften deutschen Unternehmen. Co-Autor einer Veröffentlichung zu Instrumenten des strategischen Controlling.

Vladimir Gutnik, Dr. (geb. 1954), 1972 bis 1977 Studium an der wirtschaftswissenschaftlichen Fakultät der Moskauer Lomonossow – Universität, 1977 bis 1980 Aspirant an derselben Fakultät, 1982 vereidigte Dissertation zum Thema »Technologiepolitik in der Bundesrepublik Deutschland«, 1981 bis 1989 Assistent und Dozent an der Universität für Völkerfreundschaft in Moskau, seit 1989 am Institut für Weltwirtschaft und internationale Beziehungen (IMEMO) der Russischen Akademie der Wissenschaften tätig: 1989 bis 1993 Oberwissenschaftler in der Abteilung der westeuropäischen Forschung, seit 1993 Leiter des Sektors für die Bundesrepublik Deutschland, 1990 bis 1992 Berater in Kommitees des Obersten Sowjets Rußlands. Veröffentlichungen auf dem

Gebiet der Theorie der sozialen Marktwirtschaft, der Wirtschaftspolitik in Deutschland, sowie der marktwirtschaftlichen Transformation und der wirtschaftspolitischen Maßnahmen in Rußland, Übersetzungen von F. v. Wieser, W. Eucken, »Kaltstart« von Sinn/Sinn. Zwei Forschungsaufenthalte am Institut für Weltwirtschaft in Kiel.

Markus Herlinghaus, Consultant bei DOWC-Ost-West-Consult GmbH in Frankfurt, wo er in der Gruppe »Internationale Hilfsorganisationen« mit Beratungsaufträgen in Rußland betraut ist. Seine Beratungsschwerpunkte liegen in der Unternehmensrestrukturierung und in der Konversionsberatung. Er studierte Volkswirtschaft und Unternehmensfinanzierung und promoviert parallel zu seiner Berufstätigkeit über die »Konversion der russischen Rüstungsindustrie«.

Albert Jugel, Prof., Dr.-Ing. (geb. 1948), Studium der Regelungs- und Steuerungstechnik in Prag und an der TU Dresden, Assistent, Industrietätigkeit bei Robotron, Gastprofessur in Moskau, Professor mit Lehrstuhl für Automatisierungstechnik an der TU Dresden, seit 1991 Geschäftsführer in der FUBA Hans Kolbe & Co. Zur Zeit Geschäftsführer der FUBA Printed Circuits GmbH und u. a. verantwortlich für die FUBA-Werke in Niedersachsen, Sachsen, Ungarn, Tunesien und Indien. Mitglied mehrerer Aufsichtsräte, Mitglied des Deutsch-Israelischen Kooperationsrates für Hoch- und Umwelttechnologie, Mitglied des Präsidiums des Deutsch-Japanischen Wirtschaftskreises.

Thomas Kühn, Dipl.-Pädagoge (geb. 1951). Von 1970–1973 Hochschulstudium in Zittau und von 1982–1985 Postgraduales Hochschulstudium in Dresden, Abschluß in Pädagogik. Bis 1990 Lehr- und Forschungstätigkeit in Dresden, Promotion 1990. Von 1992–1995 Mitarbeit in verschiedenen Projekten zur Anbahnung von Wirtschaftsbeziehungen mit kleinen und mittleren Unternehmen in der Russischen Föderation.

Dieter Lawa, Dipl.-Ökonom (geb. 1962), war nach dem Studium der Wirtschaftswissenschaften an der Universität Hannover dort von Juni 1990 bis März 1995 bei Prof. Dr. Claus Steinle zunächst Projektmitarbeiter und danach wissenschaftlicher Mitarbeiter an der Abteilung Unternehmensführung und Organisation. Von Juni 1990 bis Mai 1991 arbeitete er außerdem als freier Mitarbeiter beim Refa-Institut Darmstadt sowie seit 1991 als freier Trainer sowie Lehrgangsleiter bei verschiedenen Institutionen, vornehmlich in der Erwachsenenbildung. Seit April 1995 ist er als Consultant in der Unternehmens- und Beteiligungsberatung der NORD/LB Norddeutsche Landesbank in Hannover tätig. Er ist Lehrbeauftragter an der Fachhochschule Hannover, Dozent am Management Institut Herrenhausen sowie Autor zahlreicher Veröffentlichungen. Seine Forschungsschwerpunkte liegen auf dem Gebiet des strategischen Managements sowie im Bereich japanischer Managementtechniken, worüber er derzeit auch promoviert.

Alexander W. Lissansky, Dr. (geb. 1946 in Kiew/Ukraine). 1963–1966 Studium an der Moskauer Technischen Hochschule, 1969–1972 Aspirantur. Von 1972–1995 tätig als Leiter der Abteilung Makroökonomische Modellierung der volkswirtschaftlichen Entwicklung im Internationalen Institut für Fragen der Planung, Berater im Wirtschaftsministerium der Russischen Föderation. Zahlreiche Auslandsaufenthalte in den Ländern des ehemaligen RGW. Leiter internationaler Forschungsprojekte des Ex-RGW.

Friedhelm Meißner, Dr. rer. oec. (geb. 1939), Diplomökonom. Von 1958–1964 Studium der Volkswirtschaft sowie der Stadt- und Regionalplanung an der Hochschule für Ökonomie Berlin; 1974–1975 Studium an der Wirtschaftsakademie Plechanow, Moskau. Nach seiner Tätigkeit in der Stadt- und Regionalverwaltung der Stadt Berlin nahm er 1970 die Forschungs- und Lehrtätigkeit auf. Er promovierte an der Russischen Wirtschaftsakademie Plechanow über die Entwicklung von Hauptstädten und lehrte bzw. forschte in den Ländern Mittel- und Osteuropas, ab 1981 u. a. auch in Angola und Nikaragua. Er verfügt über umfangreiche Erfahrungen u. a. als Berater und Leiter internationaler Forschungs- und Entwicklungs- und Studienprojekte. Zahlreiche Publikationen. Seit 1992 ist er Geschäftsführer der WFB Wirtschaftsförderung gGmbH, Berlin.

Michael Schlese, Dr. rer. pol. (geb. 1964), Diplomsoziologe. Lehrbeauftragter an der Freien Universität Berlin, Institut für Allgemeine Betriebswirtschaftslehre. Zuvor wissenschaftlicher Mitarbeiter an den Universitäten Halle und Heidelberg sowie an der Freien Universität Berlin und am Wissenschaftszentrum Berlin für Sozialforschung. Forschungsgebiete: Betriebliche Innovationen und Transformationsprozesse. Ausgewählte Veröffentlichung: Schlese, Michael, Schramm, Florian (1994): Arbeitsmarkt und Wohlfahrt in Ostdeutschland: Wie erleben Beschäftigte den Niedergang und den Umbau der ostdeutschen Wirtschaft? Arbeit, Heft 1, S. 67–84.

Florian Schramm, Dr. rer. pol. (geb. 1964), Diplomkaufmann. Wissenschaftlicher Assistent am Institut für Allgemeine Betriebswirtschaftslehre der Freien Universität Berlin. Zuvor Wissenschaftlicher Mitarbeiter an der Forschungsstelle Sozialökonomik der Arbeit und am Institut für Marketing der FU Berlin. Forschungsgebiete: Wirtschaftliche Entwicklung, Arbeitnehmerverhalten und Personalpolitik. Ausgewählte Veröffentlichung: Welche Rolle spielt die Arbeitsplatzunsicherheit in der Transformation? In: Lutz von Rosenstiel (Hrsg.), Führung im Systemwandel, Rainer Hampp, München und Mering 1994, S. 99–120.

Bernd Schwarz, Dipl.-Ök. (geb. 1958), Studium der Wirtschaftswissenschaften an der Universität Hannover, Tätigkeit als Unternehmensberater im Handel, anschließend bei der BAHLSEN KG im Controlling und Projektmanagment beschäftigt, derzeitige Position: Seniorcontroller im Bereich Snacks bei der BAHLSEN KG.

Claus Steinle, Prof. Dr. (geb. 1946), 1971 Dipl. rer. pol. an der Universität Freiburg, wurde 1974 promoviert und war in den Jahren 1974–1976 Mitarbeiter des DFG-Projekts »Erfolgsverwendung«, von 1977–1986 Tätigkeit als wissenschaftlicher bzw. Hochschulassistent an der Technischen Universität Berlin. 1986 erfolgte die Berufung auf die Professur »Unternehmensführung und Organisation« an der Universität Hannover. Sein Hauptarbeitsgebiete liegen auf den Gebieten Ganzheitliches Management, Planung, Kontrolle und Controlling, Organisationsgestaltung und -änderung, Personalführung und Ökologieorientierung des Manangements. Bisher veröffentlichte er zu den genannten Themen sieben Bücher und 80 Buch- und Zeitschriftenbeiträge. Seit 1992 führt er eine Panel-Studie zu den Faktoren wirtschaftlichen Erfolgs, seit 1994 empirische Untersuchungen zur Ökologieorientierung von Unternehmen durch.

Manfred Stolzenburg, Dr., Geschäftsführer der DOWC-Ost-West-Consult GmbH in Frankfurt, einer Beratungstochtergesellschaft der Dresdner Bank AG, die schwerpunktmäßig für westeuropäische Unternehmen in

Mittel- und Osteuropa sowie in China tätig ist. Er besitzt zehn Jahre Erfahrung in der Managementberatung, wo er sich vor allem auf strategisches Management, Technologiemanagement und Investorenberatung konzentriert hat. Er ist Physiker und promovierte 1975 in angewandter Physik.

Hennings W. Straubel (geb. 1938), 1958 Abschluß der Ausbildung zum Kaufmannsgehilfen. Anschließend Anstellung bei der Volkswagen GmbH, ab 1963 kurzfristige Auslandseinsätze in Australien und bei anderen Konzernstandorten, einschließlich Nord- und Südamerika. Seit 1968 Leiter der Abteilung Preisbildung (später Hauptabteilung Preisbildung und Konzenverrechnung) in der Volkswagen AG. Erteilung der Prokura im Jahr 1981. Neben den Führungsaufgaben häufige Tätigkeit in Projektgruppen, u. a. zur Zusammenarbeit mit anderen Autofirmen im Produktionssektor, dort Vertreter des Finanzwesens und vor allem zuständig für Feasibility-Studies, seit 1990 im Rahmen des deutsch-tschechischen Joint Ventures tätig.

Peter Theiner, Dr. (geb. 1951), Studium der Geschichte, Sozialwissenschaft, Erziehungswissenschaft, Philosophie und Romanistik an den Universitäten Düsseldorf, Dijon und Paris. Promotion 1982, 1978–1985 Wissenschaftlicher Assistent an der Universität Düsseldorf, 1985–1991 Führungspositionen in der internationalen beruflichen Weiterbildung und Personalentwicklung, seit 1991 Programmdirektor und Mitglied der Geschäftsleitung der Deutschen Management Akademie Niedersachsen gemeinnützige GmbH, Celle, Veröffentlichungen: Sozialer Liberalismus und deutsche Weltpolitik (1983), circa 50 wissenschaftliche und journalistische Einzelveröffentlichungen und Buchbesprechungen zu politikgeschichtlichen Fragestellungen, zur internationalen beruflichen Weiterbildung und zur aktuellen Managementliteratur.

Jochen Tholen, Dr. (geb. 1948), Studium der Wirtschafts- und Sozialwissenschaften in Hamburg und Bremen, war von 1979 bis 1991 wissenschaftlicher Mitarbeiter der Zentralen Wissenschaftlichen Einrichtung »Arbeit und Betrieb« der Universität Bremen und ist seit 1991 stellvertretender Leiter der Forschungstransferstelle des Kooperationsbereichs Universität – Arbeiterkammer – Bremen. Veröffentlichungen mit W. Eberwein u. a. zur Industriegeschichte, zur Arbeitsmarktpolitik, zur

Geschichte und Soziologie der Betriebsverfassung und zum Management auf nationaler und internationaler Ebene.

Andrej Yudanov (geb. 1952). 1970–1975 Studium der internationalen Wirtschaftsbeziehungen am Moskauer Finanzinstitut, heute Finanzakademie bei der Regierung der Russischen Förderation. 1975 Diplom-Volkswirt, 1978 Promotion zum Dr. oec. publ., 1992 Habilitation an der Finanzakademie. Seit 1992 Professor der Wirtschaftstheorie. Seit 1993 Stv. Vorsitzender des Wissenschaftlichen Rates für Wirtschaftstheorie, Marketing und Management an der Akademie. Spezielle Gebiete: Theorie der Unternehmung, multinationale Unternehmen, Wettbewerbstheorie. Veröffentlichungen: Theorien der offenen Wirtschaft: Doktrinen und Praxis (1983); Die Anti-Krisen-Strategie von multinationalen Unternehmen (1988); Big Business and Economic Cycle (1989); Die Firma und der Markt (1990); Die Geheimnisse der Finanzstabilität der multinationalen Unternehmen (1991); Theorie des Wettbewerbes in der Marktwirtschaft (1995, im Druck). Herausgeber der Bücher-Serie »Firmen-Portraits«, Moskau; seit 1994 Sachverständiger der führenden russischen Wirtschaftszeitung »Kommersant-daily«.